Dar corpo ao impossível
O sentido da dialética a partir de Theodor Adorno

Vladimir Safatle

Dar corpo
ao impossível
O sentido da
dialética a partir de
Theodor Adorno

1ª reimpressão

autêntica

Copyright © 2019 Vladimir Safatle
Copyright © 2019 Autêntica Editora

Todos os direitos reservados pela Autêntica Editora. Nenhuma parte desta publicação poderá ser reproduzida, seja por meios mecânicos, eletrônicos, seja via cópia xerográfica, sem a autorização prévia da Editora.

EDITORAS RESPONSÁVEIS
Rejane Dias
Cecília Martins

REVISÃO
Lúcia Assumpção

CAPA
Alberto Bittencourt
(imagem: © Matta-Clark,
Gordon/AUTVIS, Brasil, 2018.)

DIAGRAMAÇÃO
Waldênia Alvarenga
Larissa Carvalho Mazzoni

Dados Internacionais de Catalogação na Publicação (CIP)
(Câmara Brasileira do Livro, SP, Brasil)

Safatle, Vladimir
  Dar corpo ao impossível : o sentido da dialética a partir de Theodor Adorno / Vladimir Safatle. -- 1. ed.; 1. reimp. -- Belo Horizonte : Autêntica Editora, 2020.

  Bibliografia.
  ISBN 978-85-513-0455-6

  1. Adorno, Theodor W., 1903-1969 2. Dialética 3. Filosofia 4. Sociologia 5. Teleologia 6. Teoria crítica I. Título.

18-22050   CDD-160

Índices para catálogo sistemático:
  1. Dialética : Filosofia 160

Maria Paula C. Riyuzo - Bibliotecária - CRB-8/7639

Belo Horizonte
Rua Carlos Turner, 420
Silveira . 31140-520
Belo Horizonte . MG
Tel.: (55 31) 3465 4500

São Paulo
Av. Paulista, 2.073, Conjunto Nacional, Horsa I
23º andar . Conj. 2310-2312 Cerqueira César
01311-940 . São Paulo . SP
Tel.: (55 11) 3034 4468

www.grupoautentica.com.br

Um porco reacionário como o senhor,
eu nunca tinha visto.
Alguém deveria castrá-lo.
Daniel Cohn-Bendit, para Adorno

*Porque a dialética não se deixa intimidar por nada
E é, por essência, crítica e revolucionária.*

Karl Marx

Quem anda de cabeça para baixo
tem o céu como abismo.

Paul Celan

Aquilo que poderia ser diferente ainda não começou.

Theodor Adorno

11 **Prefácio**
Peter Dews

17 **Introdução: Não precisar mais de um mundo**

A EMERGÊNCIA DA DIALÉTICA NEGATIVA:
HEGEL, MARX, ADORNO

45 Infinito e contradição: da arte de desrespeitar o vazio

81 Totalidade: processualidade contínua e vertigens

115 Materialismo: transformações por indução material da sensibilidade

LINHAS DE TRANSBORDAMENTO

145 Ser e sujeito: A sombra de Heidegger e a violência contra a origem

175 Identidade: a psicanálise da desintegração

205 Práxis: apesar de tudo, uma política revolucionária

EXCURSOS: UM ESCLARECIMENTO SOBRE A
PRODUTIVIDADE DAS COLISÕES
E DOIS SOBRE A DIALÉTICA EM SOLO NACIONAL

221 Entre a diferença e a contradição: Deleuze contra a negatividade

249 A energia negativa das classes subalternas: Paulo Arantes e a matriz transformadora da crítica dialética

273 A dialética do romance nacional: retorno ao debate Roberto Schwarz/Bento Prado Jr.

299 **Bibliografia**

309 **Agradecimentos**

311 **Sobre o autor**

313 **Índice onomástico**

Prefácio

Como devemos conectar a obra de um grande filósofo do passado ao presente? Será que deveríamos tentar ao máximo enxergar suas considerações sob as lentes de nossas próprias preocupações ou tornar seu pensamento relevante àquilo que consideramos ser nossa situação contemporânea? Ou será que deveríamos procurar entrar em um "mundo de pensamentos" que pode ser, em muitos aspectos, bem distante do nosso próprio – e que pode ter o poder de nos acordar do nosso "sono dogmático", para usarmos a expressão que Kant criou para fazer referência a David Hume?

Talvez nenhum outro filósofo moderno tenha proposto essa questão de maneira tão incisiva quanto Hegel. Afinal de contas, a extraordinária ambição do pensamento de Hegel à síntese, assim como sua alegação de que sua obra representaria o ponto mais alto da história da metafísica ocidental, tanto incorporando quanto ultrapassando o pensamento de seus predecessores, torna essa mesma obra aberta a uma desconcertante multiplicidade de interpretações. Hegel pode parecer extraordinariamente moderno – de fato um contemporâneo nosso – quando, por exemplo, demonstra sua preocupação em encontrar um equilíbrio entre a liberdade individual e a necessidade de a comunidade política controlar as forças centrífugas e corrosivas do mercado capitalista; também em seu esforço em compreender o status frágil, porém indispensável, da arte moderna; ou ainda em sua tentativa de revelar a natureza como algo que seja mais do que apenas um oposto inerte e alienígena à subjetividade humana. Ao mesmo tempo, alguns aspectos da filosofia de Hegel podem fazê-lo parecer irremediavelmente antiquado. É assim quando pensamos em sua defesa da monarquia hereditária e em sua recusa em enxergar, politicamente, para além dos limites do Estado nacional; ou em sua convicção de que a religião tem um papel essencial no autoconhecimento humano e em sua tentativa de recuperar o que seria o conteúdo de verdades naquilo que ele considerava como a "religião perfeita", o Cristianismo. Se for tomado pelo ponto de vista do pluralismo religioso e de estilos de vida das sociedades multiculturais, ou ainda pelo ponto de vista de nossas teorizações sobre o mundo globalizado, Hegel pode parecer, de fato, pertencer a tempos remotos.

Depois de um longo período de incompreensão e negligência, um número razoável de proeminentes filósofos em língua inglesa – Robert Pippin e Terry Pinkard nos Estados Unidos, assim como Paul Redding na Austrália – fez um esforço determinante, a partir dos anos 1980, visando trazer Hegel para o presente, retratando-o como um filósofo "naturalista".[1] No entanto, o tipo de enquadramento filosófico que eles tinham em mente não era o do "naturalismo duro" de muitos filósofos analíticos contemporâneos, aqueles que estão convencidos da autoridade ontológica singular das ciências físicas, mas sim um "naturalismo suave" supostamente capaz de acomodar em si o estatuto particular do mundo social e histórico. As origens desse "naturalismo suave" se encontram na obra tardia de Wittgenstein, assim como em desdobramentos de determinados aspectos do pensamento wittgensteiniano feitos pelo filósofo P. F. Strawson, de Oxford.[2] Nas mãos de pensadores como Pippin e Pinkard, entretanto, no cerne desse naturalismo suave se encontrava a noção de "normatividade". Tratava-se de dizer que a singularidade da esfera humana estava no fato de nosso pensamento, nossa cognição e nossa agência serem todos guiados por regras e sempre necessitarem de justificação que se refira especificamente a elas. Tais regras, por sua vez, podem ser entendidas como a cristalização de um consenso social que está sempre se transformando historicamente, e esse consenso é essencialmente o que Hegel chamou de *Geist*, ou espírito. A vantagem dessa abordagem de Hegel, segundo alegam seus proponentes, está no fato de ela retratá-lo como um pensador "pós-metafísico", alguém não comprometido com nenhuma alegação especulativa dúbia acerca da natureza essencial da realidade, mas antes comprometido com a explicação das pressuposições normativas implícitas na vida e no universo humanos, assim como com a explicação das formas através das quais tais pressuposições podem entrar em conflito umas com as outras. A concepção hegeliana da dialética, sob essa perspectiva, emerge como uma teoria do desenvolvimento da autointerpretação coletiva dos seres humanos, tal como de fato ocorreu ao longo da História.[3]

No entanto, numerosas críticas podem ser feitas a essa abordagem. Algumas delas podem ser explicitadas ao levarmos em conta as implicações do subtítulo dado por Terry Pinkard ao seu comentário a respeito de *A fenomenologia do espírito*: "A socialidade da razão". Pois, se a própria razão for definida, em última instância, pelas estruturas das formas de socialidade historicamente existentes, então não temos nenhuma base *racional* para criticá-las. Além do que, é claro que Hegel tinha, na *Filosofia do Direito*, uma concepção muito bem definida dos

---

[1] Ver, por exemplo, PINKARD, Terry. *Hegel's Phenomenology: The Sociality of Reason*. Cambridge: CUP, 1994; PIPPIN. *Hegel's Practical Philosophy: Rational Agency as Ethical Life*. Cambridge: CUP, 2008, especialmente o capítulo 2; REDDING, Paul. *Analytic Philosophy and the Return of Hegelian Thought*. Cambridge: CUP, 2007.

[2] Ver: STRAWSON, P. F. *Skepticism and Naturalism: Some Varieties*. Nova York: Columbia University Press, 1985. Strawson introduz o termo "naturalismo suave", ao qual ele também se refere como "naturalismo *liberal* ou *católico*" logo na primeira página.

[3] Para uma exposição bem representativa desse ponto de vista, ver: PINKARD. *German Philosophy 1760–1860. The Legacy of Idealism*. Cambridge: CUP, 2002, p. 280-286.

tipos de instituições e práticas necessárias à concretização da liberdade moderna. Em outras palavras, mesmo se estendermos historicamente a interpretação "naturalista suave" de Hegel, como Pippin e Pinkard parecem querer fazer, e argumentarmos que a compreensão humana sobre a liberdade evoluiu, ainda assim o simples fato de compreendermos nossa concepção atual como, por exemplo, superior àquela da antiga *polis* grega, não nos fornece qualquer base para presumirmos que ela deveria ser racionalmente endossada. Dizendo de outra forma, Hegel parece estar comprometido com uma concepção da razão e também da avaliação racional mais forte do que poderia nos fornecer essa interpretação com viés "naturalista" e histórico de sua filosofia.[4] Ele está preocupado com a "racionalidade do social", e não apenas com a socialidade da razão. É nesse sentido que Hegel argumenta, no prefácio de sua *Filosofia do Direito*, que nossa experiência social do que "direito" significa exige:

> [...] que o conteúdo que é racional em si possa ganhar também uma forma racional e aparecer justificado para o pensar livre. Pois tal pensar não se detém no que é dado, mesmo se este é suportado pela autoridade positiva externa do Estado ou pelo acordo mútuo entre seres humanos ou pela autoridade do sentimento interno do coração e pelo testemunho do espírito imediatamente determinante, mas emana de si mesmo e exige saber a si mesmo como unido em seu mais profundo ser com a verdade.[5]

Em anos mais recentes, tem ocorrido, de fato, uma reação a essas versões metafisicamente deflacionárias de Hegel que exerceram tanta influência no mundo anglófono e mesmo na terra natal de Hegel. Um novo estilo de interpretação, capitaneado por comentaristas como James Kreines, baseia-se no argumento central de que Hegel procura evitar a proposição de um substrato ou de uma substância que fundamente toda a realidade ou qualquer segmento particular dela. O problema com esse suposto substrato último é o fato de ele não viabilizar nenhuma forma de trabalho explanatório. Ele não tem como levar em consideração a natureza intrínseca daquilo a respeito do qual ele deveria servir de suporte ontológico. Na verdade, Kreines sustenta que:

> A posição de substratos, enfim, não repousa em qualquer necessidade real de explicar, mas apenas na presunção de que a realidade corresponde à forma do juízo sujeito-predicado. Hegel rejeita essa presunção, sustentando que devemos também

---

[4] Para um desdobramento convincente dessa linha argumentativa, ver: PATTEN, Alan. *Hegel's Idea of Freedom*. Oxford: OUP, 1999, p. 27–31.

[5] HEGEL, G. W. F.. *Grundlinien der Philosophie des Rechts, Werke in zwanzig Bänden*. Moldauer and Michel, Frankfurt am Main: Suhrkamp, 1986, vol. 7, p. 14.

rejeitá-la a fim de conseguirmos dar sequência de forma absoluta à completude especificamente de razões.[6]

Mas o que significa estabelecer a completude de razões? Kreines afirma que a proposta metafísica de Hegel é a de que

[...] existentes são reais em graus maiores ou menores, dependendo do quanto são racionais ou do quanto expressam a ideia em questão. Essa metafísica se molda bem à alegação epistemológica de que o objetivo da razão ao guiar o questionamento teórico é o de explicar as coisas tão completamente quanto elas próprias permitirem, entendendo-as em comparação com a completude da razão, o que é, por fim, conseguido no caso de algo racionalizável e, portanto, livre.[7]

Kreines se mostra crítico à abordagem da filosofia de Hegel que procura aproximá-lo ao máximo dos "padrões da ortodoxia filosófica contemporânea". Em vez disso, ele diz: "Procuro [...] esclarecer nossos próprios preconceitos contemporâneos e colocá-los em questão, incluindo nossos preconceitos sobre o que é a própria filosofia".[8] Entretanto, sua interpretação também tem suas dificuldades. Na tentativa de evitar que Hegel seja visto como um monista metafísico, Kreines sustenta que, para Hegel, a razão se realiza na matéria bruta do mundo, e, portanto, Hegel é comprometido apenas com um monismo epistemológico, monismo este presente na alegação de que entender por que as coisas são como elas são envolve localizá-las como expressões da estrutura conceitual da Ideia, a qual, por sua vez, não é ela mesma um substrato de nenhum tipo, mas também igualmente não explica todo o ser contingente.

No entanto, como Frederick Beiser sugere, tal abordagem, que reconhece um elemento irredutível de contingência naquilo que Hegel chama de "realidade externa" (*äusserliches Dasein*),[9] introduz uma distinção entre forma e conteúdo que, em princípio, é alheia à forma de pensar de Hegel. Mais especificamente, conforme argumenta Beiser, uma alegação que demonstrou aprioristicamente a *necessidade* da contingência não resolve ela mesma o problema que a contingência propõe:

[Hegel] mostra que a particularidade e a diferença surgem por necessidade da autodiferenciação da vida absoluta. Mas a contingência foge a qualquer explicação simples nesses termos. Muito embora a metáfora da vida possibilite entender como

---

[6] KREINES, James. Fundamentality Without Metaphysical Monism: Response to Critics of *Reason in the World*. Hegel Bulletin, v. 39, n. 77, p. 145, primavera/verão 2018.

[7] KREINES, James. *Reason in the World: Hegel's Metaphysics and its Philosophical Appeal*. Oxford: OUP, 2015, p. 238-239.

[8] KREINES, Fundamentality Without Metaphysical Monism, p. 151, 153-154.

[9] HEGEL, G. W. L. *Enzyklopädie der Philosophischen Wissenschaften I, Werke in zwanzig Bänden*. v. 8, p. 82. (Wissenschaft der Logik, §24, Zusatz).

o universal se torna particular e como um se torna múltiplo, ela não consegue explicar como o necessário se torna contingente.[10]

Colocando em outros termos, parece que a interpretação de Kreines só evita o "monismo metafísico" ao custo de suprimir o impacto perturbador que a contingência introduz no sistema hegeliano, precisamente por Hegel estar *consciente* de sua necessidade. É um impacto que causa uma quebra por não poder ser imediatamente localizado dentro ou fora do sistema.

Este, poderíamos dizer, é o fio condutor da narrativa de Vladimir Safatle neste livro, sobre a reconfiguração que Adorno propõe à dialética hegeliana. O casamento entre Adorno e Hegel se mostra tão poderoso e profundo porque evidencia como Adorno não tenta "adaptar" ou "atualizar" o pensamento de Hegel, de modo a fazê-lo se conformar às presunções da filosofia do fim do século XX. Mas, por outro lado, Adorno também não ignora as tensões criadas pela teoria de Hegel naquilo que ele chama de "a onipotência do conceito" (*die Allmacht des Begriffs*),[11] por exemplo, quando transforma essa toda-potência em uma questão simplesmente epistemológica. Adorno adentra o pensamento de Hegel tão completamente que se vê capaz de revelar seu esforço incessante na tentativa de mediar o racional e o contingente, o subjetivo e o objetivo, o prático e o teórico. Por isso, como Safatle demonstra de maneira convincente, a concepção de dialética hegeliana que Adorno assim traz à tona não pode ser condenada nos termos propostos por um pensador antidialético como Gilles Deleuze, que articulou talvez a mais radical versão de uma crítica a Hegel, com a qual compactuam muitos outros pensadores franceses dos anos 1960 e 1970. Deleuze sustenta que a teoria da contradição de Hegel é sua forma de superar, de "domar" a diferença. Da maneira como ele coloca, para Hegel,

> [...] na contradição posta, a diferença encontra seu conceito próprio, é determinada como negatividade, se torna pura, intrínseca, essencial, qualitativa, sintética, produtora, e não deixa subsistir a indiferença. Suportar, suscitar a contradição, é a prova seletiva que "faz" a diferença (entre o efetivamente-real e o fenômeno passageiro ou contingente).[12]

Adorno, no entanto, reverte essa alegação – e Safatle concorda com ele nesse aspecto. A radicalidade da filosofia de Hegel, para Adorno, consiste no fato de que o "efetivamente real" (o poder atualizado do conceito) está o tempo todo

---

[10] BEISER, Frederick. *Hegel*. Nova York: Routledge, 2005, p. 77.

[11] HEGEL, G. W. L. *Wissenschaft der Logik II, Werke in zwanzig Bänden*. v. 6, p. 350.

[12] DELEUZE, Gilles. *Différence et répétition*. Paris: PUF, 1968, p. 65. (Ed bras.: *Diferença e repetição*. São Paulo: Paz e Terra, 2018).

a ponto de colapsar rumo ao transitório e ao contingente. Então, é impossível deixar de lado a contingência, como propõe fazer o "monismo epistemológico" de Kreines, já que o intrinsecamente racional e o contingente não têm como ser mantidos afastados de maneira completa. Hegel, no começo de seu *Ciência da Lógica*, pode tentar deslizar de "o indeterminado" (*das Unbestimmte*) para "a indeterminação" (*die Unbestimmtheit*), mas, para Adorno, esse *legerdemain* conceitual, que dissolve aquilo que é sem nome e resistente ao pensamento, não convence.[13] Se observarmos bem de perto, diz Adorno, conseguiremos ver que, na dialética de Hegel, "a assim chamada síntese é nada além do que a expressão da não identidade da tese e da antítese".[14]

Ao pacientemente explorar como Adorno se imerge no pensamento de Hegel, e ao focar na não identidade que é repetidamente revelada por meio de seu movimento dialético, Vladimir Safatle demonstra neste livro toda a relevância contemporânea e a radicalidade da filosofia de Hegel. E ele faz isso com muito mais sucesso do que qualquer outra tentativa de transformar Hegel em um "naturalista pós-metafísico" ou no expoente de uma metafísica racionalista orientada epistemologicamente.

Peter Dews
Professor Emérito de Filosofia
Universidade de Essex

---

[13] Ver: ADORNO, Theodor. *Vorlesung über Negative Dialektik. Fragmente zur Vorlesung 1965/66.* Frankfurt am Main: Suhrkamp, 2007, p. 91-94.

[14] Idem, p. 52.

Introdução
Não precisar mais de um mundo

Todo leitor de Thomas Mann conhece esta passagem. Ela está no capítulo XXV de *Doutor Fausto* e narra o momento em que o diabo procura o compositor Adrian Leverkühn para firmar com ele um pacto, mostrar-lhe o caminho da nova linguagem musical. Conversa tensa, que em dado momento é suspensa pela contemplação de uma impressionante metamorfose. Nela, o diabo apresenta uma de suas especialidades, a arte de mudar de figura. Não, agora ele não se parecia mais com um rufião ou um marginal. Na verdade:

> [...] usava colarinho branco, gravata, e no nariz adunco, um par de óculos com aros de chifre, atrás dos quais brilhavam olhos úmidos, sombrios, um tanto avermelhados. A fisionomia aparentava uma mescla de dureza e suavidade: o nariz duro, os lábios duros, porém suave o queixo, no qual havia uma covinha, e a esta correspondia outra na face; lívida e arqueada a testa, e acima dela os cabelos, com entradas bem definidas, porém densos, negros, lanosos, ao lado. Em suma, um intelectual, que escreve para os jornais comuns artigos sobre arte e música, teórico e crítico que, ele mesmo, faz tentativas no campo da composição musical, na medida das suas capacidades.[1]

Em suma, um intelectual, mas um intelectual bem específico, com quem a segunda metade do século XX conviveu de maneira difícil devido à sua consciência crítica, seus livros, artigos em jornais e entrevistas no rádio que jogavam uma sombra incômoda na efetividade: Theodor Adorno. *Adorno come diavolo*, como disse um dia Jean-François Lyotard. Um diabo que não levará Leverkühn ao deserto para tentá-lo com poder e prazer. Os argumentos diabólicos mudaram depois de certo tempo. Agora, sua tentação passa por discussões sobre o "nível geral da técnica de Beethoven", a função expressiva do acorde de sétima diminuta no começo do Opus 111 e de como "cada som traz em si o todo e também toda a história". Sim, agora o diabo parece ser a voz mais sensata para aqueles que não suportam o estado atual da linguagem, que sabem como: "a situação é demasiado crítica, para que a ausência de crítica esteja à sua altura".[2]

---

[1] MANN, Thomas. *Doutor Fausto*. Rio de Janeiro: Nova Fronteira, 1984, p. 335.

[2] Idem, p. 338.

Mas essa não era a primeira vez que as palavras de um filósofo apareciam na boca deste que tem a força retórica de inverter o sentido de todas as palavras, de embaralhar o sim e o não, de fazer tudo passar em seu oposto. Essa cena já se repetira anteriormente. O diabo e aquele que procura se afastar das antigas teorias, que sonha em recuperar os frutos da vida, já se encontraram antes. Naquele momento, e vão-se aí duzentos anos, ele não teve problemas em se apresentar com sua alcunha de origem, a saber, "o espírito que sempre nega". O mesmo espírito que, se não tinha as feições de outro filósofo, tinha certamente seu indefectível sotaque suábio. Antes de encarnar em Adorno, o diabo já aparecera para Fausto, de Goethe, sob a forma de Hegel. Afinal, não será Schelling que dirá, sem rodeios, a respeito da dialética hegeliana: "o sistema de negação seria ainda um grau pior do que o ateísmo ou do que a divinização do eu e do si (Fichte), uma verdadeira divinização do espírito negador, ou seja, satanismo filosófico"?[3]

Os escritores alemães, ou pelos menos alguns dos melhores deles, são à sua maneira bastante aristotélicos. Pois de onde viria a peculiar tendência de associar a dialética nascente em seu território a uma atividade infernal, se em algum momento eles não tivessem passado os olhos pela Metafísica de Aristóteles? Desde Aristóteles, aquele que acredita poder suspender o princípio de não-contradição só pode nos convidar a viver em um mundo no qual julgamentos não são mais possíveis, no qual a desorientação caótica reina. Dizer que a contradição não é o índice de uma impossibilidade de o pensamento determinar objetos, como querem os seguidores do satanismo dialético, é abrir as portas para a dissolução completa, dissolver o mundo enquanto estrutura capaz de responder às exigências elementares de ordem. A desconfiança da dialética como a expressão do desejo cego e diabólico de dissolver mundos vem de longe. Goethe e Thomas Mann sabiam disso.

Assim, não é de se estranhar que, a partir de certo momento, Adorno foi convidado a aparecer ao mundo não apenas como "em suma, um intelectual", mas como representante maior dos que estavam envolvidos nas sanhas niilistas da dissolução completa. Reduzindo o pensamento ao "uso *ad hoc* da negação determinada",[4] como dizia Habermas, Adorno nunca ofereceria um horizonte de reconciliação ao alcance da vista. Seus olhos úmidos, sombrios, um tanto avermelhados, só poderiam expressar o niilismo desse "espírito que sempre nega" e que nos convida a ir ao inferno, nem que seja a esse inferno frio do Grande Hotel *Abgrund*. Pois, se o diabo é um desses fenômenos que se diz de muitas maneiras, o inferno também se declina de forma generosa. Ele pode ser, por exemplo, o

---

[3] SCHELLING, Friedrich. *Philosophischen Vorlesungen aus den Jahren 1804 bis 1807 – Zeiter Band*. Eduard Weber: Bonn, 1827, p. 497.

[4] HABERMAS, Jürgen. *O discurso filosófico da modernidade*. São Paulo: Martins Fontes, 2000.

lugar em que a ruína parece eterna e insuperável, em que estamos condenados a cantar a cantilena triste da finitude, lugar no qual as condições da práxis transformadora encontram-se, por isso, completamente impossibilitadas, não restando outra coisa a não ser o pensamento que denuncia toda solução como uma traição, toda imanência como um recuo. Um inferno que mais parece o mundo invertido depressivo produzido por uma teologia negativa.

Surgir e passar que não surge nem passa

Bem, se escrevi este livro é porque valia a pena perguntar sobre o que aconteceria se tal leitura corrente estivesse radicalmente errada. Errada não apenas no que diz respeito a Adorno, mas principalmente no que diz respeito à dialética. Erro que não seria simples incompreensão em relação a esses textos (como se diz) incompreensíveis de filósofos como Hegel e Adorno, nos quais as orações subordinadas parecem entrar em compasso de vertigem. Erro que seria, na verdade, um desesperado modo de defesa do senso comum, e seus representantes filosóficos, contra essa forma de pensamento capaz de mostrar como:

> [...] a aparição é o surgir e o passar que não surge nem passa, mas que é em si e constitui a efetividade e o movimento da vida da verdade. O verdadeiro assim é o delírio báquico, onde não há membro que não esteja ébrio; e porque cada membro, ao separar-se, também imediatamente se dissolve, esse delírio é ao mesmo tempo repouso translúcido e simples. Perante o tribunal desse movimento, não se sustêm nem as figuras singulares do espírito, nem os pensamentos determinados; pois aí tanto são momentos positivos necessários quanto são negativos e evanescentes.[5]

Esse delírio báquico, onde não há membro que não esteja ébrio, só pode aparecer para um certo senso comum como palavreado de quem quer criar movimentos que são, ao mesmo tempo, repousos translúcidos e simples, surgir e passar que não surgem nem passam, evanescências que não são apenas desaparecimentos, mas, ao mesmo tempo, momentos positivos e necessários. No coração desta dialética delirante encontra-se, na verdade, um desejo diabólico de dissolver a segurança do mundo metaestável e, com ele, as figuras singulares do espírito e os pensamentos determinados.

Assim, alguém que quiser pensar de maneira dialética começará por se perguntar se não é a partir de tal dissolução que se inicia a verdadeira filosofia, se a filosofia, ao menos esta que a dialética defende, não seria exatamente o discurso daqueles que não precisam de um mundo, ou seja, que não precisam disso que

---

[5] HEGEL, G. W. F. *Fenomenologia do Espírito*. Petrópolis: Vozes, 1991, p. 46. (Todas as traduções foram corrigidas por mim quando considerado necessário).

nos permite nos orientar no pensamento a partir da imagem de uma totalidade metaestável e ordenada que, se não está atualmente realizada, colocar-se-ia ao menos como horizonte regulador da crítica. Talvez isso explique por que as paradas finais da dialética sempre foram tão sumárias e econômicas. Todo leitor de Hegel já percebeu como as discussões sobre o saber absoluto não são muito mais que uma dezena de páginas, de que as discussões de Marx sobre a sociedade comunista não enchem mais do que algumas frases e que os momentos de conciliação em Adorno quase nunca são efetivamente postos. Na verdade, por mais que seus detratores não queiram ver, isso se explica pelo fato de a teleologia da dialética ser a própria imanência do movimento que ela desvela. Movimento este que será a pulsação interna da experiência do conceito.

Mas se a dialética prescinde de um mundo, ela não deixa de se debruçar sobre os fatos mais concretos da existência: da economia política à literatura, dos dados da natureza à indústria cultural. Talvez seja mesmo o caso de dizer que ela só pode se debruçar sobre os fatos mais concretos porque ela pode abandonar toda e qualquer *Weltanschauung*. Pois quando não se precisa mais de um mundo, podemos enfim ver a processualidade infinita que anima o movimento do que aparece, deste "surgir e passar que não surge nem passa". E talvez ninguém mais do que Adorno tenha sido sensível ao fato de que a liberação da processualidade do interior de uma totalidade que cabe em uma *Weltbild* era a condição para a intelecção clara da produtividade do pensamento. Talvez a essência de sua experiência intelectual esteja exatamente aí, nessa tentativa de pensar uma processualidade contínua de forma imanente.

Essa processualidade não é fruto apenas de uma posição metafísica. Em Adorno, ela é consequência da fidelidade estrita ao horizonte de crítica do capitalismo. Pois o capitalismo nunca será tratado como um sistema específico de trocas econômicas, mas como uma forma de vida que constitui modos de subjetividade, formas de trabalho, de desejo e de linguagem. Modos esses que, por sua vez, assentam-se em uma verdadeira metafísica na qual identidade, propriedade, possessão, abstração são os únicos regimes gerais de relação possível. Sua superação não poderá ser feita sem a transformação estrutural dos modos de determinação e de ser. Por isso, a dialética negativa será indissociável da tarefa de pensar as condições para experiências que se assumam como modos de desabamento do horizonte metafísico no qual o capitalismo se assenta e reconstrói. O pensamento deve privilegiar a processualidade contínua para permitir à ação operar sem referência à preservação dos modos atuais de reprodução material da vida e de sua gramática. É nesse sentido que devemos dizer que as opções filosóficas do pensamento adorniano são imediatamente opções práticas, são posições a respeito da recusa em sustentar a rede de orientações práticas que naturaliza formas hegemônicas de vida. Essa recusa é feita em nome de possibilidades concretas de emancipação que exigem uma articulação cerrada entre crítica social e crítica da razão, ou ainda entre crítica da economia política (historicamente situada) e crítica da racionalidade instrumental (que se confunde com a consolidação do horizonte da razão ocidental).

A recuperação da negatividade

Mas é possível que alguém estranhe o fato de falar em produtividade do pensamento quando se é questão de uma dialética *negativa*. Adorno sabia do passo que dava ao afirmar que a dialética não deveria mais ser compreendida como dialética idealista, nem como materialismo dialético, mas como esta estranha alcunha de dialética *negativa*:

> A formulação "Dialética negativa" vai contra a tradição. Desde Platão, a dialética procura estabelecer algo de positivo através do pensamento (*Denkmittel*) da negação; figura que uma negação da negação posteriormente nomeará de maneira pregnante. O livro [no caso, a *Dialética negativa*] gostaria de livrar (*befreien*) a dialética desta essência afirmativa, mas sem nada perder em termos de determinidade.[6]

Livrar a dialética da sua essência afirmativa sem nada perder em termos de determinidade. Uma função não exatamente evidente que passa por compreender de forma totalmente nova o que pode ser "determinar algo". Determinar é predicar algo com atributos diferenciais capazes de identificar um termo, é definir sua polaridade com seu contrário, é adequar a experiência da coisa aos limites do que pode ser representado? Na verdade, todo o problema, e ele está longe de ter sido realmente resolvido, passa por definir o que significa uma atividade que tem sua força motriz na capacidade de negar a si mesma. Ela nos permite começar a pensar o que significa algo que poderíamos chamar de "determinação instável", pois determinação que não se define através de alguma diferenciação ontologicamente assegurada, mas que sempre se desloca devido a um movimento interno no qual sua abertura nunca se esgota por completo.

Houve um momento histórico no qual a dialética precisou colocar tal força motriz em evidência, levá-la à frente de forma incondicional, se quisesse dar ao pensamento as condições de sua produtividade. Pois aceitemos, com Martin Seel, que: "no coração da teoria adorniana não se encontra a negação, mas a exposição da positividade que a força e o enfoque na negação produzem".[7] Porque, de acordo com o momento histórico, a dialética não teme em usar o positivo ou o

---

[6] ADORNO, Theodor. *Dialética negativa*. Rio de Janeiro: Jorge Zahar, 2009, p. 9. (As traduções da *Dialética negativa*, quando necessário, serão corrigidas ou traduzidas diretamente do original.)

[7] SEEL, Martin. *Adornos Philosophie der Kontemplation*. Frankfurt: Suhrkamp, 2004, p. 21.

negativo. Ela é um pensamento que se desloca em um tempo que não é apenas temporalidade inerte, mas historicidade que exige certa plasticidade das estratégias do pensar. A dialética demonstra como toda enunciação filosófica é sempre uma enunciação em situação. Uma enunciação filosófica não se produz através da definição normativa do dever-ser, e ninguém mais do que Hegel recusou tal ideia. Ela se produz através do reconhecimento da forma específica do sofrimento em relação aos limites da situação em que os sujeitos da enunciação se encontram. Por estar disposta a ouvir tal sofrimento, ela nasce como crítica, sem que precise começar por definir qual seria o horizonte normativo que a legitima. Por estar em processualidade contínua, a dialética precisa de uma ontologia capaz de conservar a proximidade do pensamento em relação ao que ainda não está realizado, mas esta será uma *ontologia em situação*.[8]

Nesse sentido, liberar a dialética de sua essência afirmativa nunca foi, como alguns gostariam de acreditar, perpetuar a eterna melancolia dos que só veem possibilidades que nunca se realizariam por completo, seja porque a efetividade social no capitalismo impede toda reconciliação possível, seja porque os traumas históricos do século XX exigem meditar infinitamente sobre a barbárie, ou seja ainda porque o pensamento assumiu uma ontologia da inadequação. Há um equívoco fundamental de setores importantes da filosofia contemporânea a respeito do que realmente significa a atividade negativa. A leitura moral da negatividade como a força niilista de ressentimento contra o acontecimento é ruim por confundir crítica e resignação.[9] Já a tentativa de reduzir a negatividade a uma figura do escapismo aristocrático (como vemos na tradição que se abre com Jürgen Habermas) só poderia aparecer em um país como a Alemanha contemporânea, marcado pelo vínculo compulsivo a um modelo de gestão social, no caso, o estado do bem-estar social, que só pode sobreviver por eliminar todo horizonte de transformação real. Pois, longe de ser uma figura moral da resignação diante do não realizado, longe de ser o mantra de um culto teológico à impossibilidade, a negatividade em Adorno é forma de não esmagar a possibilidade no interior das figuras disponíveis das determinações presentes ou, e este é o ponto talvez

---

[8] Para o conceito de situação, ver: SARTRE, Jean-Paul. *L'être et le néant*. Paris: Seuil, 1943. No entanto, embora a noção de situação venha de Sartre, ela se desenvolve em Alain Badiou devido à sua maneira de aliá-la a problemas legados pelo estruturalismo. Nesse sentido, uma situação é uma região estruturada de apresentação que procura se fundamentar em uma duplicação de estrutura. O que Badiou afirma ao dizer: "Para que o vazio seja interditado de se apresentar, faz-se necessário que a estrutura seja estruturada, que o 'há um' valha para o conta-por-um. A consistência da apresentação exige assim que todo estrutura seja duplicada por uma metaestrutura que lhe fecha para toda fixação do vazio" (BADIOU, Alain. *L'être et l'événement*. Paris: Seuil, 1988, p. 109). Falar de emergência do que aparece como impossível de ser posto em uma situação atual equivale a falar do que suspende a estrutura e seus modos de estruturação, em uma ressonância, não nego, que vem da intepretação do mesmo problema em Jacques Lacan através de seu conceito de Real.

[9] Ver: DELEUZE, Gilles. *Nietzsche et la philosophie*. Paris: PUF, 1962.

mais importante, no interior de qualquer presente futuro que se coloque como promessa.[10] Ou seja, a possibilidade não é apenas mera possibilidade que aparece como ideal irrealizado. Ela é a latência do existente que nos esclarece de onde a existência retira sua força para se mover. Esta é a dimensão irredutivelmente revolucionária da dialética.

Se tal latência deve ser compreendida como negatividade, ou se quisermos utilizar o termo adorniano mais preciso, como "não-identidade", é porque ela pede a desintegração do que se sedimentou ou do que procura se sedimentar como presença. Esta é uma ideia fundamental da dialética: começa-se pensando contra representações naturais que se sedimentaram principalmente em uma estética transcendental, em um conceito representativo de espaço e tempo. Começa-se a pensar colocando em marcha uma "lógica da desintegração", como dizia Adorno.[11] O que não poderia ser diferente, já que a inflexão marxista da dialética adorniana, e neste ponto a influência de *História e consciência de classe,* de Lukács, não é negligenciável, deu-lhe a sensibilidade de perceber como a crítica do capitalismo não poderia ser apenas crítica aos processos de pauperização social e de concentração econômica produzidos pela dinâmica de autovalorização do Capital. Ela deveria também ser crítica aos seus modos de racionalização e objetivação, à "estética transcendental" do capitalismo contemporâneo, ou seja, crítica a seu modo de unificar o espaço através da intercambialidade, de esvaziar o tempo de suas distinções qualitativas, prensando-o em uma pulsação de aceleração/desaceleração infinito ruim e, assim, de controlar a vida ao definir a forma geral do que pode ser experimentado, percebido e desejado. Crítica às formas gerais da objetividade. Esse modelo de racionalização é regime de determinação das condições de possibilidade do existente e contra ele a dialética um dia compreendeu que precisaria saber mobilizar as forças diabólicas do grau zero da determinação.

Por que falar novamente de "dialética"?

Neste ponto, seria importante começar por posicionar a dialética negativa em relação às outras formas de recuperação da dialética desde o início do século XIX. Pois há muitos equívocos a respeito do sistema de interfaces entre dialética

---

[10] No que Adorno recupera uma matriz revolucionária da negatividade claramente presente em Hegel: "Hegel celebra a 'potência prodigiosa do negativo', e a negatividade constitui uma categoria central da lógica, cuja gênese e importância não podem ser bem compreendidas sem levarmos em conta a Revolução Francesa, o momento histórico mais elevado e dramático da negatividade" [basta lembrar a leitura hegeliana do jacobinismo] (LOSURDO, Domenico. *Critique de l'apolitisme: la leçon de Hegel d'hier à nos jours.* Paris: Delga, 2012, p. 27).

[11] Daí por que Adorno dirá: "Pensar é, já em si, antes de todo e qualquer conteúdo particular, negar, é resistir ao que lhe é imposto; o pensamento herdou esse traço da relação do trabalho com seu material, com seu modelo originário" (ADORNO, *Dialética negativa*, p. 25).

hegeliana, dialética marxista e dialética adorniana. O eixo deste livro encontra-se na tentativa de reposicionar a compreensão de tal sistema.

O mais recorrente desses equívocos consiste em organizar a relação a partir de pretensas distinções entre "dialética idealista" (outro nome para certa forma de delírio subjetivista do pensamento) e "dialética materialista" (muitas vezes confundida com mero historicismo, quando não com um empirismo ingênuo). Uma das maiores contribuições de Adorno talvez tenha sido exatamente mostrar como tais distinções eram mal construídas, fruto de leituras apressadas ou que deveriam ser historicamente contextualizadas. Nesses casos, não se entendia nem o que era dialética, muito menos o que era materialismo. O máximo que se fazia era reeditar a crítica milenar às "ideias" e à teoria da parte dos que pretensamente teriam olhos para entrar em contato direto com o mundo. Melhor seria, como bom dialético, levar distinções mal postas a seu ponto de colapso. É isso o que Adorno fará de forma sistemática.

Esse "materialismo vulgar", muitas vezes travestido de dialética materialista, era, ao menos para Adorno, apenas um lado de um descaminho maior na rota em direção às coisas mesmas. Daí a necessidade adorniana de defender a dialética principalmente contra aquilo que ele entendia como a nova versão hegemônica da "ideologia alemã", a saber, a fenomenologia de Heidegger e Husserl. Não por acaso, a primeira parte da *Dialética negativa* é composta exatamente de dois capítulos a respeito de Heidegger e sua ontologia, retomando um debate (ou talvez um não-debate) que acompanhou Adorno por todos seus momentos, desde os primeiros estudos para o doutorado até os trabalhos finais. Talvez seja correto dizer, o embate com a fenomenologia alemã será o embate de toda sua vida.

Nesse sentido, uma reflexão sobre as estruturas da dialética negativa não pode ser feita sem a análise da relação tensa, decisiva para o cenário intelectual alemão do século XX, e feita de distâncias e proximidades imprevistas, entre os herdeiros da fenomenologia do século XIX (esta que aparece, em sua forma sistemática, pelas mãos de Hegel como "ciência da experiência da consciência") e os defensores da fenomenologia do século XX. São duas formas de retornar às coisas, ou, se quiserem, de definir o que as coisas são, como elas se movem, como se relacionam pensar e ser. A ausência de dialética na fenomenologia de Husserl e Heidegger só pode nos levar, ao menos segundo Adorno, a uma procura pela origem como horizonte fundamental de produção do sentido e de orientação para a crítica. Origem na qual encontraríamos uma concepção não-dialética de identidade a ser recuperada, marcada pela abstração própria a um horizonte histórico caracterizado pelas coordenadas de objetivação derivadas da generalização da forma-mercadoria. Tal crença só poderia ter consequências políticas regressivas, quando não catastróficas.

Notemos ainda que a estratégia de apresentar o debate sobre a filosofia adorniana através da discussão a respeito do seu conceito de dialética se justifica atualmente, entre outros, por uma razão interna aos desdobramentos da Escola de Frankfurt. Os desdobramentos posteriores da Teoria Crítica abandonaram toda perspectiva revolucionária efetivamente dialética, resultando em uma filosofia que preferiu estabelecer como interlocutores privilegiados o neopragmatismo anglo-saxão, a psicanálise baseada na teoria de relação de objetos, assim como um modelo de justificativa social que elevava o sistema de consensos construídos no interior do dito Estado do bem-estar social a horizonte normativo insuperável de racionalização da vida em sociedade.[12] Escolhas mais afinadas com o projeto de fundamentar a razão em um horizonte de ação comunicativa ou de reconhecimento das individualidades.

Não é mero acaso, nem fruto de alguma forma de inabilidade estilística que a dialética tenha sido vista como um escândalo por todos os que gostariam de fundar a razão em um espaço comunicacional desimpedido.[13] Comunicação é resolução potencial de conflitos a partir da recognição mútua de condições de conciliação atualmente postas. Não é esse o horizonte real do pensamento dialético, baseado na análise de transformações de estrutura a partir do reconhecimento da força produtiva de contradições internas.[14] Uma dinâmica de transformações

[12] Exemplar, neste sentido, é a defesa, feita por Axel Honneth, da social-democracia: "Como uma fase do desenvolvimento das sociedades capitalistas que se caracteriza por um número excepcional de progressos normativos", isso a ponto de falar dos "progressos morais da era social-democrata" (HONNETH, Axel. Les paradoxes du capitalisme: un programme de recherche. In: *La société du mépris*. Paris: La Découverte, 2006). A temática da regulação da crítica social através de certa teoria do "progresso moral" estará presente nos desdobramentos posteriores da Escola de Frankfurt. Entre outros, ela pressupõe que possamos falar em "progresso" por acreditar que os modos de existência na sociedade capitalista, sob o governo preferencial da social-democracia, estariam a realizar paulatinamente exigências históricas de reconhecimento e emancipação. Uma proposição desta natureza chega a assumir a necessidade de reconhecer "demandas de solidariedade inerentes ao mercado" que constituiriam um horizonte regulador das relações mercantis, já que estas não pressuporiam apenas o reconhecimento dos indivíduos como parceiros em relações contratuais, mas também como: "participantes de uma comunidade de cooperação (*kooperierenden Gemeinwesens*)" (HONNETH, Axel. *Das Recht der Freiheit*. Frankfurt: Suhrkamp, 2013, p. 328). É claro que tais proposições estão a anos-luz de distância do horizonte crítico de Adorno e soariam para ele como a capitulação final diante da crença no caráter intransponível da sociedade de mercado com suas dinâmicas imanentes de reificação.

[13] Lembremos, entre outros, de Habermas, ao reduzir a dialética negativa adorniana a uma paradoxal contradição performativa: "Esta descreve a autodestruição da capacidade crítica de modo paradoxal, visto que no instante de descrição ainda tem de fazer uso da crítica que declarou esta morta. Ela denuncia o esclarecimento que se tornou totalitário com os meios do próprio esclarecimento. Adorno estava perfeitamente consciente dessa contradição performativa da crítica totalizada" (HABERMAS, *O discurso filosófico da modernidade*, p. 170). Eu mesmo insisti na natureza não-dialética do pensamento de Axel Honneth a partir da temática de seu "déficit de negatividade" (SAFATLE, Vladimir. Abaixo de zero: o déficit de negatividade de Axel Honneth. In: *O circuito dos afetos*. Belo Horizonte: Autêntica, 2016).

[14] O que Adorno acharia do paradigma comunicacional está adiantado em afirmações como: "A confiança em que posições muito divergentes se concentrem graças às regras reconhecidas da cooperação, adquirindo assim o maior grau de objetividade possível do conhecimento, concorda inteiramente com o antiquado modelo liberal daqueles que se reúnem numa mesa redonda a

25

de estrutura não dará espaço para a naturalização de solos estáveis de consenso, mas se voltará exatamente contra a crença de que há um solo normativo pressuposto e partilhado, anterior às dinâmicas de conflitos, pois capaz de regulá-los. Devido a isso, as dinâmicas dialéticas de reconhecimento não são pensadas a partir do horizonte regulador dos atributos da individualidade moderna, mas se desenvolvem a partir da centralidade das experiências de negatividade.[15]

Por outro lado, as dinâmicas dialéticas exigem a organização das lutas a partir da identificação de contradições globais em relação à situação atual, posição derivada do marxismo de Adorno. Isso significa organizar lutas, desdobrá-las a partir do potencial de contradição global que elas portam, recusando a conciliação possível com uma "vida mutilada". "Não há vida correta na falsa"[16] é também uma maneira de lembrar que crítica significa contraposição global a uma forma de vida.[17] Não há conciliação, nem negociação com modos de reprodução social solidários de uma vida falsa ligada às estruturas gerais de reificação e alienação, próprias ao sistema capitalista. Este verdadeiro déficit *de dialética* na Teoria Crítica pós-adorniana trouxe consequências decisivas para a própria noção de crítica, assim como para a noção de quais são seus objetos e sua real extensão. Ou seja, as consequências se fizeram sentir nos desdobramentos políticos da teoria. Há várias formas de "reconciliação extorquida" e a dialética consequente saberá recusar todas.

Tomemos, por exemplo, o caso de Jürgen Habermas. Se nos perguntarmos sobre as coordenadas históricas para a experiência filosófica de Habermas, deveremos dizer que livros como *Teoria da ação comunicativa* serão o resultado de uma reflexão sobre a crise do estado do bem-estar social. É uma reflexão que (e daí vem sua peculiaridade) procura, no entanto, preservar a gramática social de conflitos por ele gerada. Na sua defesa do potencial racional das ações comunicacionais presentes no mundo da vida, pulsa a crença de que o estado do bem-estar social, mesmo em crise – tendo sido, na Alemanha, fruto da "economia social de mercado" iniciada na era Adenauer –, havia consolidado um

---

negociar um compromisso" (ADORNO, Theodor. *Introdução à controvérsia sobre o positivismo na sociologia alemã*. São Paulo: Abril Cultural, 1972, p. 144. (Coleção Os Pensadores)). Ou ainda: "Cada passo em direção à comunicação liquida e falsifica a verdade. Entrementes, é nesse paradoxo que trabalha tudo o que diz respeito à linguagem. A verdade é objetiva e não plausível" (ADORNO, Dialética negativa, p. 43).

[15] Procurei desenvolver este ponto em: SAFATLE, Vladimir. *Grande Hotel Abismo*. São Paulo: Martins Fontes, 2012.

[16] ADORNO, Theodor. *Mínima moralia*. São Paulo: Azouge, 1993, par. 18.

[17] Ver, a este respeito: JAEGGI, Rahel. Une critique des formes de vie est-elle possible: le négativisme éthique d'Adorno dans *Minima moralia*. *Actuel Marx*, n. 38, p. 135-158, 2005. Embora sua compreensão do que significa "crítica do capitalismo" não seja a mesma que defendo neste livro, como ficará claro.

horizonte institucional de consenso potencial capaz de realizar expectativas de emancipação já em vias de desenvolvimento nas formas de vida próprias às sociedades capitalistas contemporâneas. Expectativas capazes de sustentar a existência de uma "esfera pública", na qual tal gramática social de conflitos realizaria sua potencialidade de mediação. Ou seja, no momento de colapso econômico do Estado do bem-estar social, Habermas procura conservar aquilo que poderíamos chamar de seu "saldo político-filosófico", como se fosse esta a melhor resposta ao novo horizonte de gestão social que então começava a se desenhar com a consolidação das políticas neoliberais.

À sua forma, a *Dialética negativa* também se constrói a partir do pressentimento da crise do Estado de bem-estar social, mas, no entanto, ela se recusa a tentar preservar a gramática social de conflitos por ele gerada e gerenciada, já que Adorno a compreende como completamente vinculada às estruturas de gestão social e de práticas disciplinares próprias ao capitalismo de Estado. Como veremos, para Adorno, a submissão a tal gramática não será a condição para a realização de processos de reconhecimento social, mas será psiquicamente destrutiva, pois constituirá indivíduos mutilados, socialmente integrados através de processos de socialização baseados em sistemas de internalização de violência e neutralização da potencialidade de produção da diferença. Tal gramática de conflito é peça fundamental para a gestão de uma sociedade que caminha em direção a um horizonte de administração total. Nesse sentido, nada mais sintomático do que a diferença da função da psicanálise em Habermas e Adorno. Enquanto o primeiro está à procura de uma descrição da cura como processo de autorreflexão que compreende a relação entre instâncias intrapsíquicas sob a forma da "comunicação" danificada, mas potencialmente reconstruída,[18] Adorno vê a psicanálise como o eixo de uma crítica social aos modos hegemônicos de socialização com suas clivagens indissolúveis.

Se lembrarmos da importância, para Adorno, do diagnóstico de consolidação do capitalismo de Estado como modelo de gestão social que parece capaz de eliminar o potencial disruptivo das lutas de classe, assim como minorar as contradições imanentes ao processo de produção capitalista de valor com sua conjugação de produção de riqueza e pauperização cada vez maior de largas parcelas da população, talvez entenderemos melhor a natureza política da decisão adorniana em retornar à filosofia ao escrever exatamente uma *Dialética negativa*. Pois, no interior do diagnóstico de Friedrich Pollock a respeito do capitalismo

---

[18] O que ocorre quando Habermas afirma, por exemplo, que: "o modelo estrutural composto por Eu, Isso, Supereu pressupõe o conceito de uma comunicação isenta de coerção, não distorcida de maneira patológica" (HABERMAS, Jürgen. Desenvolvimento moral e identidade do Eu. In: *Para uma reconstrução do materialismo histórico*. São Paulo: Unesp, 2016, p. 99).

de Estado, ao qual Adorno terá várias críticas, não haveria mais lugar para contradições dialéticas capazes de nos levar a uma superação da situação atual.[19] A consolidação do Estado do bem-estar social com seus processos de integração e limitação da pauperização teria eliminado as contradições imanentes às dinâmicas de desenvolvimento econômico.

Esse modelo nasce inicialmente da noção fascista de "estado total" que, como compreendera Marcuse já nos anos 1930, nunca havia se contraposto ao liberalismo. Antes, era seu desdobramento necessário em um horizonte de capitalismo monopolista. Compreendendo como o fundamento liberal da redução da liberdade a liberdade do sujeito econômico individual em dispor da propriedade privada com a garantia jurídico-estatal que esta exige permanecia como a base a estrutura social do fascismo, Marcuse alertava para o fato de o "estado total" fascista ser compatível com a ideia liberal de liberação da atividade econômica e forte intervenção nas esferas políticas da luta de classe.[20] Essa articulação entre liberalismo e fascismo fora tematizada por Carl Schmitt, pois vem de Schmitt a noção de que a democracia parlamentar com seus sistemas de negociações tendia a criar um "Estado total".[21] Tendo que dar conta das múltiplas demandas vindas de vários setores sociais organizados, a democracia parlamentar acabaria por permitir ao estado intervir em todos os espaços da vida, regulando todas as dimensões do conflito social, transformando-se em mera emulação dos antagonismos presentes na vida social. Contra isso, não seria necessário menos estado, mas pensar uma outra forma de estado total. Nesse caso, um estado capaz de despolitizar a sociedade, tendo força suficiente para intervir politicamente na luta de classes, eliminar as forças de sedição a fim de permitir a liberação da economia de seus pretensos entraves sociais. Como bem lembrará Pollock, esse mesmo modelo poderá tanto operar em chave de democracia liberal quanto de regime

[19] Ver POLLOCK, Friedrich. State Capitalism: Its Possibilities and Limitations. In: ARATO, Andrew; GEBHARDT, Eike. *The Essential Frankfurt School Reader.* Nova York: Continuum, 1983, p. 71-93. Nele, encontramos a tese da passagem inexorável de um "capitalismo privado" para um capitalismo de alta regulação estatal, seja ele totalitário ou democrático, no qual as decisões econômicas estariam submetidas à orientação política das deliberações de gestão. Pollock chega a falar em uma substituição de problemas econômicos por problemas administrativos, criando um horizonte "racional" de gestão.

[20] Daí por que: "Os fundamentos econômicos desse trajeto da teoria liberal à teoria totalitária serão assumidos como pressupostos: repousam essencialmente na mudança da sociedade capitalista do capitalismo mercantil e industrial, edificado sobre a livre concorrência dos empresários individuais autônomos, ao moderno capitalismo monopolista, em que as relações de produção modificadas (sobretudo as grandes 'unidades' dos cartéis, dos trustes, etc.) exigem um Estado forte, mobilizador de todos os meios do poder" (MARCUSE, Herbert. *Cultura e sociedade.* São Paulo: Paz e Terra, 1997, v. I, p. 61).

[21] Ver: SCHMITT, Carl. Starker Staat und gesunde Wirtschaft. Ein Vortrag für Wirtschaftsführen. In: Volk und Reich Politische Monatshefte für das junge Deutschland, 1933, tomo 1, caderno 2, p. 81-94.

autoritário. Se pudermos completar, essa indiferença vem do fato de os dois polos estarem menos longe do que se gostaria de imaginar. Na verdade, tanto em um caso como em outro os fundamentos da racionalização liberal, com sua noção de agentes econômicos maximizadores de interesses individuais, permaneciam como a estrutura da vida social e dos modos de subjetivação, justificando toda forma de intervenção violenta contra tendências contrárias.

Nesse sentido, insistir, em tal contexto histórico, na irredutibilidade da dialética às formas disponíveis de síntese já era apostar na possibilidade de evidenciar a fragilidade do caráter meramente aparente da estabilidade social propalada, evidenciar o fundamento violento que lhe é próprio.[22] Principalmente, uma dialética cujo motor central será a insistência na "não-identidade" será a forma de o pensamento crítico evidenciar que não haverá transformação possível sem levar a experiência a se confrontar com o que nega radicalmente os modos de integração da existência aos regimes de determinação do presente. Adorno sabe que a força do capitalismo está não apenas nas promessas econômicas que ele, momentaneamente, pareceu ser capaz de realizar (ao menos durante os trinta primeiros anos do pós-guerra). Ela está na capacidade de conformar a imaginação à gramática de repetições e identidades que se impõem a nós através dos campos da cultura e do entretenimento e que constituem o núcleo real de nossa adesão às formas atuais de vida. Há uma gestão psíquica, ligada à redução da experiência à forma da identidade, que será o fundamento da resiliência do capitalismo. Contra isso, o pensamento precisa ser capaz de recuperar o sentido e a força transformadora do que "diferença" pode realmente significar, e essa é a função central de uma dialética negativa.

Diferença, não-identidade e capitalismo

As escolhas das gerações posteriores de frankfurtianos em privilegiar estruturas de discussão entre a Teoria Crítica e o horizonte filosófico anglo-saxão foram feitas em detrimento da exploração de potencialidades ainda latentes de reconstrução do sistema de interlocução com uma tradição que, embora radicalmente antidialética, partilha a procura por regimes de experiência intelectual marcados por horizontes de transformação radical. Trata-se do pensamento

---

[22] Não por outra razão, Adorno afirmará, em uma carta a Horkheimer: "A melhor maneira que posso resumir minha opinião sobre esse artigo [de Pollock] é que ele representa uma inversão de Kafka. Kafka representou a hierarquia dos escritórios como o inferno. Aqui o inferno se transforma numa hierarquia de escritórios. Ademais, o todo é formulado de modo tão doutrinário e, em sentido husserliano, 'a partir de cima', que não produz convicção alguma, isso sem falar no pressuposto não-dialético de que seria possível uma economia não antagonista em uma sociedade antagonista" (ADORNO, Theodor; HORKHEIMER, Max. *Briefwechsel Band II*. Frankfurt: Suhrkamp, 2004, p. 139-140).

francês contemporâneo.[23] Nesse sentido, podemos dizer que, se uma dialética possível para a situação atual deverá partir de um ponto de convergência que aproxima Adorno de momentos maiores do pensamento francês contemporâneo, é porque temos nesses casos mobilizações simétricas da força de enunciação da filosofia em direção à afirmação da possibilidade de um conceito renovado de diferença com forte potencial crítico e produtivo. O debate levado a cabo pela primeira geração da Escola de Frankfurt deveria ter assumido um outro eixo de interface se quisesse conservar sua densidade política.

Sabemos como Adorno termina por elevar a não-identidade a conceito central da dialética exatamente no momento histórico em que filósofos como Deleuze e Derrida insistiam que pensar a diferença deveria ser compreendido como a tarefa filosófica central da contemporaneidade. Essa convergência involuntária respondia, na verdade, a um diagnóstico histórico-social comum.[24] Todas essas experiências filosóficas se constroem a partir do pressentimento da crise do Estado do bem-estar social (o verdadeiro horizonte no interior do qual se move, por exemplo, um projeto como *O anti-Édipo*) e, principalmente, de crença em sua superação necessária. Ou seja, a emergência da diferença como problema filosófico central nos anos 1960 é indissociável da crise iminente de um sistema de organização econômica, o capitalismo de Estado, com seus regimes de reprodução material de formas de vida encarnados na indústria cultural e no conjunto de práticas terapêuticas de adaptação que crescem no interior de certa "cultura

---

[23] As exceções mais notáveis são: DEWS, Peter. *Logics of Disintegration: Post-Structuralist Thought and the Claims of Critical Theory*. Londres: Verso, 2000; JAMESON, Frederic. *Late Marxism*. Londres: Verso, 2005; ALLEN, Amy. *The End of Progress: Decolonizing the Normative Foundations of Critical Theory*. Nova York: Columbia University Press, 2016, ou, ainda, DERANTY, Jean-Philippe. Adorno's Other Son: Derrida and the Future of Critical Theory. *Social Semiotics*, v. 16, 422-433, 2006. A esse respeito, indicaria ainda a tese defendida no Departamento de Filosofia por um antigo aluno: CARNEIRO, Silvio. *Poder sobre a vida: Marcuse e a biopolítica*. São Paulo: USP, 2014.

[24] Deleuze e Guattari foram os primeiros a perceber isso ao escreverem: "A filosofia leva ao absoluto a desterritorialização relativa do capital; ela o faz passar sobre o plano de imanência como movimento do infinito e o suprime enquanto limite interior, voltando-o contra si, para chamá-lo a uma nova terra, a um novo povo. Mas assim ela atinge a forma não proposicional do conceito em que se aniquilam a comunicação, a troca, o consenso e a opinião. Está, pois, mais próxima daquilo que Adorno chamava de 'dialética negativa', e do que a escola de Frankfurt designava como 'utopia'" (DELEUZE, Gilles; GUATTARI, Félix. *O que é a filosofia?* São Paulo: 34, 1996, p. 130). A colocação não deixa de ser surpreendente. A crítica do capitalismo através da radicalização filosófica do conceito de diferença e da recuperação do infinito não só aniquila o horizonte de racionalidade no qual se assentam tanto a comunicação quanto o sistema de trocas. Ela abre para uma aproximação a uma certa dialética própria ao pensamento adorniano e que Deleuze e Guattari associam à emergência da "forma não proposicional do conceito". Nesse sentido, o excurso que proponho como término visa explorar a tese de que se a relação entre Adorno e Hegel deve ser revista, como proponho no primeiro capítulo, ela trará consequências importantes para a reflexão a respeito das relações entre dialética e recuperação crítica da diferença, como espero mostrar no último momento do livro.

psicanalítica". Essa emergência é a mobilização da filosofia como força crítica capaz de empurrar a revolta para a consolidação de uma forma de vida por vir.

Ou seja, por mais que muitos queiram recusar tal realidade, os setores mais comprometidos com transformações sociais do pensamento alemão e do pensamento francês acabarão por convergir em suas estratégias de diagnóstico social, mesmo que tais convergências de estratégias produzam modelos de reconstrução da potencialidade crítica do pensamento radicalmente distintas.[25] Mas isso ao menos nos mostra como uma recuperação da dialética como modelo de pensamento crítico precisa ser pensada a partir das críticas feitas pelo pensamento francês contemporâneo. Pois a crítica do pensamento francês à dialética consiste em afirmar que ela destrói a diferença que ela mesma procura produzir ao submetê-la à contradição; ela cala o infinito que ela mesma procura atualizar ao submetê-lo à negatividade.[26] As estratégias da dialética acabariam, assim, por reinstaurar as formas de vida que ela própria julgava ultrapassar, o que não poderia ser diferente para um pensamento que não seria capaz de se livrar das amarras do sujeito, da consciência, da história mundial, do Estado, da representação, entre outros. Seus esquemas conceituais nunca poderiam garantir uma verdadeira perspectiva materialista, com suas forças, contingências, fluxos e intensidades.

Tais críticas não devem ser simplesmente desqualificadas, mas devem ser respondidas. Há de se reconstruir a dialética a partir delas. Pois, se nos perguntarmos sobre o sentido do projeto real que anima este livro, de procurar recuperar a dialética no momento histórico que é o nosso, devemos inicialmente lembrar como tal momento é marcado pela inquietude vinda da consciência cada vez mais generalizada do colapso de processos hegemônicos de modernização social.

---

[25] [*Nota em primeira pessoa*]: Os filósofos e pensadores que constituem nosso horizonte de pensamento não são apenas aqueles que nos levam a assumir alguma forma explícita de adesão, mas também os que nos levam a compor por contraponto. Estes nos seguirão sempre, nos levando a pensar de maneira diferente através do exercício de procurar responder aos seus desafios, a reencontrá-los em figuras improváveis e transfiguradas. Como em uma polifonia, o contraponto fará sempre parte do eixo central, mesmo que ele pareça estar sempre em linha de fuga. Hoje, percebo como os pensadores com os quais aderi constituem uma certa tradição: Hegel, Marx, Adorno, Lacan. Ela se orienta em torno do que se convencionou entender por "dialética". Mas tão importante quanto esses foram aqueles que me fizeram pensar por contraponto. E esta é uma outra tradição: Nietzsche, Foucault, Deleuze. Freud é um autor fundamental para mim e que não se encaixa em nenhum dos dois polos. Sempre tem alguém para atrapalhar seus esquemas.

[26] Entre tantos exemplos desta crítica, fiquemos com Michael Hardt e o Coletivo Situaciones, devido ao seu horizonte claro de intervenção política: "A dialética hegeliana destrói a diferença em dois momentos distintos: primeiro, ela leva toda diferença ao ponto de contradição, mascarando suas especificidades e, exatamente porque as diferenças são esvaziadas como termos de uma contradição, é possível submetê-las então a uma unidade" (HARDT, Michael. Colectivo Situaciones. Leer a Macherey. In: MACHEREY, Pierre. *Hegel o Spinoza*. Buenos Aires: Tinta Limón, 2007, p. 12). Mas poderíamos lembrar diretamente de Deleuze, para quem: "Contradição não é uma arma do proletariado, mas a maneira através da qual a burguesia defende e preserva a si mesma" (DELEUZE, Gilles. *Différence et répétition*. Paris: PUF, 1969, p. 268).

É notável, nesta última década, a magnitude da perda popular de adesão explícita ao horizonte normativo das democracias liberais, à racionalidade econômica imposta pela sociedade capitalista do trabalho, assim como é também notável o questionamento, cada vez mais extenso, dos padrões naturalizados de visibilidade e afecção dos corpos no interior da vida social. Na convergência generalizada desses fatores, desenha-se o que podemos chamar atualmente de uma "sociedade ingovernável"[27] pois refratária ao reconhecimento de seus sujeitos no interior dos modos de governo e de sujeição que nos aparece como hegemônicos. *Uma sociedade de desidentificação generalizada.*

A dificuldade que tal sociedade mostra atualmente em impedir a recuperação dessa potência de desidentificação por formas reativas e regressivas, levando a adesão social a mobilizações populares de natureza protofascista e à adesão subjetiva às formas de personalidade autoritária ou simplesmente cínica indica dificuldade estrutural em orientar a práxis de transformação na contemporaneidade. Durante décadas tal práxis foi pensada, em larga medida, de forma dialética, mesmo que para tanto a dialética tenha muitas vezes se tornado algo irreconhecível devido a simplificações grosseiras. Mas tal associação foi amplamente recusada a partir do final dos anos 1960 pelo fato de a dialética parecer, em solo francês, inadaptada à *gramática das lutas revolucionárias* que emergiam no horizonte de aprofundamento das exigências de transformação, e em solo alemão, inadaptada à *gramática dos conflitos sociais* que prometia gerenciar os próximos passos das sociedades de capitalismo avançado.[28] Uma curiosa inversão de sinais quando passávamos de uma tradição a outra.

Se, no segundo caso, devemos constatar que a gramática dos conflitos sociais implodiu devido à impossibilidade de qualquer forma "bem-sucedida" de mediação a partir das dinâmicas de acumulação gerenciadas pelo estado neoliberal onipresente, no primeiro caso, há de se insistir que os desafios atuais pedem que a dialética volte novamente à cena.[29] Algumas razões devem ser levantadas para tanto.

---

[27] Ver, a este respeito, o extenso trabalho de: CHAMAYOU, Grégoire. *La société ingouvernable.* Paris: La Fabrique, 2018.

[28] Lembremos, por exemplo, de DAHRENDORF, Ralf. Elemente einer Theorie des sozialen Konflikts. In: *Gesellschaft und Freiheit: zur soziologischen Analyse der Gegenwart.* Munique: Piper, 1961, p. 197-235.

[29] Lembremos como Adorno já criticava o caráter meramente gestionário por trás da redução da política ao campo do desdobramento dos conflitos sociais: "As atuais teorias do conflito social, que não podem mais negar sua realidade, atingem apenas o que nele é articulado e coisificado em papéis e instituições, aquém da perene violência que se oculta por trás da reprodução da sociedade. Implicitamente, já é considerado o controle social dos conflitos, os quais deveriam ser 'regulados', 'interferidos', 'dirigidos' e 'canalizados'" (ADORNO, Theodor. Soziologische Schriften. Frankfurt: Suhrkamp, 1972, p. 81). Isso pressupõe a aceitação forçada de uma gramática comum: "Os participantes deveriam ter reconhecido o sentido e a inevitabilidade dos conflitos e previamente

Primeiro, seria o caso de lembrar novamente como a dialética é um pensamento que insiste na força crítica das contradições porque ela, em todas suas versões, se lembrará da importância dos dispositivos de crítica da totalidade. Para *a dialética, não há transformações locais, há apenas transformações globais.* Isso significa que transformações locais que não se organizam em uma contradição global perdem sua realidade e têm sobrevida momentânea; elas serão frágeis e completamente efêmeras. Transformações locais devem ser agenciadas enquanto modalidades de contradição em relação à estrutura genérica de nossa situação atual. A contingência de suas formas locais de produção precisa se transubstanciar em ressonância genérica. E este é um ponto central: os dispositivos de crítica da totalidade são necessariamente solidários da possibilidade de emergência de um campo de implicação genérica, de reconhecimento de singularidades para além de todo contexto e limitação. Pois singularidades exigem uma existência que não dependa da solidariedade localizada em territorialidades específicas.

No entanto, a dialética insistirá que apenas a contradição pode fazer emergir aquilo que, do ponto de vista dos modos de determinação da situação atual, não pode existir, não pode ser contado, não tem determinação possível. É dessa forma que podemos compreender colocações fundamentais de Adorno, para quem a diferença entre conceito e objeto assume a forma lógica da contradição: "porque tudo aquilo que não se submete ao princípio de dominação, segundo a medida deste princípio, não aparece como algo diverso que lhe é indiferente, mas como violação da lógica".[30] A afirmação de Adorno é clara em insistir que não se trata de uma descrição interna sobre a estrutura imanente do que emerge em oposição à situação atual, até porque tais descrições internas não são objetos da filosofia, mas da contingência da produção singular. O que a dialética descreve é uma configuração estrutural a respeito da não-relação entre a falsa totalidade própria à situação atual e acontecimento, uma não-relação que poderá permitir o advento de outra situação. Por isso, a dialética é um pensamento da produtividade imanente da contradição *em uma situação de generalização da falsa totalidade.* O que levava Adorno a afirmar:

> A dialética não deveria temer a crítica de ser obcecada com a ideia fixa do conflito objetivo em uma coisa já pacificada; nenhuma coisa está em paz no todo não pacificado. Os conceitos aporéticos da filosofia são a marca do que é objetivamente, e não apenas do ponto de vista cognitivo, não resolvido.[31]

concordado com as regras de conciliação do jogo – uma condição que elimina operacionalmente o caso crítico de os conflitos quebrarem as regras vigentes do jogo" (ibidem). Mas não estamos a falar de regras de um jogo aceito "consensualmente", e sim da sedimentação de relações de poder e força.

[30] ADORNO, *Dialética negativa*, p. 49.

[31] Idem, p. 23.

Como nunca houve uma totalidade não antagônica, mesmo fora do capitalismo, basta lembrar como as formas sociais de produção pré-capitalistas são descritas por Marx como portadoras de contradição (as contradições entre relações de produção e forças produtivas, por exemplo, não são restritas ao capitalismo), não cabe à filosofia antecipar a forma da diferença sob uma sociedade conciliada. Pois: "a antecipação filosófica da reconciliação é um atentado contra a conciliação real".[32]

Emergência como figura da dialética

Sabemos como cabe a Marx a compreensão precisa de que a dialética se organiza a partir de uma crítica da falsa totalidade. O Capital é um modo de reprodução material da vida que se impõe globalmente em toda extensão, adaptando-se a configurações específicas e arcaísmos locais. Ele reorganiza todas as velocidades e intensidades dos processos de produção a partir de uma axiomática geral baseada nas dinâmicas de valorização do valor e de submissão da atividade humana às formas do trabalho. Ele reorganiza também as relações a si, generalizando seus modos de objetividade até o ponto de produção de uma vida psíquica que lhe seja conforme, o que ocorre através da generalização da forma-mercadoria como modelo global de objetividade social ou através da generalização da forma-empresa (em sua versão neoliberal).[33] Nesse contexto, o pensamento deve ser capaz de alcançar o que coloca a falsa totalidade em contradição por ser portador do que ainda não saberia como se realizar em formas hegemônicas de vida, nem saberia como ser reorganizado por elas. Ele deve nos levar a um ponto de emergência do que pode alternar a vida em suas formas. Daí por que uma dialética negativa consequente com suas próprias estratégias acabará por se realizar no que poderíamos chamar de uma *dialética emergente,* ou seja, dialética que explicita as condições para a emergência daquilo que poderia ser diferente, e que ainda não começou.

Fenômenos de emergência, no sentido forte, são normalmente descritos como produções de propriedades a partir de uma totalidade maior do que a soma de suas partes, já que o todo produzirá propriedades que suas partes não têm.[34]

---

[32] ADORNO, Theodor. *Três estudos sobre Hegel.* São Paulo: Unesp, 2012.

[33] Para este tópico, ver: FOUCAULT, Michel. *O nascimento da biopolítica.* São Paulo: Martins Fontes, 1999, p. 102.

[34] A este respeito, lembremos que: "falamos de emergência de maneira não trivial porque as propriedades do todo são não apenas diferentes destas dos elementos constitutivos, mas são em geral radicalmente novas, dependentes de maneira não trivial da natureza complexa das interações entre esses elementos e com os elementos exteriores. As propriedades emergentes são às vezes inesperadas e impredicáveis em seus detalhes, principalmente quando fatores aleatórios estão implicados nas interações" (ATLAN, Henri. *Cours de philosophie biologique et cognitiviste: Spinoza et la biologia actuelle.* Paris: Odile Jabob, 2018, p. 514).

Fenômenos de emergência teriam ainda algo normalmente descrito como causalidade descendente (*top-down*), ou seja, um regime de causalidade no qual níveis superiores de realidade (por exemplo, o nível mental, vital ou social) agem em condições causais de base (por exemplo, o nível físico-químico), como se o efeito tornasse causa de sua causa. Ou ainda, o que seria mais adequado, mostrando como o próprio vocabulário da causalidade é inadequado, pois estaríamos, na verdade, diante de relações cuja compreensão mais precisa exige a mobilização de noções como "comunidade" e "ação recíproca".[35]

Levando isso em conta, podemos dizer que uma dialética emergente compreenderá que a atualização da força produtiva da totalidade, sua explicitação, ou se quisermos a posição das pressuposições, implica transformação estrutural das determinações finitas que até então ocupavam o espaço da manifestação. Pois a atualização da totalidade dissolve a identidade das partes, entrando em contradição com elas. Ela não é exatamente causada pelas suas partes em uma dinâmica de sucessão temporal. Antes, ela se encontra pressuposta desde o início, segundo a estratégia hegeliana do absoluto estar desde o início. Mas há várias formas de estar, uma vez que sua posição implica produção de dinâmicas de ação recíproca que modificam estruturalmente todas as figuras e momentos já apresentados ou atualmente presentes.[36] Como se a emergência da totalidade tivesse a força de causar retroativamente os momentos, reinscrever a dinâmica de suas relações e implicações, modificando-as em um sistema de interação recíproca.

Essa dinâmica emergente pode ainda mostrar como a relação negativa a uma falsa totalidade efetivamente realizada é condição para a alteração da vida em suas formas, é transformação dos elementos que pareciam até então compô-la. A relação negativa à totalidade não é aporia de uma crítica totalizante que irá necessariamente se realizar como niilismo ou como teologia negativa, mas modo de emergência. Essa relação negativa é dialética, porque a própria falsa totalidade,

---

[35] Ver, por exemplo: DUTRA, Luis Henrique. Emergência sem níveis. *Revista Scientia Studia*, São Paulo, v. 13, n. 4, p. 841-865, 2015. Para uma defesa de um emergentismo forte, ver: CHALMERS, David J. Strong and Weak Emergence. In: CLAYTON, P.; DAVIES, P. (Orgs.). *The Re-Emergence of Emergence*. Oxford: Oxford University Press, 2006.

[36] Um exemplo involuntário privilegiado nos é dado pela leitura de Ruy Fausto da relação de exclusão entre Estado e sociedades sem Estado na obra de Pierre Clastres. Fausto encontra não apenas uma relação inclusiva de exclusão entre a chefia das tribos dos povos ameríndios e a noção de Estado na interpretação de Clastres. Ele também percebe, sem nomear dessa forma, o potencial transformador global da emergência do que é dialeticamente negado. Se as sociedades sem Estado são paradoxalmente organizadas a partir de um inexistente, de um impossível, é porque tal inexistente é elemento imanente à existência e suas forças internas de transformação. Em última instância existem e não existem sociedades sem Estado. Elas existem enquanto sociedades cujas relações de autoridade não obedecem à centralização produzida pela figura do Estado. Elas não existem por não existir sociedade alguma na qual o Estado não seja uma emergência que pode passar do impossível ao possível. Ver: FAUSTO, Ruy. *Marx: lógica e política*. São Paulo: Brasiliense, v. II, 1982, p. 188-198.

em seu funcionamento regular, produz as contradições que ela não saberia como integrar. Não há estabilização possível, pois as contradições na falsa totalidade podem sempre abrir espaço a uma outra forma de totalidade pensada como processualidade infinita, como veremos no primeiro capítulo deste livro. Mesmo que, no limite, a falsa totalidade possa tentar se mover em direção a um sistema de estabilização da crise permanente em suas múltiplas formas de violência.

Pensar a natureza das lutas

De certa forma, se pensarmos tais problemas no quadro de análises sociais, seremos levados a privilegiar não exatamente a análise do Capital em seu movimento imanente,[37] ou seja, a sistematicidade da forma com que ele mimetiza o movimento vivo, este movimento que sempre será o objeto primeiro da dialética. Mais do que a análise do Capital, trata-se de partir da intermitência da radicalidade das lutas sociais, e isso talvez explique a configuração peculiar do segundo capítulo deste livro, dedicado à relação entre Adorno e Marx. Em vez de centrar foco nos debates em torno de *O Capital,* preferi expor as profundas relações entre Adorno e temáticas do jovem Marx que creio ainda orientarão os textos mais claramente políticos do Marx de maturidade. Essa foi uma maneira de mostrar como, em Adorno, a crítica se desloca da análise da sistematicidade do Capital para a expressão das dimensões portadoras de conflito, mesmo que o apelo à força revolucionária da classe sociológica do proletariado pareça, para Adorno, impossibilitada.[38] Pois não se trata aqui apenas dos conflitos sociais e lutas de classe (que, como veremos, pareciam para Adorno não poder mais se expressar como consciência de classe), mas também dos conflitos psíquicos (que expressam a irredutibilidade da vida pulsional a seus modos sociais de integração). Ou seja, os conflitos psíquicos se transformam não apenas em expressão de conflitos de integração social, mas em campo de constituição de uma ideia de emancipação fundada em um uso do conceito de "não-identidade" que deverá reconfigurar o espaço alargado de reconhecimento que mobiliza os conflitos sociais, para além

---

[37] Como vemos, por exemplo, em: ZIERMANN, Christoph. Dialektik und Metaphysik bei Marx und Adorno. In: ETTE, Wolfram (Ed.). *Adorno im Widerstreit: Zur Präsenz seiner Denkens.* Freiburg: Alber, 2004. Ou, entre nós: FAUSTO, Ruy. *A esquerda difícil.* São Paulo: Perspectiva, 2007.

[38] Ao tentar uma aproximação entre teoria crítica e autonomismo sob os auspícios de Adorno e de Mario Tronti, John Holloway acaba por identificar certa simetria na tentativa de colocar as lutas de classe no início do processo político, em vez de partir de análises sobre a forma do desenvolvimento capitalista. Ele chega a aproximar-se da possibilidade de articular proletariado e sujeito não-idêntico como condição para uma reflexão cruzada a respeito de modalidades de emancipação social. No entanto, seu texto está mais para uma carta de intenções do que para um esforço realmente analítico. Ver: HOLLOWAY, John. Why Adorno? In: HOLLOWAY, John *et al. Negativity and Revolution: Adorno and Political Activism.* Londres: Pluto Press, 2009.

das questões de luta contra a espoliação econômica. De onde se segue a importância do sujeito como categoria crítica, como operador político, assim como do recurso massivo do pensamento adorniano à psicanálise. A dialética desdobra a crítica da economia política ao integrar também uma espécie de crítica das formas de colonização do sujeito e de seu inconsciente, crítica essa maior do que a temática da dessublimação repressiva.[39] Ou seja, a crítica da economia política deve ser seguida de uma crítica da colonização da subjetividade para que a atividade crítica seja uma operação fundamental da ação política. O que para alguns, como Axel Honneth, foi compreendido como déficit sociológico do pensamento adorniano era, na verdade, complexificação do cerne das lutas sociais para a estrutura psíquica e suas modalidades de constituição. A vida psíquica é o eixo dos processos de sujeição social, e também o início de sua emancipação.

Há de se lembrar que *há uma existência pulsional da não-identidade e é ela que garantirá o horizonte das lutas sociais para fora do capitalismo como forma de vida*. Essa talvez seja a astúcia maior de uma defesa não-substancial da universalidade com seu uso produtivo da negatividade e da indeterminação, a saber, enraizá-la na existência pulsional da não-identidade. Se, ao menos segundo Adorno, a possibilidade de emergência de uma consciência de classe estará impossibilitada devido à profunda gestão psíquica e espoliação do inconsciente que sustenta os modos de adesão social no capitalismo contemporâneo com seus usos administrativos da cultura, com sua engenharia humana, há uma irredutibilidade do inconsciente, para além de sua espoliação social, que será politicamente decisiva. Ela é muitas vezes esquecida por leitores de Adorno, mas ela está lá em seus textos, em sua forma de se lembrar da *verdade* do sofrimento psíquico, ou seja, dessa verdade cuja impossibilidade de enunciação no interior de uma vida mutilada nos faz sofrer, da recusa psíquica às reconciliações forçadas. Ela está lá permitindo a defesa de emergências possíveis à condição de que seja feita uma crítica implacável da identidade (em todas suas formas, a saber, individual, de classe, social, coletiva), dispositivo maior de colonização da capacidade de metamorfoses categorias do sujeito.

De toda maneira, essa pode aparecer como uma das contribuições fundamentais de Adorno e de sua reatualização da dialética, ainda mais se lembrarmos que as condições históricas atuais, em pontos importantes distintos daqueles que Adorno conheceu (a começar pelo fato de o modelo de gestão social própria ao capitalismo de Estado ter entrado em colapso para dar lugar aos modos neoliberais de acirramento de desigualdades e expropriação), permitem uma explicitação maior das latências da emergência. Por isso, a dialética, até agora

---

[39] Para uma visão a respeito da centralidade da economia política em Adorno, ver sobretudo BRAUNSTEIN, Dirk. *Adornos Kritik der politischen Ökonomie*. Bielefeld: Transcript, 2016.

negativa, pode explicitar na atualidade sua condição do que poderíamos chamar de prática teórica da emergência. As dinâmicas globais de sublevação que vemos atualmente indicam o tipo de tarefa que se espera da recuperação contemporânea da dialética, indicação que se faz sentir atualmente, em especial no Brasil, onde o recurso à dialética negativa faz parte de maneira orgânica de eixos fundamentais do horizonte de constituição do pensamento crítico nacional. Neste momento de decomposição nacional, espera-se que tal recurso passe a um segundo nível, contribuindo com a consolidação da prática teórica da emergência. Se a dialética é uma ontologia em situação e se a situação atual é outra, então podemos esperar que ela mude seus sistemas de explicitações, sem trair em nada o que é seu horizonte efetivo de reflexão.

De certa forma, tanto no campo do pensamento quanto no campo dos regimes de organização das lutas sociais, a dialética se confronta atualmente com processos que parecem corroborar o diagnóstico adorniano. O recurso à identidade como dispositivo essencialista de mobilização política, tão recorrente tanto nas forças reativas quanto naqueles que procuram fazer avançar a emancipação social, impede não apenas a emergência de uma implicação genérica que poderia abrir espaço a uma diferença radical em relação aos modos de reprodução das formas hegemônicas de vida, como também coloniza os sujeitos em um campo de experiências previamente demarcado pelo potencial de demandas e formas já declaradas, já enunciadas por movimentos sociais.[40] Como se as formas gerais de existência já estivessem de antemão definidas a partir do que pode ser apropriado por uma identidade qualquer, ou ainda, a partir de uma *ontologia das propriedades* que a dialética sempre combateu. Ontologia cuja tradução política seria a redução da luta social à defesa daquilo que é "meu". Nunca a definição adorniana da identidade como a forma originária da ideologia, com seu sistema de paralisia da imaginação social, foi tão atual. Não há possibilidade alguma de o uso não-provisório das categorias de identidade nos levar para além de meras novas partilhas dos modos atuais de existência e de realidade social. Ou seja, por mais que pareça índice de sublevação, os usos políticos não-provisórios das categorias de identidade serão sempre a astúcia final da perpetuação da gramática liberal das propriedades. Insistamos, a verdadeira contraposição não é entre demandas identitárias de reconhecimento e lógica de luta de classe (pois o próprio conceito de classe pode funcionar em chave identitária, como vimos muitas vezes ocorrer com o uso substancialista da noção de "proletariado"). Toda a legião de crítica às políticas de identidade

---

[40] Tomo a liberdade de remeter a: SAFATLE, Vladimir. *A esquerda que não teme dizer seu nome.* São Paulo: Três Estrelas, 2012. Ver também: HOLLOWAY, John. Negative and positive autonomism or Why Adorno? In: *Negativity and revolution*, part 2.

que mobiliza o pretenso esquecimento das chamadas lutas de classe erra. Não se contrapõe uma ontologia das propriedades a uma ontologia das classes. A contraposição é entre demandas identitárias e emergências não-identitárias que se coloquem como ponto de contradição global em relação às determinações sociais atuais por propriedade e por classes. Tal contradição ocorre quando identidades historicamente vulneráveis, marcadas pela reiteração da violência e da invisibilidade social, começam a falar em nome de uma universalidade até agora impossível. O que nos lembra como a questão política central nunca é "qual o lugar de minha fala", mas "quem pode falar em nome de uma universalidade que implica em contradição global com a situação atual?".

Pois a impossibilidade de sustentar um ponto de contradição global capaz de nos abrir a modelos de ação social em recusa radical de nossas formas hegemônicas de vida tem raízes subjetivas profundas. Tais raízes impedem os sujeitos de se verem como dinâmicas em transformação e ruptura, o que traz consequências necessárias a todas as suas formas de ação. A insistência adorniana em pensar o sujeito, a ainda operar com o sujeito, mas pensar um sujeito não-idêntico, sujeito como espaço de uma experiência contraditória de integração e recusa era sua forma de insistir que trazemos em nós o germe de uma potencialidade de emergência. Esta não-integração é uma voz que pode falar baixo, mas nos faz sempre lembrar do caráter mutilado de nossas vidas e da possibilidade de utilizar a força do negativo como dinâmica de passagem. Como veremos mais à frente, essa não-identidade ainda nos lembra como há uma infinitude possível que nos força à recusa e talvez nunca tenha sido tão necessário lembrar da solidariedade de origem entre dialética e experiência da infinitude.

À sua maneira, isso justifica a configuração restrita deste livro, que procura discutir o que pode ser compreendido como o cerne da reconstrução da crítica e da experiência intelectual de Adorno. Era necessário para mim apresentar, de maneira mais sistemática e explorando o sistema de recuperações e solidariedade no interior daquilo que devemos chamar de "tradição dialética", a maneira como podemos compreender a produtividade de um pensamento que se define como uma dialética negativa, até para que possamos pensar de maneira mais apropriada o que pode ser uma dialética após a dissolução do mundo produzida por Theodor Adorno. Uma dialética para os que não precisam mais de um mundo, ou ainda, uma dialética para os que se desampararam de um mundo. Mas um desamparo que poderia, paradoxalmente, dar corpo ao impossível.[41]

---

[41] [*Nota em primeira pessoa*]: Foi Adriana Zaharijević quem criou este título, para outro trabalho que acabou por não vir à luz. A ela, sou infinitamente grato por ter me deixado roubar o título, não apenas para o nome deste livro, mas também para o sintagma de um processo que procurava há muito nomear, mas sem sucesso.

Ontologia em situação

Por fim, faz-se necessário, antes de começar, fornecer certo esclarecimento geral a respeito da tese referente a um sistema de metamorfoses da dialética depois de Hegel. Se é possível explorar linhas de continuidade entre dialética hegeliana, dialética negativa e, como gostaria de mostrar, mesmo a dialética marxista, é porque a dialética hegeliana é a dialética necessária para as possibilidades históricas da experiência no início do século XIX, assim como a dialética marxista o é para o final do século XIX e a dialética adorniana o é para meados do século XX. Como uma ontologia cujo sistema de posições e pressuposições modifica-se a partir de configurações históricas determinadas, sem com isso modificar sua compreensão estrutural da processualidade contínua do existente, ou seja, como "ontologia em situação", a dialética reorienta-se periodicamente em um movimento que leva em conta as transformações de suas situações históricas. Não poderia ser diferente para um pensamento que mesmo nunca aceitando distinções estritas entre ontológico e ôntico, jamais abriu mão da potencialidade crítica da verdade em relação ao campo de experiências entificado pelo senso comum. A crítica se mede a partir das configurações historicamente determinadas de bloqueio.

Isso significa que devemos compreender melhor o que pode ser o conceito vago de uma "ontologia em situação". Pois, a princípio, tal sintagma soa como a forma mesma de um paradoxo. A ontologia como discurso do ser enquanto ser é modalidade de reflexão filosófica caracterizada pela aparente estaticidade da definição nocional de suas categorias, assim como de suas modalidades de força normativa. Podemos dizer que a ontologia se caracteriza por ser um discurso sobre aquilo que permite a outros discursos definir sua consistência lógica e, por consequência, sua validade. Mas, a princípio, uma ontologia em situação seria aquela que deixaria evidente como situações sócio-históricas engendram sistemas de ideias que se procuram passar por dotados de necessidade atemporal. Nesse sentido, ela seria apenas uma maneira de mostrar como particularidades, impasses e tensões de dinâmicas em situação são, de certa forma, sublimados em sistemas de ideias com aspirações universalizantes. A força normativa de tais sistemas daria então lugar a uma reflexão crítica sobre a gênese material das normas. Dessa maneira, uma ontologia em situação seria, necessariamente, uma reflexão crítica sobre a própria ontologia. Algo não muito longe do que faz Marx, em *A ideologia alemã*, quando afirma, por exemplo:

> As ideias da classe dominante são as ideais dominantes de cada época, quer dizer, a classe que exerce o poder objetal dominante na sociedade é, ao mesmo tempo, seu poder espiritual dominante [...] As ideias dominantes não são outra coisa a não ser a expressão ideal das relações materiais dominantes concebidas com ideias;

portanto, as relações que fazem de uma determinada classe a classe dominante, ou seja, as ideias de sua dominação.[42]

A denúncia é evidente: as ideias que compõem o espaço de um domínio no qual nada pode aparecer que não esteja anteriormente assegurado por condições prévias e não-problematizadas são a "expressão ideal das relações materiais dominantes concebidas como ideias". No entanto, poderíamos compreender a noção de "ontologia em situação" de outra forma.

É possível pensar uma ontologia que conserva sua legitimidade ao apresentar-se, na verdade, como o próprio campo de exposição do processo de crítica das categorias ontológicas produzidas por situações sócio-históricas determinadas como, por exemplo, ser, substância, essência, identidade, diferença, entre tantas outras. Ou seja, a exposição da crítica não se dará através da confrontação da ontologia com campos que lhe seriam exteriores, como a sociologia das ideias, a economia dos sistemas de justificação do existente ou mesmo a sociologia da produção intelectual. Na verdade, a crítica à ontologia seria imanente ao próprio exercício da ontologia, um pouco como vemos em Hegel, ao menos se aceitarmos a ideia de que "a lógica hegeliana é a ideia metódica, que se fundamenta, da unidade entre crítica e apresentação da metafísica".[43] Nesse caso, estamos diante de uma metafísica paradoxal, já que ela só pode se realizar como crítica das categorias metafísicas ou, ainda, como *explicitação de significações em seu ponto de esgotamento*.[44]

Mas há de se salientar um ponto a mais. A crítica que organiza as categorias ontológicas a partir de seu esgotamento, de suas contradições internas, ou seja, de sua incapacidade em abarcar o campo das experiências a respeito das quais ela se propunha abarcar, não nos leva necessariamente a uma crítica geral da ontologia como discurso. Ela nos leva, paradoxalmente, a uma certa *ontologização da negatividade da crítica*, no sentido de compreender o movimento contínuo de dissolução da estabilidade formal do sistema de ideias próprio a situações sócio-históricas determinadas como sendo a própria manifestação das "formas gerais de movimento", a respeito das quais, por exemplo, Marx falará, no prefácio ao *Capital*, quando reconhecer sua filiação a Hegel.[45] Notemos, por exemplo, como a dialética nunca abandonará certa concepção de movimento que lhe orientará no

---

[42] MARX, Karl; ENGELS, Friedrich. *A ideologia alemã.* Rio de Janeiro: Civilização Brasileira, 2007, p. 71.

[43] THEUNISSEN, Michael. *Sein und Schein: die kritische Funktion der Hegelschen Logik.* Frankfurt: Surhkamp, 1994, p. 16.

[44] Seguindo aqui uma via de interpretação aberta por LEBRUN, Gérard. *A paciência do conceito.* São Paulo: Unesp, 2007.

[45] Cf. MARX, Karl. *O Capital.* São Paulo: Boitempo, 2011, v. I, p. 91.

interior da crítica e da compreensão dos processos históricos. Sempre será questão de contradições, de modos instáveis de produção, de conflitos como operadores de movimento, de passagens no oposto e interversões, de mutação da quantidade em qualidade. Mas o que é isso, a não ser uma ontologia que se expressa em certa forma de compreensão de processos e movimentos?

Por isso, há de se afirmar que tal ontologização da negatividade da crítica ocorre porque a crítica das categorias ontológicas não é simplesmente negativa. Se exposição de conceitos da metafísica e crítica da metafísica estão juntas no projeto hegeliano, é para o pensamento poder, através da apreensão do movimento que denuncia a limitação de conceitos que até então pareciam sólidos, ver uma metamorfose categorial que Hegel chamará de "dialética". Essa metamorfose será, no entanto, o modo de emergência de uma experiência que estará impulsionando o horizonte de toda a *Ciência da Lógica,* a saber, a experiência de um conceito renovado de infinito, e dele nenhuma dialética saberia como abrir mão. A negatividade do movimento dialético é, na verdade, a manifestação da emergência da noção de infinito. Por isso, a negatividade dialética nunca se realiza como ceticismo, mas como modo de acesso à totalidade (embora há de se entender o que "totalidade" pode significar nesse contexto, o que significa articular "infinito" e "totalidade") e como abertura a multiplicidades não representáveis, como gostaria de mostrar a partir de agora.

A EMERGÊNCIA DA DIALÉTICA NEGATIVA: HEGEL, MARX, ADORNO

Em sonho, meu amigo me contou que tinha apenas uma paixão musical: tocar contrabaixo. Mas ele não podia satisfazê-la. Por um lado, as partituras de solista para esse instrumento não eram numerosas. Mas, por outro, sua mulher não tolerava a presença de um contrabaixo gigante na casa: segundo ela, o instrumento perturbava a beleza do salão.

Infinito e contradição: da arte de desrespeitar o vazio

*Enquanto a transcrição da utopia se fizer por meios
inadaptados, ela não poderá mudar a realidade.
Ela continuará à margem, destinada a apodrecer
no museu das invenções inúteis.*
Pierre Boulez (sobre Adorno)

As aventuras de que Ulisses sai vitorioso são todas elas perigosas seduções que desviam o eu da trajetória de sua lógica. Ele cede sempre a cada nova sedução, experimenta-a como um aprendiz incorrigível e até mesmo, às vezes, impelido por uma tola curiosidade, assim como um ator experimenta incansavelmente os seus papéis. "Mas onde há perigo, cresce também a salvação": o saber em que consiste sua identidade e que lhe possibilita sobreviver tira sua substância da experiência de tudo aquilo que é múltiplo, que desvia, que dissolve, e o sobrevivente sábio é ao mesmo tempo aquele que se expõe mais audaciosamente à ameaça da morte, na qual se torna duro e forte para a vida.[46]

As palavras de Adorno e Horkheimer a respeito dos descaminhos de Ulisses poderiam servir de base para uma consideração epistemológica geral sobre a própria dialética adorniana. Pois, até o final, a dialética será, para Adorno, uma maneira de o pensamento desviar o Eu da trajetória de sua lógica, no sentido de quebrar o idealismo próprio a certa natureza projetiva da relação com o mundo. Uma quebra vivenciada como confrontação com o perigo da dissolução de si por colocar em questão a capacidade egoica de síntese e organização da experiência.

Mas "onde há perigo, cresce também a salvação". Maneira mais poética de lembrar que "o conhecimento começa somente lá onde ele acolhe o que para o pensamento tradicional aparece como opaco, impenetrável, mera individuação".[47] Por isso, o risco representado pela dialética será, na verdade, a astúcia do pensamento do sobrevivente que se expôs à sedução da multiplicidade e do não-idêntico; do

---

[46] ADORNO, T.; HORKHEIMER, Max. *Dialética do esclarecimento*. Rio de Janeiro: Jorge Zahar, 1985, p. 56.

[47] ADORNO, *Três estudos sobre Hegel*, p. 166.

sobrevivente animado pelo desejo de ser outro, como um incansável ator. Dessa forma, a dialética poderia aparecer como o pensamento de quem, teimosamente, cede a cada nova sedução, cede a cada encanto do heterogêneo. É tendo esse movimento em mente que devemos compreender a afirmação adorniana:

> Dialética não significa nem um mero procedimento do Espírito, por meio do qual ele se furta da obrigatoriedade do seu objeto – em Hegel ela produz literalmente o contrário, o confronto permanente do objeto com seu próprio conceito – nem uma visão de mundo [*Weltanschauung*] em cujo esquema se pudesse colocar à força a realidade. Do mesmo modo que a dialética não se presta a uma definição isolada, ela também não fornece nenhuma. Ela é o esforço imperturbável para conjugar a consciência crítica que a razão tem de si mesma com a experiência crítica dos objetos.[48]

Nem método, nem visão de mundo, mas imanência entre a consciência crítica que a razão tem de si e a experiência crítica dos objetos. Essa imanência indica um peculiar realismo próprio à dialética que Adorno procura dar conta ao falar dela como o esforço de determinar o movimento do pensamento enquanto movimento das próprias coisas: "A dialética é ambos, um método do pensamento, mas também algo mais, a saber, uma estrutura determinada das coisas".[49] Essa é sua maneira de ceder a cada encanto do heterogêneo: empurrando o pensamento a ouvir a estrutura determinada das coisas. Por isso, para que tal imanência seja possível, devemos sair de uma concepção correspondencialista de realismo e responder à condição para a recusa a toda noção projetiva de pensamento, mesmo que Hegel chegue a falar em certos momentos de "correspondência" entre conceito e objeto.

Se não estamos a falar de uma correspondência no sentido realista da palavra é porque a imanência própria à dialética só se realiza à condição de um colapso das estruturas de ligação e determinação derivadas do Eu como fundamento. Tais estruturas devem entrar em colapso por elas serem a expressão do que Hegel compreende por finitude, o que pressupõe que a própria experiência filosófica se torne o campo no interior do qual a finitude e sua expressão principal, a saber, o Eu como fundamento da identidade e dos princípios de ligação que constituem objetos da experiência, são dissolvidos em prol de processos que retiram deles toda ilusão de irredutibilidade ontológica. Pois vale para a dialética a compreensão de

---

[48] Idem, p. 80.

[49] ADORNO, Theodor. *Einführung in die Dialektik*. Frankfurt: Suhrkamp, 2015, p. 9. De certa forma, esta é a maneira adorniana de afirmar algo que John McDowell dirá nos seguintes termos: "A forma do pensamento é desde sempre como a forma do mundo. Trata-se de uma forma que é objetiva e subjetiva conjuntamente, não primeiramente subjetiva e posteriormente supostamente objetiva" (MCDOWELL, John. *Having the World in View: Essays on Sellars*. Cambridge: Harvard University Press, 2009, p. 143).

que a finitude é "o fetiche ideológico central de nossa época",[50] ela é o operador central de constituição dos regimes gerais de objetividade social. Isso significa dizer que as categorizações sob a forma da representação, da jurisdição dos limites, da irredutibilidade das individualidades, da determinação atributiva das classes, da permanência estável das identidades através de suas predicações não são apenas uma forma de pensar, mas a estruturação de uma forma de vida com consequências extensivas aos campos da linguagem, do desejo e do trabalho. Essa finitude é uma forma de exílio do tempo na figura da sucessão linear e sem ressonância histórica, de exílio da subjetividade nas figuras da individualidade a procura do reconhecimento de suas propriedades e de seus pretensos lugares determinados de fala, de exílio do desejo nas formas gerais da incompletude, da restrição e da carência. Tais exílios serão todos abandonados em um movimento cujo resultado não será apenas a dissolução de toda pretensão atributiva do pensamento como pretensa expressão de uma *façon de parler*.[51] Ele será a apresentação de um processo de transformação que volta sua força contra o fundamento ideológico central de nossa época a fim de unificar crítica social e crítica da razão e realizar a ultrapassagem da metafísica implícita a suportar os limites imanentes às formas de vida próprias às sociedades capitalistas.

Contra esse fundamento ideológico de uma época que é fundamentalmente a nossa, a dialética procurou ser a reflexão sobre as modalidades de apresentação do infinito, com o redimensionamento global do campo de experiências que tal apresentação pressupõe.[52] Ou seja, para impedir a transformação do ceticismo que lhe é próprio em mera estratégia de perpetuação do pensar em seu ponto de exílio em relação a toda experiência com pretensão de verdade, a dialética precisa nomear o processo que lhe especifica com o nome do infinito em ato. Ela precisa fazer dos desabamentos e dos colapsos que a experiência do pensamento conhece não um mero fracasso, mas o momento necessário de uma metamorfose categorial. Mesmo a experiência da morte, o mais fundamental dos operadores da analítica da finitude que nos foi legado pela teologia cristã, ganhará em Hegel uma função completamente distinta e até então estranha, pois aparecerá como transfiguração fenomenológica da negatividade em relação às determinações finitas.

---

[50] BADIOU, Alain. *L'immanence des vérités*. Paris: Fayard, 2018, p. 16.

[51] Como defende Gérard Lebrun em *A paciência do conceito*, 2010.

[52] Adorno compreende claramente o recurso político ao conceito de infinito ao afirmar: "a experiência do idealismo alemão pós-kantiano reagiu contra a obtusidade pequeno-burguesa e a satisfação com a compartimentalização da vida e do conhecimento organizado realizadas no interior da divisão do trabalho [...] O termo 'infinitude' que, à diferença de Kant, fluía facilmente das penas de todos eles, assume sua coloração específica apenas em relação ao que era para eles a privação produzida pelo finito, pelo obstinado interesse e teimosa particularização do conhecimento, no qual o autointeresse se espelha" (ADORNO, *Três estudos sobre Hegel*, p. 144).

Por isso em Hegel a morte nunca mata, por isso em Hegel ninguém morre, nem mesmo o terror mata.[53] Há uma subversão da morte em Hegel. Pois tudo se passa como se estivéssemos em uma história de encarnações múltiplas, na qual os personagens nunca desaparecem por completo, mas voltam transfigurados, incorporados em outros corpos. Pois a morte em Hegel reconfigura o campo de experiências possíveis em um movimento impulsionado pela atualização do infinito. E atualização é aqui uma noção decisiva, uma vez que toda a dialética será pautada pela recusa de um infinito transcendente caracterizado pelos protocolos da inacessibilidade, o que exige uma metamorfose na dimensão da sensibilidade, uma recusa clara do que Hegel compreende como o "psicologismo subjetivista" próprio a essa forma de compreender a estética transcendental como submetida aos procedimentos de determinação derivados do sujeito cognoscente em sua dimensão constituinte. E é nesse colapso da estética transcendental que a imanência entre pensar e movimento das coisas pode se instaurar.

Pode parecer inicialmente contraintuitivo mas, como gostaria de mostrar à frente, tal relação constitutiva à apresentação da infinitude vale até mesmo para a dialética negativa.[54] Como se a compreensão da infinitude em ato fosse estratégia central e indissociável do redimensionamento das potencialidades da crítica em sua força, ao mesmo tempo, destituinte e instauradora. Mas para entender essa relação entre dialética negativa e infinitude não é possível aceitar mais modalidades de leitura que ignoram sistematicamente a força especulativa da reflexão estética adorniana. A divisão internacional de trabalho a que a leitura de Adorno foi submetida, como se problemas filosóficos não animassem e não fossem, muitas vezes, respondidos através da confrontação com as obras de arte de seu tempo, como se fosse o caso de separar como um açougueiro a quebrar os ossos de seu animal, filosofia, teoria social e prática estética são fruto de ignorância em relação à organicidade da experiência intelectual de Adorno.

Alguns poderão ver nisso manifestação de certo derrotismo de alguém que, não acreditando mais nas possibilidades de transformação política global, encerra-se na contemplação das obras de arte mais avançadas de seu tempo. Esse esquema da reflexão estética como prática compensatória às desilusões diante da pretensa impossibilidade da ação revolucionária é, no entanto, ruim. Ele expressa um desconhecimento da maneira com que a experiência estética corrói paulatinamente a sensibilidade hegemônica, abrindo o caminho para a renovação da experiência

---

[53] O que Balibar havia claramente compreendido ao falar dessa capacidade monstruosa da dialética hegeliana de converter toda violência em movimento do Espírito. Ver: BALIBAR, Étienne. *Violence et civilité*. Paris: Galilée, 2010.

[54] Contrariamente ao que defende, por exemplo: PINKARD, Terry. *Adorno: The Music of Negative Dialectic* (não publicado).

social através da sensibilização a novas formas e modos de organização e de relação. A noção de práxis dos detratores da força transformadora da produção estética é limitada e não esconde uma antiga desqualificação filosófica das artes e da experiência sensível que remonta ao menos até Platão. De seu lado, Adorno compreendia a produção da forma estética em seu horizonte vanguardista mais desenvolvido como imbuída de forte potencial de indução de transformações nos múltiplos fatores que compõem formas de vida.

A esse respeito, lembremos como a *Teoria estética* adorniana não temia afirmar que: "a problemática da teoria do conhecimento retorna (*wiederkehren*) imediatamente na estética".[55] Ela vai ainda mais longe, na medida em que assevera que a formalização estética deve ser compreendida com "correção do conhecimento conceitual", já que a "arte é racionalidade que critica a racionalidade sem dela se esquivar".[56] Pois, "com o progresso da razão, apenas as obras de arte autênticas conseguiram evitar a simples imitação do que já existe".[57] Um exemplo do gênero de "correção" que a arte pode nos fornecer: "A grosseria do pensamento é a incapacidade de operar diferenciações no interior da coisa, e a diferenciação é tanto uma categoria estética quanto uma categoria do conhecimento".[58]

Tais colocações nos demonstram como as obras de artes que se desdobram no horizonte do presente têm, para Adorno, a força explosiva de confrontar a vida social com horizontes de emancipação que ela ainda sequer é capaz de colocar como possibilidade, já que se trata de uma vida submetida aos ditames da sociedade capitalista do trabalho e sua analítica da finitude, da carência, da escassez, da limitação dos recursos. Seu reconhecimento do envelhecimento da nova música não implica, em absoluto, perda de confiança na capacidade da arte induzir o pensamento que procura orientar as condições sociais de realização da liberdade e do desabamento dos modos atuais de determinação.

Impossibilidades lógicas que expressam impossibilidades reais

Comecemos por deparar com a singularidade da estratégia dialética a respeito das estratégias de atualização da infinitude. Pois uma das características fundamentais da dialética se encontrará na afirmação de que é necessariamente sob a forma do desvelamento das contradições na esfera do real que a infinitude pode se realizar. Ou seja, a contradição não é apenas indicação de déficits de normatividade dos fenômenos em relação a seus próprios conceitos, nem de indicação

[55] ADORNO, Theodor. *Ästhetische Theorie*. Frankfurt: Suhrkamp, 1972, p. 493.

[56] Idem, p. 87.

[57] ADORNO; HORKHEIMER, *Dialética do esclarecimento*, p. 34.

[58] ADORNO, Ästhetische Theorie, p. 344.

de um objeto vazio de conceito. Ela é descrição de um processo no interior do qual a negação de si é forma de realização de si. Realização de um "si" que a partir de então terá uma relação infinitamente dinâmica consigo mesmo e que, por isso, rompe com as distinções estritas entre as esferas da subjetividade e da objetividade, fazendo os modos de ligação derivados da unidade sintética do Eu entrarem em colapso devido à força da negatividade. Aceitemos a definição de que "infinitude", no interior da tradição dialética, não descreve o que é infinitamente grande ou infinitamente pequeno, o que é sem medida, o que se coloca como para além inalcançável, o que se pensa sob a forma da progressão infinita. Antes, ela descreve *formas de autorrelação que são imediatamente autonegações e autodeterminações*[59] ou ainda formas de autorrelação cujos processos de determinação são uma autonegação.

Nesse sentido, quando afirmar, mais tarde, que a dialética "é a consciência consequente da não-identidade", Adorno parecerá não estar fazendo outra coisa que fornecer uma repetição contemporânea da definição hegeliana da dialética como "espírito de contradição organizado".[60] Tal como o espírito hegeliano que procura organizar a contradição, a consciência consequente adorniana não procuraria transformar a irredutibilidade da experiência à norma da *adaequatio* em bloqueio para o pensamento, mas em motor de uma experiência renovada. No entanto, há ainda algo a mais. Pois essa não-identidade será a mesma expressão do processo que leva o pensamento identificador a deparar com um princípio de infinitização de seu objeto. Por isso, longe de uma estratégia deceptiva, a consciência consequente da não-identidade permite ao sujeito "tirar sua substância da experiência de tudo aquilo que é múltiplo, que desvia, que dissolve".

Se estamos a falar de "não-identidade", e não exatamente de "diferença", é porque se trata de insistir na dimensão processual do pensamento. Há um processo que precisa passar pelo fogo da resistência à identidade para que as determinações que insidiosamente permanecem como representações naturais possam ser queimadas uma a uma. Pois a força da reificação e da gramática da finitude é muito maior do que gostaríamos de acreditar; ela perpassa todos os poros da experiência, ela retorna quando menos esperamos. Os meandros da sua resiliência são astutos. Tais meandros são combatidos através de explosão interna de sua gramática, e esta é a estratégia dialética por excelência.

---

[59] Como vemos em colocações de Hegel como: "A infinitude, ou essa inquietação absoluta do puro mover-se-a-si-mesmo, faz com que tudo o que é determinado de qualquer modo – por exemplo, como ser – seja antes o contrário dessa determinidade" (HEGEL, *Fenomenologia do Espírito I*, p. 116).

[60] Ver, a este respeito, o texto homônimo em: ARANTES, Paulo. *Ressentimento da dialética*. São Paulo: Paz e Terra, 1996.

No entanto, poderíamos afirmar que há algo de errado com essa estratégia dialética. Basta lembrar como, para Adorno, a própria noção de contradição deve ser, no fundo, compreendida como o não-idêntico *sob o aspecto da identidade*. Parece que estamos em uma limitação autoimposta, na qual o único acesso à diferença é partir de uma identidade sempre criticada, porém nunca eliminada do horizonte do pensamento. Adorno se adianta a tal crítica que será constante nas últimas décadas, para a qual a dialética "reduz indiscriminadamente tudo o que cai em seu moinho à forma meramente lógica da contradição, deixando de lado a plena multiplicidade do não-contraditório, do simplesmente diverso".[61] Dessa forma, parecemos condenados a sempre mensurar o heterogêneo a partir do pensamento da unidade, que nunca é de fato abandonada, mesmo que negada. No entanto, Adorno opera uma dupla justificação.

A primeira afirma que não cabe ao pensamento ignorar o que é uma "lei real", ou seja, o que é dado de forma implacável pela realidade social no capitalismo e suas dinâmicas de reprodução. As formas da unidade e da identidade não são formas do pensamento, uma vez que são formas "reais" contra as quais se batem nossos desejos, nossos corpos, nossas atividades, nossas falas, no sentido de formas fundamentais para os processos de produção material das sociedades capitalistas. Imaginar que o pensamento poderia tematizar imediatamente a diferença, antecipando a forma da liberdade inexistente na situação atual, seria um atentado à produtividade da liberdade efetiva, que não tem medida alguma em relação à vida mutilada à qual estamos submetidos. Nesse sentido, se a diferença aparece como não-identidade e, principalmente, como contradição, é porque, no interior da sociedade capitalista, *a única forma de a diferença se fazer sentir é como uma radical impossibilidade lógica*. É nesse sentido que devemos compreender afirmações como:

> Quem se submete à disciplina dialética tem de pagar sem qualquer questionamento um amargo sacrifício em termos de multiplicidade qualitativa da experiência. O empobrecimento da experiência provocado pela dialética, empobrecimento que escandaliza as opiniões razoáveis e sensatas, revela-se no mundo administrado como adequado à sua monotonia abstrata. O que há de doloroso na dialética é a dor em relação a esse mundo, elevada ao âmbito do conceito. O conhecimento precisa se juntar a ele, se não quiser mais degradar a concretude no nível da ideologia: o que realmente está começando a acontecer.[62]

---

[61] ADORNO, *Dialética negativa*, p. 13.

[62] ADORNO, *Dialética negativa*, p. 14. Ou ainda: "Conceito e realidade possuem a mesma essência contraditória. Aquilo que dilacera a sociedade de maneira antagônica, o princípio de dominação, é o mesmo que, espiritualizado, atualiza a diferença entre o conceito e aquilo que lhe é submetido. Essa diferença, porém, assume a forma lógica da contradição porque tudo aquilo que não se submete à unidade do princípio de dominação, segundo a medida desse princípio, não aparece como algo diverso que lhe é indiferente, mas como violação da lógica" (p. 49).

Ou seja, tacitamente deixando de tematizar sobre o destino da contradição para além do capitalismo, tacitamente reconhecendo a possibilidade de advir "pela primeira vez a pluralidade do diverso sobre o qual a dialética não teria mais poder algum",[63] Adorno insiste que a única maneira de sair deste mundo é elevar ao impossível a força da revolta contra sua monotonia abstrata, contra sua administração axiológica. O amargo sacrifício da multiplicidade não é outra coisa que a radicalização da consciência de que, em todas as dimensões da existência, nas suas dobras mais profundas, a abstração da circulação do Capital está presente, sua totalização não deixa nada intacto. Resta se colocar no ponto de inexistência lógica a fim de fazer este mundo desabar.[64]

Note-se ainda que poderíamos contra-argumentar através de certo recurso antropológico à diferença, ou seja, tematizando de certa forma um aquém do capitalismo. Pois se o uso extensivo da contradição está ligado, entre outros, às condições de reprodução material sob o capitalismo, à necessidade de levar a diferença à condição de impossibilidade lógica diante das leis reais do funcionamento da vida social, então nada nos impediria de apelar à experiência da diferença presente em formas sociais não-capitalistas que se desdobraram em processos históricos ainda ao alcance do olhar antropológico.[65] Duas colocações podem ser feitas nesse sentido. Primeiro, o apelo a tais experiências como horizonte antropológico da crítica exige que elas sejam postas também como impossibilidade lógica às nossas formas de vida, se não quiserem ser apenas a expressão de potencialidades imanentes às formas sociais capitalistas. Adorno não afirma que a única forma possível da diferença é a contradição, mas que a diferença tende a se pôr como contradição em nosso horizonte de experiência, o que é algo distinto. Ela precisa se pôr dessa forma para não se integrar. Ela precisa se colocar na forma do impossível para não se reduzir a uma possibilidade imanente da atualidade.

---

[63] Idem, p. 15. É interessante lembrar a maneira com que Adorno desqualifica tentativas de aceder a tal pluralidade do diverso. Dois exemplos privilegiados são Bergson e Husserl. De Bergson, Adorno critica o dualismo estrito, assim como o fato de que, como seus arqui-inimigos positivistas, ele ser obrigado a recorrer aos dados imediatos da consciência. A crítica a Husserl será apresentada no capítulo 4 deste livro.

[64] Como lembrará Jay Bernstein a respeito desta articulação entre contradição e não-identidade: "Em condições tradicionais, contradições são índices de que a razão fracassou e, portanto, um estímulo para procurar uma perspectiva melhor, mais consistente e unificada. Mas se a unidade e a consistência do fenômeno diante de nós é o problema, um signo de que impusemos uma ordem a ele, então a emergência de uma contradição significa algo diferente, significa que algo escapou da rede de unificação, o que significa dizer que a contradição testemunha antagonismos na realidade (entre o que é demandado das coisas e a própria coisa). O que escapa da unificação é não-idêntico ao conceito que supostamente deveria apreendê-lo" (BERNSTEIN, Jay. Negative Dialectic as Fate: Adorno and Hegel. In: HUHN, Tom. *The Cambridge Companion of Adorno*. Cambridge: Cambridge University Press, 2004, p. 36).

[65] Esta é uma saída astuta que poderíamos derivar da leitura de: VIVEIROS DE CASTRO, Eduardo. *Metafísicas canibais*. São Paulo: Cosac e Naify, 2015.

Segundo, para a dialética, as transformações das formas sociais e dos modos sociais de produção só poderiam ser extensivamente pensadas sob o regime da articulação entre contradição, crise e emergência, embora seja possível também pensar processos de contradição e crise sem emergência, mas com autodestruições simples ou paralisias indefinidas. É verdade que a dialética foi solidária, no século XIX, da crença em formas sociais estáticas. Hegel compreende sociedades como a chinesa, a indiana e as africanas como sociedades fora da dinâmica histórica, o que significa sociedades desprovidas de contradição imanente e que, por isso, necessitam de intervenções externas para entrar em movimento.[66] Marx ainda pressupunha essa distinção entre formas sociais dinâmicas e estáticas. Ao falar, por exemplo, das sociedades nômades da Ásia e América, ele afirma:

> O único obstáculo que a comunidade pode encontrar em seu relacionamento com as condições naturais de produção – com a terra (se pularmos diretamente para os povos sedentários) – como suas condições é uma outra comunidade, que já a reclamou como seu corpo inorgânico.[67]

Só a guerra modifica tais sociedades e seu princípio de estaticidade já que, com a guerra, vem a conquista, a servidão e a escravidão. Apenas dessa forma exterior a "construção simples é negativamente determinada". Da mesma maneira, a sociedade indiana, independentemente de suas transformações políticas, teria suas condições sociais inalteradas desde a antiguidade remota até o século XIX criando uma "vida estagnada e vegetativa".[68] O que levou Marx a ver nos crimes do colonialismo inglês um duvidoso "instrumento inconsciente da história" que, através da destruição das antigas bases sociais, permitiria quebrar o torpor do Hindustão em direção a uma revolução efetiva. Mais uma vez aparece a ideia de que só graças a intervenções externas tais sociedades entrariam em movimento. Tais colocações se chocam com a noção de que modos de produção têm limites internos, o que não significa que eles tenham um limite de produção de bens e riquezas. Na verdade, significa dizer que eles são marcados pela transitoriedade

---

[66] O etnocentrismo da filosofia da história hegeliana é conhecido, o que não poderia ser diferente para um autor que falará da África como "terra da infância" que estaria envolvida ainda na "cor negra da noite" (HEGEL, G. W. F. *Vorlesungen über die Philosophie der Geschichte*. Frankfurt: Suhrkamp, 1986, p. 120).

[67] MARX, Karl. *Grundrisse*. São Paulo: Boitempo, 2011, p. 402.

[68] Ver: MEGA (Marx Engels Gesammtausgabe), Bande I/12, Berlim: De Gruyter, 2000. Embora há de se reconhecer uma saída distinta quando Marx analisar a comuna rural russa. Nesse caso, ele reconhecerá uma certa forma muito específica de recuperação de modos de produção estáticos, pois: "se a revolução russa constituir-se no sinal para a revolução proletária no Ocidente, de modo que uma complemente a outra, a atual propriedade comum da terra na Rússia poderá servir de ponto de partida para uma revolução comunista" (ENGELS, Friedrich; MARX, Karl. *Lutas de classes na Rússia*. São Paulo: Boitempo, 2013, p. 125).

histórica devido a seu desenvolvimento contraditório imanente e à produção de dinâmicas que levam à emergência de novas formas sociais.[69]

Interessante notar que, se a dialética no século XIX ainda parece recair na recuperação do fantasma das sociedades estáticas, a posição de Adorno marca uma ruptura significativa, basta lembrar o sentido dos dois primeiros capítulos da *Dialética do esclarecimento*. Neles, Adorno e Horkheimer levam a contradição para o cerne das relações de interversão entre mito e esclarecimento, o que é uma forma de eliminar de vez a noção de sociedades estáticas, criando certa continuidade histórica que permite a mobilização das categorias dialéticas do conflito e da contradição para além do horizonte estrito do capitalismo.[70] O que comentadores compreenderam como a submissão indevida da crítica da economia política a uma crítica da racionalidade instrumental de largo espectro era a forma de retirar o ranço colonial e etnocêntrico da dialética, encontrando ao mesmo tempo as dinâmicas de transformação social em um horizonte temporal e geográfico distendido e trazendo para dentro da razão moderna os traços do pensamento mítico. Processo este que é articulado em mão dupla. Por exemplo, o mito e a magia ainda admitiam "distinções cujos vestígios desapareceram até mesmo da forma linguística. As múltiplas afinidades entre os entes serão recalcadas pela única distinção entre o sujeito doador de sentido e o objeto sem sentido".[71] Mas já sua lógica do sacrifício, com sua dinâmica de substituição, é traço de uma representação do gênero e de indiferença do exemplar que porta os elementos contraditórios que farão a magia se interverter em razão. Essa é a forma dos frankfurtianos dizerem que a possibilidade do recurso antropológico à diferença não poderia fornecer um horizonte no qual a possibilidade da dominação que redundará na estrutura da razão moderna estaria descartada. Mito e ciência se intervêm em um risco constante de eliminação da experiência social da diferença.

---

[69] Isto é claro na interpretação marxista do capitalismo. Por exemplo, quando afirma: "o verdadeiro obstáculo à produção capitalista é o próprio capital, isto é, o fato de que o capital e sua autovalorização aparecem como ponto de partida e ponto de chegada, como mola propulsora e escopo da produção; o fato de que a produção é produção apenas para o capital, em vez de, ao contrário, os meios de produção serem simples meios para um desenvolvimento cada vez mais amplo do processo vital, em benefício da sociedade dos produtores. Os limites nos quais unicamente se podem mover a conservação e a valorização do valor do capital, as quais se baseiam na expropriação e no empobrecimento da grande massa dos produtores, entram assim constantemente em contradição com os métodos de produção que o capital tem de empregar para seu objetivo e que apontam para um aumento ilimitado da produção, para a produção como fim em si mesmo, para um desenvolvimento incondicional das forças produtivas sociais do trabalho" (MARX, *O Capital*, v. III, p. 289).

[70] As passagens são múltiplas. Lembremo-nos de uma entre várias: "Quando uma árvore é considerada não mais simplesmente como árvore, mas como testemunho de uma outra coisa, como sede do mana, a linguagem exprime a contradição de que uma coisa seria ao mesmo tempo ela mesma e outra coisa diferente dela, idêntica e não idêntica" (ADORNO; HORKHEIMER, *Dialética do esclarecimento*, p. 27).

[71] Idem, p. 25.

Se me permitem, não será apenas acaso perceber como esse risco constante de interversão que faz, no cerne das sociedades ameríndias, pulsar a emergência possível do que lhe contradiz aparecer nas descrições de Pierre Clastres sobre o desenvolvimento histórico dos Tupi-Guaranis. Após defender a impossibilidade de uma gênese do Estado a partir do interior das sociedades originárias ameríndias, Clastres depara com o caso complexo dos Tupi-Guaranis com sua alta taxa de densidade demográfica e seu processo de concentração do poder político na chefia. Esse prenúncio do Estado produz, no entanto, uma sublevação cujos efeitos seriam destruidores do poder do chefe. Ou seja, Clastres insiste em uma clara contradição a animar tal sociedade que levará ao discurso de profetas que organizarão "loucas migrações" em direção à Terra sem Mal, em uma linha de fuga para fora da iminência do Estado. Palavra virulenta que levava os índios à destruição de uma sociedade em vias de se tornar um Estado:

> Eis uma sociedade primitiva que, atravessada, ameaçada pela irresistível ascensão da chefia, suscita em si mesma e libera forças capazes, mesmo ao preço de um quase-suicídio coletivo, de fazer fracassar a dinâmica da chefia, de impedir o movimento que poderia levar à transformação dos chefes em reis portadores de leis.[72]

Ao preço de um quase-suicídio essas sociedades sentem a emergência de um regime do Um que leva a diferença a colocar-se como contradição cuja manifestação beira a dissolução da forma social.

Ternura demais para com o mundo

Mas voltemos à caracterização da dialética e seu conceito de contradição. Pois o mais importante ainda não foi dito. Há algo que garante a essa impossibilidade lógica indicada pela contradição não reduzir-se a apenas um mero impasse existencial, uma mera formalização de sistemas de aporias. Se Adorno pode apostar na ideia de que "chocando-se contra seus próprios limites, o pensamento ultrapassa a si mesmo", é porque o que produz o choque já tem em si o impulso para outra situação. Chocando-se contra seus próprios limites o pensamento poderia simplesmente delirar, entrar em decomposição, em vez de ultrapassar a si mesmo. Se Adorno pode defender o caráter inexorável de tal ultrapassagem é porque lhe acompanha certo hegelianismo que não teria como desaparecer do horizonte. O mesmo hegelianismo que nos mostrará como as contradições contra as quais o pensamento da identidade se choca já são figuras da infinitude em ato.

Voltemo-nos então a Hegel para analisar com vagar essa articulação singular entre contradição e infinitude. Mas voltemo-nos inicialmente lembrando

---

[72] CLASTRES, Pierre. *A sociedade contra o estado*. São Paulo: Cosac e Naify, 2003, p. 233.

como não foram poucos aqueles que procuraram extirpar da dialética hegeliana sua proposição mais escandalosa, a saber, o fato de o movimento do conceito ser definido pela integração de contradições. Leituras que tentaram reduzir a contradição dialética a uma figura desenvolvida da contrariedade, da oposição lógica ou mesmo da incompatibilidade material se impuseram ao longo dos anos nas mais variadas tradições.[73] Pois pensar o movimento do conceito através da integração de contradições parece, a princípio, eliminar do pensamento todo horizonte de distinção veritativa, como já dizia Aristóteles.

Lembremos como, em sua *Metafísica*, Aristóteles afirma: "É impossível que o mesmo simultaneamente pertença e não pertença ao mesmo sob o mesmo aspecto".[74] Essa é a formulação ontológica do princípio de não-contradição, que será ainda seguida de uma formulação lógica (sobre a impossibilidade de asserções contraditórias) e outra psicológica (sobre a impossibilidade de dois atos de crença correspondentes a duas asserções contraditórias existirem simultaneamente na mesma consciência).[75] Esse princípio de não-contradição era "o mais seguro de todos os princípios", já que aceitar a realidade da contradição, aceitar que algo pode, ao mesmo tempo e sob a mesma perspectiva, ser e não ser, significaria arruinar nossa capacidade de julgar:

> Se todas as predicações contraditórias relativas ao mesmo sujeito são verdadeiras ao mesmo tempo, é evidente que todos os seres seriam apenas um. Seria igualmente possível afirmar ou negar qualquer coisa de qualquer coisa, a mesma coisa seria um trirreme, uma muralha e um homem[76] [...] Por que, pois, um homem vai a Mégara em vez de ficar em casa pensando que viaja? Por que, se ele encontra um poço ou um precipício, não se dirige a ele, mas toma cuidado, como se pensasse que não é igualmente bom e ruim nele cair? É claro que ele estima que tal coisa é melhor e que tal outra é pior. Se é assim, ele também deve julgar que tal objeto é um homem, que tal outro é um não-homem, que isto é doce, que aquilo é não-doce.[77]

Afirmações de tal natureza querem dizer que abandonar o princípio de não-contradição seria algo que nos levaria à completa indeterminação não só do ponto de vista pragmático, mas também do ponto de vista ontológico. A desorientação

---

[73] Para uma redução da contradição dialética à contrariedade, ver: DELEUZE, *Différence et répétition*. Para uma redução à incompatibilidade material, ver: BRANDOM, Robert. *Tales of the Mighty Death*. Cambridge: Harvard University Press, 2002.

[74] ARISTÓTELES. *Metaphysics*. Cambridge: Harvard University Press, 1933. IV, 3, 1005b, 19. (Loeb Classical Library).

[75] Ver LUKASIEWICZ, Jan. Sobre a lei da contradição em Aristóteles. In: ZINGANO, Marco (Org.). *Sobre a Metafísica de Aristóteles*. São Paulo: Odysseus, 2005, p. 1-25.

[76] Idem, IV, 4, 1007b, 27-20.

[77] Idem, IV, 4, 1008b, 40.

pragmática aparece como expressão de uma impossibilidade ontológica, pois a impossibilidade de agir no interior de um mundo de relações dadas aparece como expressão imediata de uma univocidade suposta dos seres que seria apenas confusão nocional.

Como podemos imaginar, Hegel não quer ir a Mégara ficando em casa, nem quer dizer que podemos afirmar algo e seu contrário de todo e qualquer objeto da experiência ao mesmo tempo e sob o mesmo aspecto. Há várias situações nas quais ele critica proposições filosóficas por elas perpetuarem contradições, como vemos, por exemplo, em sua crítica à noção kantiana de progressão ao infinito. No entanto, ele se recusa a esvaziar a contradição de sua capacidade de redimensionamento da experiência. Ou seja, trata-se de afirmar que não há apenas *contradições lógicas* que devem ser evitadas, mas, como veremos, *contradições reais* que devem ser reconhecidas.

Podemos começar afirmando que essas contradições reais podem ser compreendidas como modalidades de emergência de relações e modos de determinação até então impredicados e impossíveis de serem postos na situação atual. Como Hegel mesmo dirá:

> Isso é ternura demais para com o mundo: afastar dele a contradição, pelo contrário, transferi-la à razão, ao espírito e, nisso, deixá-la subsistir não dissolvida. De fato, é o espírito que é tão forte para poder suportar a contradição, mas ele é também aquele que a sabe dissolver. Mas o assim chamado mundo (queira ele dizer mundo objetivo, real, ou, conforme o idealismo transcendental, intuir subjetivo e sensibilidade determinada pela categoria do entendimento) em nenhuma parte está dispensado, por causa disso, da contradição, mas não é capaz de suportá-la e por causa disso está exposto ao surgir e ao perecer.[78]

Essa é uma forma de dizer que, se um mundo não é capaz de suportar a contradição, é porque a contradição é um *modo de emergência* que tem por consequência destituir o mundo como horizonte estável de experiência e de vida social.[79] Como vimos, fenômenos de emergência, no sentido forte, são normalmente

---

[78] HEGEL, G. W. F. *Ciência da Lógica*. Petrópolis: Vozes, 2017. v. 1, p. 254. A "acusação" de "ternura demais para com o mundo" aparecerá novamente quando for questão da crítica à saída kantiana a respeito das antinomias da razão, como podemos ver no parágrafo 48 da *Enciclopédia*.

[79] Como lembra bem Losurdo, em *Crítica do apolitismo*, ninguém critica a ternura excessiva para com o mundo logo após "o fim do mundo" produzido pela Revolução Francesa impunemente. O comprometimento político da teoria da contradição em Hegel deve ser compreendido sob o pano de fundo do advento de uma sociedade pós-revolucionária" (LOSURDO, *Critique de l'apolitisme*, p. 75). Quem primeiramente entendeu isso foi, no entanto, o jovem Bakunin. Pois lembremo-nos de sua defesa política da contradição hegeliana: "O negativo encontra a sua justificação nesta negação radical – e como tal está absolutamente justificado: é, na realidade, por ele que age o espírito prático bem presente como invisível na contradição, o espírito que, por esta tempestade de destruição, exorta ardentemente à penitência das almas pecadoras dos conciliadores e anuncia a sua vinda

descritos como produções de propriedades a partir de uma totalidade distinta da soma de suas partes, já que o todo produzirá propriedades que suas partes não têm de forma isolada. No entanto, se tal produção é pensada de forma dialética, ela deverá compreender a experiência sob a forma da contradição. Isso porque a atualização da força produtiva da totalidade implica, ao menos para Hegel, o perecimento das determinações que organizaram o sistema de representações naturais da consciência, a autodissolução desta que é "a mais obstinada categoria do entendimento".[80] Ou seja, à sua maneira, é possível dizer que a atualização da totalidade dissolve a identidade das partes, volta-se contra as partes, entrando em contradição com elas. Como se a emergência da totalidade tivesse a força de causar retroativamente as partes, reinscrever a dinâmica de suas relações e implicações, modificando-as em um sistema de interação genérica.

Tal emergência da totalidade leva necessariamente à decomposição das partes. Assim, por exemplo, na seção *Fenomenologia do Espírito* dedicada ao Espírito vemos a essência ética do mundo grego entrar em contradição através da oposição de duas leis em conflito expressas pela tragédia de Antígona.[81] Essas duas leis (a lei da família e a lei da pólis) serão dissolvidas pela emergência de uma totalidade que não pode se pôr no horizonte do mundo grego e que leva este mundo e suas partes cindidas à ruína. Trata-se da totalidade representada pela universalidade concreta que tem a força de transmutar o aparentemente mais particular (a lei da família) em universalidade radical (a lei dos deuses[82]). Pode-se falar em infinitude aqui porque estamos a descrever um processo de encarnação na qual a presença do particular (Polinices) apresenta imediatamente a generalidade inumerável, temporal e espacialmente inqualificável, do que é expressão dessa lei dos deuses que "não é de hoje, nem de ontem, é desde os tempos mais remotos que elas vigem, sem que ninguém possa dizer quando surgiram".[83] Polinices deve ser enterrado não exatamente por ser "meu irmão", mas porque aquilo que abre a dimensão para o que não é de hoje nem de ontem reconhece o direito de memória a todo e qualquer sujeito, independente do contexto de sua ação, instaurando com isso uma universalidade que faz explodir os limites da condição de membro da

---

próxima, a sua Revolução próxima numa Igreja da Liberdade verdadeiramente democrata e aberta à humanidade universal. Esta autodecomposição do positivo é a única conciliação possível entre o positivo e o negativo, porque este último é ele mesmo, de maneira imanente e total, o movimento e a energia da contradição" (BAKUNIN, Mikhail. A reação na Alemanha. Tradução de José Gabriel. *Cadernos Peninsulares*. Lisboa: Assírio & Alvin, ensaio 17, p. 118, 1976).

[80] HEGEL, *Ciência da Lógica*, v. 1, p. 134.

[81] Ver, a este respeito: JAEGGI, Rahel. *Kritik von Lebensformen*. Frankfurt: Suhrkamp, 2014, p. 376-377.

[82] Remeto ao capítulo sobre Antígona em: SAFATLE, *Grande Hotel Abismo*.

[83] SÓFOCLES. Antígona. In: *A trilogia tebana*. Rio de Janeiro: Jorge Zahar, 2004, p. 219.

polis. Polinices se coloca assim como o elemento que é, ao mesmo tempo, parte e potência imanente da totalidade do conjunto, como nessas modalidades de conjunto infinito nas quais as partes são da mesma extensão do todo. Por outro lado, a pólis grega se mostra assentada em um princípio que, ao se realizar, entra em contradição com os limites de seus próprios modos de determinação.[84]

Assim, por modificar o sentido do particular, levando-o a incorporar uma universalidade concreta que o descentra ao mesmo tempo que o realiza, esse processo faz da decomposição trágica do mundo grego, de sua crise, a emergência de um processo histórico de efetivação da liberdade através da realização social do Espírito. Ele transforma a crise em movimento que se dirige a situações nas quais a infinitude de uma universalidade concreta pode se atualizar. Uma realização social que impulsionará decomposições posteriores no interior do processo histórico. Nesse exemplo, vemos como o Espírito pode produzir emergências que não se encarnam imediatamente em instituições, mas que empurram o processo histórico a metamorfoses institucionais contínuas.

Mas notemos que "Espírito" está aqui indicando o processo autorreflexivo de implicação com contradições. Conhecemos situações nas quais formas de vida estabilizam contradições sem movimento. A elas, damos o nome de "formas de vida submetidas a uma racionalidade cínica".[85] Lembremos ainda como a natureza paralisada de sociedades periféricas como a brasileira foi descrita através da oscilação sem resolução das passagens incessantes entre opostos contrários entre si.[86] As contradições passam a ser o movimento imanente da vida social quando ela é objeto de uma implicação de sujeitos que, nesse movimento, podem emergir em configurações até então inexistentes.[87]

No entanto, as proposições hegelianas se referem a algo mais do que o mundo social e suas contradições imanentes. Lembremos, por exemplo, como Hegel dirá: "O que em geral move o mundo é a contradição e é ridículo dizer que a

---

[84] Não é por outra razão que essa contradição é um dos elementos de maior densidade na forma do teatro trágico grego. Ajax, Édipo em Colona, Os persas, Antígona são apenas alguns dos inúmeros exemplos da maneira com que o espírito grego reconhece a moralidade do inimigo, a humanidade do desterrado, do exilado, como se fosse questão de abrir o espaço a uma universalidade que se choca em vários momentos com os limites da determinação normativa dos membros da pólis.

[85] Procurei descrever suas estruturas em: SAFATLE, Vladimir. *Cinismo e falência da crítica*. São Paulo: Boitempo, 2008.

[86] Ver, por exemplo: ARANTES, *Sentimento da dialética*.

[87] Este ponto foi colocado de maneira adequada por Rahel Jaeggi ao afirmar: "Uma contradição, e o lado objetivo de uma crise, deve inicialmente atualizar-se em um conflito, ou seja, fazer-se como crise. Uma contradição pode irromper, mas ela não irrompe necessariamente. Como a história (e a teoria das crises históricas) mostrou, formações do mundo social descritas como 'contraditórias' as vezes perpetuam-se assim por um tempo surpreendente" (JAEGGI, Rahel. Crisis, contradiction and the task of a critical theory. In: BARGU, Banu; BOTICCI, Chiara. *Feminism, capitalism and critique*. Nova York: Palgrave, 2017, p. 222).

contradição não se deixa pensar",[88] ou ainda: "Algo é vivo apenas na medida em que contém em si mesmo a contradição e tem a força de apreender e suportar a contradição".[89] Essas duas afirmações convergem na caracterização da contradição como descrição objetiva do movimento (*Bewegung*) inerente ao mundo e à vida. Um mundo vivente é aquilo cujo movimento imanente e destituinte é a expressão de uma contradição, o que não significa dizer que o movimento é uma categoria contraditória. Tal proposição equivale, primeiro, a afirmar que o que coloca o mundo em "movimento" não é o desenvolvimento progressivo de uma identidade previamente assegurada, de uma causalidade imanente, nem pode ser simplesmente pensado a partir da dinâmica de passagem da potência ao ato.[90] Não há nada de contraditório no fato de que algo em potência tornou-se ato ou no fato de uma substância expressar seus possíveis em seus atributos, de que os atributos de uma substância são as atualizações em devir de seus possíveis. O processo de atualização a respeito do qual Hegel se refere não é simplesmente a atualização de uma substância, mas a realização de si que se confunde com a negação imanente de si através de sua própria atividade, o que pode ser uma forma de compreender seu imperativo de "apreender a substância como sujeito", de instalar a atividade negativa do sujeito no interior da substância. Por isso, podemos dizer que *o movimento dialético não é mera modificação, mas é a destruição das identidades inicialmente postas.*

Como descobri que disputava por nada

Se retornarmos a Kant, será possível medir o passo dado por Hegel ao recusar o que ele chama aqui de "ternura demais para com o mundo" daqueles que não estariam dispostos a assumir o estatuto real das contradições. Devido à sua natureza de técnica de diálogo baseada principalmente na explicitação de paralogismos, contradições e na redução ao absurdo de teses adversárias, o destino da dialética será, logo após sua história grega, mais ligado à retórica. É dessa forma

---

[88] HEGEL, G. W. F. *Enziklopädie*. Frankfurt: Suhrkamp, 1986, par. 119.

[89] HEGEL, G. W. F. *Wissenschaft der Logik II*. Frankfurt: Suhrkamp, 1986, p. 76.

[90] Assim, Hegel dirá em uma passagem famosa: "O botão desaparece no desabrochar da flor, e poderia dizer-se que a flor o refuta; do mesmo modo que o fruto faz a flor parecer um falso ser-aí da planta, pondo-se como sua verdade em lugar da flor: essas formas não só se distinguem, mas também se repelem como incompatíveis entre si. Porém, ao mesmo tempo, sua natureza fluida faz delas momentos da unidade orgânica, na qual, longe de se contradizerem, todos são igualmente necessários. É esta igual necessidade que constitui unicamente a vida do todo" (HEGEL, *Fenomenologia do Espírito I*, p. 22). Por mais que passagens como esta tenham sido usadas para erroneamente exemplificar o movimento dialético, é claro que não há dialética alguma aqui. Há apenas uma bela descrição de passagem da potência ao ato. Hegel diz claramente: não há contradição alguma nesse movimento, mas nem todo mundo prestou atenção.

que ela entrará no *trivium* medieval. Reduzida a uma técnica argumentativa, e a seu esquema tese-antítese-síntese, a dialética chega à modernidade em sua forma degradada. E será dentro desse horizonte que encontraremos sua definição fornecida por Kant como "lógica da aparência", que expressava as ilusões produzidas quando as ideias da razão procuram se tomar por determinações objetivas da coisa em si. Kant associa a dialética ao exercício das ideias da razão para nos mostrar como estaríamos diante da produção insuperável de paralogismos, contradições e antinomias, como se houvesse uma disposição natural da razão a nos desorientar no pensamento, quando não regulada por uma faculdade outra.[91]

Sem ser capaz de produzir conceito algum, a razão apenas libertaria os conceitos do entendimento das limitações inevitáveis da experiência possível, como vemos quando ela depara com a infinitude do mundo, com a composição da substância ou com a espontaneidade da liberdade. Sabemos como Kant não faz uma negação simples da Ideia em sua matriz platônica. Antes, lembra como ela pode funcionar como horizonte regulador responsável pela possibilidade de "propor uma certa unidade coletiva, como fim",[92] ou de ultrapassar as limitações contextuais (pois nenhum limite empírico pode se colocar na condição de limite absoluto), como no caso da liberdade moral enquanto Ideia da razão que deve guiar nossa conduta em direção a um *maximum* de perfeição possível.[93] Ou seja, a Ideia como totalidade absoluta dos fenômenos é "apenas uma ideia, pois como não podemos nunca realizar numa imagem algo semelhante, permanece um *problema* sem solução".[94] A unidade da razão não é, pois, uma unidade da experiência possível, mas a exposição da força produtiva do problema. Sendo um conceito problemático aquele que não contém contradição, mas cuja realidade objetiva não pode ser conhecida. É dessa forma que o conflito que se expressa no nível das ideias transcendentais não leva simplesmente ao ceticismo (embora se sirva do método cético), mas a um princípio regulador baseado na progressão infinita na série de condições de fenômenos.[95]

---

[91] Daí por que: "É preciso parar de considerar o erro como um brusco acesso de loucura ou como a irrupção, no encadeamento das verdades, de uma causalidade fisiológica contingente, e desenterrar o seu germe na junção tenebrosa da *natureza* e da *ilusão*" (LEBRUN, Gérard. *Kant e o fim da metafísica*. São Paulo: Martins Fontes, 2002, p. 60).

[92] KANT, Immanuel. *Crítica da razão pura*. Lisboa: Calouste Gulbenkian, 1993, A 666.

[93] "Pois qual seja o grau mais elevado em que a humanidade deverá parar e a grandeza do intervalo que necessariamente separa a ideia da sua realização, é o que ninguém pode nem deve determinar, precisamente porque se trata de liberdade e esta pode exceder todo o limite que se queira atribuir" (KANT, *Crítica da razão pura*, B 374).

[94] Idem, A 328.

[95] Do modo que vemos em uma afirmação como: "Com efeito, relativamente à natureza, a experiência dá-nos a regra e é a fonte da verdade, no que toca às leis morais a experiência é (infelizmente) a mãe da aparência e é altamente reprovável extrair as leis acerca do que *devo* fazer daquilo que se faz ou querer reduzi-las ao que é feito" (KANT, *Crítica da razão pura*, A 319).

Lembremos inicialmente como a descrição desses conflitos parece se servir do vocabulário da contradição. Nas antinomias, trata-se sempre de tese e antítese, com provas e contraprovas. Mesmo a redação da *Crítica* muda para dar lugar ao expediente dramático da cisão do livro, em uma das mais evidentes representações gráficas do dilaceramento que conhecemos na história da filosofia.[96] No entanto, Kant lembra que a solução das antinomias se encontra na compreensão de que, se uma tese pode perfeitamente ser refutada por outra, é porque se "disputa por nada", pois certa aparência transcendental representou uma realidade lá onde não há.[97] Se digo: *o mundo, quanto ao espaço, é infinito ou não é infinito*, estou em uma oposição que consiste na contradição. Apenas uma das duas proposições pode ser verdadeira. Mas se afirmo que *o mundo é ou infinito ou finito*, tenho que admitir que as duas podem ser falsas, pois não é certo que o mundo seja uma coisa real em si mesma. A negação deixa fora de si a existência do sujeito proposicional, o que nos mostraria como a contradição seria inadequada neste caso, ou ainda, que a contradição incide apenas na razão cognoscente, não no objeto. Na verdade, a totalidade absoluta, válida unicamente como condição da coisa em si, está neste caso a ser aplicada a fenômenos que só existem na representação e, quando constituem uma série, na regressão sucessiva. Por isso, neste caso: "a negação contraditória de um julgamento sobre o mundo não saberia estatuir sobre a existência do dito mundo".[98] Mas sabemos que, se Kant fala aqui em "disputar por nada", é porque este "nada" em questão equivale à primeira forma que aparece na Tábua do nada, a saber, o *ens rationis*, o conceito vazio sem objeto que abre o espaço ao transcendental. O que resta fora do conflito operado pelas antinomias não é outra coisa que o transcendental. Nesse caso, não se trata de dizer *o que é* o objeto a ser alcançado através da regressão, mas *como deve se dispor* a regressão empírica para atingir o conceito completo do objeto *até o infinito*.

Como nos lembra David-Ménard, nada dizer sobre o que é o objeto neste caso é a forma de não dar realidade a um conceito vazio sem objeto, ou seja, não dar realidade ao que, determinado empiricamente, teria o estatuto de um delírio. Há de insistir que as leis do entendimento se apliquem a intuições, e não a objetos cujo estatuto ideal pode aproximá-los da fantasmagoria. Há ainda de insistir que a razão reconheça que ela fala de um ideal, de um princípio regulador, e não de um objeto a ser intuído, um objeto que possa receber uma determinação possível

---

[96] Hegel chega a dizer: "Esse pensamento – de que a contradição posta pelas determinações de entendimento no racional é essencial e necessária – deve ser considerado como um dos mais importantes e mais profundos progressos da filosofia dos nossos tempos" (HEGEL, G. W. F. *Enciclopédia*. Belo Horizonte: Loyola, 1995, v. I, par. 48.).

[97] KANT, *Crítica da razão pura*, B 530/A 502.

[98] DAVID-MÉNARD, Monique. *La folie dans la raison pure: Kant lecteur de Swedenborg*. Paris: Vrin, 1990, p. 35.

nos limites de nossa experiência. O que apareceria como a estratégia mais segura para a distinção entre razão e loucura.[99]

O eixo central da operação de Kant consistiria, pois, em uma qualificação da modalidade de negação que permite a constituição de objetos da experiência. Nas antinomias, estaríamos diante de um conflito (*Widerstreit*) próprio a proposições contrárias, não exatamente diante de uma contradição (*Widerspruch*).[100] Tal conflito tem a forma de *oposições reais* nas quais dois termos se anulam sem que estejamos diante de uma contradição, como duas forças físicas que se anulam e cujo resultado seria zero. O que nos demonstraria como as oposições reais permitiriam ao entendimento constituir objetos, limitando a razão em suas pretensões constitutivas.

É bastante sugestivo que, no final dos anos 1960 e lutando em outras paragens, Lucio Colletti insista em um debate estruturalmente semelhante a fim de afirmar que uma ciência nunca poderia admitir conceitos como contradição real, apenas oposição real. Pois apreender o mundo sob a forma da contradição real implicaria defini-lo previamente sob o signo de uma dissolução da materialidade real dos opostos, de sua positividade imanente. Significa admitir uma "negação em si" que não pode existir na ordem material: "Não há coisas que são negativas em si mesmas", dirá Colletti, "coisas que são negações em geral e, logo, não seres levando em conta sua constituição interna".[101] É por uma razão semelhante que David-Ménard dirá que "a contradição não tem poder sobre as coisas mesmas",[102] pois se trata de "constituir objetos de conhecimento a partir do modo da oposição real em vez de sonhar o mundo sob o modo da oposição analítica ou da oposição dialética".[103] Em suma, se Colletti afirma não poder haver materialismo lá onde há teorias da contradição real, que seriam apenas confusão entre a ordem das

---

[99] Neste sentido, não é desprovido de interesse lembrar como Deleuze explora em outro sentido o caráter problemático das ideias transcendentais ao afirmar: "O objeto da Ideia porta em si o ideal de uma determinação completa infinita porque ele assegura uma especificação dos conceitos do entendimento através do qual esses apreendem cada vez mais diferenças dispondo de um campo de continuidade propriamente infinito" (DELEUZE, *Différence et répétition*, p. 220). Ele procura insistir com isso que o caráter indeterminado da Ideia é, na verdade, uma estrutura perfeitamente objetiva que já age na percepção a título de horizonte. Horizonte que é uma organização própria ao múltiplo enquanto ele não necessita em absoluto de uma unidade para formar sistema. No entanto, Deleuze reconhece que há ainda "muito empirismo" na crítica kantiana, o que é sua maneira de dizer que seria ainda necessária: "uma remodelação da estética transcendental, que libera o sensível de sua domesticação ou unificação conceitual ou intuitivo-formal, desligando-a da analítica transcendental, para ligá-la diretamente à crítica da faculdade de julgar e à analítica do sublime" (PRADO JR., Bento. *Erro, ilusão, loucura*. São Paulo: Ed. 34, 2004, p. 247).

[100] Idem, p. 31.

[101] COLLETTI, Lucio. *Marxism and Dialectic*. Cf.: <https://bit.ly/2VG9zK2l>.

[102] DAVID-MÉNARD, *La folie dans la raison pure*, p. 44.

[103] Idem, p. 49.

ideias que não tem realidade fora de relações entre opostos (o finito não tem realidade fora da relação ao infinito, o Um fora do múltiplo, etc.) e a ordem das coisas, confusão que visa apenas dar impressão de necessidade a uma descrição teleológica dos processos do mundo, David-Ménard lembra que acreditar que a contradição tem poder sobre as coisas mesmas implicaria perder o dispositivo mais forte de distinção entre conhecimento (que admite um lugar vazio para além das possibilidades de determinação do entendimento) e delírio.

Sobre o primeiro caso, há de se perceber como Colletti, assim como seu professor Della Volpe, parece regredir a uma posição de defesa da irredutibilidade do dado sensível, da materialidade de conflitos reais em sua positividade.[104] Só assim o princípio de não-contradição poderia ser, mais do que um princípio lógico, o "princípio de uma teoria do conhecimento empirista e antidogmática". Como bem lembra Paulo Arantes, essa defesa tem um pano de fundo político. Pois se trata de desqualificar a dissolução dialética da finitude como se estivéssemos diante de uma mera estratégia teológica de recusa das limitações imanentes ao sensível. Mas a astúcia está em outro lugar. Pois dessa forma seria possível desqualificar, no mesmo movimento, a ideia mesma de processo de destituição de mundos que, não por acaso, seria imanente ao próprio conceito político de revolução, conceito que em sua matriz dialética se fundamenta, não por acaso, na noção de contradição real:

> [...] a idealidade do finito de que fala a proposição capital do idealismo sugere um eclipse da realidade imediata no qual Colletti entrevê o prognóstico apologético de "imanentização de Deus", de sorte que o Lógos cristão, encarnado no vazio ditado pela finitude anulada, faria o infinito transparecer no ser determinado que assim desaparece [...] Em suma, a Revolução não é bem uma subversão das relações sociais, mas antes de tudo uma aniquilação das coisas.[105]

Já que não foi possível escapar da teologia, há de salientar como Lebrun percebeu que a operação kantiana de privilegiar a oposição real dependia da fidelidade a uma tese dogmática central, a saber, "a positividade absoluta do ser, a vacuidade absoluta do não-ser",[106] pois as oposições reais sempre descrevem termos cuja realidade é positiva, cuja identidade é estática e finitamente determinada.

---

[104] LONGUENESSE, Béatrice. *Hegel et la critique de la métaphysique*. Paris: Seuil, 2015, p. 146. Esta posição não é muito diferente da que será defendida décadas depois por Giannotti e sua insistência na realidade discursiva da contradição. Cf. GIANNOTTI, José Arthur. Dialética futurista e outras demãos. *Novos Estudos*, n. 57, 2003. Isso a ponto de Giannotti precisar aproximar o Capital de uma estrutura discursiva de moldes wittgensteinianos a fim de explicar a existência de contradição em seu interior sem precisar apelar à noção de contradição real.

[105] ARANTES, *Ressentimento da dialética*. Coisa própria de niilismo de intelectual de vanguarda.

[106] Idem, p. 272.

Por isso, e isso poderíamos objetar a David-Ménard, Lebrun pode dizer que o Ideal transcendental é, ao mesmo tempo, a nota de falecimento do Deus dos clássicos e prova de fidelidade de Kant à ontologia deles. A estratégia kantiana de evitar o delírio não é sem pagar o preço da fidelidade a certa teologia. No que poderíamos ainda acrescentar: o recurso ao transcendental é também uma maneira astuta de garantir que a sensibilidade nunca será ferida pelo infinito (a não ser pelo sublime, que não desempenha função alguma na dimensão cognitiva), pois todo "indeterminado" será compreendido como mero "vazio de conteúdo".[107]

Insistamos que, no caso de David-Ménard, a estratégia de distinção entre objeto do conhecimento e delírio é tributária de certa interpretação das posições de Lacan (não a única possível), que parece reforçar similitudes com Kant. Pois ela se assenta na defesa de que um verdadeiro pensamento pós-metafísico seria capaz de operar com a circulação de lugares vazios, por exemplo, o vazio que necessariamente circularia através do reconhecimento da inadequação estrutural, do corte entre as determinações empíricas e o campo do desejo. No entanto, poderíamos nos perguntar sobre qual exatamente o destino desse lugar vazio. Seria ele a marca da jurisdição de um limite que não se deve ultrapassar sob pena de preenchê-lo com produções fantasmáticas que se tomam por incorporações do real? Ou seria o caso de afirmar, como um dia disse Yves Klein, que "no coração do vazio, há fogos que queimam", ou seja, que estamos a falar de lugares que são vazios apenas a partir da configuração atual de determinações possíveis da situação atual e que sua função efetiva seria, na verdade, deixar evidente o caráter insustentável das aspirações ordenadoras da estética transcendental a que estamos submetidos? Optar pela primeira compreensão implica afastar o elemento dinâmico fundamental do conceito hegeliano de negação determinada, este que nos mostra que nunca há um puro nada, mas apenas "o nada daquilo que ele resulta".[108] Espécie de nada dinâmico, e motor processual cuja função é operar um devir, uma transformação estrutural do que se apresenta como representação natural. O que é outra maneira de dizer que o vazio é apenas uma má abstração, existindo apenas a partir do juridismo que consiste a respeitar os limites de uma situação dada como se estivéssemos diante de limites a toda situação possível.

Nesse sentido, podemos dizer que Hegel quer também vincular, como faz Kant, a experiência crítica dos objetos à consciência crítica que a razão tem de si

---

[107] "Kant adere ao princípio 'determinatio-negatio'; o 'ens realissimum', excluindo por definição qualquer limitação, é então indeterminável. Mas para Spinoza essa 'indeterminação' era sinônimo de plenitude de realidade. Conforme o princípio 'Mais um ser possui realidade ou ser, mais ele possui atributos', devia-se entender por 'indeterminação' a posse de atributos finitos. Esse sentido não pode mais ser conservado" (LEBRUN, Gérard. Kant e o fim da metafísica. São Paulo: Martins Fontes, 1993, p. 275).

[108] HEGEL, Fenomenologia do Espírito I, p. 67.

mesma. Mas tal consciência crítica da razão não está, como em Kant, vinculada à consciência dos limites da legislação da razão, para que seja possível definir o campo das ilusões. Crítica como definição de limites que levou Adorno a afirmar: "O sistema kantiano é um sistema de sinais de Pare!". Não é uma questão do tipo *quid juris?* que define o horizonte crítico hegeliano e da dialética em geral. Trata-se, antes, *de transformar a experiência crítica dos objetos em consciência da contradição entre a experiência e os modelos atuais de representação, isto para fazer desta contradição momento necessário do processo de realização da Ideia.*[109] A crítica não é mais assim uma definição de campos de legislação, mas um processo de ultrapassagem de limites em direção ao absoluto. Pois tanto a figura do erro quanto a da ilusão mudaram de sentido. Elas não são simplesmente déficits que não levam em conta os campos e modos de legislação. Antes, erro e ilusão (e poderíamos mesmo acrescentar a loucura) são momentos de processos de realização da Ideia. Essa é apenas uma consequência necessária da força dialética de conversão das violências em processo de efetivação da Ideia. Erro, ilusão e loucura são momentos da Ideia não porque ela converte toda violência em mera inefetividade, mas porque a Ideia é unidade reflexiva da experiência com o movimento de ultrapassagem de suas próprias configurações atuais, com o movimento de absorção de seus exteriores.

Sobre deus e destruição

"A ideia é essencialmente *processo*, por sua identidade ser a identidade absoluta e livre do conceito, somente enquanto é a negação absoluta e, portanto, dialética".[110] O conceito de processo desempenha, neste contexto, um papel ontológico central, já que permite a constituição de uma ontologia que recusará a noção categorial de classes e propriedades com suas especificações nocionais. Classes e propriedades serão modos de determinação próprios ao entendimento. A Ideia

---

[109] Lembremos, por exemplo, como Hegel critica as antinomias kantianas. Trata-se, inicialmente, de criticar seus pressupostos naturalizados: "Kant não apreendeu a antinomia nos próprios conceitos, mas na forma já concreta de determinações cosmológicas" (HEGEL, *Ciência da lógica*, p. 202). Isto significa insistir como as determinações de espaço, tempo, liberdade, necessidade, causalidade e quantidade pressupostas pelas antinomias já são, nelas mesmas, antinômicas (Ver, a este respeito, os três primeiros capítulos de: ARANTES, Paulo. *Hegel: a ordem do tempo*. São Paulo: Hucitec, 2000. Por exemplo, a própria categoria da quantidade é, ao mesmo tempo, contínua e discreta, as determinações opostas são imanentes ao exercício mesmo das categorias. O que é a maneira hegeliana de criticar o dogma da estabilidade das formas da sensibilidade, maneira de levar ao extremo a tese de que o "finito contradiz a si mesmo" (HEGEL, *Enciclopédia*, v. I, par. 81). Assim, se é fato que o ceticismo é constituinte da dialética, então há de se compreender que este ceticismo dirige-se principalmente ao que Hegel chama de "determinações finitas do entendimento", ou antes de experiência da nulidade de seu objeto.

[110] HEGEL, *Enciclopédia*, v. I, par. 215.

da razão se determina de outra forma, através da noção de processo. Condição maior para que a Ideia possa ser negação absoluta, ou seja, esgotamento das determinações finitas em prol da processualidade imanente às próprias categorias do entendimento, o que as levam a uma contradição que é modo mesmo de apreensão do movimento do conceito.

Vale a pena ter isso em mente quando voltamos os olhos para a dialética negativa. Nós voltaremos a este ponto no capítulo seguinte, quando for questão de retomar a concepção adorniana de processo. Neste momento, trata-se de evidenciar a matriz que vincula a dialética negativa a uma filosofia do infinito. Lembremos, por exemplo, da afirmação de Adorno, para quem "é preciso refuncionalizar uma ideia que foi legada pelo idealismo e que foi corrompida por ele mais do que qualquer outra: a ideia do infinito".[111] Quando afirma isso, Adorno insiste na necessidade de abandonar a ilusão de que a filosofia poderia "manter a essência cativa na finitude de suas determinações". O que não significa em absoluto assumir uma posição kantiana de que as determinações finitas que definem os objetos da intuição devem ser vistas como limites a toda expectativa de experiência do infinito. É verdade que o "conhecimento não tem nenhum de seus objetos completamente dentro de si" (*Erkenntnis hat keine ihrer Gegenstände ganz inne*).[112] Mas a frase é suficientemente precisa para dizer o que ela quer dizer. Não se trata, para a filosofia, de subsumir objetos a conceitos, ou seja, de internalizá-los em uma relação de subsunção plena a partir da determinação de suas atribuições de classe e de propriedade. Em suas lições sobre a dialética negativa, Adorno será ainda mais claro a esse respeito: "Se a filosofia em geral possui (*besitzt*) algo, então ela possui apenas finitudes e não infinitudes".[113] Mas não se trata de levar a filosofia a "possuir" um objeto, como quem determina o que se lhe entrega como uma propriedade. Não ter nenhum objeto completamente dentro de si significa também assumir um procedimento de descentramento reiterado e de reinscrição permanente que pode ser visto como a expressão da natureza processual da ideia. Adorno fala de uma multiplicidade de objetos não enquadrada em nenhum esquema, em singulares que, tal como as mônadas leibnizianas, expressam o todo, mas através de uma peculiar relação de "desarmonia preestabelecida" (*prästabilierter Disharmonie*):

---

[111] ADORNO, *Dialética negativa*, p. 19. Ou ainda: "O infinito era a figura paradoxal na qual o pensamento absoluto e ao mesmo tempo aberto em sua soberania se apodera daquilo que não se esgota no pensamento e daquilo que bloqueia sua absolutidade. Desde que a humanidade começou a realmente ser absorvida em sistemas fechados de administração, o conceito de infinitude se atrofia, e o princípio físico da finitude do espaço lhe assenta muito bem" (ADORNO, Theodor. *Para a metacrítica da teoria do conhecimento*. São Paulo: Unesp, 2016, p. 73). O que explicita a natureza política da recuperação do infinito, ao menos para Adorno.

[112] Idem, p. 20.

[113] ADORNO, Theodor. *Vorlesungen über negative Dialektik*. Frankfurt: Suhrkamp, 2014, p. 119.

O que leva a filosofia ao esforço arriscado de sua própria infinitude é a expectativa não garantida de que todo singular e todo particular por ela decifrados representem em si, como a mônada leibniziana, aquele todo que enquanto tal constantemente lhe escapa uma vez mais; com certeza muito mais com base em uma desarmonia preestabelecida do que em uma harmonia.[114]

Tal recurso à Leibniz nesse contexto é sintomático.[115] Em um texto sobre Ernst Bloch, Adorno falará sobre a maneira com que *O espírito da utopia* estaria marcado pelo ideal de certa forma de incorporação, de materialização do espírito através do mais trivial e aparentemente desespiritualizado. Pois não haveria "conceito de mediação que não envolva um momento de imediatez".[116] A fim de explicar a imediatez reinstaurada sob o signo de sua contradição objetiva, Adorno retoma o uso da noção de mônada e seu modo de atualização da totalidade por desdobramento infinito.[117] No entanto, se Leibniz lembrava que uma harmonia preestabelecida pairava entre todas as substâncias, pois todas elas são representações de um só universo, Adorno precisa insistir que apenas em condição de desarmonia a infinitude pode se atualizar. Que nesse contexto Adorno recorra a uma figura musical, a desarmonia, eis algo que nunca poderia ser visto como indiferente. A infinitude é certa dissonância que a singularidade faz ressoar na totalidade. Pois se trata de uma "dissonância objetiva", que vem do objeto, e obriga o conceito a depor a ilusão de determinação categorial finita para corrigir-se através do "jogo" com suas confusões categoriais, suas aproximações entre extremos e variações. Mas para que tal seja possível, há um mundo que precisa desabar. Podemos encontrar algo dessa ideia no pequeno ensaio *Fragmento sobre música e linguagem*. Nele, lemos uma afirmação como:

> A linguagem denotativa gostaria de dizer o absoluto de maneira mediada, mas este lhe escapa em cada intenção particular, ficando para trás em cada uma delas.

---

[114] ADORNO, *Dialética negativa*, p. 20.

[115] Ele traz as marcas da influência de Benjamin em Adorno, pois é de Benjamin a noção de que: "a ideia é uma mônada – isso significa, em suma, que cada ideia contém a imagem do mundo. A tarefa imposta à sua representação é nada mais nada menos que a do esboço dessa imagem abreviada do mundo" (BENJAMIN, Walter. *Origem do drama trágico alemão*. Belo Horizonte: Autêntica, 2011, p. 37). No entanto, Adorno censura Benjamin em vários momentos por compreender de maneira não-dialética a relação entre particularidade e totalidade a partir da noção de mônada. Agambem procura fazer a defesa de Benjamin em: AGAMBEN, Giorgio. O príncipe e o sapo: o problema do método em Adorno e Benjamin. In: *Infância e história*. Belo Horizonte: Ed. UFMG, 2005, p. 121-149). Eu procurei fazer a crítica desta crítica em: SAFATLE, *Grande Hotel Abismo*.

[116] ADORNO, Theodor. Henkel, Krug und frühe Erfahrung. In: *Noten zur Literatur*. Frankfurt: Suhrkamp, 2003, p. 565.

[117] Lembremo-nos de Leibniz ao afirmar: "cada porção da matéria pode ser concebida como um jardim cheio de plantas e como um lago cheio de peixes. Mas cada ramo de planta, cada membro de animal, cada gota de seus humores é ainda um jardim ou um lago" (LEIBNIZ, Gottfried. *Os princípios da filosofia ditos A monadologia*. São Paulo: Abril Cultural, 1974, p. 70. (Coleção Os Pensadores.)).

A música encontra o absoluto imediatamente, mas nesse mesmo instante ele se torna obscuro, assim como uma luz intensa que, ofuscando o olhar, não deixa mais ver aquilo que no entanto é totalmente visível. A música mostra-se semelhante à linguagem também pelo fato de que é enviada – e condenada ao naufrágio – para a odisseia da infinita mediação, assim como a linguagem denotativa, com o objetivo de trazer para casa o impossível.[118]

Vemos aqui a mesma temática da "desarmonia preestabelecida", mas agora para falar da natureza da linguagem musical. A linguagem denotativa não sabe o que fazer com o absoluto porque ela ainda está atada às jurisprudências da representação. A música só aproxima o absoluto à condição da obscuridade, uma obscuridade que é paradoxalmente a emanação da luz mais intensa capaz de produzir uma "odisseia da infinita mediação". Essa obscuridade, no entanto, é a literalização da infinitização de seus objetos, e não simplesmente o vazio. Como não poderia deixar de ser diferente, a referência adorniana para esse modo de literalização de uma totalidade absoluta infinita é fornecido pela análise de certas obras musicais. Nós encontraremos um modelo privilegiado, no caso, em sua interpretação da ópera de Schoenberg, *Moisés e Arão*.

Não se trata aqui de fazer uma análise exaustiva da obra, mas apenas de lembrar alguns aspectos decisivos para nossa discussão. Adorno vê na ópera de Schoenberg, composta em 1932, a obra-prima do compositor. E talvez não seja por acaso que seu comentário da peça mobilize, de forma raramente tão explícita, categorias como "absoluto", "totalidade" e "infinito". A ópera, composta de três atos, mas incompleta, tem seu cerne no conflito entre o deus irrepresentável de Moisés e o pragmatismo de Arão, para quem não é possível constituir uma religião popular sem o apelo sensível à imagem. Musicalmente, o conflito encontra sua apresentação mais evidente na ausência de canto de Moisés (cujos textos são recitados em um *Sprechgesang*, ou seja, com uma voz que monadicamente se encontra entre a fala e o canto, voz que mesmo determinada em seu ritmo, duração e altura, não é canto sem continuar a ser fala) e na presença melódica de Arão.

A ausência de canto de Moisés é vista como estratégia interna à crítica à degradação convencional da expressão musical, estratégia maior para a posição de uma inumanidade que é imagem de algo sobre-humano.[119] Adorno dirá que a ópera de Schoenberg é atravessada pela negação determinada do elemento subjetivo. Pois não é possível acreditar que as condições sócio-históricas de alienação permitiriam sustentar a crença de que o lirismo porta em si a imanência

---

[118] ADORNO, Theodor. *Quasi una fantasia*. São Paulo: Unesp, 2018, p. 39.

[119] Sobre a ópera, Adorno dirá: "A inumanidade para a qual a grande música se encaminha, à medida que vai eliminando a contingência de algo e ser expresso, transforma esse propósito em algo sobre-humano, ou melhor na imagem de algo sobre-humano" (ADORNO, *Quasi una fantasia*, p. 324).

de suas formas de expressão. Devido à internalização da consciência crítica em relação à disciplina interna aos modos de produção de subjetividade na sociedade capitalista, o lirismo só se realiza sob rasura e isso é a negação determinada do elemento subjetivo. O canto, forma originária da linguagem em sua força de presença, ao menos em chave rousseauista,[120] deve ser rasurado. Aquele que porta a primeira manifestação de um "conflito insolúvel entre o finito e o infinito"[121] não deve cantar, mas também não se contenta mais em falar. Ele deve transitar em um espaço de nomadismo expressivo que Schoenberg sabia muito bem definir através das técnicas do *Sprechgesang*.[122]

Por outro lado, a estrutura musical polariza-se entre a construção dodecafônica global e dimensões do material que preservam as funções significativas da linguagem tonal, como a declamação enfática, o contraste entre o *cantus firmus* e seus contrapontos, as curvas melódicas dos solos dos cantores e o coral como oratório. Essa polaridade no nível dos materiais, própria ao fato do dodecafonismo schoenberguiano serializar apenas a dimensão das alturas, será a chave para Adorno pensar uma *processualidade do heterogêneo* que, longe de ser deficiência (como o jovem Boulez imputava a Schoenberg[123]), será a condição para a constituição de uma totalidade, um sistema contínuo de sínteses, que não aparecerá como a mera hipóstase de expectativas de dominação projetiva do sujeito sobre o material musical e sua multiplicidade de camadas históricas.

Todo o problema em torno do qual gira a interpretação de Adorno enuncia-se na questão: "Quais as condições de possibilidade em geral para a música de culto sem culto?".[124] A colocação pode soar como a confissão inadvertida de uma teologia negativa no interior da estética musical adorniana. Afinal, por que insistir em uma música de culto em uma época que enfim teria se libertado do horizonte sacral, na qual as obras de arte deixaram de nos querer fazer dobrar os joelhos, como já se disse? O que seria isso a não ser a estetização da nostalgia de um infinito

---

[120] Que lembremos da metafísica da presença de ROUSSEAU, Jean-Jacques. *Discours sur l'origine des langues*. Paris: Pléiade, 2003.

[121] ADORNO, *Quasi una fantasia*, p. 321.

[122] Sobre o *Sprechgesang*, lembremos como: "Schoenberg desejaria que o executante, respeitando a rítmica prescrita (tal como se se tratasse de mero canto) e observando o fato de que a fala deve abandonar as alturas executadas pelas vogais através de pequenas quedas ou ascensões na tessitura (efetuando, pois, pequenos glissandos), não se expressasse através de uma mera fala 'contabile', mas sim recorresse à fala num modo eminentemente musical. Tal imposição, entretanto, deveria tampouco lembrar o canto" (MENEZES, Flo. *Apoteose de Schoenberg*. Cotia: Ateliê editorial, 2002, p. 243). Não será a menor das ironias lembrar que Schoenberg desenvolve o *Sprechgesang* a partir do modo como a voz era utilizada na música de cabaret. Aquele que anuncia uma nova aliança com deus canta tal como um cantor de cabaret.

[123] Ver o clássico BOULEZ, Pierre. Morreu Schoenberg. In: *Apontamentos de aprendiz*. São Paulo: Perspectiva, 1995, p. 239-247.

[124] ADORNO, *Quasi una fantasia*, p. 324.

transcendente que se comprazeria na aporia? Aporia própria dos que dizem: "O absoluto escapa dos seres finitos. Quando buscam nomeá-lo, porque devem, eles o traem. Mas se guardam silêncio, aquiescem à própria impotência e pecam contra o outro mandamento de nomear o absoluto".[125]

No entanto, a chave da posição de Adorno vem logo em seguida, quando lembrar que "as obras de arte significativas são aquelas que ambicionam um extremo: as que se destroem no caminho e cujas fraturas permanecem como cifras da verdade suprema que não conseguiram nomear".[126] As obras de arte fiéis a seu conteúdo de verdade precisam se destruir no caminho, pois seus dispositivos de construção integral devem ser postos e devem falhar (estratégia presente em Adorno desde suas discussões a respeito do estilo tardio de Beethoven, que, como percebeu Edward Saïd, não é apenas um dispositivo de interpretação das obras finais de Beethoven, mas modelo geral de construção musical a partir de então[127]). Toda verdadeira obra de arte é a história de um fracasso e a expressão de uma fratura. Ela precisa expor a tensão em direção à construção absoluta, como forma de operar à crítica à ilusão de significação natural que seus materiais parecem portar. Ela não pode "encontrar" seus materiais. Antes, ela precisa procurar transcender a literalidade de seus materiais, sob pena de aceitar o estado arruinado da linguagem própria a uma sociedade que toda obra de arte verdadeira combate.

Mas o impulso de transcendência através da posição de uma construção integral precisa também ser destruído, *destruído em processo*. Isso significa que a obra saberá fazer das determinações significativas da linguagem anterior fraturas, fragmentos (e não por acaso Adorno chamará *Moisés e Arão* de "fragmento sacro"[128]). Ela saberá retirar tais determinações significativas de sua funcionalidade de origem a fim de transformá-las em marcas de camadas temporais múltiplas a habitar o material. Por isso, a destruição que as obras de arte se autoinfligem já é a verdadeira realização. Elas existem para se destruir e fazer dessa destruição o atravessamento do que porta a linguagem em direção à literalização de um absoluto que a todo momento expressa seu ímpeto de destruição das determinações representacionais da linguagem, enquanto "o sensível é imediatamente

---

[125] Idem, p. 320. Albrecht Wellmer não cansou de denunciar a natureza pretensamente aporética da estética musical adorniana: "a estética da negatividade de Adorno revelou seus traços rígidos, algo artificial tornou-se visível em suas construções aporéticas e um tradicionalismo latente ficou aparente em seus julgamentos estéticos" (WELLMER, Albrecht. *The persistence of modernity: essays on aesthetics, ethics and postmodernism*. Bonston: MIT Press, 1993, p. 17).

[126] ADORNO, *Quasi una fantasia*, p. 321.

[127] Ver SAÏD, Edward. *O estilo tardio*. São Paulo: Companhia das Letras, 2009.

[128] Pois lembremos que: "só os fragmentos enquanto forma da filosofia seriam capazes de entregar às mônadas projetadas de maneira ilusória pelo idealismo o que lhes é devido. Elas seriam representações no particular da totalidade irrepresentável como tal" (ADORNO, *Dialética negativa*, p. 32).

espiritualizado sem perder especificidade concreta alguma".[129] A espiritualização imediata do sensível é outra forma de descrever a liberação do sensível da estética transcendental da representação e suas determinações por limitação.

Adorno encontra a realização desse processo de destruição como realização na *polarização da linguagem* schoenberguiana. Pois seria de se esperar que uma música sacra fosse a realização da unidade na multiplicidade de suas vozes, o que Bach conhecia bem ao mobilizar os limites do contraponto na retroalimentação contínua do respeito ao centro tonal. E não por acaso *Moisés e Arão* conhece um aumento gradual da densidade polifônica inédito em Schoenberg e que não deixa de ressoar a história da música sacra (Bach à frente) no interior da tradição alemã. Mas Schoenberg traz processos distintos de ordenamento sem síntese formal, embora seja capaz de construir sínteses funcionais.[130] Essa é a especificidade da processualidade de sua forma, a saber, *a capacidade de constituir sínteses funcionais sem sínteses formais*, tal como se estivéssemos diante de um juízo infinito presente no interior da forma musical.[131]

Podemos falar em sínteses funcionais porque a disparidade dos materiais compõe um processo unificado, mesmo que a irredutibilidade seja preservada como indicação da disparidade de modos de desenvolvimento. Tomemos um exemplo privilegiado e não menos significativo, a saber, a voz de Jeová na primeira cena do primeiro ato da ópera, o único momento em toda a ópera no qual Jeová fala. Nessa cena, ouvimos Moisés recebendo a revelação divina diante da sarça ardente. Note-se como a voz divina não é una: o grupo de quatro (posteriormente seis) vozes representadas como as vozes da sarça ardente (*Stimme aus dem Dornbusch*) fala enquanto outro grupo, composto por seis vozes solo, cantam o mesmo texto em tempo defasado e em *ppp*, ou seja, no limiar da audição. Esse grupo de vozes solo ainda se divide em dois grupos de três vozes cada, o que permite que as melodias se sobreponham e que o texto perca sua inteligibilidade, assegurada apenas pela fala imperativa do grupo de vozes da sarça ardente. Temos, assim, o mesmo repetindo-se em dois processos de síntese formal totalmente

---

[129] ADORNO, *Quasi una fantasia*, p. 348

[130] Dahlhaus lembra bem que, para Schoenberg, o princípio de potência inconsciente de sua música estava na produção de conexões para além das determinações conscientes do trabalho com o material. Ver DAHLHAUS, Carl; *Schoenberg*, Genebra: Contrechamps, 1997, p. 255.

[131] Na *Ciência da Lógica*, Hegel definiu o julgamento infinito como uma relação entre termos sem relação: "Ele deve ser um julgamento, conter uma relação entre sujeito e predicado, mas tal relação, ao mesmo tempo, não pode ser" (HEGEL, *Wissenschaft der Logik II*, p. 325). A forma proposicional do juízo é superada pois sujeito e predicado estão e não estão em relação. Eles não estão em relação por participarem de categorias incompatíveis ("O espírito não é vermelho", "O entendimento não é mesa" são alguns exemplos "absurdos" fornecidos por Hegel). Mas eles estão por produzirem uma passagem do sujeito ao predicado que descreve o movimento de alienação e retorno que explicita a natureza dialética da forma proposicional, como veremos mais a frente na proposição "o ser do Eu é uma coisa".

distintos, com temporalidades não redutíveis e com inteligibilidade também conflitual. Como era de se esperar, a fala declama sempre mais rapidamente que o canto. No entanto, o ponto de junção dessa temporalidade múltipla e dessas formas que produzem desdobramentos independentes e autônomos é a única voz possível do que foi durante certo tempo confundido com "deus". Uma voz que desconhece unicidade orgânica, embora seja o caso de lembrar que essa concepção organicista não responderia à realidade orgânica alguma: "Mas na verdade a velhas exigências teológicas secularizadas, a desejos ligados à velha ideia de uma entidade que seria *causa sui,* à ideia que tal entidade seria uma maneira de ser perfeita, superior, divina, maximamente e propriamente ente".[132] Por isso, a recusa da unicidade orgânica já é retirar-se para fora de exigências teológicas secularizadas. O que pode ser visto como a consequência efetiva de certa forma de uso de juízo infinito em música.

O juízo infinito é a figura de um processo que realiza a exigência fundamental do absoluto de internalizar as causas daquilo que lhe transforma, sem que sejamos obrigados a anular toda causalidade externa em prol de uma teologia da *causa sui.* Pois a operação simultânea de elementos díspares em conflito, destruindo-se simultaneamente, cria uma síntese que se inscreve nas estratégias de construção da literalização de uma "desarmonia preestabelecida". Isso talvez nos explique porque só pode haver uma música de culto em uma época sem culto. Pois na decomposição histórica das forças sociais de unificação com suas mitologias teológico-políticas é possível liberar a multiplicidade das amarras da representação, liberar a multiplicidade de uma sujeição funcional global que não é outra coisa que o núcleo teológico da forma musical.[133] E o que é o problema fundamental de Schoenberg nessa peça a não ser pensar as condições para liberar a multiplicidade das amarras da força representacional do que se confunde com o divino?

Modos de explosão

Terminemos este capítulo lembrando de certo modelo hegeliano hegemônico de atualização do infinito presente no primeiro volume da *Ciência da Lógica.* Hegel parte da crítica de todas as figuras da progressão infinita por serem tentativas

---

[132] MARTÍ-JUFRESA, Felip. *La possibilité d'une musique moderne: logique de la modernité et composition musicale.* Paris: L'Harmattan, 2012, p. 67.

[133] "Assim, correlativamente à morte de deus em música, a morte musical de deus não será apenas a desafecção do sentido cultual da arte, mas a perda de valor, a desvalorização irresistível desses caracteres e desses atributos assinalados como motores, como valores-força do compor musical, como os caracteres esperados e valorizados em uma composição musical, como os traços essenciais do conceito de composição" (MARTÍ-JUFRESA, *La possibilité d'une musique moderne,* p. 70). Difícil encontrar explicação melhor para a ideia adorniana de uma música de culto em uma época sem culto.

de sustentar-se na contradição que consiste em pensar um infinito que conserva o finito, mesmo negando-lhe. Contra essa estratégia de transcendência negativa contínua, Hegel dirá:

> Esse progresso é, portanto, a contradição que não está dissolvida, mas sempre é enunciada apenas como presente. Está presente um ir além abstrato que permanece incompleto, na medida em que desse ir além não se vai mesmo além.[134]

Pois, como progressão infinita, toda atualização do infinito só pode aparecer como a monótona repetição entre finito e infinito, como a incompletude sempre atualizada, pensada sob a figura de um aproximar-se do absoluto que nunca se aproxima, do perecimento infinito do finito, que assim se conserva. É sintomático que Hegel critique Kant por não ter dissolvido tal contradição entre finito e infinito.[135] Por isso, Hegel pode afirmar que, nessa progressão ao infinito, encontram-se as duas determinações do infinito verdadeiro, a saber, a *oposição* entre finito e infinito, além da *unidade* entre ambos. No entanto, tais determinações não estão, por sua vez, unidas; elas estão alternadas. Dessa maneira, Hegel precisa dizer que a contradição não se dissolve porque ela não se aprofunda. Aprofundar a contradição significaria compreender como:

> [...] é a natureza do próprio finito ir além de si, negar sua negação e tornar-se infinito [...] Mas na medida em que o próprio finito é elevado para a infinitude, não é tampouco nenhuma violência estranha que lhe inflige isso, mas isso é sua natureza [...] Assim o finito desapareceu no infinito e o que é, é apenas o infinito.[136]

Se é da natureza do próprio finito ir além de si e tornar-se infinito, desaparecer no infinito, que se desvela como a única forma possível de ser, é porque toda a analítica da finitude é eivada de contradições que entram em movimento. Ao recusar as figuras do progresso ao infinito, do sem medida, do infinitamente grande e pequeno como representações inadequadas do infinito, como estratégia de perpetuação da finitude, Hegel insiste em uma estratégia geral que consiste na *explosão da finitude a partir de si mesma*, a partir do seu movimento imanente de

---

[134] HEGEL, *Ciência da Lógica*, p. 147.

[135] Sobre a noção kantiana de infinito, Hegel dirá: "o conceito de infinitude de Kant, que ele denomina o 'verdadeiro conceito transcendental' é 'que a síntese sucessiva da unidade na medição de um quantum nunca pode ser consumada'. Um quantum em geral está pressuposto como dado, e deve se tornar um valor numérico, um quantum que precisa ser indicado determinadamente, pelo sintetizar da unidade, mas esse sintetizar nunca pode ser consumado. Como fica claro, aqui está enunciado nada mais do que o progresso para o infinito apenas de modo transcendental, isto é, representado propriamente de modo subjetivo e psicológico" (HEGEL, *Ciência da Lógica*, p. 260).

[136] Idem, p. 143. Adorno chega a afirmar que a "tese geral" da filosofia hegeliana é de que: "a negação do finito implica em si a posição do infinito" (ADORNO, *Vorlesungen über negative Dialektik*, p. 116).

explicitar seus pressupostos. Um explicitar que não é mera exposição das condições de possibilidade, mas que é crítica a figuras e categorias que se perpetuam apenas por abstrair a aparência atual de seu movimento imanente de produção. Pois o que o explicitar mostra é como as significações próprias ao pensar do entendimento são "significações limite" que, ao porem seus pressupostos, ultrapassam suas determinações.[137]

Não será fruto de mero acaso encontrar esse modo de explosão da finitude em operação no pensamento estético de Adorno, em especial em suas análises musicais. O que não deveria nos surpreender, já que, como sabemos, o lugar da arte em Adorno não guarda semelhanças com o primado da prosa do conceito e a perda de horizonte histórico da representação sensível, tal como compreendida por Hegel.

Talvez um dos mais explícitos momentos nesse sentido seja sua interpretação do *Quarteto de cordas*, Opus 3, de Berg. Notemos que se Adorno chama Berg de "o mestre da transição mínima" é porque um dos movimentos recorrentes de sua música é o ir em direção à explosão do detalhe por aprofundamento de seu desenvolvimento. Explosão que não é mera desagregação, mas ampliação da sua potência construtiva por distensão de transições. Assim, a figura da "transição mínima" é, ao mesmo tempo, profundamente dialética (ela explicita um processo de composição extrema que se intervém na própria decomposição da estrutura regular da forma por aprofundamento de seus motivos) e claramente construída a partir dessa figura hegeliana da explosão da finitude por seu próprio movimento imanente. Sobre o *Quarteto*, Adorno dirá:

> Não existe um só detalhe que não retire seu sentido apenas da relação à totalidade da forma, mas não subsiste por sua vez forma que não encontre sua legitimação na exigência e no impulso recebido do detalhe, não tendo nenhuma prioridade abstrata em relação à inspiração.[138]

Adorno pode dizer isso porque, de certa forma, o detalhe, o instante musical se desdobra de tal forma que ele acaba por se confundir com a totalidade da obra, como se a parte fosse imediatamente do tamanho do todo. A obra é o movimento de transfiguração do instante musical em integralidade dos processos

---

[137] Pois: "a outra determinação é a inquietude do algo no seu limite, no qual ele é imanente, [a inquietude] de ser a contradição, a qual o propele para além de si mesmo. Assim, o ponto é essa dialética de si mesmo de tornar-se linha, a linha a dialética de tornar-se superfície, a superfície de tornar-se espaço total. Da linha, da superfície e do espaço inteiro é dada uma segunda definição de tal modo que, pelo movimento do ponto, surge a linha, pelo movimento da linha, a superfície, etc." (HEGEL, *Ciência da Lógica*, p. 133). O conceito de significações-limite vem de Ruy Fausto. Ver FAUSTO, *Marx: lógica e política II*.

[138] ADORNO, Theodor. *Berg: o mestre da transição mínima*. São Paulo: Unesp, 2007, p. 242.

da totalidade. Nesse sentido, a interpretação do *Quarteto* de Berg nos fornece um claro exemplo de certa leitura "monadológica" da obra de arte muitas vezes mobilizada por Adorno.

Por construir-se dessa forma, Adorno chega a falar do *Quarteto* como exemplo privilegiado de interversões dialéticas (*dialektischen Umschlags*) entre forma e força produtiva.[139] Escrito em estilo atonal livre e composto por dois movimentos, sendo o primeiro uma forma-sonata e o segundo uma forma-rondó, o *Quarteto* se singulariza por ser uma das poucas obras da Segunda Escola de Viena que se serve de um atonalismo livre sem apoiar-se em textos ou tender a uma forma aforismática. Ele alia uso de forma extensa e natureza "puramente musical". No entanto, o uso de variações é tão intenso que, ao fim, parece não haver mais tema: a transição permanente tudo dissolve. Isso levou René Leibowitz a afirmar: "A técnica de variação já aplicada no Opus 1 é usada de maneira tão estrita que devemos ver em toda a obra uma única seção de desenvolvimento".[140]

Ao compreender o *Quarteto* como uma "liquidação da sonata", Adorno lê a relação entre forma e material como um setor da dialética marxista entre relações de produção e força produtiva. Tudo se passa como se a forma-sonata aparecesse como uma relação de produção que se desintegra (*zerfällt*) diante da força produtiva dos motivos, liberando com isso a força objetiva (*objetiven Kräfte*) até mesmo de todo "tema" no sentido tradicional do termo. Assim, ela fornece a experiência sensível da emancipação das forças em relação à redução convencional da forma.

De fato, a estrutura global da forma sonata está lá (primeiro tema até compasso 46; segundo tema: compasso 47 a 80; desenvolvimento entre compassos 81 e 104 [ou seja, um desenvolvimento impressionantemente atrofiado]; reexposição a partir do compasso 105). Mas notemos como a construção se dá. O procedimento empregado por Berg em seu *Quarteto* não é muito distinto da maneira com que Beethoven se serve de ideias musicais elementares como princípio construtivo global (vide a *Abertura Coriolano*). Toda a obra é o desdobramento de uma ideia musical unificadora que se expressa já no primeiro compasso do segundo violino:

[139] "A questão não é que este trabalho faz da forma-sonata algo obsoleto, mas que, em cada ouvinte, ele desperta um drama desdobrado entre uma concepção arquitetônica da 'forma encerrando o conteúdo' e uma concepção orgânica da 'forma gerada pelo conteúdo'" (POPLE, Anthony. *The Cambridge Companion to Berg*. Cambridge: Cambridge University Press, 1997, p. 60).

[140] LEIBOWITZ, René. *Schoenberg and his school*. New York: Da Capo Press, 1976, p. 146.

Outro exemplo do mesmo procedimento, já ao final da primeira parte, agora na voz da viola:

A ideia musical de base é caracterizada por uma sextina composta inicialmente por cinco notas de uma escala descendente de tons inteiros acrescida de uma nota. Essa sextina está em processo de dissolução, daí por que sua exposição inicial dá lugar a um "resto" representado pelo *si* desdobrado inicialmente em intervalos de segunda. *Per se*, a ideia musical é pobre: uma pequena célula motívica formada a partir de uma escala descendente de tons inteiros que, em vez de realmente se desenvolver, parece extenuar-se ao privilegiar polaridades de segunda. Suas primeiras repetições (compasso 5 da viola e no compasso 12 do violoncelo) são submetidas a uma intensidade *pp* e *p*, o que não deixa de ter sua ironia, já que a célula motívica com função construtiva encontra-se, muitas vezes, no limite do perceptível. Nos compassos 77, 78 e 79, por exemplo, figuras derivadas da sextina aparecem em *ppp*; o mesmo ocorrendo nos compassos 121 e 184. Ou seja, o princípio construtivo é deslocado constantemente para uma dimensão liminar.

A estrutura de sextinas funciona como uma mônada. Ela passa pelos instrumentos, é desdobrada, quebrada, tocada em ralentando, alterada em sua densidade, distendida como se estivesse a ampliar seus espaços, tal como vemos no segundo tema (que vai do compasso 47 a 80). O uso extensivo dos intervalos de segunda diminuta fortalece a ideia de transição mínima indefinidamente distendida. Isso fornece à obra a forma de uma força plástica liberada em sua potência processual de produção. Potência que Adorno interpreta como figura de um processo de formação que se realiza se negando. A obra em sua integralidade está, de certa forma, contida em seu detalhe.

De fato, a tendência à dissolução da totalidade funcional através do desenvolvimento extremo dos momentos particulares poderia parecer autonomização fetichista das partes, se o procedimento de desenvolvimento não fosse, na verdade, uma autonegação dialética (e não o congelamento do material em uma imagem estilizada). Autonegação que é ao mesmo tempo autorreferência e autoposição: como em todos os exemplos de infinitude trazidos por Hegel. Daí por que Adorno pode falar, neste caso, de um "caos organizado": "Sua música, cuja tendência é o caos, guarda o domínio de si mesma e tem uma forma".[141]

---

[141] ADORNO, *Quasi una fantasia*, p. 202.

Trata-se de um caos organizado porque ela dissolve a funcionalidade de suas partes ao mesmo tempo em que garante a inteligibilidade integral de seus processos. Como bem compreendeu Geuss: "O princípio básico da música de Berg não é 'tensão-distensão' mas 'construção-desconstrução' (*Aufbau Abbau*) ou, ainda, afirmar retomando o que foi afirmado. Essa "retomada" (*taking back*) é o oposto das formas tradicionais de afirmação musical".[142] Nesse princípio básico, a negação aparece indissociável da emergência de formas outras de produção. Adorno descreve claramente o jogo de construção e desconstrução própria à música de Berg:

> Pode-se ilustrar esta maneira berguiana – maneira no sentido amplo de maneirismo – com o jogo infantil no qual a palavra "Kapuziner" é desconstruída e remontada: Kapuziner – Apuziner – Puziner – Uziner – Ziner – Iner – Ner – Er –R, R- Er- Ner – Iner – Ziner – Uziner – Puziner – Apuziner – Kapuziner. Esta é a maneira com a qual ele compõe e que sua música joga na cripta de um capuchinho farsante, seu desenvolvimento visou essencialmente a espiritualização desta maneira.[143]

Assim, explode-se a finitude e pode-se emergir uma totalidade verdadeira em sua processualidade contínua capaz de instaurar objetos em movimento imanente, como veremos a seguir.

---

[142] GEUSS, Raymond. Berg and Adorno. In: POPLE, *The Cambridge companion to Berg*, p. 47.
[143] ADORNO, *Berg*, p. 328.

Ao final de um dia de esperança brutal e de profunda depressão: eu estava ao ar livre, sob um céu de escuridão indescritível e furiosamente carregado. Ele portava a expressão de uma catástrofe iminente. De repente, uma luz, como um relâmpago, mas mais amarelo e menos luminoso, aparece em um ponto e desaparece rapidamente abaixo ou acima das nuvens. Digo: é a tempestade, e alguém me confirma. Segue um longo barulho indescritível, mais próximo de uma explosão do que de um trovão; não acontece nada mais do que isso. Pergunto: é tudo? E isso também me foi confirmado. Ainda sob grande emoção, mas ao mesmo tempo tranquilizado, acordo. Estávamos no meio da noite. Retomei tranquilamente meu sono.

Totalidade: processualidade contínua e vertigens

Uma dialética que não está mais colada à identidade
provoca a objeção de causar vertigens.
Adorno

Uma dialética amputada?

Analisemos com mais vagar a tensão da relação entre Hegel e Adorno. A leitura mais corrente a respeito da relação entre os dois vê a dialética negativa como certa forma de "amputação" da dialética hegeliana. Como se a dialética negativa fosse uma dialética amputada do momento positivo-racional de síntese. Amputação resultante, principalmente, da pretensa liberação da negação determinada de sua função estruturadora no interior da noção hegeliana de totalidade. Pois, em Hegel, a negação determinada seria, ao menos segundo essa perspectiva, o movimento de constituição de relações entre conteúdos da experiência tendo em vista a produção de uma totalidade acessível ao saber. Ao passar de um conteúdo da experiência a outro através de negações determinadas, compreendendo com isso que o resultado das negações não é a anulação do conteúdo anterior, mas a revelação de como ambos os conteúdos estavam em profunda relação de interdependência, o sujeito teria as condições de fazer a experiência de como a determinação de um conteúdo só é completamente possível através da atualização da rede de negações que o define. Ou seja, ele compreenderia o verdadeiro sentido do adágio spinozista: *Omni determinatio est negatio*.[144] Tal atualização da rede de negações que determina conteúdos da experiência seria exatamente o que Hegel compreenderia por posição da totalidade do saber. Uma posição que, por sua vez, determinaria a negatividade como astúcia que visa mostrar o caráter limitado dos momentos parciais da experiência, pois tais

---

[144] Comentadores como Robert Brandom compreenderam claramente este ponto mas, devido a uma apreensão não-dialética da negação determinada como simples relação de oposição, eles tendem a ver, no força determinante da negação hegeliana, apenas uma figura mais rebuscada da incompatibilidade material. Cf. BRANDOM, *Tales of the Mighty Death*, p. 180.

parcialidades seriam superadas pelo desvelamento da funcionalidade de cada momento em uma visão acessível do todo.

Já a dialética negativa adorniana, como "prática *ad hoc* da negação determinada",[145] acabaria na aporia de uma crítica totalizante da razão incapaz de se orientar a partir de um horizonte concreto de reconciliação, beirando, assim, o niilismo desenfreado. Isso quando ela não for acusada de simplesmente não ser dialética. Basta lembrarmos, a esse respeito, do comentário de Robert Pippin:

> A "dialética negativa" simplesmente não é dialética, mas uma filosofia da finitude e uma demanda para o reconhecimento de tal finitude. O "não-idêntico" desempenha um papel retórico estranhamente semelhante à identificação kantiana da *Ding an sich* contra os idealistas posteriores.[146]

A referência a Kant não é extemporânea porque, aparentemente, seria possível ver a dialética transcendental como uma espécie de dialética negativa, já que, como vimos, ela também é uma crítica da totalidade, mas através da exposição das ilusões produzidas pelo uso transcendente das ideias transcendentais. O que talvez nos explique por que esta leitura da dialética negativa como uma filosofia da finitude de ares kantianos será encontrada em várias tradições de interpretação. Lembremos, por exemplo, de Alain Badiou, para quem:

> [...] o que Adorno retém de Kant é a irredutibilidade da experiência, a impossibilidade de dissolver a experiência na pura atividade do conceito. Subsiste um elemento totalmente irredutível de limitação passiva, exatamente como em Kant a passividade, que é a prática do sensível, é irredutível.[147]

No entanto, já deve ter ficado claro que estou a defender que se desprende do texto adorniano algo totalmente diferente. Como deveria ser diferente o pensamento de alguém que afirma, claramente: "a reflexão filosófica assegura-se do não-conceitual no conceito",[148] ou seja, ela integra o não-conceitual como *momento do desenvolvimento do conceito*. Há de se notar, por exemplo, que não existe conceito da dialética hegeliana que Adorno simplesmente abandone. Totalidade, mediação, síntese, Espírito (compreendido em chave não-metafísica como trabalho social): nenhum desses conceitos será objeto de uma negação simples por parte de Adorno.

---

[145] HABERMAS, *O discurso filosófico da modernidade*, p. 183.

[146] PIPPIN, Robert. Negative Ethics: Adorno on the Falsehood of Bourgeois Life. In: *The Persistence of Subjectivity: On the Kantian Aftermath*. Cambridge: Cambridge University Press, 2005, p. 116.

[147] BADIOU, Alain. La dialectique negative d'Adorno. In: *Cinq leçons sur le "cas" Wagner*. Paris: Nous, 2010, p. 65.

[148] ADORNO, *Dialética negativa*, p. 18.

Sendo assim, podemos dizer que interpretar um conceito filosófico será, para Adorno, explicitar a necessidade de seu movimento no interior de situações sócio-históricas muitas vezes contraditórias entre si; situações às quais o conceito em questão foi referido. Não se trata de afirmar que tal multiplicidade de referências a situações contraditórias seja resultado da inabilidade de alguns em compreender a verdadeira referência do conceito. Na verdade, o movimento é interno ao próprio conceito. Adorno chegará a dizer que a imposição fundamental da dialética não consiste em defender que a verdade estaria no tempo ou em oposição a ele: "mas que a própria verdade tem um núcleo temporal (*einen Zeitkern*)".[149] O que é uma maneira de afirmar que o conceito produz um processo histórico-social que obriga a mudanças contínuas na sua própria estrutura de significação, redimensionando sua referência, isso se ele quiser "permanecer fiel a si mesmo". Um contextualismo historicamente distendido que nunca poderia ser compreendido em chave relativista, mas em determinação situacional. Portanto, um verdadeiro conceito filosófico nunca é homogêneo, mas move-se de maneira distinta em situações sócio-históricas específicas. Notemos como Adorno discute conceitos como "progresso":

> A ideia de progresso é a ideia antimitológica por excelência, capaz de quebrar o círculo ao qual pertence. Progresso significa sair do encantamento – também o do progresso, ele mesmo natureza – à medida que a humanidade toma consciência de sua própria naturalidade, e por fim sair da dominação que [o progresso] exerce sobre a natureza e através da qual a da natureza se prolonga. Nesse sentido, poder-se-ia dizer que o progresso acontece ali onde ele termina.[150]

Afirmações como essas, que podem desesperar mais de um, são, no entanto, claras em seus propósitos. Primeiro, a ideia de progresso, como realização da consciência do caráter produtivo da liberdade humana, constitui-se em oposição à natureza como sistema fechado e estático de leis. Eis sua matriz "antimitológica". Mas ao criar tal oposição, o progresso "passa no seu oposto" e adquire o mesmo caráter coercitivo e brutal que a sociedade encontrara na natureza. Pois a crença no progresso se paga com a explicitação da relação à natureza como uma relação de dominação. As relações de dominação são, no entanto, regressões, e não progresso. Assim, se no século XVIII o progresso podia aparecer em sua potência de desmistificação contra o encantamento da natureza, agora que as consequências problemáticas da submissão integral da natureza à técnica são evidentes e redutoras, isso não terá mais lugar. Dessa forma, ser fiel ao espírito antimitológico do progresso exige uma crítica à mitologia

---

[149] ADORNO, *Einführung in die Dialektik*, p. 27.

[150] ADORNO, Theodor. *Palavras e sinais: modelos críticos 2*. Petrópolis: Vozes, 1995, p. 47.

do progresso. Reversão possível, porque a atualização do conceito em uma situação sócio-histórica determinada nunca equivale ao esgotamento completo do mesmo. Há de se perguntar, e esta é uma pergunta dialética por excelência, sobre o que fica apenas em latência quando o conceito é atualizado em uma situação.[151] A dialética aqui consiste em afirmar que a realização do progresso não consiste na simples melhor consolidação dos ideais normativos em operação em nossas formas sociais presentes, formas essas constituídas em nome do progresso. Ela consiste na destituição de tais formas através de uma crítica capaz de produzir uma transformação estrutural em tais ideais. Essa transformação, feita em nome da crítica do progresso, é a verdadeira realização do progresso. Se o verdadeiro progresso só começa lá onde ele termina é porque a consciência do fracasso do progresso, até o momento atual, é a condição para dar corpo ao que até agora foi impossível.

Tal estratégia de leitura, evidente na compreensão dos movimentos de interversão internos a um conceito, pode nos explicar por que ler um filósofo, seja Kierkegaard, Husserl ou Hegel, será, para Adorno, ato indissociável da exploração de tendências potenciais nos textos. Ato indissociável da exploração de mutações no sentido dos conceitos dos quais o filósofo se serve devido à modificação das situações sócio-históricas nas quais eles se inseriram. Por exemplo, Adorno lembra que falar em totalidade no interior de uma situação, como aquela em que Hegel viveu, na qual o Estado nacional era um ganho de racionalidade e de direito em relação ao arbítrio dos interesses locais, era muito diferente de falar em totalidade em uma época, como a nossa, de afirmação global da falsa universalidade do Capital.

Levando isso em conta, podemos dizer que a dialética negativa de Adorno é o resultado não exatamente do abandono de certos conceitos e processos da dialética hegeliana, ou ainda, da amputação desta. Na verdade, *a dialética negativa será o resultado de um conjunto de operações de deslocamento no sistema de posições e pressuposições da dialética hegeliana*. Isso pode nos explicar a peculiar operação na qual vemos todos os conceitos hegelianos operando na dialética adorniana, mas sem poder mais serem postos tais como eles eram postos por Hegel, sem poder serem atualizados no interior das situações pensadas por Hegel. Pois Adorno sabe que, em certas situações, pôr um conceito de maneira direta é a melhor forma de

---

[151] Amy Allen enfatiza com propriedade a diferença entre a aceitação tácita do conceito de progresso em Habermas e Honneth e a sua crítica dialética por Adorno. Ela lembra como não se trata de simplesmente confundir poder e validade (como Habermas acusa Adorno), mas permitir o desenvolvimento de uma genealogia no interior da qual a consciência da indissolubilidade entre progresso e regressão permita uma perspectiva realmente crítica a respeito das matrizes hegemônicas de nosso presente. Ver: ALLEN, *The end of progress*, 2016.

anulá-lo. Deixá-lo em pressuposição é, às vezes, a melhor maneira de reconstruir sua força crítica. Como ele dirá:

Mesmo o pensamento que se opõe à realidade ao sustentar a possibilidade sempre derrotada, só o faz na medida em que compreende a possibilidade sob o ponto de vista de sua realização, como possibilidade da realização, algo em direção à qual a própria realidade, mesmo que fraca, estende seus tentáculos.[152]

Ou seja, a possibilidade que a crítica pressupõe como seu solo de orientação para a recusa do existente não é "mera possibilidade", mas uma espécie de *latência do existente*. A negatividade da possibilidade em relação ao efetivo é a processualidade que coloca o efetivo em movimento. Nesse sentido, é típico de Adorno a consciência de que, muitas vezes, não se deve tentar explicitar o que está em latência. *Deslocar o sistema de posições e pressuposições da dialética hegeliana* implica recusar pôr reconciliações que Hegel julgava já maduras para serem enunciadas. Uma crença vinda, entre outras coisas, da defesa de que chegara a hora de confiar na força de explicitação da linguagem filosófica. Como veremos, tal confiança é um dos pontos fundamentais de diferença entre Hegel e Adorno.

Se aceitarmos a interpretação que proponho, será necessário afirmar que os conceitos ligados ao momento "positivo-racional" da dialética não desaparecerão do pensamento adorniano. Eles deverão permanecer em pressuposição, a fim de recusar as conciliações em circulação na vida social contemporânea e, com a pressão do irreconciliável, abrir caminho para o advento de outra reconciliação. Pois, lembremos mais uma vez, "a antecipação filosófica da reconciliação é um atentado contra a conciliação real",[153] já que, ao pôr abstratamente a reconciliação, a especulação filosófica, no fundo e de maneira insidiosa, apoia-se nas figuras concretas de reconciliação atualmente presentes na vida social. O que, segundo Adorno, deixa a reflexão indefesa para evitar a obrigação de justificar o curso atual do mundo e perpetuar falsas reconciliações.

A força de descentramento da identidade dos particulares

Tendo tais considerações em vista, lembremos como, em suas leituras de Hegel, Adorno critica, principalmente, três figuras da posição dos momentos conciliadores da Ideia, a saber: o *Estado*, o *Espírito do mundo* como vetor da racionalidade do processo histórico e a *identidade entre sujeito e objeto* no interior do absoluto. Essas são três figuras da totalidade que não poderão mais ser postas.

[152] ADORNO, *Três estudos sobre Hegel*, p. 171.
[153] Idem, p. 102.

É a elas que Adorno alude quando afirma: "Nenhuma das reconciliações sustentadas pelo idealismo absoluto, desde a reconciliação lógica à histórico-política, mostrou-se válida".[154] O que não significa em absoluto que toda experiência da totalidade estaria interditada ao pensamento ou estaria em operação apenas como referência negativa de uma ilusão que deveria ser, a todo momento, denunciada por ser o desdobramento constante da falsa universalidade do Capital e da generalização da forma-equivalente própria à lógica da mercadoria. De fato, a totalidade realizada na vida social é a exposição da inverdade do que o pensamento procura assegurar no nível especulativo, ou seja, "a verdade e inverdade no nível especulativo apresenta a inversão da inverdade e da verdade no nível histórico-real".[155] A esse respeito, Adorno falará claramente:

> [...] a totalidade não constitui uma categoria afirmativa, mas crítica. A crítica dialética se propõe a ajudar a salvar ou restaurar o que não está de acordo com a totalidade, o que se lhe opõe ou o que, como potencial de uma individuação que ainda não é, está apenas em formação.[156]

Nesse mesmo texto, ele chegará a dizer que "uma humanidade liberada não persiste como totalidade". Mas tais afirmações mostram, na verdade, como um uso crítico da noção de totalidade permite restaurar o que se opõe a uma falsa totalidade, embora não através da afirmação normativa de uma totalidade verdadeira. Pois, se fosse assim, a crítica preservaria o elemento fundamental a ser denunciado, a saber, um sistema de relações baseado na figura de estruturas de posições metaestáveis e identificadoras. Uma totalidade verdadeira não se diz na forma das positividades. De toda forma, notemos a ironia relativa em dizer "uma humanidade liberada não persiste como totalidade". Se fosse para fazer uma crítica total do conceito de totalidade, por que guardar então o conceito de humanidade? Não seria exatamente a "humanidade" o conceito fundamental de totalidade enquanto horizonte de implicação genérica e de constituição de um comum ilimitado? Quem permanece falando em "humanidade" sabe tacitamente que a crítica não pode deixar de fazer apelo, de forma não-afirmativa, à ideia de relação genérica que fundamenta a exigência de totalidade.

Por isso, é importante lembrar neste contexto que, da mesma maneira como Adorno falará de uma "síntese não-violenta", ele apresentará, em momentos importantes de sua obra, modelos de uma totalidade reconciliada. A boa questão consiste em se perguntar onde estão tais modelos e por que eles só podem

---

[154] ADORNO, *Dialética negativa*, p. 14.

[155] GUZZONNI, Ute. *Sieben Stücke zu Adorno*. Munique: Karl Aber, 2003, p. 90.

[156] ADORNO, *Introdução à controvérsia sobre o positivismo na sociologia alemã*, p. 124.

funcionar, atualmente, em economia restrita, ou seja, em esferas específicas da vida social.

Todos conhecem a afirmação canônica de Adorno: "O todo é o não-verdadeiro". Mas a análise detalhada da maneira com que Adorno compreende o problema da totalidade em Hegel demonstra um julgamento mais complexo. Pois ele sabe que a negação simples da experiência da totalidade leva, necessariamente, à fascinação positivista pela pretensa imediaticidade da facticidade e do meramente dado. Tal negação simples da totalidade é a senha para a validação de uma ciência que apenas constata, ordena e que, por se aferrar à afirmação da existência desconexa, perde a força para levar a cabo toda crítica à realidade reificada.[157] Isso faz com que Adorno procure, em Hegel, o modelo de crítica a tal tentação positivista, e ele o encontrará exatamente no conceito de totalidade. Para tanto, Adorno precisa lembrar, sobre Hegel:

> Assim como as partes não são tomadas de maneira autônoma contra o todo, que é o elemento delas, o crítico dos românticos sabe também que o todo apenas se realiza por meio das partes, apenas por meio da separação, da alienação, da reflexão, em suma, por meio de tudo o que é anátema para a teoria da *Gestalt*.[158]

Ou seja, Adorno não defende a ideia corrente de que a totalidade em Hegel seria uma espécie de estrutura prévia à experiência da consciência, sempre presente e pronta para ser desvelada ao final por um processo que já estaria determinado desde sempre e que, por isso, não seria processo algum, o que nos daria uma totalidade como movimento sem acontecimento. Exemplo paradigmático de tal interpretação pode ser encontrado na crítica heideggeriana a Hegel.[159] Ao contrário, Adorno insiste que a totalidade em Hegel deve ser inicialmente vista como a quintessência dos momentos parciais que apontam para além de si mesmos. É isso que lhe permite afirmar que, no caso da totalidade hegeliana, "o nexo [entre os elementos] não é aquele da passagem contínua, mas da mudança brusca;

---

[157] "O cerne da crítica ao positivismo consiste em que este se fecha à experiência da totalidade cegamente dominante, tanto quanto à estimulante esperança de que finalmente haverá uma mudança, satisfazendo-se com os destroços desprovidos de sentido que restaram após a liquidação do idealismo, sem interpretar e descobrir a verdade, por sua vez, da liquidação e do liquidado" (Idem, p. 126).

[158] ADORNO, *Três estudos sobre Hegel*, p. 74-75.

[159] Por exemplo: "o progresso na marcha histórica da história da formação da consciência não é impulsionado em direção ao ainda indeterminado, pela figura respectiva de cada momento da consciência, mas ele é impulsionado pelo alvo já proposto" (HEIDEGGER, Martin. *Caminhos da floresta*. Lisboa: Fundação Calouste Gulbenkian, 2014, p. 157). Em outra chave, mas com a mesma leitura, Habermas, falará: "de um espírito que arrasta para dentro do sorvo da sua absoluta autor-referência as diversas contradições atuais apenas para fazê-las perder o seu caráter de realidade, para transformá-las no *modus* da transparência fantasmagórica de um passado recordado – e para lhes tirar toda a seriedade" (HABERMAS, *O discurso filosófico da modernidade*, p. 60).

o processo não ocorre na aproximação dos momentos, mas propriamente por meio da ruptura".[160] Essa é outra maneira de dizer que a totalidade *não deve ser compreendida como determinação normativa capaz de definir, por si só, o sentido daquilo que ela subsume, mas como a força de descentramento da identidade autárquica dos particulares.* Descentramento sentido pelos particulares como ruptura e mudança brusca. Isso leva Adorno a afirmar que o sistema hegeliano não quer ser um esquema que tudo engloba, mas o centro de força latente que atua nos momentos singulares, impulsionando tais momentos com a abertura da transcendência.

Dessa forma, Adorno deve reconhecer, nos melhores momentos de seus textos, que em Hegel a totalidade não pode ser vista como negação simples do particular, como subsunção completa das situações particulares a uma determinação estrutural genérica. Ela será a consequência necessária de a compreensão do particular ser sempre mais do que si mesmo, de ele nunca estar completamente realizado, de ser uma determinação instável. Na verdade, ela aparecerá como a condição para que a força que transcende a identidade estática dos particulares não seja simplesmente perdida, mas possa produzir relações.

A tal respeito, é possível dizer que podemos compreender a totalidade, como categoria dialética, de duas formas. No primeiro caso, ela aparece como estrutura fechada onde todas suas relações são necessárias, pois previamente determinadas no interior de um sistema metaestável. Nesse contexto, as relações de necessidade tendem a ser profundamente deterministas, como podemos encontrar, por exemplo, em Lukács, em afirmações como:

> Ao se relacionar a consciência com a totalidade da sociedade, torna-se possível reconhecer os pensamentos e os sentimentos que os homens *teriam tido* numa determinada situação da sua vida, *se tivessem sido capazes de compreender perfeitamente* essa situação e os interesses dela decorrentes, tanto em relação à ação imediata quanto em relação à estrutura de toda a sociedade conforme esses interesses.[161]

Lukács não poderia ser mais claro: a atualização da totalidade como chave explicativa dos fenômenos permitiria a dedução da figura necessária dos particulares, caso estes realmente estivessem à altura de sua posição em uma situação dada. No ponto de vista político-social, tal totalidade atualizada pela consciência de classe, por um proletariado pensado como "sujeito-objeto idêntico", seria, por sua vez, a condição para a transformação revolucionária da história e para a crítica da falsa consciência imersa em seus particularismos e parcialidades.

---

[160] ADORNO, *Três estudos sobre Hegel*, p. 75.

[161] LUKÁCS, Georg. *História e consciência de classe.* São Paulo: Martins Fontes, 2003, p. 141.

Provavelmente, leituras inspiradas na totalidade hegeliana como esta são uma das principais razões para o caráter muitas vezes hiperbólico da crítica adorniana a Hegel.

No entanto, podemos encontrar em Hegel uma noção relativamente distinta de totalidade, a saber, algo que deve ser descrito como uma processualidade em contínua reordenação de séries de elementos anteriormente postos em relação. Neste caso, as relações entre os elementos e momentos continuam necessárias, mas tal necessidade não obedece a uma lógica determinista, e sim a um processo de transfiguração da contingência em necessidade.[162] Tal transfiguração exige pensar a totalidade como um sistema aberto ao desequilíbrio periódico e infinito, pois a integração contínua de novos elementos inicialmente experimentados como contingentes e indeterminados reconfigura o sentido dos demais. A negação determinada não aparece, assim, apenas como passagem de um conteúdo a outro que visaria mostrar o caráter limitado dos momentos parciais da experiência. Ela é principalmente a reconfiguração posterior de conteúdos já postos tomados como conjunto. O movimento que a negação determinada produz é um movimento de mutação para frente, mas também para trás. Adorno insiste neste ponto ao afirmar que aquilo que Hegel denomina como síntese "não é apenas a qualidade emergente da negação determinada e simplesmente nova, mas o retorno do negado; a progressão dialética é sempre também um recurso àquilo que se tornou vítima do conceito progressivo: o progresso na concreção do conceito é a sua autocorreção".[163]

Se quisermos, podemos afirmar que um belo exemplo desse movimento é a maneira com que Hegel lembra que o Espírito pode "desfazer o acontecido" (*ungeschehen machen kann*[164]) reabsorvendo o fato em uma nova significação. Lembremo-nos desta afirmação de Hegel:

> As feridas do espírito são curadas sem deixar cicatrizes. O fato não é o imperecível, mas é reabsorvido pelo espírito dentro de si; o que desvanece imediatamente é o lado da singularidade (*Einzelnheit*) que, seja como intenção, seja como negatividade e limite próprio ao existente está presente no fato.[165]

É só em uma totalidade pensada como processualidade contínua que o acontecido pode ser desfeito e que as feridas do Espírito podem ser curadas sem deixar cicatrizes. Neste ponto, é difícil não concordar com Lebrun, para quem,

---

[162] Desenvolvi isto de maneira mais sistemática no terceiro capítulo de *O circuito dos afetos*.

[163] ADORNO, *Dialética negativa*, p. 276.

[164] HEGEL, *Fenomenologia do Espírito II*, p. 139.

[165] Idem, p. 140.

"se a História progride é para olhar para trás; se é progressão de uma linha de sentido é por retrospecção [...] a 'Necessidade-Providência' hegeliana é tão pouco autoritária que mais parece aprender, com o curso do mundo, o que eram os seus desígnios".[166]

Assim, a totalidade não pode ser definida aqui como o que permite a *compreensão semântica* de todos os elementos que ela subsume (como está pressuposto na citação anterior de Lukács), mas como a perspectiva que permite a *compreensão sintática do movimento* de reabsorção contínua do que inicialmente apareceu como indeterminado e contingente. Pois há, *no interior mesmo da ontologia hegeliana,* um risco de indeterminação que sempre devemos inicialmente *assumir* para poder após *integrar.*[167]

Notemos que tal processualidade contínua define a natureza infinita da totalidade. Ela é infinita porque, por estar em processualidade contínua, suas partes estão em reconfiguração incessante, em reversão contínua de suas posições. Ela não é infinita por ser inumerável, mas por estar em regime de autotransformação, de negação contínua dos limites próprios às determinações nas quais elas provisoriamente se encarnaram. Ela é infinita por sua atualização ser, ao mesmo tempo, sua alteração. Por sua vez, ela é totalidade porque todos os seus termos estão em relação, e todos os termos em relação estão também em relação com o que aparece inicialmente como não-relacionado.

No entanto, Adorno insistirá que o risco de a processualidade contínua se tornar uma dinâmica fechada, um sistema fechado que se esconde sob a capa do "puro devir", do "puro processo", é real. A processualidade contínua pode se tornar uma figura astuta da estaticidade, na medida em que tudo advém do pensamento. Por isso, Adorno tem que fazer afirmações como: "É quase sem consciência que a consciência precisaria imergir nos fenômenos em relação aos quais ela toma uma posição. Com isso, a dialética certamente se transforma de maneira qualitativa".[168] "Quase sem consciência", ou seja, disposta a colocar em xeque a gramática que orienta o pensamento, mas ainda sendo capaz de se implicar com o que nos opõe

---

[166] LEBRUN, Gérard. *L'envers de la dialectique*. Paris: Seuil, 2006, p. 34-6. Levando em conta tal leitura, Zizek dirá, de maneira justa: "É assim que deveríamos ler a tese de Hegel de que, no curso do desenvolvimento dialético, as coisas 'tornam-se aquilo que são': não que um desdobramento temporal simplesmente efetive uma estrutura conceitual atemporal preexistente – essa estrutura conceitual é em si o resultado de decisões temporais contingentes" (ZIZEK, Slavoj. *Menos que nada: Hegel e a sombra do materialismo dialético*. São Paulo: Boitempo, 2013, p. 59). Descrevi esse processo de forma mais sistemática no terceiro capítulo de *O circuito dos afetos*.

[167] De fato: "Cada vez que Hegel chega a um momento de perfeição no qual a identidade parece fechar-se em si mesmo para um gozo autárquico, é a negação desta identidade que salva o Absoluto da abstração e da indeterminação" (MABILLE, Bernard. Idéalisme spéculatif, subjectivité et négations. In: GODDARD, J.-C. (Org.). *Le transcendantal*. Paris: Vrin, 1999, p. 170).

[168] ADORNO, *Dialética negativa*, p. 32.

resistência. A processualidade contínua é implicação retroativa principalmente com aquilo que obriga a recomposição dos movimentos, a reconfiguração das velocidades, a suspensão.

O mais desastroso desentendimento desde Kierkegaard

Talvez o melhor exemplo a respeito da concepção processual de totalidade seja a dialética entre sujeito e objeto, já que a relação dialética entre sujeito e objeto é a base metodológica para a compreensão das relações entre forma e material, conceito e intuição, identidade e diferença, entre tantos outros. De fato, há uma proximidade nem sempre relevada a respeito da dialética entre sujeito e objeto em Hegel e Adorno. Uma proposição que pode parecer inicialmente disparatada e ir na contramão de várias asserções explícitas do próprio Adorno. Pois em mais de um momento, Adorno age como quem afirma que Hegel não pode levar a dialética sujeito-objeto às suas reais consequências. Daí a necessidade de afirmações como:

> O sujeito-objeto hegeliano é sujeito. Isso esclarece a contradição não resolvida no que se refere à exigência do próprio Hegel de uma coerência total, segundo a qual a dialética sujeito-objeto, que não é subordinada a nenhum conceito superior abstrato, perfaz o todo e, entretanto, se realiza por sua vez como a vida do Espírito absoluto.[169]

Adorno reconhece o momento de verdade da crítica hegeliana da oposição entre a consciência que concede forma e a simples matéria. Ele sabe que a construção da consciência-de-si como unidade especulativa entre sujeito e objeto abre espaço para pensarmos a partir da própria coisa, já que ela não é relegada à condição de simples matéria impensada. Nesse sentido, Adorno insiste que, para Hegel:

> [...] mediação nunca significa, como a pintou o mais desastroso desentendimento desde Kierkegaard, um meio entre os extremos, mas a mediação ocorre por meio dos extremos e nos próprios extremos; esse é o aspecto radical de Hegel, que é irreconciliável com todo moderantismo [*Moderantismus*].[170]

A mediação por meio dos extremos é, no entanto, a maneira com que a própria dialética negativa funciona, o que demonstra quão equivocada são perspectivas que procuram diferenciar a dialética hegeliana e a dialética adorniana

---

[169] ADORNO, *Três estudos sobre Hegel*, p. 84-85.

[170] Idem.

a partir da pretensa distinção entre seus modelos de mediação.[171] Tanto é assim que Adorno dará um nome para tal mediação por meio dos extremos e nos próprios extremos que estaria entre operação na dialética entre sujeito e objeto: mimese.[172] Nesse sentido, lembremos como Adorno aproxima, de maneira explícita, negação determinada hegeliana e mimese, como vemos em uma afirmação como:

> O conceito especulativo hegeliano salva a mimese por meio da autoconsciência do Espírito: a verdade não é *adaequatio,* mas afinidade e, no idealismo em declínio, esse retorno da razão à sua essência mimética é revelada por Hegel como seu direito humano.[173]

Assim, longe de se reduzir a uma relação meramente projetiva entre sujeito e objeto, a dialética hegeliana reconhece afinidades miméticas que modificam a identidade dos dois polos. Mas isso significa necessariamente reconhecer que o sujeito encontra, no interior de si mesmo, um "núcleo do objeto",[174] no sentido de uma opacidade própria à resistência do que se objeta à apreensão integral da consciência.[175] Esse reconhecimento, por sua vez, é a maneira com que uma certa reconciliação opera na dialética negativa todas as vezes que Adorno fala da relação entre sujeito e objeto como uma "comunicação do diferenciado".[176]

Mas, da mesma forma que é impossível, ao mesmo tempo, guardar o bolo e comê-lo, não é possível dizer, ao mesmo tempo, que "o sujeito-objeto hegeliano é sujeito" e que "o conceito especulativo hegeliano salva a mimese por meio da autoconsciência do Espírito". Pois, no primeiro caso, temos uma projeção irrefletida, enquanto no segundo, ainda temos uma projeção, mas submetida à dupla reflexão de quem compreende a necessidade de internalizar o momento de resistência do objeto à organização conceitual. E é por pensar em tal dupla reflexão que Adorno pode fazer afirmações como:

---

[171] Como em: O'CONNOR, Brian. Hegel, Adorno and the Concept of Mediation. *Bulletin of the Hegel Society of Great Britain*, n. 39-40, p. 84-96, 1999.

[172] Sobre o conceito de mimese em Adorno, ver o último capítulo de: SAFATLE, Vladimir. *A paixão do negativo: Lacan e a dialética*. São Paulo: Unesp, 2006.

[173] ADORNO, *Três estudos sobre Hegel*, p. 119.

[174] ADORNO, *Palavras e sinais*, p. 188.

[175] Isso leva Adorno a afirmar que: "a construção do sujeito-objeto possui uma duplicidade insondável. Ela não se contenta em falsificar ideologicamente o objeto e em transformá-lo no ato livro do sujeito absoluto, mas também reconhece no sujeito o elemento objetivo que se apresenta e com isso restringe anti-ideologicamente o sujeito" (ADORNO, *Dialética negativa*, p. 290).

[176] ADORNO, *Palavras e sinais,* p. 184. Nesse sentido, é correto dizer que a dialética negativa nos remete a uma relação sujeito-objeto que se situa "não apenas para além de suas identidades, mas também para além de suas diferenças" (RICARD, Marie-Andrée. La dialectique de T. W. Adorno. *Laval Théologique et Philosophique*, v. 55, n. 2, p. 271, jun. 1999).

Hegel se dobra em toda parte à essência própria do objeto, em toda parte o objeto é renovadamente imediato, mas mesmo essa subordinação à disciplina da coisa exige o mais extremo esforço do conceito. A disciplina da coisa triunfa no momento em que as intenções do sujeito se desfazem no objeto.[177]

Só podemos dizer que o sujeito desfaz suas intenções no objeto quando ele reconhece como suas as tendências internas ao material. Ao fazer suas tais tendências, ele necessariamente produz mediações, mas agora levando o esforço do conceito ao extremo. Adorno chamará de mimese esse modo de compreender mediações através do esforço de desfazer as intenções do sujeito na resistência do objeto, de reconhecer a tendência do objeto a aparecer como "renovadamente imediato".

Nesse sentido, lembremos como o pensamento mimético, para Adorno, não é um modo de pensamento marcado pela crença na força cognitiva das relações de semelhança e de analogia. A imitação própria ao pensamento mimético é, principalmente, compreendida como a capacidade transitiva de se colocar em um outro e como um outro. A mimese seria modo de superar a dicotomia entre eu e outro (seja tal dicotomia construída na forma sujeito/objeto, conceito/não-conceitual ou cultura/natureza) através da identificação com aquilo que me aparece como oposto. Ela é, neste contexto, internalização das relações de oposição, transformação de um limite externo em diferença interna. Não a mera imitação do objeto, mas a assimilação de si pelo objeto. Por isso, Adorno descreverá a mimese como um regime de mediação por meio dos extremos e nos próprios extremos.[178] Esta é a maneira adorniana de assumir uma perspectiva, ao mesmo tempo, realista (a relação entre conceito e objeto não é simplesmente arbitrária; o objeto motiva o conceito) mas que recusa o princípio de adequação, o que não deveria nos surpreender, já que, como insisti anteriormente, a dialética é um *realismo sem princípio de correspondência*.

Se Adorno afirma que o conceito especulativo hegeliano salva a mimese, o que pressupõe a ideia de que a racionalidade mimética e a racionalidade conceitual não têm entre si uma relação de negação simples, é porque afirmações como: "O Eu é o conteúdo da relação e a relação mesma, defronta um Outro e ao mesmo tempo o ultrapassa; e esse Outro, para o Eu, é apenas ele próprio"[179]

---

[177] Idem, p. 77-78. Ou ainda: "A expansão ilimitada do sujeito ao Espírito absoluto em Hegel tem por consequência que, como um momento inerente a esse Espírito, não apenas o sujeito, mas também o objeto aparece de modo substancial e com toda a reivindicação de seu próprio ser. Assim, a tão admirada riqueza material de Hegel é, ela própria, função do pensamento especulativo" (ADORNO, *Três estudos sobre Hegel*, p. 75-76).

[178] A respeito do conceito adorniano de mimese, ver: FRÜCHTL, Josef. *Mimesis: Konstellation eines Zentralbegriffs bei Adorno*. Wurzburgo: Königshausen & Neumann, 1986.

[179] HEGEL, *Fenomenologia do Espírito I*, p. 120.

não podem simplesmente significar a submissão da relação sujeito-objeto à estrutura projetiva do sujeito. Se o Eu é ao mesmo tempo a forma e o conteúdo da relação é porque algo da opacidade do conteúdo à forma já é interno ao próprio Eu. A mediação por meio dos extremos da forma e do conteúdo já é uma mediação interna ao Eu, o que implica internalização da alteridade para o âmago do Eu.[180]

É assim que podemos ler uma afirmação como: "A consciência-de-si é a reflexão, a partir do ser do mundo sensível e percebido; é essencialmente o retorno a partir do ser-Outro".[181] Podemos compreender tal passagem da consciência-de-si pela alteridade do ser do mundo sensível percebido, com seu posterior retorno, levando em conta como, na certeza sensível e na percepção (figuras da *Fenomenologia do Espírito*), a consciência teve a experiência de resistência do objeto às tentativas de aplicação do conceito à experiência. No próprio campo da experiência, ela confrontou com algo que negava a aplicação do conceito à experiência, tendo a experiência de uma diferença em relação ao conceito, uma diferença vinda do objeto. Retornar de seu ser-Outro é assim internalizar tal diferença, reorientando não apenas as relações ao objeto, mas também as relações de identidade no interior de si mesmo.

Tal reconhecimento de si no que há de opaco no objeto parece-me uma operação central na estratégia hegeliana, já que ela nos leva ao capítulo final da *Fenomenologia*. Nesse momento central de reconciliação, Hegel apresenta um juízo infinito capaz de produzir a síntese da dialética entre sujeito e objeto. Trata-se da afirmação: "O ser do eu é uma coisa (*das Sein des Ich ein Ding ist*); e precisamente uma coisa sensível e imediata (*ein sinnliches unmittelbares Ding*)". Dessa afirmação, segue-se um comentário:

> Este julgamento, tomado assim como imediatamente soa, é carente-de-espírito, ou melhor, é a própria carência-de-espírito, pois se compreendemos a coisa sensível como uma predicação simples do eu, então o eu desaparece na empiricidade da coisa – o predicado põe o sujeito: mas quanto ao seu conceito, é de fato o mais rico-de-espírito.[182]

---

[180] Este modelo de reconciliação dialética foi bem compreendido por Zizek quando afirma, explorando a via complementar, que a reconciliação deve ser pensada como a duplicação de duas separações: "o sujeito tem de reconhecer em sua alienação da substância a separação da substância consigo mesma. Essa sobreposição é o que se perdeu na lógica feuerbachiana-marxista da desalienação na qual o sujeito supera sua alienação reconhecendo-se como o agente ativo que pôs o que aparece para ele como seu pressuposto substancial" (ZIZEK, *Menos que nada*, p. 101). No entanto, Zizek não leva em conta como este modelo é operativo na dialética negativa de Adorno.

[181] HEGEL, *Fenomenologia do Espírito I*, p. 120.

[182] HEGEL, *Fenomenologia do Espírito II*, p. 209.

Trata-se de afirmações de importância capital, pois nos demonstram que, ao menos na *Fenomenologia,* o término do trajeto especulativo só se dá com o julgamento: "o ser do eu é uma coisa". Aqui se realiza o reconhecimento de que "a consciência de si é justamente o conceito puro sendo-aí, logo *empiricamente perceptível (empirisch wahrnehmbare)*".[183] Mas se trata de uma modalidade de reconhecimento que só se efetiva quando o sujeito encontra, em si mesmo e de maneira determinante, um núcleo do objeto. Encontro que não é subsunção simples do objeto, mas insistência na racionalidade do movimento do Espírito em integrar continuamente o que inicialmente aparece como opaco às determinações de sentido. Tais colocações devem ser levadas em conta para compreendermos melhor a processualidade própria à totalidade hegeliana. Colocações cuja pertinência o próprio Adorno reconhece ao afirmar:

> Por mais que nada possa ser predicado de um particular sem determinidade e, com isso, sem universalidade, o momento de algo particular, opaco, com o qual essa predicação se relaciona e sobre o qual ela se apoia não perece. Ele se mantém em meio à constelação; senão a dialética acabaria por hipostasiar a mediação sem conservar os momentos da imediaticidade, como, aliás, Hegel perspicazmente o queria.[184]

Um "aliás" bastante sugestivo.

A impotência do Estado

Se tal interpretação aqui sugerida é defensável, o que mostraria não haver, no limite, distinções lógico-estruturais fundamentais entre a dialética adorniana e a dialética hegeliana, por que Adorno abandona os dois campos privilegiados de posição da experiência da totalidade em Hegel, a saber, o Estado e a história? Por que Adorno se recusa a pensar, como Hegel, as condições para a efetivação de um Estado justo, assim como a possibilidade de se referir à história atual como processo em direção à realização institucional da liberdade?

Sobre a teoria hegeliana do Estado, Adorno afirmará que Hegel sabe muito bem como a sociedade civil é uma totalidade antagônica. Da mesma forma, ele sabe que as contradições da sociedade civil não podem ser resolvidas através de seu movimento próprio. Ao insistir que a distinção entre sociedade civil e Estado é uma característica maior do mundo moderno, Hegel se contrapõe a certas teorias liberais que compreendem o Estado apenas como a estrutura institucional cuja função seria garantir e assegurar o bom funcionamento da sociedade civil

---

[183] HEGEL, *Wissenschaft der Logik II,* p. 307.

[184] ADORNO, *Dialética negativa,* p. 273.

a partir de princípios de defesa dos indivíduos com seus interesses econômicos particulares. Hegel não teria problemas em admitir que "a sociedade civil é o fundamento objetivo da emancipação dos cidadãos modernos e da subjetividade moderna".[185] Mas ele insistiria que, levando em conta apenas seu movimento próprio, a sociedade civil, como expressão dos princípios do livre mercado, tende fundamentalmente à atomização social, à clivagem e à pauperização de largas camadas da população. Lembremo-nos deste famoso trecho dos *Princípios da filosofia do direito*:

> Quando a sociedade civil não se encontra impedida em sua eficácia, então em si mesma ela realiza uma progressão de sua *população* e *indústria*. Através da *universalização* das conexões entre os homens devido a suas necessidades e ao crescimento dos meios de elaboração e transporte destinados a satisfazê-las, cresce, de um lado, a acumulação de fortunas – porque se tira o maior proveito desta dupla universalidade. Da mesma forma, do outro lado, cresce o *isolamento* e a *limitação* do trabalho particular e, com isto, a *dependência* e a *extrema necessidade* (*Not*) da classe (*Klasse*) ligada a este trabalho, a qual se vincula a incapacidade ao sentimento e ao gozo de outras faculdades da sociedade civil, em especial dos proveitos espirituais.[186]

O modo de inserção no universo do trabalho depende, segundo Hegel, de uma relação entre capital e talentos que tenho e que sou capaz de desenvolver. Isso implica não apenas entrada desigual no universo do trabalho, mas também tendência à concentração da circulação de riquezas nas mãos dos que já dispõem de riquezas, assim como o consequente aumento da fratura social e da desvalorização cada vez maior do trabalho submetido à divisão do trabalho. É neste contexto que aparece a ralé (*Pöbel*):

> A queda de uma grande massa de indivíduos abaixo do nível de um certo modo de subsistência necessário a um membro da sociedade, queda que conduz à perda do sentimento do direito, de retidão e honra que se tem quando se vive através de sua própria atividade e trabalho, produz a ralé e, ao mesmo tempo, a facilidade de concentrar fortunas desproporcionais em poucas mãos.[187]

O advento da ralé é um problema central, por mostrar os limites das possibilidades de reconhecimento no interior da sociedade civil. Hegel chega a afirmar que por mais que a sociedade civil seja rica, ela nunca é suficientemente

---

[185] KORTIAN, Garbis. Subjectivity and Civil Society. In: PELCZYNSKI, Z. A. *The State and Civil Society: Studies in Hegel's Political Philosophy*. Cambridge: Cambridge University Press, 1984, p. 203.

[186] HEGEL, G.W.F. *Grundlinien der Philosophie des Rechts*. Frankfurt: Suhrkamp, 1970, par. 24.

[187] Idem, par. 243. Para uma discussão sistemática do conceito hegeliano de ralé, ver RUDA, Frank. *Hegel's rabble: an investigation into Hegel's philosophy of right*. Londres: Continuum, 2011.

rica para eliminar a pobreza, já que a integração dessa massa via assistência filantrópica implica quebrar a autonomia de quem garante sua subsistência através do próprio trabalho, mas o trabalho de todos no interior do capitalismo produzirá necessariamente crises de sobreprodução e desvalorização. Esse problema, cuja única saída capitalista será o imperialismo e o colonialismo e a consequente perpetuação de relações de dominação e servidão, tem a força de bloquear a possibilidade da efetivação de uma forma de vida regulada pelo conceito de liberdade. Dessa forma, na aurora do século XIX, Hegel é um dos poucos filósofos a se mostrar claramente consciente tanto dos problemas que organizarão o campo da *questão social* nas sociedades ocidentais a partir de então quanto da real extensão desses problemas. Para ele, a tendência de aumento das desigualdades e da pauperização é um problema que exigiria o recurso a um conceito de Estado justo que intervém do exterior da sociedade civil. Adorno sabe disso, tanto que afirmará:

> O livre jogo de forças da sociedade capitalista, cuja teoria econômica liberal Hegel aceitara, não possui nenhum antídoto para o fato de a pobreza, do "pauperismo", segundo a terminologia de Hegel atualmente em desuso, aumentar com a riqueza social; menos ainda poderia Hegel imaginar uma elevação da produção que faria troça da afirmação de que a sociedade não seria suficientemente rica em mercadorias. O Estado é solicitado desesperadamente como uma instância para além desse jogo de forças.[188]

Tal recurso ao Estado como expressão do desespero mostra a verdadeira potência crítica da dialética hegeliana. Adorno chega a dizer que o recurso hegeliano ao Estado é um ato necessário de violência contra a própria dialética porque, de outra forma, a sociedade se dissolveria em antagonismos insuperáveis. Ou seja, ele sabe o que está em jogo na aposta hegeliana pelo Estado. Adorno só não está seguro de que tal aposta poderá ser paga com a moeda que Hegel tem em mãos. Colabora para tal desconfiança a compreensão adorniana da natureza da imbricação atual entre Estado e capitalismo. Imbricação na qual "o intervencionismo econômico não é enxertado de um modo estranho ao sistema, mas de modo imanente a ele, como a quintessência da autodefesa do sistema capitalista".[189] Na esteira das discussões de Friedrich Pollock a respeito do "capitalismo de Estado", mas com um diagnóstico distinto, Adorno acaba por apontar a mesma impossibilidade de realizar um Estado justo em nossa situação sócio-histórica. Sua articulação orgânica com as dinâmicas

---

[188] ADORNO, *Três estudos sobre Hegel,* p. 120

[189] ADORNO, Theodor. Spätkapitalismus oder Industriegessellschaft? In: *Soziologische Schriften I.* Frankfurt: Suhrkamp, 1972, p. 363-364.

monopolistas do capitalismo tardio lhe retiraria toda possibilidade de ser um veículo de justiça social.

Por outro lado, sabemos que o advento da ralé em Hegel é visto como um ponto de desagregação imanente da sociedade civil, mas não como a possibilidade de advento de um novo sujeito político, como veremos em Marx com seu conceito de proletariado. É devido à fidelidade à teoria da emergência de sujeitos políticos em Marx que Adorno critica a saída hegeliana, mesmo que Adorno saiba que, após o advento da indústria cultural e de seus modos de expropriação da economia pulsional das massas, a relação entre classe sociológica do proletariado e radicalismo político seja uma equação cada vez mais difícil de ser sustentada.

Acresce-se a essa análise de situação ligada aos desdobramentos do capitalismo, um antijuridismo que tem, de certa forma, matrizes ontológicas. Isso nos permite perguntar se não seria tal antijuridismo que, em última instância, fecha as portas para todo e qualquer pensamento sobre as instituições que não se resuma à crítica do poder. Basta levarmos a sério afirmações como:

> O meio no qual o mal, em virtude de sua objetividade, alcança um ganho de causa e conquista para si a aparência do bem é, em larga medida, esse da legalidade, que certamente protege positivamente a reprodução da vida, mas em suas formas existentes; graças ao princípio destruidor da violência, ele traz à tona seu princípio destrutivo. [...] Que o singular receba tanta injustiça quando o antagonismo de interesses o impele à esfera jurídica, não é, como Hegel gostaria de dizer, sua culpa, como se ele fosse cego para reconhecer seus próprios interesses na norma jurídica objetiva e suas garantias, mas ela é, muito mais, culpa da própria esfera jurídica.[190]

Nota-se que a crítica não está ligada ao ordenamento jurídico atualmente existente, mas à própria noção de norma jurídica enquanto tal, com sua universalidade abstrata. De fato, uma crítica dessa natureza acaba até mesmo por secundarizar a crítica do Estado como "quintessência da autodefesa do sistema capitalista". Diante dela, toda teoria do Estado como instituição capaz de realizar as exigências de uma totalidade que dê forma à experiência do não-idêntico e, com isso, permita a realização das condições para a liberdade social e para a emancipação das amarras do pensamento identitário com suas dinâmicas de produção de sofrimento social, torna-se ontologicamente impossível, o que deixa

---

[190] ADORNO, Theodor. *Negative Dialektik*. Frankfurt: Suhrkamp, 1973, p. 303-304. Isso nos explica afirmações como: "O direito é o fenômeno originário da racionalidade irracional (*Recht ist das Urphänomen irrationaler Rationalität*). Nele, o princípio formal de equivalência transforma-se em norma, tudo é medido com a mesma régua" (p. 304). Pois não é possível imaginar que a forma-equivalência não acabará por colonizar as esferas da igualdade juridicamente assegurada em uma sociedade de generalização da forma-mercadoria. No horizonte das sociedades capitalistas, as lutas de emancipação não passam pelo fortalecimento da relação entre justiça e direito, mas pela atrofia do direito.

questões importantes referentes ao modelo de ação política que a perspectiva adorniana poderia acolher.

Notemos, no entanto, que não será a única vez que, no interior da filosofia do século XX, a crítica do Estado e da figura da norma jurídica serão elevadas a modelo de denúncia contra falsas reconciliações. Todo leitor dos últimos cursos de Michel Foucault no Collège de France e sua crítica à "juridificação progressiva da cultura ocidental",[191] fundamental para compreender a biopolítica que nos governa, reconhecerão uma peculiar semelhança de família. Ela deveria ser explorada de maneira mais sistemática. Ou seja, a recusa da temática do Estado justo não é, em Adorno, sintoma de um niilismo político desenfreado, mas condição para outro pensamento do político, mais próximo de uma atrofia do direito do que de sua extensão sob os auspícios de um Estado inseparável de seu papel de defensor da ordem econômica atual.

Da atiradeira à bomba atômica

Analisemos agora o destino da temática hegeliana da história como reconciliação. Normalmente, Adorno é descrito como um dialético que se desespera da crença hegeliana na história como discurso da realização institucional progressiva da liberdade. Contrariamente a Hegel, impulsionado pelos novos horizontes abertos pela Revolução Francesa, Adorno teria em mente, de maneira ainda muito viva, fatos como a adesão de parte significativa do proletariado alemão ao nazismo e catástrofes como o holocausto judeu. Não são poucos aqueles que dirão que a filosofia de Adorno é marcada, sobretudo, por Auschwitz, a ponto de ela estabelecer como imperativo categórico para a contemporaneidade: "tudo fazer para que Auschwitz nunca mais ocorra". Um dos pensadores mais recentes a insistir nesse ponto foi Alain Badiou, para quem, em Adorno:

> Trata-se de saber quais são as redes e condições de possibilidade de um pensamento após Auschwitz, ou seja, de um pensamento que, em vista do que foi Auschwitz, não seja um pensamento obsceno, mas antes um pensamento cuja dignidade seria preservada devido à razão de ele ser um pensamento após Auschwitz.[192]

Badiou faz tal afirmação para salientar o pretenso caráter eminentemente negativo e fatalista da reflexão adorniana sobre a história. Pois Adorno seria incapaz de compreender que nenhuma filosofia pode ser solidária apenas de um acontecimento meramente negativo (evitar algo, impedir que algo aconteça

---

[191] Ver, por exemplo: FOUCAULT, Michel. *L'hermeneutique du sujet*. Paris: Gallimard/Seuil, 2001, p. 109.

[192] BADIOU, *Cinq leçons sur le "cas" Wagner*, p. 47.

novamente, etc.). Toda verdadeira filosofia traria também consigo a exigência de pensar a partir de um acontecimento portador de promessas instauradoras, o que não poderíamos encontrar em Adorno.

Mas analisemos melhor a posição adorniana. Lembremos, inicialmente, como Adorno não chega a simplesmente desqualificar a necessidade de um discurso da história universal em prol, por exemplo, da multiplicidade irredutível de histórias sem perspectiva teleológica alguma.[193] Ao criticar o conceito hegeliano de Espírito do mundo, Adorno mira o pretenso caráter afirmativo da filosofia hegeliana da história, que parece transmutar a violência contra o particular em uma estratégia de afirmação da necessidade de realização do universal através da aceitação de uma teoria do fato consumado. Para tanto, ele precisa passar por cima e não tirar as consequências da ideia hegeliana de que, na história, "o interesse particular da paixão é inseparável da ação geral".[194] Da mesma forma, ele não deve relevar o fato de uma filosofia da história que simplesmente "despacharia tudo o que é individual"[195] não poder dar tanto espaço para a importância da ação individual de "grandes homens", como vemos na filosofia da história hegeliana, nem afirmar que o lado subjetivo das ações tem "um direito infinito a ser satisfeito". Defender a possibilidade de transmutação do individual no interior da história não equivale a uma negação simples do indivíduo,[196] o que nos permite perguntar se as injunções de Adorno contra o destino do individual em Hegel não estariam mais bem adaptadas para descrever as interpretações feitas por Lukács do mesmo problema.

De toda forma, Adorno sabe que o conceito de Espírito do mundo não pode ser negado de maneira simples:

> A descontinuidade e a história universal precisam ser pensadas juntas. Riscar esta história universal como resíduo de uma crença metafísica confirmaria intelectualmente a mera facticidade como a única coisa a ser conhecida e por isto aceita, do mesmo modo que a soberania, que subordinava os fatos à marcha triunfal do espírito uno, a ratificara antes como expressão desta história. A história universal precisa ser construída e negada.[197]

---

[193] Como podemos ver, por exemplo, em: RICOEUR, Paul. *A história, a memória, o esquecimento.* Campinas: Ed. da Unicamp, 2018.

[194] HEGEL, Vorlesungen über die Philosophie der Geschichte, p. 31.

[195] ADORNO, Theodor. *Minima moralia.* São Paulo: Ática, 1993, p. 9.

[196] Para uma crítica hegeliana da crítica adorniana ao destino do indivíduo em Hegel, ver: SOUCHE-DAGUES, Denise. *Logique et politique hégélienne.* Paris: Vrin, 1995.

[197] ADORNO, *Dialética negativa*, p. 266.

Ela deve ser construída como perspectiva crítica que permite nos livrarmos da tendência a simplesmente confirmar a mera facticidade. Encontramos, assim, mais uma vez, o receio adorniano de uma reflexão sem recurso algum à totalidade se transformar na afirmação positivista da ilusão do dado bruto. Por outro lado, a história universal e, com isso, o Espírito do mundo devem ser negados a fim de salientar como, até agora, a unidade entre os vários momentos históricos se deixa ler apenas como aprofundamento progressivo dos mecanismos de dominação da natureza e, por fim, de dominação da natureza interior. Isso leva Adorno a afirmar: "Não há nenhuma história universal que conduza do selvagem à humanidade. Mas há certamente uma que conduza da atiradeira à bomba atômica".[198] É certamente uma consciência dessa natureza que levará Adorno a definir *o Espírito do mundo como catástrofe permanente*. Notem-se ainda as consequências dessa concepção de história universal para alguém já acusado de não levar em conta o imperialismo e o colonialismo.[199] Tais acusações são injustas com a consciência clara de Adorno a respeito da indissociabilidade entre progresso ocidental e barbárie. Dizer que não há história universal alguma que nos conduza do selvagem à humanidade é maneira de recusar certa visão de "aprendizado histórico" que poderia fundamentar estruturas normativas de valores a partir de experiências institucionais que organizariam o horizonte de uma humanidade suposta a partir do que seria não-selvagem, ou seja, neste caso, europeu. A história universal seria assim o desenvolvimento progressivo e irradiador de experiências em solo europeu, perpetuando uma chave de leitura histórica necessariamente colonial. Dizer que há uma história universal que nos conduz da atiradeira à bomba atômica significa ainda recusar a associação entre desenvolvimento da técnica e consolidação da emancipação que, em larga medida, sustenta o caráter imperialista de tal metanarrativa histórica.

De toda forma, há de se colocar alguns parênteses nesse aparente niilismo para o qual a universalidade do processo histórico seria apenas a perspectiva de denúncia de uma falsa totalidade cada vez mais inexorável. A definição do Espírito do mundo como catástrofe permanente pressupõe um sofrimento social advindo da consciência de algo ainda não-realizado na história. Se os sujeitos não medissem a efetividade com a promessa do que não se realizou, dificilmente a configuração do presente poderia ser vivenciada como catastrófica. Nesse sentido, a estratégia adorniana baseia-se na pressuposição de uma experiência histórica em latência, que insiste como uma carta não entregue. Notemos, a tal respeito,

---

[198] Idem.

[199] Exemplar deste equívoco é: LOSURDO, Domenico. *O marxismo ocidental*. São Paulo: Boitempo, 2018. Assim como: SAÏD, Edward. *Orientalismo*. São Paulo: Companhia das Letras, 2002.

que nem sempre o Espírito do mundo aparece a Adorno como a consciência da catástrofe. Levemos a sério, por exemplo, a seguinte afirmação:

> Nas fases em que o espírito do mundo, a totalidade, se obscurece, mesmo as pessoas notoriamente dotadas não conseguem se tornar o que são; em fases favoráveis, tal como o período durante e logo após a Revolução Francesa, indivíduos medianos foram elevados muito acima de si mesmos.[200]

Note-se aqui (e nisto não poderíamos ser mais hegelianos) que a história universal, quando se realiza como expressão do Espírito do mundo, eleva os indivíduos acima de si mesmos, por abrir espaço a uma ação social que não é meramente individual, mas promessa de realização de uma universalidade capaz de fazer avançar a institucionalização da liberdade. O exemplo da Revolução Francesa não poderia ser mais evidente nesse sentido. Se assim for, então não devemos nos perguntar se é lícito ou não pressupor, em Adorno, algo como o Espírito do mundo. Ele precisa estar pressuposto para dar à crítica uma orientação normativa. Melhor seria se perguntar por que toda tentativa atual de afirmá-lo só pode obscurecê-lo.

Neste ponto, Adorno age como quem aprendeu claramente a lição de Freud, referência maior para a antropologia filosófica que anima todas suas considerações sobre a história universal desde o primeiro capítulo da *Dialética do esclarecimento*. Pois Freud nos lembra como o processo de desenvolvimento social e maturação individual é pago com a constituição de um passado recalcado no qual encontramos as marcas da brutalidade da dinâmica de racionalização social. Não é outro o tema geral de *O mal-estar na civilização* e ele funda o caráter radicalmente não-progressivo e não-linear do desenvolvimento psicológico segundo Freud.[201] A incapacidade de rememorar tal passado, integrando-o em um novo arranjo do presente, é fonte maior de patologia e sofrimento. Na verdade, patologia de quem luta para não ouvir a pressão de uma vida racional que ainda não se realizou, e que só pode se realizar se souber como integrar aquilo que ficou para trás no processo de racionalização social.

Assim, a impossibilidade de afirmar a história como horizonte de realização institucional progressiva da liberdade não aparece como expressão de alguma forma de niilismo. Ela é condição para que o que ainda não encontrou espaço no interior de uma história que impôs certa figura do humano e da humanidade,

---

[200] Idem, p. 255.

[201] Não é por acaso que Habermas precisará fazer apelo não a Freud, mas a Piaget e Kohlberg para fundamentar a convergência ontológica entre a pressuposição de um desenvolvimento histórico próprio à modernidade europeia e os processos de maturação subjetiva. Para uma crítica profunda à dependência habermasiana de perspectivas ainda coloniais, ver: ALLEN, *The End of Progress*.

ou seja, que constituiu uma antropologia determinada de forte potencial normativo, possa ser reconhecido em sua potência de transformação. É da astúcia do Espírito do mundo, reconstruído pela dialética negativa, voltar-se para o que ainda "não tem" história, a fim de permitir à história começar. Nisso, há de se reconhecer que Adorno produz um giro dialético que não se encontra nem em Hegel e nem sequer em Marx.

Se Hegel tivesse ouvido Beethoven

Aceita tal interpretação, devemos nos perguntar se Adorno acredita haver algum espaço na vida social onde possa ser posta uma experiência da totalidade como processualidade contínua, força que transcende a identidade estática dos particulares, e não como determinação normativa forte e sistema metaestável. Se quisermos uma resposta positiva a tal questão, devemos voltar os olhos em direção à estética musical, o que não deveria nos estranhar, já que Adorno afirmará que a apreensão da totalidade como essa identidade em si mesma mediada pela não--identidade é uma lei da forma artística transposta para a filosofia.

Como disse anteriormente, Adorno nunca partilhou da desqualificação filosófica da práxis artística ou de sua compreensão como mera esfera "compensatória" para uma época incapaz de levar a cabo grandes transformações estruturais. Para ele, tratava-se, ao contrário, de uma esfera fundamental da práxis social, com forte capacidade indutiva para o campo da moral, da teoria do conhecimento e da política. Ou seja, a filosofia adorniana exige uma compreensão mais alargada de práxis social, na qual a produção estética possa ser reconhecida em sua força de transformação das formas de vida; o que, é fato, implica virar o pensamento hegeliano, com seu diagnóstico do fim da arte como veículo do Espírito, simplesmente de cabeça para baixo. Foi esta a aposta que animou a experiência intelectual de Adorno: *pensar a partir das promessas de uma nova ordem trazida pelo setor mais avançado da produção artística de seu tempo.* Digamos que esse foi o solo positivo de sua dialética negativa.

Nesse sentido, não é desprovido de interesse lembrar como Hegel aparece no horizonte da estética musical de Adorno, mesmo que a estética hegeliana, devido ao seu antirromantismo declarado, não leve a música em muito boa conta.[202] Por exemplo, ao insistir nas comparações entre os processos construtivos de Beethoven e o projeto da *Ciência da Lógica*,[203] Adorno acaba por transformar

---

[202] Para a relação entre Hegel e a música, ver, principalmente: DAHLHAUS, Carl. *Die Idee der absoluten Musik,* Kassel: Bärenreiter Verlag, 1978

[203] Sabemos como Beethoven aparece para Adorno enquanto o momento máximo de resolução positiva desta dialética do particular e do universal projetada na estrutura da dinâmica musical. Isso porque, em sua música, o elemento melódico e motívico é praticamente pré-formado pela

Hegel em uma referência importante para a reflexão sobre a natureza da totalidade funcional das obras musicais, ao mesmo tempo que sorrateiramente transforma Beethoven em referência importante para a reflexão filosófica sobre a totalidade. É por ter o problema da totalidade hegeliana em vista que Adorno compreenderá a função da forma estética, tão bem realizada por Beethoven, como a "mediação enquanto relação das partes entre si e relação à totalidade, assim que completa elaboração (*Durchbildung*) de detalhes".[204] Ele será ainda mais claro quando definir a função da forma como "síntese musical"[205] ou quando vir na forma musical "a totalidade na qual um encadeamento (*Zusammenhang*) musical adquire o caráter de autenticidade".[206]

Mas tentemos entender melhor que tipo de totalidade é essa que aparece com Beethoven. Tomemos, por exemplo, sua *Abertura Coriolano*. A obra é uma abertura à versão escrita por Heinrich Joseph von Collin para a peça *Coriolano*, de Shakespeare. A peça de Shakespeare foca-se no desterro do general romano Coriolano, herói romano devido a sua bravura no comando das tropas contra os Volscos. Coriolano é a expressão dos ideais aristocratas de honra, bravura e arrogância. Por isso, sua relação com as demandas populares e com os tribunos sempre foi de completa incompreensão. Ao ser nomeado cônsul romano pelo senado e pedir o voto do povo, Coriolano mostra toda sua inabilidade, conseguindo despertar a ira popular e ser banido de Roma. Ou seja, Coriolano é, acima de tudo, aquele que não sabe como falar com o povo, é aquele que simplesmente não sabe como se expressar. Na condição de banido, ele acaba por se aliar aos antigos inimigos a fim de marchar sobre a cidade. Às portas de Roma sitiada e indefesa, Coriolano prepara-se para o ataque final quando sua mãe e esposa aparecem rogando-lhe que abandone seu ódio e não invada a cidade. Tomado de tristeza, Coriolano ouve as mulheres e abandona seus planos, o que lhe levará à morte pelas mãos dos Volscos.

---

estrutura harmônica com suas regras de progressão e de construção de acordes. Daí por que Adorno pode afirmar que a música de Beethoven é algo como a "justificação da tonalidade". O fato de cada detalhe poder ser absorvido e justificado pela totalidade (o que nos explica por que a música de Beethoven seria "a mais organizada peça musical que pode ser concebida") levou Adorno, várias vezes, a comparar os processos composicionais de Beethoven e a lógica hegeliana com sua maneira de articular a dialética entre o universal e o particular.

[204] ADORNO, Theodor. Äestetische Theorie. Frankfurt: Suhrkamp, 1973, p. 216.

[205] ADORNO, Theodor. *O fetichismo na música e a regressão da audição*, São Paulo: Abril Cultural, 1972, p. 167. (Coleção Os Pensadores).

[206] ADORNO, *Quasi una fantasia*, p. 254.
Isso levará alguém como Jean-François Lyotard a afirmar, sobre a filosofia adorniana da música: "o material só vale como relação, só há relação. O som reenvia à série, a série às operações sobre ela" (LYOTARD, Jean-François. *Des dispositifs pulsionnels*. Paris: Galilée, 1993, p. 118).

Ao adaptar a peça de Shakespeare, Collin faz duas mudanças principais. Primeiro, ele atenua o aristocratismo da peça, retirando muitos dos momentos no qual o desprezo pela pretensa inconstância e pela irracionalidade da opinião popular são evidentes. Mas, principalmente, o Coriolano de Collin se suicida, deixando mais clara sua dimensão de herói trágico. Ele é o homem sem comunidade, sem lugar, cuja certeza de si o exila do contato com os outros homens. Personagem que representa com clareza a tensão da individualidade moderna nascente com sua potência de incomunicabilidade, com sua expressão assombrada pela indeterminação. Homem só capaz de parar diante do objeto de desejo em vias de dissolução. Assim, ao escolher transformar a morte de Coriolano em suicídio, Collin permite a exploração da consciência da experiência moderna da desorientação diante da tentativa de ocupar um lugar marcado pelo desterro.

A composição de Beethoven dá forma à estrutura do conflito já na própria construção da ideia musical. Pois a ideia musical, exposta logo nos primeiros acordes, é baseada nas modulações possíveis de uma relação de polaridade e conflito entre dois grupos de notas. Tal polaridade irá estruturar praticamente toda a música, aparecendo como elemento construtor interno aos motivos (como podemos ver na partitura no anexo). Já o motivo que aparece nos compassos 15 a 19 demonstra claramente um procedimento no qual a polaridade opositiva entre duas notas serve de base construtiva. Tal polaridade nunca se resolve, mas é simplesmente cortada e suspensa antes de se completar (como no final deste primeiro motivo) ou aumenta por acumulação e intensidade. Ela é o melhor exemplo de como:

> [...] em Beethoven, ideias formais e detalhes melódicos vêm à existência simultaneamente; o motivo singular é relativo ao todo. Ao contrário, no final do século XIX, a ideia melódica funciona como um motivo no sentido literal da palavra, colocando a música em movimento e providenciando a substância de desenvolvimento na qual o tema em si foi elaborado.[207]

No caso da *Abertura Coriolano*, podemos dizer que o motivo é a própria ideia musical.

A permanência extensiva da ideia musical permite integrar acontecimentos que poderiam ser compreendidos como negações radicais da funcionalidade da obra. Um exemplo maior encontra-se na forma com que a polaridade dinâmica entre notas se transforma em polaridade conflitual entre motivos e temas. A peça toda é atravessada pelo antagonismo entre os motivos, associados

---

[207] DAHLHAUS, Carl. *Between Romanticism and Modernism*. Berkeley, Ca: University of California Press, 1980.

a Coriolano e organizados basicamente através de polaridades entre duas notas, e um tema melódico sinuoso associado às vozes femininas da mãe e da mulher. A primeira apresentação do motivo, pelo primeiro grupo de violinos e pelo grupo de violas, é na tônica de dó menor. A segunda é sob uma modulação para a tônica de si bemol menor. Não por acaso a construção da melodia feminina é baseada em um acorde perfeito de dó maior quando tocada pelos violinos e em um acorde perfeito de si maior quando tocada pelos clarinetes. A ideia de contraposição e distensão é evidente, embora não seja possível dizer que exista aí alguma organização baseada, por exemplo, no esquema antecedente-consequente ou mesmo em algum princípio de transição. Poderíamos pensar em uma relação de contraste, mas tal contraste não segue nenhuma forma de desenvolvimento orgânico. Em certos momentos, ele opera por simples justa-posição ou se serve de longas pausas e suspensão da dinâmica para a melodia "feminina" ser reapresentada. É possível dizer que a peça se move por antinomias, já que os momentos, tomados individualmente, parecem contradizer uns aos outros. Ou seja, tomados isoladamente, cada um dos momentos musicais contradiz o que lhe segue. Esse caráter irresoluto do conflito chega até o final da peça, onde a transposição musical da ideia do suicídio de Coriolano ganha forma de um final sem superação, música que simplesmente dissolve sem cadência conclusiva ou promessa de reconciliação teleológica. Ela não se resolve, ela simplesmente para.

Nesse ponto, encontramos uma ideia fundamental. A impossibilidade de resolução do conflito, a contínua luta contra a organicidade, não nos leva, como poderíamos inicialmente esperar, a uma forma sem força sintética. Pois a processualidade da ideia já fornece a unidade no nível construtivo. Este é o ponto central: *a contradição entre os momentos, potencializada pela eliminação de processos visíveis de transição, não chega a eliminar a univocidade produzida pela relação de cada momento à ideia.* A ideia tem a força de se refratar em atualizações contraditórias, sem com isso perder sua univocidade. Pois ela desenvolve, ao mesmo tempo, o antagonismo entre a finitude de seus momentos e a univocidade de sua processualidade que absorve a multiplicidade das determinações.

Mas se a ideia musical está, no caso de nossa obra, ao mesmo tempo na voz de Coriolano e na voz de suas mulheres, se ela está, ao mesmo tempo, no reconhecimento da individualidade expulsa da comunidade e na voz da comunidade que pede para ser poupada é porque a ideia expressa a inexistência de um solo comum, na efetividade, no qual essas duas vozes poderiam não entrar em contradição. Por isso, ela só pode aparecer como o que constitui os temas e motivos e o que os dissolve em um puro devir que expõe exatamente a fragilidade do enraizamento de todos os momentos. Tanto a comunidade quanto a individualidade são momentos a serem dissolvidos. Em *Abertura Coriolano*, Beethoven mostra de forma clara como a essência do que constitui as vozes já é o que as dissolve como momentos de um devir.

De certa forma, essa é uma interpretação que fundamenta boa parte da compreensão feita por Theodor Adorno a respeito de Beethoven. Tal compreensão parte da defesa de a unidade da obra ser fornecida pela exploração sistemática do caráter da forma como processo. Tomemos, por exemplo, uma afirmação a respeito da conhecida comparação adorniana entre Beethoven e Hegel:

> A realização de Beethoven encontra-se no fato de que em sua obra – e apenas nela – o todo nunca é externo ao particular, mas apenas emerge de seu movimento, ou melhor, o todo é este movimento. Em Beethoven não há medição entre temas, mas, como em Hegel, o todo como puro devir é a mediação concreta.[208]

Essa é a maneira de dizer que, em Beethoven a ideia musical é o que constrói uma noção de totalidade dinâmica. Ideia que, por sua clareza na apresentação (e por nunca quebrar algumas estruturas elementares de base, como a polaridade entre tônica e dominante), permite ao ouvinte conservar a percepção da processualidade interna da forma, mesmo a despeito da presença de tudo aquilo que, à época, seria visto como índices de uma forma em desagregação, de flerte contínuo com o informe. Assim, não há exatamente mediação entre temas, mas um devir contínuo, que nunca para por parecer ser capaz de se desdobrar em tudo. Ou seja, o todo se forma a partir de elementos independentes que não se relacionariam entre si *a priori*, mas através de um devir no qual o todo é resultado de uma processualidade contínua. Trata-se, pois, de conservar as estruturas de ligação entre elementos, mas aplicando-as a elementos que permanecem heterogêneos. Adorno tenta se explicar melhor servindo-se, e isso não deixa de soar surpreendente, de Hegel:

> A ideia de Hegel, segunda a qual, mesmo se toda imediaticidade é mediada, dependente de seu contrário, o conceito mesmo de um elemento imediato, como fruto de um devir, de um engendramento, não desaparece simplesmente na mediação – esta ideia é, sem dúvida fecunda para a teoria musical. No entanto, tal elemento de imediaticidade, em música, não seria o som em si mesmo, mas a figura do detalhe apreendido isoladamente lá onde ele aparece, como uma unidade relativamente plástica, distinta de todo contraste e de todo desenvolvimento.[209]

---

[208] ADORNO, Theodor. *Beethoven: the philosophy of music*. Palo Alto, Ca: Stanford University Press, 1998, p. 24.

[209] ADORNO, *Quasi una fantasia*, p. 230.

Uma afirmação como essa demonstra, primeiro, que Adorno reconhece como a totalidade em Hegel não se confunde com uma sistematicidade absoluta. Ele sabe que o momento imediato não desaparece simplesmente na mediação, o que não poderia ser diferente, já que a relação entre o conceito e o não-conceitual é decisiva tanto no conceito adorniano quanto no hegeliano de mediação.

Segundo, trata-se de afirmar que tal concepção da totalidade poderia se atualizar na experiência da forma musical. Experiência vinculada à maneira com que o detalhe musical, em certas obras, não é apenas momento de uma relação de contraste (do tipo antecedente/consequente), elemento na sequência inexorável de um desenvolvimento motívico ou ainda momento de um pensamento serial alargado. Nesse sentido, apreender o detalhe musical como uma "unidade relativamente plástica" significa procurar o motor de seu desenvolvimento dinâmico não na submissão a um esquema (seja ele a noção de série ou as constantes formais da linguagem musical tonal), mas no conflito irredutível do material com a forma. Conflito que encontra sua forma primordial, como vimos, em Beethoven.

Dessa maneira, tudo se passa como se o pensamento se servisse da estética para pensar aquilo que lhe é interditado em outras esferas da vida social. Através da reflexão sobre a forma musical, problemas filosóficos de forte capacidade de indução de transformações sociais, como a possibilidade de uma totalidade que não seja simplesmente a afirmação autárquica do princípio de identidade, são recuperados. O que não deve nos surpreender, já que:

> A liberação da forma, como quer toda arte autenticamente genuína, é acima de tudo a marca da liberação da sociedade, pois a forma, a coesão estética (*ästhetische Zusammenhang*) de todos singulares (*Einzelnen*) representa na obra de arte as relações sociais; por isso, o estabelecido se escandaliza com a forma liberada (*befreite Form*).[210]

Há de se lembrar disso quando for questão de avaliar as relações entre Adorno e Hegel, assim como seus respectivos conceitos de dialética. Não é possível compreender tais relações em toda sua extensão amputando o sentido do recurso filosófico à estética, com suas referências estratégicas a Hegel, no interior da obra adorniana. De toda forma, que uma figura fundamental da reconciliação se desloque, paradoxalmente, para essa arte que parece recusar toda conciliação possível não deveria nos estranhar. Ela é uma forma de afirmar que a verdadeira ação social, e mesmo a verdadeira ação política, só pode ocorrer através do redimensionamento da força produtiva da imaginação animada

---

[210] ADORNO, Ästhetische Theorie, p. 379.

109

pela confrontação com as obras de artes avançadas de nosso tempo. As experiências que mobilizam a ação social transformadora, como a liberdade e a emancipação, são, de certa forma, produções estéticas. Elas procuram realizar, na vida social, a liberdade e a ausência de dominação que as obras de arte são capazes de produzir. Há uma consequência política danosa vinda da recusa em admitir que a arte é o setor da vida social mais claramente portador de força redimensionadora da experiência. A insensibilidade à arte só pode ser também insensibilidade às transformações sociais.

A crise da linguagem filosófica

Aqui, podemos chegar a um ponto final. Dos três ensaios que compõem os *Três estudos sobre Hegel*, é "Skoteinos ou Como ler" que talvez evidencie de maneira mais forte a distância entre Hegel e Adorno. Não por acaso, trata-se de um ensaio sobre a linguagem filosófica e suas ilusões de sistematicidade. Mas neste ponto de maior distância, a diferença entre Adorno e Hegel aparece como uma estranha diferença entre Hegel e ele mesmo.

Há duas teses fundamentais pressupostas no ensaio de Adorno. Primeiro, que a dialética se coloca em confronto aberto com a linguagem do senso comum, pois ela procura mostrar como a experiência filosófica só começa lá onde o regime de clareza e distinção naturalizado pelo senso comum é denunciado como expressão de uma consciência reificada das coisas. Pois o senso comum não é uma linguagem desinflacionada do ponto de vista metafísico. Ao contrário, ele é a naturalização de uma metafísica que não tem coragem de dizer seu nome e que, no estágio atual do capitalismo avançado, articula-se com os modelos de abstração próprios à racionalidade instrumental que imperam na redução da linguagem à dimensão de instrumento de comunicação. Na crítica da linguagem clara do senso comum, a crítica dos modos de mediação social no capitalismo aproxima-se da reflexão metafísica sobre a natureza antipredicativa do que se manifesta fragilizando toda determinação.

Sendo assim, a linguagem filosófica dotada de força crítica será vista pelo senso comum, necessariamente, como uma *linguagem da opacidade*.[211] Apenas os

---

[211] Neste sentido, há de se lembrar de Ruy Fausto ao afirmar: "Uma das características da concepção dialética das significações – e, se poderia dizer, em geral, da dialética – é a ideia de um espaço de significações em que estão presentes *zonas de sombras*. Esse espaço contém um *halo escuro*, e não somente regiões claras, como supõem em geral as descrições não dialéticas. Longe de representar o limite, em sentido negativo, das significações, as zonas de sombras lhes são essenciais [...] Expresso à maneira das filosofias não dialéticas de significação, esse halo obscuro poderia ser pensado como contendo intenções não preenchidas. Para a dialética, trata-se, entretanto, de intenções que não podem, nem devem ser preenchidas. Há assim um campo de intenções que deve se conservar como campo de intenções. O preenchimento não

filósofos obscuros deixarão claro o esforço da língua em dizer aquilo que não se submete ao padrão de visibilidade herdado da praça do mercado. Daí uma afirmação importante como: "Se a filosofia pode ser de algum modo definida, ela é um esforço para dizer aquilo sobre o que não se pode falar".[212]

Mas se a opacidade paradoxalmente tem uma precisão na descrição de objetos, se ela fornece uma inteligibilidade que não se confunde com a clareza, é porque a dialética como linguagem filosófica é, necessariamente, uma linguagem que não se deixa fascinar pela força ordenadora inspirada por certa leitura positivista da matemática e da lógica. Ao contrário, ela parecerá a expressão de um imigrante que aprende uma língua estrangeira:

> Impaciente e sob pressão, ele tende a operar menos com o dicionário do que ler tudo aquilo a que tem acesso. Dessa forma, muitas palavras se revelarão, na verdade, graças ao contexto, mas permanecerão extensamente circundadas por um halo de indeterminação, suportarão confusões risíveis, até que, por meio da riqueza de combinações em que aparecem, elas se desmistificam totalmente e melhor do que permitiria um dicionário, no qual a escolha dos sinônimos está presa a todas as limitações e à falta de sofisticação linguística.[213]

A opacidade semântica própria a esse "halo de indeterminação" não desaparece diante do ganho na habilidade pragmática do imigrante que descobre a riqueza de combinações da língua estrangeira. Ela é condição para tal riqueza, pois é autorização para o desvelamento de relações potenciais que se revelam na contingência, as quais o falante nativo não saberia como fazer ressoar, mas que o imigrante encontra. Não por acaso, é essa mesma metáfora do imigrante diante de uma língua estrangeira que Adorno usará para falar da situação do compositor contemporâneo.

No entanto, e esta é a segunda tese do ensaio, Adorno insistirá que Hegel age como quem parece, em vários momentos, lutar contra a linguagem que ele mesmo colocou em marcha. Ou seja, paradoxalmente, é como se Adorno estivesse a dizer que Hegel seria simplesmente incapaz de se reconciliar com sua própria linguagem filosófica, de penetrar no quimismo de sua própria forma linguística: "Ele teria preferido escrever filosofia na maneira tradicional, sem que a diferença da sua filosofia em relação à teoria tradicional se refletisse na linguagem".[214] Mas a natureza especulativa de seu pensamento lhe impediu de

---

ilumina as significações, mas as destrói" (FAUSTO, Ruy. *Marx: lógica e política*. Petrópolis: Vozes, 2014, p. 149-150).

[212] ADORNO, *Três estudos sobre Hegel*, p. 190.

[213] Idem, p. 197.

[214] Idem, p. 199

escrever em sua forma preferida, como se o objeto acabasse por exigir um estilo no qual o sujeito não se reconhece. Contrariamente a seu objeto, o sujeito Hegel estaria ainda vinculado a uma noção da linguagem baseada no primado da fala sobre a escrita (tema maior das leituras sobre Hegel feitas por Derrida[215]). É uma linguagem compreendida como simples meio de comunicação, e não "como aquele aparecer da verdade que, tal como na arte, a linguagem deveria ser para ele".[216] Como dirá Adorno, o homem que refletiu sobre toda reflexão não refletiu sobre a linguagem. Por isso, ela será, para Hegel, um instrumento de comunicação, e não o aparecer de uma verdade que não comunica, mas que corta a fala em um ato inesperado de criação, e que faz desse corte o motor de uma escrita, o que não poderia ser diferente para alguém que eleva a música a paradigma fundamental da expressão linguística.

Nesse sentido, o cerne da crítica de Adorno parece ser a incapacidade de Hegel compreender a crise histórica da linguagem filosófica e a maneira com que a linguagem só tira sua força da reflexão sobre sua própria crise. Mas tal só seria possível para alguém fiel à experiência estética de ruptura que Hegel não conheceu. Experiência que Adorno vivenciou como o acontecimento decisivo de sua experiência filosófica e de seu tempo. Experiência que nos mostra como o aparecer da verdade só é possível em uma linguagem que reflete sobre sua própria crise, mas que sabe transformar sua crise histórica em manifestação metafísica.

De toda forma, não deixa de ser irônico descobrir como Hegel, que passou à história como o sinônimo de construtor de um sistema fechado e enciclopédico, no qual a totalidade se afirmaria sem falhas em uma rede de necessidades, conviveu de maneira tão próxima com esse aparecer da verdade do qual fala Adorno. Pois podemos até mesmo dizer que foi na meditação da experiência pessoal de Hegel com sua própria fala (o que coloca um grão de areia na ideia da linguagem centrada na fala como prisioneira do princípio de identidade, como defende Derrida) que toda uma tradição filosófica acabou por encontrar seu caminho. Terminemos este capítulo, então, dando voz mais uma vez a ela, através da descrição de seu aluno, Hotho:

> Exausto, mal-humorado, lá estava ele sentado, recolhido em si mesmo com a cabeça inclinada e, enquanto falava, folheava e procurava continuadamente em seus longos cadernos para a frente e para trás, de cima a baixo; a tosse e o constante pigarro interrompiam o fluxo do discurso. Todas as frases permaneciam isoladas e vinham à tona penosamente, fragmentadas e em total desordem. Cada

---

[215] Ver: DERRIDA, Jacques. O poço e a pirâmide. In: *Margens da filosofia*. Campinas: Papirus, 1998.

[216] ADORNO, *Três estudos sobre Hegel*, p. 210.

palavra e cada sílaba se desprendiam apenas a contragosto, numa voz metálica, para receber num dialeto suábio aberto uma ênfase assombrosamente exagerada, como se cada uma delas fosse a mais importante de todas [...]. Uma oratória que flui suavemente pressupõe ter chegado a termo com seu objeto, interna e exteriormente, e a destreza formal permite deslizar verborrágica e graciosamente no médio e no baixo alemão. Mas esse homem tinha de desafiar os pensamentos mais poderosos desde o solo mais profundo das coisas, e se elas tivessem um efeito vívido, deveriam ser novamente produzidas por ele num presente cada vez mais vivo, mesmo que tivessem sido ponderadas por muito tempo e retrabalhadas ao longo dos anos.[217]

Esse homem que lutava contra a impotência de cada palavra e cada sílaba, que as arrancava à força de sua condição, tão bem descrita por Mallarmé, de moeda sem face que se passa de mão em mão em silêncio, foi quem novamente colocou o pensamento nos trilhos da dialética. O que Adorno nunca deixou de reconhecer.

[217] HOTHO, Heinrich Gustav *apud* ADORNO, *Três estudos sobre Hegel*, p. 212.

*Eu discutia com minha amiga X sobre as artes eróticas das quais
ela se dizia capaz. Eu lhe perguntei então se ela fazia* par le cul. *Ela
acolheu a questão com muito compreensão e respondeu que alguns
dias sim, outros não. Hoje, por exemplo, era impossível. Isso me
pareceu plausível, mas eu me perguntava se era realmente verdade
ou se ela tentava escapar de mim à maneira das prostitutas. Ela
disse então que podia fazer outras coisas, muito mais belas, coisas
húngaras das quais eu não havia ainda ouvido falar. Diante
de minha pergunta ávida, ela respondeu: bem, por exemplo, o
babamüll. Ela começou a me explicar. Mas logo ficou claro que essa
pretensa perversão era uma operação financeira muito complicada,
que me era totalmente incompreensível, mas claramente ilegal. Uma
espécie de método seguro para emitir cheques sem fundo. Eu lhe
lembrei que isso não tinha nada a ver com as coisas do amor que
ela me prometera. Mas ela me indicou, com um ar superior
e inflexível, que eu deveria ficar atento e ter paciência, o resto
viria por si. Como não compreendia mais o contexto há muito,
eu duvidava que aprenderia um dia o que era o babamüll.*

Materialismo: transformações por indução material da sensibilidade

Não é com ideias que se fazem versos,
É com palavras.
Stéphane Mallarmé

Voltemos mais uma vez ao problema do estatuto da síntese na dialética negativa a fim de começar neste capítulo uma discussão a respeito das relações tensas entre dialética e materialismo. Como disse anteriormente, a posteridade filosófica nos acostumou à ideia de que a dialética negativa adorniana seria uma espécie de dialética amputada do momento positivo-racional de síntese. Amputação resultante, principalmente, da pretensa liberação da negação determinada de sua função estruturadora no interior da noção hegeliana de totalidade. Contra isso, eu dissera que uma dialética cujo momento positivo-racional não pode ser pensado a partir da noção de *Aufhebung* e que se vê como um "antissistema" não significa, necessariamente, uma dialética que abandonou todas as aspirações de síntese e totalidade. A crítica de Adorno ao positivismo e à sua ausência de referência a uma perspectiva valorativa produzida pela possibilidade de realização de uma totalidade verdadeira já deveria nos colocar em guarda contra toda tendência a falar em uma dialética sem síntese.[218]

Mas devemos explorar mais esse ponto polêmico da compreensão da natureza da dialética negativa. É fato que a síntese em Adorno obedece a princípios não evidentes como estes que encontramos na exigência de liberar a dialética de sua essência afirmativa sem perder nada de sua determinidade. Notemos mais uma vez como estamos aqui diante de um problema ligado a modalidades de síntese, já que o problema da determinação é, necessariamente, vinculado ao problema

---

[218] Lembremo-nos mais uma vez do que diz Adorno: "A mediação dialética do universal e do particular não autoriza a teoria que opta pelo particular a tratar, de maneira ultrarrápida, o universal como uma bolha de sabão. Pois nesse caso a teoria não poderia apreender nem o predomínio pernicioso do universal naquilo que se acha estabelecido, nem a ideia de uma situação que conduzindo os indivíduos ao que lhes é próprio, privaria o universal de sua má particularidade" (ADORNO, *Dialética negativa*, p. 170; *Negative Dialektik*, p. 200).

dos modos de reconciliação entre sentido e experiência. Mas, perguntemos novamente, o que pode ser uma determinação que conserva sua capacidade de distinguir, de definir o sentido e de expressar a existência do que ela determina sem, com isso, submeter a experiência à adequação a um campo articulado de normatividades atualmente afirmadas, ou seja, ao campo de normatividades que podem ser compreendidas como afirmações a partir da gramática atualmente reguladora? Seria determinar sem dizer o que a coisa é, convidando-nos assim a uma aporia negativista, ou seria determinar, mas impedindo que a coisa seja dita sem que antes a linguagem atual e sua práxis entrem em colapso, insistindo que a coisa porta uma experiência que desestabiliza o campo atual de condições prévias a toda experiência compreendida como possível? Pois, se assim for, a dialética negativa não poderia ser vista como certo culto do paradoxo e das aporias produzidas pela retração dos horizontes de reconciliação. Ao contrário, ela seria a condição necessária para a reorientação de toda práxis com potencial revolucionário de transformação.

Tenhamos tal problema em mente ao tentarmos interpretar definições de dialética como a que encontramos logo nas primeiras páginas do livro *Dialética negativa*: "Seu nome não diz inicialmente senão que os objetos não se dissolvem em seus conceitos, que esses conceitos entram por fim em contradição com a norma tradicional de *adaequatio*".[219] Fica evidente que a dialética reduzida a seu núcleo de crítica imanente obriga o pensamento a apreender a forma com que os objetos realizam seus próprios conceitos exatamente no momento em que esses mesmos objetos não se adequam mais a seus próprios conceitos.

Isso poderia parecer impensável. No entanto, não seria tal definição uma maneira de dizer que os objetos podem criticar seus conceitos, que os processos podem criticar suas normas, não hipostasiando o aconceitual ou o anormativo, mas salvando algo que destrói as primeiras expectativas normativas dos conceitos, ou seja, algo que destrói aquilo que um dia Hegel chamou de "representações naturais"?[220] Se assim for, a dialética poderá aparecer como o movimento que

---

[219] ADORNO, *Dialética negativa*, p. 12; *Negative Dialektik*, p. 17.

[220] É tendo isto em vista que podemos compreender definições da dialética como: "o emprego dos próprios conceitos de tal maneira, o seguir a coisa (*Sache*) de tal forma, o confrontar o conceito com aquilo que se pretende dizer por meio dele até que se mostre, entre o conceito e a coisa, dificuldades que forçam o conceito a se alterar através da continuidade (*Fortgang*) do pensamento, sem que, nesse processo, possa-se desistir das determinações que o conceito tinha originariamente. Ao contrário, tal alteração se realiza justamente através da crítica ao conceito originário – por conseguinte, mostrando-se que ele não concorda com sua coisa mesma, não importa o quão bem definida (*wohldefiniert*) ela possa parecer – fazendo justiça a tal conceito originário na medida em que o impulsiona mesmo assim a entrar em concordância com a coisa" (ADORNO, *Einführung in die Dialektik*, p. 18). Pois a compreensão da conceitualização como "alteração em continuidade" que critica a adequação originária da situação ao conceito visa insistir que a contradição em relação à situação é índice de verdade e direção de movimento.

obriga os conceitos a liberarem uma potencialidade, presa no interior das suas disposições normativas iniciais, que só pode ser pensada *para além da situação atual*, e aqui começamos a entender melhor como o problema da práxis se coloca. Pois, *dessa* forma, os conceitos só se realizam destruindo as situações que eles pareciam inicialmente normatizar e assegurar. Um exemplo paradigmático do movimento dialético tentado por Adorno será fornecido pela seguinte passagem da *Dialética negativa* sobre liberdade, que explicita um modelo de movimento que vimos Adorno fazer, no capítulo anterior, ao falar sobre a ideia de "progresso":

> O juízo de que alguém é um homem livre refere-se, pensado de maneira enfática, ao conceito de liberdade. Esse conceito, contudo, é, por sua vez, mais do que aquilo que é predicado deste homem, tanto quanto todo homem, por meio de outras determinações, é mais do que o conceito de sua liberdade. Seu conceito não diz apenas que podemos aplicá-lo a todos os homens singulares definidos como livres. Nele, encontra-se a ideia de um estado no qual os singulares teriam qualidades que não poderiam ser atribuídas aqui e hoje a ninguém. Celebrar alguém como livre tem sua especificidade no *sous-entendu* de que lhe é atribuído algo impossível porque esse algo se manifesta nele; esse elemento que ao mesmo tempo salta aos olhos e é secreto anima todo juízo identificador que de alguma maneira é válido. O conceito de liberdade fica aquém de si mesmo no momento em que é aplicado empiricamente. Ele mesmo deixa de ser então o que ele diz.[221]

Essa passagem é exemplar a respeito do que Adorno entende por dialética negativa e por processo dialético ou, se quisermos, da maneira com que a dialética negativa coloca para si a tarefa de dar corpo ao impossível. Liberdade não é algo que se predica de um sujeito sem que tal predicação não acabe por nos levar a um processo contraditório com a situação atual e suas relações de reconhecimento e trabalho, a uma desarticulação do próprio campo dos predicados, a um estado impossível de ser determinado a partir das potencialidades de determinação vigentes no aqui e agora. Daí a necessidade de afirmar que o conceito de liberdade é "mais do que aquilo que é predicado deste homem". Portanto, determinar enfaticamente um homem como livre é, ao mesmo tempo, atribuir-lhe algo que destrói o conceito de liberdade tal como ele atualmente determina e identifica em sua potencialidade afirmativa.

Adorno é claro a respeito da desestabilização normativa produzida pela relação de síntese entre sujeito e predicado quando associamos "homem" a "livre". Tal desestabilização normativa é fruto de uma crítica social às condições que reinam "aqui e hoje". Isso nos explica por que celebrar alguém como livre é apelar àquilo que não é sequer possibilidade de um estado atual, ou seja, que

---

[221] ADORNO, *Dialética negativa*, p. 131; *Negative Dialektik*, p. 154.

não é normatividade realizada sequer como possibilidade da situação atual, mas que é impossibilidade que coloca o atual em contradição. Celebrar alguém como livre é levá-lo a se confrontar com um "impossível", é dar corpo a um impossível.

No entanto, notemos como esse "impossível" não é um não-realizável, uma mera determinação aporética. O conceito de liberdade precisa ficar aquém de si mesmo quando aplicado pelo fato de essa ser a forma de colocar a situação atual em movimento sem, com isso, reiterar mais uma vez aquilo que se reduziu a ser apenas um possível das normatividades atuais. Nota-se aqui, de forma clara e distinta, a função política da negatividade, assim como o empuxo da contradição em direção à atividade.

Há várias maneiras de expor a natureza desse movimento, mas eu gostaria de escolher uma via pouco explorada, a saber, mostrar como a dialética negativa adorniana reatualiza motivos próprios às críticas feitas por Marx a Hegel. Da mesma forma, gostaria de mostrar como mesmo algumas das principais estratégias de Adorno em sua reinvenção da dialética (como a crítica da estrutura sintética da consciência-de-si, a dialética como lógica da desintegração, o primado do objeto e a insistência em um "momento somático" no pensamento dialético) são reverberações de estratégias próprias à dialética marxista, muito claramente presentes principalmente nos textos do jovem Marx (referência maior para a primeira geração da Escola de Frankfurt). A aproximação entre Marx e Adorno será uma maneira de colocar em outras bases o problema da práxis produzida pela dialética negativa, além de nos permitir compreender melhor a natureza materialista da perspectiva adorniana.

Insistamos inicialmente que tal proximidade não deveria nos surpreender, já que, antes de Adorno, a dialética de Marx colocava-se claramente como uma "dialética sem *Aufhebung*". À sua maneira, Marx também visava liberar-se da natureza afirmativa da dialética hegeliana sem perder nada em determinação, ou seja, se quisermos, à sua maneira, a dialética de Marx também era negativa, pois suas formas de síntese não implicam a suspensão da força desestabilizadora da negatividade em prol da assunção de um horizonte teleológico.[222] Tal como Adorno, ele também partia da constatação de que nenhuma das reconciliações sustentadas pelo idealismo absoluto (todas as outras permaneceram inconsequentes) desde a reconciliação lógica até a histórico-política, mostrou-se convincente. Lembrar essa

---

[222] O que não poderia ser diferente para alguém que afirma, por exemplo: "O comunismo não é, para nós, um estado/situação (*Zustand*) que deve ser estabelecido, um ideal ao qual a realidade deve se sujeitar. Nós chamamos de comunismo o movimento real que supera o estado atual" (MARX, Karl; ENGELS, Friedrich. Die Deutsche Ideologie. In: *Gesammelte Werke*. Colônia: Anaconda, 2016, p. 54). Ou seja, comunismo não é o nome de uma situação a ser implementada, de um ideal utópico a ser realizado. Ele é o nome de um tipo específico de movimento, um tipo de insurgência capaz de abrir a situação atual ao que ela só pode determinar como contradição profunda, produzindo assim o aniquilamento do modo de vida atualmente reproduzido.

possibilidade é uma forma de criticar certas leituras correntes que procuram reduzir o potencial de transformação da dialética negativa, desconhecendo deliberadamente como ela, ao contrário, visa descrever a função da negatividade nas dinâmicas de transformação das determinações.

Conservar o que deveria ser dissolvido

Retomemos então a crítica de Marx à noção hegeliana de *Aufhebung* a fim de compreender melhor este ponto. Uma das múltiplas maneiras de discutir a crítica de Marx à dialética hegeliana é partindo do seguinte trecho do início da *Fenomenologia do Espírito*, que bem descreve o conceito hegeliano de saber absoluto e, por consequência, seu movimento de *Aufhebung*:

> A tarefa de conduzir o indivíduo, deste seu ponto de vista inculto (*ungebildeten* – não formado) até o saber, devia ser apreendida em seu sentido universal, levando em conta o indivíduo universal, o espírito do mundo (*Weltgeist*) em sua formação. No que concerne à relação entre ambos, em cada momento do indivíduo universal se mostra o modo como [o espírito do mundo] obtém sua forma (*Form*) concreta e sua figuração (*Gestaltung*) própria. Mas o indivíduo particular é o espírito incompleto, uma figura (*Gestalt*) concreta cuja existência (*Dasein*) completa conhece uma só determinidade, enquanto outras determinidades ali só estão presentes como traços rasurados. [...] O indivíduo cuja substância é o espírito situado no mais alto percorre esse passado da mesma maneira como quem se apresta a adquirir uma ciência superior, percorre os conhecimentos preparatórios que há muito tem dentro de si, para fazer seu conteúdo presente; evoca de novo sua rememoração (*Erinnerung*), sem, no entanto, ter aí seu interesse ou demorar-se neles. Cada singular deve também percorrer os degraus de formação do espírito universal, mas como figuras já depositadas pelo espírito, como níveis de um caminho já preparado e aplainado. [...] Essa existência passada já é propriedade adquirida do espírito universal [...] A formação do indivíduo nesta consideração consiste em adquirir o que lhe é apresentado, consumindo em si mesmo sua natureza inorgânica e tomando posse dela para si.[223]

Uma leitura tradicional (que não é a única possível[224]) diria que caberia ao indivíduo apenas rememorar esse processo, as "plataformas de um caminho já aplainado", apropriando-se de um Espírito que age no indivíduo, mas à sua revelia. Ele deveria "adquirir o que lhe é apresentado", confirmando o que aparece na efetividade como uma necessidade ainda não reconhecida. Pois a verdadeira experiência seria, no fundo (e este é o ponto fundamental), uma rememoração de

---

[223] HEGEL, G. W. F. *Phänomenologie des Geistes*. Hamburgo: Feliz Meiner, 1988, p. 22-23.

[224] Eu mesmo forneci uma leitura distinta deste trecho em *O circuito dos afetos*.

formas já trabalhadas pelo desenvolvimento histórico do Espírito. Nesse momento, o indivíduo deixaria de orientar seu agir e seu julgamento como consciência individual para orientar-se como encarnação de um Espírito do mundo que vê sua ação como posição de uma história universal que funciona como elemento privilegiado de mediação. O indivíduo singular transformar-se-ia em consciência do espírito de seu tempo, adquirindo a perspectiva da totalidade própria ao absoluto. O que só poderia significar uma absolutização do sujeito que deixa de ser apenas Eu individual para ser aquele capaz de narrar a história universal e ocupar sua perspectiva privilegiada de avaliação. É aí que chegaríamos se levássemos ao pé da letra afirmações equivocadas de comentadores como Jean Hyppolite, para quem:

> A história do mundo se realizou; é preciso somente que o indivíduo singular a reencontre em si mesmo [...] A Fenomenologia é o desenvolvimento concreto e explícito da cultura do indivíduo, a elevação de seu eu finito ao eu absoluto, mas essa elevação não é possível senão ao utilizar os momentos da história do mundo que são imanentes a essa consciência individual.[225]

Enfim, tudo se passaria como se a experiência da consciência fosse rememoração e esta, por sua vez, fosse *historicização* capaz de nos levar a compreender como o passado determina nosso agir, constitui a racionalidade de nossas instituições e nossos padrões atuais de racionalidade. Como se as palavras que trazem o Saber Absoluto fossem: "No fundo, eu sempre soube".

Seria possível criticar a forma "quietista" de compreender a rememoração hegeliana; eu mesmo já fiz isso em outra ocasião. Esse quietismo vê a filosofia como certa terapêutica conservadora contra a ilusão de que deveríamos insistir no não realizado.[226] É certo, no entanto, que uma forma de crítica do pretenso quietismo hegeliano orienta em larga medida a leitura de Marx. A seu ver, a submissão hegeliana da experiência à rememoração é a prova maior de que as conciliações se dão em Hegel como formas astutas de confirmação da efetividade, de cura da crença de que a teoria deve descrever a necessidade de uma transformação ainda não ocorrida. O retorno a si pressuposto pela experiência hegeliana seria apenas a elevação da efetividade à condição de objeto pensado de forma adequada e essa elevação seria a verdadeira forma da reconciliação e da síntese.

Esse é um tópos repetido por Marx de forma insistente: Hegel reinstauraria a existência no ser-pensado, transformando com isso o mundo dos objetos em

---

[225] HYPPOLITE, Jean. *Gênese e estrutura da Fenomenologia do Espírito*. São Paulo: Discurso, 2004, p. 56-57.

[226] Ver, por exemplo: MCDOWELL, *Having the World in View*. Uma versão de certa leitura quietista da dialética hegeliana pode ser encontrada em: HÖSLE, Vittorio. *O sistema de Hegel: o idealismo da subjetividade e o problema da intersubjetividade*. Belo Horizonte: Loyola, 2007.

abstração do pensamento. Daí afirmações como: "o pensar enquanto pensar finge imediatamente ser o outro de si mesmo".[227] Marx é ainda mais claro ao afirmar que não é o caráter determinado do objeto que aparece a Hegel como fator de alienação, mas, na verdade, o caráter objetivo em geral. A objetividade do objeto deve se dissolver na abstração de uma consciência-de-si, cujo saber, cuja capacidade de percorrer os degraus da formação cultural do espírito universal é seu único ato. O objeto se revelaria assim apenas como a aparência de um objeto, como mera projeção do saber da consciência e suas teias de rememoração:

> O objeto é por isso mesmo um negativo que supera a si mesmo, uma nulidade (*Nichtigkeit*). Essa nulidade em si não tem para a consciência apenas uma significação negativa, mas positiva, pois aquela nulidade do objeto é justamente a autoconfirmação da não-objetividade de sua própria abstração.[228]

Mas notemos como o movimento aqui é duplo. Não é apenas o pensar que determina as possibilidades de existência em um idealismo que parece tender a confundir percepção com mero delírio. É a existência que limita um pensar que aparece agora sob a figura privilegiada da rememoração do já estabelecido, e este é o ponto que deve ser salientado. Isso fica claro na crítica que Marx faz à concepção hegeliana de *Aufhebung*. Através da *Aufhebung*, dirá Marx, tudo o que é superado continua existindo sob a forma de momentos necessários da autoconfirmação do Espírito. Ou seja, o pensar é apenas a reconfirmação da contingência da existência sob a forma da necessidade:

> Assim, por exemplo, na filosofia do direito de Hegel, o direito privado superado = moral, a moral superada = família, a família superada = sociedade civil, a sociedade civil superada é igual ao Estado, o Estado superado = história mundial. Na realidade, continuam subsistindo direito privado, moral, família, sociedade civil, Estado, etc.; apenas se tornaram momentos, existências e modos de presença (*Daseinsweisen*) do homem que não valem isoladamente, dissolvem-se e se engendram reciprocamente, etc., momentos do movimento.[229]

O mínimo que se pode dizer é que tal crítica é astuta. Marx está a dizer que a superação hegeliana, a negação que conserva, não é outra coisa que a forma possível de reconciliação própria a uma consciência teórica que deixa os objetos permanecerem na efetividade em vez de produzir uma ação capaz de negar efetivamente a configuração concreta dos mesmos. Direito privado, moral, família

---

[227] MARX, Karl. *Ökonomisch-philosophische Manuskripte*. Frankfurt: Suhrkamp, 2015, p. 158.

[228] Idem.

[229] Idem, p. 160.

permanecem na efetividade, mas sob a forma de espectros cuja realidade é fornecida por sua remissão possível ao conceito. Moral, família, sociedade civil, direito privado não terão realidade em si, embora permaneçam na efetividade. Eles serão apenas momentos de efetivação da ideia, eles serão as figurações incompletas da ideia e sua realidade será vista apenas sob o signo da incompletude. Mas, e este é o ponto mais importante, tal incompletude não levará a uma modificação na ordem do existente. No máximo, ela levará a uma modificação no modo de interpretação do existente, mas tal modificação da interpretação não produziria uma modificação nas condições efetivas de reprodução das realidades anteriormente criticadas.

Lembremos, por exemplo, da famosa frase de Hegel: "O que é racional é real e o que é real é racional" (*Was vernünftig ist, das ist wirklich; und was wirklich ist, das ist vernünftig*).[230] Há duas formas de ler essa frase canônica. Primeiro, insistindo na dissociação necessária entre *Wirklichkeit* e *Realität*, o que equivaleria afirmar que o real no interior do qual a filosofia encontra sua racionalidade não se confunde com o curso atual do mundo. Haveria uma latência da existência através da qual passa um real que não se esgota nas determinações postas da realidade atual. É a capacidade de reconhecer tal real que permitiria à filosofia compreender o que é racional.

Segundo, podemos lê-la afirmando que apenas o que se conforma à normatividade previamente determinada da razão pode aspirar realidade. No entanto, se tais normatividades têm uma semelhança insidiosa com a realidade atualmente posta é porque, ao menos neste caso, o real se confundiria com o atualmente existente, o que implicaria na tentativa de racionalizar e fazer passar por absolutamente necessário aquilo que era fruto da contingência do desenvolvimento histórico. É essa segunda leitura que guia o jovem Marx. Tal crítica está posta claramente no seguinte exemplo referente à teoria hegeliana do Estado:

> A essência das determinações do Estado não consiste em que possam ser consideradas como determinações do Estado, mas sim como determinações lógico-metafísicas em sua forma mais abstrata. O verdadeiro interesse não é a filosofia do direito, mas a lógica. O trabalho filosófico não consiste em que o pensamento se concretize nas determinações políticas, mas em que as determinações políticas existentes se volatizem no pensamento abstrato.[231]

Notemos, mais uma vez, a duplicidade da crítica. Primeiro, Marx afirma que interessa a Hegel apenas a maneira com que a lógica submete a filosofia do direito, como o existente se volatiza no pensamento conceitual. Assim, por exemplo,

---

[230] HEGEL, *Grundlinien der Philosophie des Rechts*, p. 24.

[231] MARX, Karl. *Crítica da filosofia do direito de Hegel*. São Paulo: Boitempo, 2005, p. 38.

"não se trata de desenvolver a ideia determinada da constituição política, mas de dar à constituição política uma relação com a Ideia abstrata, de dispô-la como um membro de sua biografia (da Ideia): uma clara mistificação".[232] Mistificação significa aqui certa inversão na qual a consequência passa à condição de causa, o predicado passa à condição de sujeito, o contingente esconde sua condição de contingente e se coloca sob a forma imediata do necessário.

No entanto, o verdadeiro problema não está apenas no fato de partirmos da ideia para depois medirmos a realidade a partir de sua adequação àquilo que se colocou como ontologicamente necessário. De fato, com isso eliminamos a possibilidade de compreender como singularidades se desenvolvem em processos temporais marcados por contingências que se afirmam enquanto tais. Mas há ainda um segundo movimento nessa relação de subsunção entre conceito e objeto. Percebamos como, se as determinações lógico-metafísicas expressassem o que ainda não se configurou como determinações do Estado, então estaríamos diante de uma filosofia capaz de abalar o sistema de justificação do mundo institucional. Nesse sentido, a Ideia guardaria a força do que ainda não se realizou, garantindo a perpetuação de um movimento de transformação da efetividade.

No entanto, não é isso que ocorre na dialética hegeliana, ao menos segundo o jovem Marx. Pois a Ideia é produzida à semelhança da efetividade, as determinações do Estado atual são mistificadas como expressão da necessidade do Espírito e postas como determinações absolutas. Ou seja, não é apenas a Ideia que subordina a existência. *A existência define previamente as potencialidades internas à própria Ideia.* A existência aparece, assim, como o terreno insuperável da necessidade. Somos até tentados a dizer: segundo Marx, o problema com a filosofia hegeliana não é sua demasiada abstração, mas seu demasiado realismo.

Mas notemos uma pressuposição fundamental aqui. Há, em todos esses casos, a pressuposição de certa inefetividade do que chamamos anteriormente de "mera modificação no modo de interpretação". No entanto, essa pressuposição deveria ser contextualizada em seu horizonte histórico. Afinal, em todo e qualquer momento histórico, mudar a forma de interpretar é apenas um movimento inefetivo ou pode equivaler a uma reconfiguração das próprias condições de possibilidade da experiência? Esta é uma pergunta fundamental, pois há de se questionar se haveria situações nas quais a assunção de outra interpretação já equivale a uma mudança nas potencialidades próprias da práxis, porque equivaleria a uma redescrição que abre novas possibilidades de ação, que reconfigura as condições de possibilidade da ação. Se tais questões não aparecem como plausíveis a Marx (o que lhe levaria a rever sua leitura quietista de Hegel), é porque seu contexto histórico está assombrado por uma forma de paralisia a respeito

[232] Idem, p. 36.

da qual ele acredita que a dialética hegeliana nos cega. Ou seja, trata-se de uma avaliação histórico-contextual que devemos especificar, e não de uma avaliação ontológica que devemos generalizar.

A história e suas paralisias

Tentemos então desenvolver melhor o ponto a respeito do contexto histórico da crítica de Marx. Lembremos, mais uma vez, como Marx insiste que aqueles interessados em uma dialética como força de transformação precisarão desenvolver uma dialética sem *Aufhebung*. Como vimos anteriormente, Marx afirma que a dialética hegeliana nos levaria apenas a uma transcendência negativa que se incarna na definição da essência como ser-pensado. Ou seja, a superação hegeliana seria, ao mesmo tempo, esvaziamento, desrealização das relações concretas, pois seria exposição de tais relações em sua parcialidade e inverdade. Mas ela é também confirmação de uma existência reduzida à condição de alegoria, de aparência, já que a superação não tem força para produzir nenhuma outra realidade. No máximo, ela pode ressignificá-la. Porém, como a ideia é mera força da negatividade, a reinscrição produzida pela consciência é apenas a elevação dos existentes à condição de encarnações de negações. Criação de um mundo não muito diferente daquele que Marx compreende ao encarar a realidade alemã do século XIX e de seus sistemas complexos de compensação à paralisia social e a seu desenvolvimento retardatário.

Neste ponto, devemos nos lembrar da importância do diagnóstico de época a respeito do atraso da situação alemã e sua dificuldade de transformação social, que fundamenta a crítica marxista a Hegel. O jovem Marx insistia como que, depois da crítica iluminista à religião, cabia à filosofia desmascarar a autoalienação humana em suas formas não-sagradas, ligadas às modalidades de reprodução material da vida. Como ele dirá: "a crítica do céu se transforma na crítica da terra, a crítica da religião na crítica do direito, a crítica da teologia, na crítica da política".[233] É uma forma de radicalizar a proposição kantiana a respeito da época moderna como a época da crítica.

No entanto, na Alemanha retardatária em relação aos processos de inserção nas dinâmicas do liberalismo econômico e da sociedade burguesa do livre mercado, assombrada pelo descompasso entre *efetividade* nacional e *ideia* em compasso de igualdade com outras nações centrais, tal desestabilização crítica não poderia ocorrer. No caso alemão, a filosofia não teria passado à crítica da terra, ou seja, ela não teria gerado uma revolução como no caso francês em que a

---

[233] MARX, Karl. Zur Kritik der Hegelschen Rechtsphilosophie: Einleitung. In: *Gesammelte Werke*. Colônia: Anaconda, 2016, p. 12.

filosofia iluminista será uma das bases do processo revolucionário. Na verdade, ela terá servido à construção de uma mitologia cuja verdadeira função era justificar intelectualmente a natureza do atraso social, bloqueando, assim, a imaginação política.[234] Ou seja, teríamos um caso exemplar do que, entre nós, chamaríamos de "ideias fora de lugar". Os alemães seriam contemporâneos *filosóficos* do presente sem serem contemporâneos *históricos* da realidade atual.[235] Daí por que Marx dirá que, enquanto as outras nações do mundo viveram sua pré-história na mitologia, a Alemanha teria vivido sua pré-história exatamente na filosofia, que seria o verdadeiro nome da mitologia alemã. Assim, por exemplo, através da filosofia alemã do direito e do Estado, a Alemanha procurou ligar sua história mitológica às condições presentes. Pois os alemães teriam simplesmente pensado o que os outros fizeram, sendo por isso obrigados a acertar o descompasso entre ideia e efetividade a partir de conciliações meramente formais, participando, por exemplo, de todas as ilusões do regime constitucional sem compartilhar suas realidades. Uma situação que outros generalizarão como condição estrutural de países periféricos. Por esse motivo, Marx tem de insistir que:

> [...] todas as formas e todos os produtos da consciência não serão destruídos por obra da crítica espiritual [...] mas tão somente podem ser dissolvidas com a derrocada prática das relações sociais reais, das quais emanam essas quimeras idealistas.[236]

É esse diagnóstico de época que leva Marx a compreender a negatividade hegeliana simplesmente como força de abstração cuja função estaria ligada a uma dinâmica compensatória às paralisias sociais. Ela é a maneira de determinações abstratas se fixarem como verdadeiro conteúdo das efetividades postas, conservando efetividades postas em crise. Nesse sentido, ela é uma forma de criação de abstrações concretas. Parece Kierkegaard falando de Sócrates, mas é Marx falando de Hegel. O que não deve nos estranhar, já que Marx partilha a compreensão, própria à sua época, segundo a qual "a ontologia de Hegel desconhecia relações diretas à existência e à observação reais".[237]

Antes de discutirmos a saída fornecida por Marx a uma síntese não pensada mais como *Aufhebung*, notemos como esse esquema é incrivelmente próximo do

---

[234] Lembremos, por exemplo, de uma afirmação como: "A situação da Alemanha no final do século passado espelha-se completamente na *Crítica da razão prática* de Kant. Enquanto a burguesia francesa se impulsionou, através da mais colossal das revoluções que a história jamais conheceu, ao poder, e conquistou o continente europeu, enquanto a burguesia inglesa revolucionou a indústria e submeteu comercialmente a Índia e todo o resto do mundo, os impotentes burgueses alemães alcançaram apenas chegar à 'boa vontade'" (MARX; ENGELS, *A ideologia alemã*, p. 219).

[235] Para um estudo detalhado deste ponto, ver: ARANTES, *Ressentimento da dialética*.

[236] MARX; ENGELS, *A ideologia alemã*, p. 62.

[237] LÖWITH, Karl. *De Hegel à Nietzsche*. Paris: Gallimard, 1969, p. 152.

que podemos encontrar em Adorno. Lembremos, entre tantos exemplos possíveis, do que está em jogo na enunciação de um dos conceitos centrais da dialética negativa, a saber, a noção de "lógica da desintegração" (*Logik des Zerfall*). Adorno quer lembrar como na dialética não se trata, inicialmente, de integrar processos no interior de determinações representacionais do conceito e de sua força de rememoração, mas de desintegrar esse impulso inicial de unificação, lembrando que "aquilo que poderia ser diferente ainda não começou". Daí a necessidade de afirmar:

> O movimento da dialética não tende para a identidade na diferença de cada objeto em relação a seu conceito; ela antes coloca o idêntico sob suspeita. Sua lógica é uma lógica da desintegração: da desintegração da figura construída e objetivada dos conceitos que o sujeito cognoscente possui imediatamente diante de si.[238]

Ou seja, a dialética não cria uma identidade através da integração da negatividade de cada objeto ao seu conceito, como vimos Marx denunciar Hegel e, por exemplo, seu Estado que desrealiza a família, mas conservando-a como momento parcial. A dialética desintegra a objetividade inicial dos conceitos. Pois a negatividade dos objetos não é apenas integrada ao conceito. Ela, na verdade, empurra o conceito para além de si mesmo, para um ponto de transformação de sua força normativa inicial. Essa desintegração é a forma adorniana de recusar a figura da síntese dialética como *Aufhebung*, com seu jogo de negação e conservação.

Notemos ainda a dupla via de uma mesma crítica. Enquanto Marx afirmava que, ao integrar através do conceito, Hegel desrealizava relações concretas, conservando o que deveria ser não apenas superado, mas anulado a fim de que uma outra configuração da existência emerja, Adorno afirma que tal integração elimina o potencial de transformação próprio à atualização de experiências em latência esquecidas no passado, as quais poderiam fazer uma nova existência emergir. Daí por que ele afirma, em um tom radicalmente próximo do jovem Marx falando da ideia como uma força de abstração:

> Na medida em que, a cada novo nível dialético, Hegel se esquece, contra a intelecção intermitente de sua própria lógica, do direito próprio ao que é anterior, ele prepara o molde daquilo que ele acusa como negação abstrata: positividade abstrata, isto é, ratificada a partir do arbítrio subjetivo.[239]

Notemos o que diz Adorno: a consciência hegeliana é uma força de paralisia, porque ela esquece daquilo que não se constituiu no passado como experiência totalmente determinada e conceitualmente organizada. Por isso, ela prepara o

---

[238] ADORNO, *Dialética negativa*, p. 127; *Negative Dialektik*, p. 148.

[239] ADORNO, *Dialética negativa*, p. 138; *Negative Dialektik*, p. 162.

molde de um passado como positividade abstrata. Pois o que teria direito próprio no nível precedente, segundo Adorno, é aquilo que não se realizou nem no passado, nem no presente, é aquilo mutilado pelos processos de racionalização social. Esse retorno ao que ficou no nível precedente é a maneira adorniana de apontar para a força disruptiva do que permaneceu não integrado pelo progresso e pelo desenvolvimento, em um esquema de pensamento baseado na insistência freudiana de recuperação do que não se integra em uma maturação pensada a partir do desenvolvimento teleológico.

A ampliação das estratégias da crítica feita por Adorno tem sua razão histórica. Vimos como Marx critica a dialética hegeliana por ter em vista um horizonte histórico marcado pelo caráter retardatário da realidade alemã e seu sistema de "compensações simbólicas" através do recurso às dinâmicas de superação produzidas pela Ideia. Já Adorno, nas décadas de 50 e 60 do século XX (momento em que ele se volta de forma mais sistemática para a reconstrução da dialética), não está exatamente diante de um horizonte histórico de descompasso entre avanço da Ideia e atraso da efetividade. Mais correto seria dizer que ele se confronta com um momento histórico de aparente fortalecimento da capacidade de organização sistêmica do capitalismo e de seu horizonte normativo através dos desdobramentos do "capitalismo de Estado". Uma organização que se expressa não apenas em um sistema até então inédito de gestão de crises e de previsão de demandas através de instâncias não-privadas de regulação, o qual leva Adorno a afirmar que nossa época conheceria uma predominância da força sistêmica das relações de produção sobre o caráter disruptivo das forças produtivas. Adorno insistirá também em um processo convergente de gestão social no qual os campos da cultura e da economia, assim como dinâmicas sociais de trabalho, desejo e linguagem, obedecem a um profundo processo de integração.

Esse horizonte aparece a Adorno como um horizonte de máxima integração que se traduz em um princípio social de paralisia e conservação ainda mais problemático do que aquele apontado por Marx, já que a integração entre força reguladora do Estado e mercado permitiria a limitação dos processos de pauperização e precarização que poderiam ser o fundamento de um sofrimento social capaz de levar a ações de ruptura. Mas a pretensa limitação dos processos de espoliação econômica (afinal, é sempre bom lembrar, Adorno não viu a ascensão neoliberal dos anos 1970; seu horizonte é o da ascensão do Estado providência e, definitivamente, Adorno não é um teórico da social-democracia, mas um de seus críticos mais conscientes) seria paga pelo aprofundamento das dinâmicas de alienação social através da industrialização do campo da cultura e a consequente estereotipia das relações intersubjetivas e das relações a si. O que explica a insistência em compreender a irredutibilidade da alienação, mesmo em situações nas quais a espoliação teria pretensamente sido controlada.

É nesse horizonte histórico que se inscreve a crítica à dialética hegeliana, assim como a tentativa de transformar a dialética em uma lógica da desintegração, retirando do primeiro estágio da cena discussões sobre modalidades de realização de uma totalidade verdadeira, de um Estado justo e de reconciliação. Retirar tais discussões do primeiro estágio da cena é a forma adorniana de afirmar que os modelos contemporâneos de gestão social impedem a enunciação filosófica de conceitos nos quais a crítica outrora depositou sua força afirmativa. Mas a aposta no não-realizado, no "direito do que era anterior" é a forma adorniana de insistir que a gestão social não é total, que o caráter disruptivo dos antagonismos e da contradição ainda continua em operação. A dialética continua revolucionária se deslocar seu sistema de posições e pressuposições, retraindo a enunciação de certos horizontes de reconciliações e operando mais claramente como dialética negativa. Tal retração tem consequências nos horizontes de saber com os quais a dialética se vincula. Pois sai de cena o privilégio dado às reflexões sobre teoria do Estado e do direito para que discussões sobre psicologia (em especial sobre a psicanálise) e estética passem ao primeiro plano. Isso significa tirar do foco considerações sobre a possibilidade de realização de normatividades imanentes às configurações atuais da vida social, para que a dialética se debruce sobre duas práticas que visam a uma crítica total dos modos de individuação e de constituição social da sensibilidade.

De toda forma, levemos em conta uma contextualização histórica necessária. Pois se configurações importantes da estratégia adorniana eram resultantes da tomada de posição a respeito de uma situação histórica fundada no advento do Estado providência, há de se notar que o colapso atual dessa situação e a consolidação de uma alternativa neoliberal recoloca a crítica diante de uma sociedade com alto potencial de antagonismo. Dessa forma, a crítica pode insistir novamente em dinâmicas necessárias de emergência de sujeitos políticos, em uma certa recuperação de modelos presentes em Marx, e de forma mais explícita do que Adorno poderia fazer no interior de seu horizonte histórico de integração da classe proletária à economia social de mercado alemã (que Adorno compreendia como o horizonte privilegiado de desenvolvimento do capitalismo). É verdade que o advento do neoliberalismo não implica em obsolescência da consolidação da estrutura repressiva do "capitalismo de Estado". Não só na esfera econômica, o Estado permanece em sua função de intervenção, garantindo as condições para o processo de monopolização da economia. Na esfera social, encontramos o Estado a gerir dispositivos de integração, mas, diferentemente do estado do bem-estar social, não se trata mais de uma integração pelas vias da promessa de limitação da pauperização. Trata-se de uma integração pelo uso do paradigma da insegurança social generalizada, ou seja, integração através da paralisia provocada pelo medo da morte social. Nessas condições, o antagonismo pode se recolocar de forma mais explícita permitindo inflexões na dialética que apareciam como impossíveis a Adorno. Voltaremos a este ponto no final deste capítulo.

Apropriação sem possessão

Por enquanto, tentemos entender melhor a solução proposta por Marx à síntese dialética, pois isso nos permitirá compreender de forma mais precisa as estratégias adornianas. Marx está atento ao fato de a *Aufhebung* hegeliana, com sua conciliação entre sujeito e objeto, exigir a emergência de outro sujeito como narrador do movimento do conceito e de reconstrução das imagens de mundo. É essa emergência que lhe interessa com seu potencial de reconciliação, mesmo que as figuras determinadas por Hegel lhe apareçam como criticáveis. Ou seja, do movimento da *Aufhebung* com suas superações de contradições, Marx conserva a temática da emergência de novos sujeitos, o que será um tópico fundamental para sua teoria da revolução.[240] Um tópico ainda mais fundamental se lembrarmos que uma teoria da revolução não teria como ser o setor de uma teoria das crises do capitalismo. A articulação entre crise e revolução demonstrou-se historicamente insustentável, o que Adorno sabe muito bem, pois não há crise alguma, por mais que ela produza despossessão econômica e miséria, que leve necessariamente a uma revolução. Crises podem provocar regressões políticas autoritárias (como no caso do nazifascismo) ou meros processos de "destruição criativa", como descrevia Schumpeter.[241] Isso quando não temos a crise como forma de governo em sua junção de neoliberalismo e militarismo. Mas uma teoria da revolução só pode ser uma teoria dos modos de emergência de sujeitos revolucionários.

Nesse sentido, lembremos como há ao menos duas transformações na estrutura do sujeito descritas por Hegel. A primeira refere-se à passagem da consciência à consciência-de-si, enquanto a segunda refere-se à passagem da consciência-de-si ao Espírito. As duas passagens, e suas formas pressupostas de síntese, serão criticadas por Marx. Sabemos como, em Hegel, consciência-de-si é um conceito relacional e, por isso, difere do conceito simples de consciência. Ele descreve modos de implicação entre sujeito e objeto e modos de relação entre sujeitos. Marx admite a natureza relacional do conceito de consciência-de-si, mas insiste que ela representa apenas um modelo abstrato de implicação. Nesse sentido, lembremos que uma das razões pelas quais Marx abandona o modelo de síntese como rememoração da consciência-de-si é a insistência em outra

---

[240] Isso aparece, por exemplo, no Lukács de *História e consciência de classe* através da temática da emergência histórica do proletariado como "sujeito-objeto idêntico", como vemos em afirmações como: "Apenas quando a consciência do proletariado é capaz de indicar o caminho para o qual concorre objetivamente a dialética do desenvolvimento, sem no entanto poder cumpri-lo em virtude da sua própria dinâmica, é que a consciência do proletariado despertará para a consciência do próprio processo; somente então o proletariado surgirá como sujeito-objeto idêntico da história, e a sua práxis se tornará uma transformação da realidade" (LUKÁCS, *História e consciência de classe*, p. 391).

[241] SCHUMPETER, Joseph. *Capitalismo, socialismo e democracia*. São Paulo: Unesp, 2017.

forma de síntese que deve ser compreendida como o que poderíamos chamar de *implicação multilateral através da sensibilidade*, modelo presente nas discussões a respeito da relação de "metabolismo" entre humano e natureza. Ou seja, há uma síntese entre sujeito e objeto que passa pela sensibilidade e que só pode ser transformada pela sensibilidade, transformada pela indução material que opera no nível da sensibilidade.

Desse modo, há de se falar em indução material da sensibilidade porque tudo se passa como se apenas a modificação de configurações materiais (intensidades, ritmos, funcionalidades, afecções) pudesse, de fato, modificar os modos de determinação da experiência e permitir a efetiva emergência de novos sujeitos. No entanto, não é a redescrição conceitual ou categorial que mudará tais configurações, mas apenas a remodelagem das próprias condições materiais nas quais a experiência sensível está inserida e se repete. Marx compartilha com Feuerbach a tentativa de recuperar a centralidade da sensibilidade, "situar de novo a receptividade sensível no início da filosofia",[242] mesmo que ele lembre, contra Feuerbach, que a sensibilidade e suas formas são resultantes da sedimentação de experiências sócio-históricas que desconhece invariantes. Mas tal dimensão, e este é a ponto central, não pode ser modificada apenas apelando à reflexão e à historicização. Ela exige uma modificação propriamente material.[243] Uma perspectiva materialista não diz respeito apenas à estrutura cognitiva da consciência. Se o materialismo próprio à dialética não é um empirismo é porque ele se refere aos modos de transformação social. Assume-se o materialismo a fim de insistir em uma estratégia de transformação social que passa pelo redimensionamento da experiência sensível.

Na verdade, isso é consequência de a compreensão de materialismo significar também: reconhecer que a própria sensibilidade, em seus regimes de relação e afecção, produz formas de pensamento.[244] Ela não é apenas recepção de uma

---

[242] MARCUSE, Herbert. *Materialismo histórico e existência*, São Paulo: Tempo Brasileiro, 1968, p. 122.

[243] A este respeito, lembremos como Backhaus (*Dialektik der Wertform: Untersuchungen zur marxschen Ökonomiekritik*, Berlim: Ça ira Verlag, 2011) insiste com propriedade que a dialética da forma-valor, no Marx de *O Capital*, exige uma modificação sensível dos objetos que entram em relação no interior de uma equação de valor. Dizer, por exemplo, que 20 quilos de arroz valem um livro implica que a primeira mercadoria se transforma em algo materialmente diferente do que era. Ela encarna outro objeto, que aparece como a expressão imediata do valor. No interior da relação entre coisas, ela perde sua corporeidade e assume um corpo outro. Tal mutação implica a naturalização sensível de uma abstração, ou melhor, a naturalização de um movimento de mutação e incorporação contínua. Tal intercambialidade absoluta, e este é o ponto que gostaria de insistir, modifica a estrutura sensível do mundo, abrindo o espaço a uma experiência da autonomia absoluta do valor. Sua modificação, no entanto, exige uma ação no nível da sensibilidade e das estruturas de reprodução material.

[244] Lembremos como este é um tópico fundamental para o desenvolvimento do conceito de "abstração real", tão importante para Adorno. Há de se levar a sério afirmações de Sohn-Retel como:

matéria inerte que receberia forma através da espontaneidade do entendimento e da sua submissão a uma compreensão autárquica dos estágios do conhecimento. Daí por que uma mudança na estrutura da sensibilidade é revolução na relação à natureza, ao mundo dos homens e a si mesmo, o que nos leva a afirmar que a transformação social deverá ser vista também como uma "revolução total de todo o seu modo de sensação".[245]

Como sabemos, a importância de Schiller para o jovem Marx é evidente. Da mesma forma, é a partir desse ponto, dessa proximidade ao jovem Marx, e não devido a alguma forma de escapismo aristocrático ou de lógica compensatória aos bloqueios da transformação social, que devemos compreender a importância dada a Adorno à práxis estética como antecâmara para a emancipação efetiva. Devemos meditar no sentido de afirmações como:

> Se a sociedade sem classes promete o fim da arte, devido à superação da tensão entre o real e o possível, ela também promete o começo da arte, do desprovido de uso (*Unnütze*), cuja visão (*Anschauung*) tende à reconciliação com a natureza, porque deixou de estar a serviço do uso para os exploradores.[246]

A sociedade sem classes abole a funcionalização das coisas pelo uso, abrindo as coisas à realização de uma latência do real que permite uma experiência estética que é emancipação em relação aos mecanismos disciplinares da dominação, que é implicação multilateral através da sensibilidade. Mais do que qualquer outro, esse ponto expõe a filiação marxista de Adorno, assim como explica a insistência de Marx em discutir a alienação da consciência através das condições inerentes ao trabalho social. Mais do que qualquer outro, esse ponto define a distância entre Hegel e Marx/Adorno. Por isso, a discussão marxista sobre a alienação no trabalho não deve ser compreendida apenas a partir da tópica da crítica da espoliação do objeto trabalhado e do tempo de trabalho. Na verdade, ela deve ser compreendida principalmente a partir de uma crítica geral ao próprio trabalho como modo de apropriação do objeto e de organização da sensibilidade.[247] Pois o trabalho capitalista

---

"A abstração da ação de troca é o efeito direto de uma causalidade por *manipulação* e não se apresenta imediatamente de forma nenhuma no *conceito*" (SOHN-RETHEL, Alfred. *Trabalho manual espiritual: para a epistemologia da história ocidental*. Disponível em: <https://bit.ly/2vYEqSP>.). Deriva-se daí que a abstração produzida pela forma-mercadoria se impõe através da modificação qualitativa da experiência sensível, e não através da reflexividade do conceito.

[245] SCHILLER, Friedrich. *A educação estética do homem*. São Paulo: Iluminuras, 2011, p. 129. (Tradução adaptada). A respeito das relações entre Schiller e o jovem Marx, ver: FAUSTO, Ruy. *Marx: lógica e política III*. São Paulo: 34, 2010.

[246] ADORNO, *Soziologische Schriften I*, p. 396.

[247] Sobre este ponto, ver, principalmente: POSTONE, Moishe. *Tempo, trabalho e dominação social*. São Paulo: Boitempo, 2014.

é forma disciplinar que determina modos de experiência do tempo, do espaço, das intensidades e da atenção a partir de exigências de autovalorização do valor com seus protocolos de abstração real. São exigências que se autonomizam em relação aos sujeitos, criando um princípio de troca capaz de reconfigurar os modos gerais de determinação social no interior do capitalismo, além de se impor como forma autônoma de valor até mesmo em relação à noção primeira de valor como expressão de *quantum* de trabalho (em si, já uma abstração).[248]

Lembremos ainda que o trabalho é modo de relação aos objetos baseado em uma forma específica de determinação, a saber, a forma da propriedade. Daí por que não é correto dizer que a síntese em Marx será marcada pela emergência de uma nova figura da consciência que trabalha. Ela será emergência de um sujeito cuja atividade não pode mais ser pensada a partir das figuras do trabalho, atividade que produz sínteses que não podem mais ser compreendidas a partir do paradigma do trabalho, de seus modos de relação e de sua produção do valor. Ou seja, e para Marx esta consequência é fundamental, a síntese dialética exige a derrocada das relações materiais que sustentam a sociedade do trabalho. Talvez isso nos explique por que, já em *O Capital*, Marx deverá insistir em vincular a dialética a uma teoria da revolução. Ela é inseparável da compreensão dinâmica de uma experiência de implicação sensível que a sociedade do trabalho procura eliminar e impedir. A fim de melhor compreender a natureza dessa experiência, voltemos a uma temática fundamental já presente desde o jovem Marx:

> A superação (*Aufhebung*) positiva da propriedade, a apropriação sensível da essência e da vida humanas, do ser humano objetivo, da obra humana para e pelo homem não pode ser apreendida apenas no sentido do gozo (*Genusses*) imediato, unilateral, não somente no sentido da posse, no sentido do ter. O homem se apropria da sua essência multilateral (*allseitiges*) de uma forma multilateral, portanto como um homem total. Cada uma de suas relações humanas com o mundo, ver, ouvir, cheirar, degustar, sentir, pensar, intuir, perceber, querer, ser ativo, amar, enfim, todos os órgãos da sua individualidade, assim como os órgãos que são imediatamente em sua forma como órgãos comunitários, são no seu comportamento objetivo ou no seu comportamento para com o objeto a apropriação do mesmo, a apropriação da realidade humana; seu comportamento para com o objeto é o acionamento/a ativação (*Bethätigung*) da realidade humana (por isso ela é precisamente tão múltipla quanto múltiplas são as determinações essenciais e atividades humanas), eficiência humana e sofrimento

---

[248] Neste sentido, vale a consideração de Helmut Reichelt: "a crítica marxiana da economia política não consiste em uma nova versão da assim chamada teoria do valor do trabalho (isso também) mas – é isso que diferencia a crítica marxiana de todo teoria econômica – é o desenvolvimento teórico dessa distorção e autonomização reais. O conceito de crítica nesse sentido é idêntico ao conceito de exposição como desenvolvimento genético gradativo dessa autonomização, a partir de um 'princípio real'; Adorno o chama de princípio de troca" (REICHELT, Helmut. *Sobre a estrutura lógica do conceito de Capital em Karl Marx*. Campinas: Edunicamp, 2013, p. 14).

(*Leiden*) humano, pois o sofrimento, humanamente apreendido, é um gozo de si (*Selbstgenuss*) do ser humano.[249]

Há vários tópicos fundamentais aqui que estarão presentes para além dos limites do jovem Marx. Notemos inicialmente como a apropriação não é submissão do objeto à unilateralidade da função, da utilidade e, principalmente, da posse. Por isso, entre sujeito e objeto não pode passar uma relação de propriedade (no duplo sentido da palavra). Tudo se passa como se Marx falasse de uma peculiar "apropriação (*Aneignung*) sem possessão (*Besitzen*)", uma apropriação que é forma de síntese entre sujeito e objeto sem ser subsunção do objeto ao sujeito.

Se nos perguntarmos por que, afinal, a apropriação sem possessão não pode ser pensada sob a forma do trabalho, deveremos lembrar que o trabalho é, inicialmente, uma forma de possessão, uma forma de transferência da forma humana às coisas, transferência da identidade do sujeito à matéria do objeto. Já em Locke encontramos a assunção canônica da relação entre trabalho e identidade através da possessão do objeto trabalhado. Tenho direito aos objetos nos quais trabalho, eles são minhas propriedades porque dou a eles a forma da minha própria exteriorização. Eu os subsumo através do trabalho.[250]

No entanto, Marx está a falar de relações com objetos que sinto, que vejo, que percebo, que amo sem possuí-los, sem submetê-los à condição de minha propriedade, sem submetê-los à condição de expressões de minhas predicações. Mas é exatamente por sermos afetados por objetos que não se submetem à condição daquilo que tenho, pela percepção ser abertura a objetos que (sem temer pecar por anacronismo) não me são completamente idênticos, que esta afecção sensível pelo que nunca possuirei pode ser uma ativação da realidade humana. Este é um eixo importante da leitura adorniana de Marx, o que explica afirmações como:

> Em suas parcas exposições sobre a constituição de uma sociedade livre, o Marx maduro alterou sua relação com a divisão do trabalho, com o fundamento da reificação. Ele distingue estado de liberdade e imediatez primitiva. No momento da planificação, do qual ele esperava uma produção voltada para os viventes em vez de para o lucro, e, em certo sentido, esperava também a restituição da imediatez, conserva-se o coisalmente estranho.[251]

[249] MARX, Ökonomisch-philosophische Manuskripte, p. 120.

[250] "Ainda que a Terra e todas as criaturas inferiores sejam comuns a todos os homens, cada homem tem a *propriedade* de sua própria pessoa. Disto, ninguém tem direito a não ser ele mesmo. O *trabalho* (*Labour*) do seu corpo e a *obra* (*Work*) de suas mãos são propriamente ele. Tudo o que ele remove para fora do que o estado de natureza providenciou e foi nele deixado, ele misturou com seu *trabalho*, adicionando algo que é propriamente seu, fazendo isto então sua *propriedade*" (LOCKE, John. *Two Treatises of Government*. Cambridge: Cambridge University Press, 1988, p. 288).

[251] ADORNO, *Dialética negativa*, p. 164; *Negative Dialektik*, p. 193.

Este é um ponto fundamental que explica a surpreendente afirmação adorniana de que centralizar toda a crítica social em torno da crítica da reificação seria um erro, seria só uma maneira de tornar a teoria crítica aceitável de maneira idealista para a consciência dominante. Pois a crítica da reificação pressupõe a figura da consciência em suas formas de apropriação. Não se sai do fetichismo da mercadoria para se entrar no fetichismo da consciência e continuar o dogma metafísico da distinção entre pessoas e coisas. Mais importante seria lembrar que "não se pode excluir da dialética do estabelecido aquilo que a consciência experimenta como estranho", experiência do que exige uma crítica das próprias figuras da consciência e de suas representações. Por isso, a síntese que opera no nível da sensibilidade é uma relação entre não-idênticos que transforma mutuamente cada um dos termos em relação.

É desse horizonte de reflexão a respeito de induções materiais da sensibilidade e de formas de apropriação sem possessão que modificam as determinações essenciais da relação entre humanidade e natureza que Adorno parte e é ele que, de certa forma, sustenta sua relação tensa e problemática com Hegel.

Essa aproximação com Marx serve, entre outras coisas, para nos lembrar como os conceitos adornianos têm um potencial político crítico na medida em que apontam para a superação da sociedade do trabalho.[252] Adorno insiste que o diagnóstico marxista da alienação como sofrimento social resultante da constituição das nossas sociedades como sociedades do trabalho – sociedades no interior das quais toda atividade é orientada para a valorização do valor – continua absolutamente válido. Na verdade, esse processo foi aprofundado através da generalização do consumo ao consumo de valores de troca (daí o uso generalizado da temática do fetichismo para o campo da produção cultural). Nesse sentido, a mimese, com sua apropriação sem possessão, com sua assimilação sem identidade, não pode sobreviver no interior de uma sociedade do trabalho (o que explica por que ela sobrevive em sociedades pré-capitalistas[253]), sociedades no interior das quais as relações estão submetidas à abstração geral da identidade. Ou antes, ela só pode sobreviver como atividade de combate que procura abrir espaço a outras modalidades de práxis social, assim como indica condições para a emergência de sujeitos com força de transformação de horizontes nos quais "a identidade é a forma originária da ideologia". Uma modalidade de práxis na qual o sujeito, compreendendo que porta em si algo da opacidade dos objetos, age não mais como uma consciência autônoma, mas como quem deve se confrontar com a heteronomia do que se coloca como inconsciente.

---

[252] Isso explica por que Adorno insiste que nos encontramos "em um nível das forças produtivas técnicas que permite vislumbrar a dispensa universal do trabalho material, sua redução a um valor limite" (ADORNO, *Palavras e sinais*, p. 213).

[253] Cf. ADORNO; HORKHEIMER, *Dialética do esclarecimento*, principalmente os primeiros capítulos.

É nesse contexto que podemos entender melhor como o uso adorniano do conceito de mimese nos leva ao reconhecimento de uma dimensão fundamentalmente somática dos modos de relação. O que é mimeticamente relacionado é sensivelmente implicado, e não apenas conceitualmente organizado. Pois a insistência na mimese é forma de definir um regime sensível de afinidade e de implicação. Daí a importância de afirmar: "Enquanto momento não puramente cognitivo do conhecimento, o momento somático é irredutível".[254]

Apelar à irredutibilidade do momento somático não é, no entanto, fazer alguma forma de profissão de fé irracionalista. O materialismo adorniano é perspectiva que reconhece que nenhuma atividade é sem substrato e que tal substrato, descrito como momento somático, tem um movimento de implicação e transformação que lhe é próprio. Gostaria de defender que o momento somático é o que, à sua maneira, Marx mobiliza contra o conceito hegeliano de consciência-de-si e suas formas de síntese.

Breve tratado de história natural

Nesse sentido, tal ativação da realidade humana produzida por outra forma de síntese entre sujeito e objeto não pode ser simplesmente compreendida como desvelamento de que o objeto nada mais é do que produção humana e social. Não estamos a falar apenas do modelo de *uma realidade humana, anteriormente reificada, que se reencontra* nos objetos que ela mesma produziu. Não estamos apenas diante de uma versão da temática pascaliana da segunda natureza. Estamos também a falar de *uma realidade humana que se transforma* ao reconhecer os objetos que lhe afetam. Pois a apropriação da natureza histórico-social do objeto não poderia, no final das contas, ser apenas uma peculiar e contraditória, apenas em aparência, figura materialista da subsunção idealista do objeto pelo sujeito, o que nos levaria mais uma vez a formas astutas de psicologismo subjetivista. Ela precisa ser abertura à capacidade do mundo de afetar a percepção e modificá-la. Para tanto, faz-se necessária uma capacidade de indução material da sensibilidade.

Marx descreve uma dinâmica reflexiva simétrica ao afirmar, por exemplo: "Só posso relacionar-me praticamente à coisa, se a coisa se relaciona humanamente ao ser humano".[255] Mas perderemos completamente o horizonte do pensamento de Marx se não compreendermos como proposições dessa natureza pressupõem *a modificação qualitativa da noção de "humano"*. A coisa se relaciona humanamente ao ser humano não apenas porque ela se desvelou como consciência, não

---

[254] Idem, p. 166.

[255] MARX, *Ökonomische-philosophische Manuskript*, p. 121. Sobre o conceito de natureza em Marx, ver DUARTE, Rodrigo. *Marx e a natureza em* O Capital. Belo Horizonte: Loyola, 1995.

apenas porque ela não era mais do que consciência reificada que velava o sentido especificamente humano de sua existência humanamente produzida. Um mundo dessa natureza só poderia ser um mundo de fetichismo generalizado.

Na verdade, a coisa pode se relacionar humanamente ao ser humano porque estamos a assistir uma mutação do significado do termo "humano", no qual ele perde seu caráter excludente (humano como o que se diferencia do animal, como o que se diferencia do natural, da coisa, entre outros) e descreve um campo de mútua implicação, de contínuo metabolismo entre o humano e o que, até então, estava aquém do humano.[256] Não só a natureza se humaniza, mas o humano, de certa forma, "desumaniza-se", pois se alarga e incorpora o que, até então, não cairia sob a definição de "humano". Essa seria a única resposta adequada ao problema do fetichismo.[257]

Esse ponto é fundamental se não quisermos retornar a uma noção de subjetividade constituinte, simplesmente agora acrescida de sua dimensão social e de uma profundidade histórica. A tal respeito, é fato que Marx critica todo empirismo que procure desconhecer a natureza histórico-social de nossos sentidos: "a formação dos cinco sentidos é um trabalho de toda a história do mundo até aqui".[258]

[256] Não será um mero acaso perceber que colocações similares podem ser encontradas em autores de tradições distintas da que traçamos aqui. Pois se trata de compreender como modelos distintos de pensamento acabam por convergir quando procuram livrar a natureza da mera posição de exterioridade à normatividade social. Por exemplo, a virada da antropologia proposta por Eduardo Viveiros de Castro baseia-se, entre outros, na compreensão da cosmologia "multinaturalista" que seria própria aos povos ameríndios. Concepção baseada em: "uma unidade do espírito e uma diversidade dos corpos. A 'cultura' ou o sujeito seriam aqui a forma do universal, a 'natureza' ou o objeto, a forma do particular" (VIVEIROS DE CASTRO, Eduardo. *Metafísicas canibais*, p. 43). A cultura fornece assim a universalidade de um espaço de imbricação contínua entre humano e natureza. Os que leva a afirmar que: "todos os animais e demais componentes do cosmo são intensivamente pessoas, virtualmente pessoas, porque qualquer um deles pode se revelar (se transformar em) uma pessoa. Não se trata de uma mera possibilidade lógica mas de potencialidade ontológica" (p. 47). A univocidade ontológica pressupõe o desvelamento de uma universalidade comum que, para nós, aparece como potência crítica às formas de reprodução social de nossas formas de vida. Essa força de uma universalidade comum produzida pelo desabamento da distinção entre natureza e cultura leva, inesperadamente, o jovem Marx para perto dos povos ameríndios.

[257] Há de se ler tais proposições tendo em vista elaborações de Viveiros de Castro como: "muito ao contrário de nossas fantasias a respeito do paraíso narcísico dos povos exóticos (a antropologia versão Disney), a pressuposição radical do humano não torna o mundo indígena mais familiar nem mais reconfortante: alí onde toda coisa é humana, o humano é 'toda outra coisa'" (VIVEIROS DE CASTRO, *Metafísicas canibais*, p. 54).

[258] Idem, p. 103. Lembremos, nesse sentido, da importante colocação de Ruy Fausto: "Se a história na *Ideologia alemã* é história da liberdade (história da constituição da liberdade, embora o texto não a apresente assim), se nos *Grundrisse* ela é história da constituição da riqueza, apresentação da riqueza, a história nos *Manuscritos* é história da constituição da satisfação e do gozo, a apresentação deles. E se na *Ideologia alemã* tem-se a educação do homem para a *liberdade* (isso ocorre com a revolução e através dela), se nos *Grundrisse* tem-se a "educação", a formação da *riqueza*, que, se transfigurando em lógos, cria a verdadeira riqueza, o tempo livre, nos *Manuscritos* tem-se a educação dos sentidos" (FAUSTO, *Marx: lógica e política III*, p. 157).

Esse é mesmo um dos eixos de sua distância em relação a Feuerbach. Mas essa história do mundo não pode ser apreendida sem que ela tenha um momento de "história natural", de história cristalizada na exterioridade das formas naturais: "A história mesma é uma parte efetiva da história natural, do devir da natureza até o homem",[259] a ponto de o jovem Marx insistir na necessidade de unificação entre ciências naturais e ciência do homem. A formação dos cinco sentidos é resultado histórico do desenvolvimento humano *em seu contato com o mundo,* da transformação da sensibilidade a partir do contato, historicamente distendido, com o mundo. De outra forma, seria difícil distinguir as formas atuais da percepção de um simples delírio socialmente partilhado. De certa forma, é isso que leva Adorno, confrontando-se com o conceito de história natural, a afirmar:

> A antítese tradicional entre natureza e história é verdadeira e falsa; verdadeira na medida em que enuncia o que acontece com o momento natural; falsa na medida em que repete apologeticamente o encobrimento da naturalidade da história por meio dessa história mesma, graças à sua construção conceitual *a posteriori.*[260]

Ou seja, a dicotomia entre natureza e história é verdadeira enquanto expressa o destino histórico da natureza, a saber, ser reduzida a espaço de experiências apartado da afirmação do humano e que, por isso, pode se submeter à distinção ontológica entre coisas e pessoas. Ela é falsa, no entanto, por impedir o desvelamento da história no seio da natureza, assim como da natureza como eixo e motor da história. Ou seja, por ontologizar uma situação resultante de configuração histórica específica,[261] o que leva Adorno a afirmar:

> Cabe ao pensamento ver toda natureza e tudo aquilo que viesse a se instalar como tal enquanto história e toda história enquanto natureza: seria preciso compreender o próprio ser histórico em sua determinidade histórica extrema, no âmbito em que ele é o mais histórico possível, como um ser natural, ou compreender a natureza, no âmbito em que ela persiste em si aparentemente de maneira mais profunda, como um ser histórico.[262]

A essência de um pensamento realmente materialista estará em operar neste ponto de interpenetração entre natureza e história. Ponto no qual a história se intervém

---

[259] MARX, *Ökonomische-philosophische Manuskript*, p. 110.

[260] ADORNO, *Dialética negativa*, p. 297.

[261] Neste sentido, há de se lembrar como: "a natureza orgânica e inorgânica são negadas sob o capitalismo. A natureza foi negada precisamente porque a sociedade assume agora a forma mistificada de algo natural, enquanto o mundo natural é idealisticamente concebido como uma mera prefiguração das relações, instituições e práticas sociais. Devido a nossas ideias distorcidas sobre a natureza interna e externa, nossa experiência da natureza foi empobrecida, diminuída" (COOK, Deborah. *Adorno on Nature*. Duhram: Acumen, 2011, p. 16).

[262] ADORNO, *Dialética negativa*, p. 298.

em natureza e a natureza se intervém em história, pois as duas perderam sua aparência de compulsão, podendo aparecer como a celebração conjunta da liberdade.

Por outro lado, podemos entender agora por que a dialética negativa é, necessariamente uma versão de dialética *materialista*. Um materialismo não dialético iria se contentar com a descrição dos processos materiais de constituição de sistemas de ideias, seja a descrição feita em chave empirista, seja feita em chave historicista. Em nenhum desses dois casos, temos dialética. A descrição da gênese material de sistemas de ideias não basta para termos uma perspectiva propriamente dialética. Ela basta para termos uma perspectiva materialista, e ponto. Para termos dialética, os processos materiais devem, ao mesmo tempo, negar e realizar o que apareceu inicialmente como ideia.

Por exemplo, os processos materiais negam a naturalização da história, mas eles ao mesmo tempo realizam a naturalização da história, agora em outro nível. Não porque dinâmicas históricas foram naturalizadas, mas porque a natureza deixou de ser compreendida como mero mecanicismo, como mera coisa pronta para ser funcionalizada e submetida à posse. Ela aparece agora como a homologia de uma dinâmica de liberdade, o que não deveria ser estranho para alguém como Marx, cujo materialismo nasce de uma reflexão sobre o lugar do acaso e da indeterminação no atomismo de Epicuro, ou para alguém como Adorno, cuja noção de natureza é próxima da teoria freudiana das pulsões. Dessa forma, a natureza aparece como a realização de uma ideia que inicialmente apareceu exatamente como contraponto à natureza.

Da mesma forma, poderíamos dizer que o objeto nega e realiza o sujeito. Ele nega o sujeito ao resistir à subsunção idealista, resistir a ser a mera projeção de uma subjetividade constituinte. Mas, no mesmo movimento, ele o realiza por ser um momento da posição do próprio sujeito, que compreende agora como é habitado por "um núcleo do objeto", por algo que não é completamente consciência. Nesse sentido, o sujeito é conservado, mas seu sentido passou no oposto e modificou sua configuração.

O problema do proletariado

Terminemos lembrando que tais questões poderiam requalificar melhor o problema que aparece como um dos eixos maiores de distinção entre a dialética marxista e a dialética negativa, e que evitei abordar durante todo este capítulo. Mais do que uma saída que parece dar à contradição e à sua figura contemporânea (a não-identidade) uma dimensão estrutural, Marx insistiria em criticar a *Aufhebung* hegeliana a fim de permitir a emergência de uma negação absoluta de ordem tal que abrisse o espaço ao advento de um novo sujeito político, no caso, o proletariado. De certa forma, é só com esse novo sujeito e sua força de abolição do trabalho que a transformação da sensibilidade poderia ocorrer.

Ora, sabemos como o horizonte da experiência filosófica adorniana seria marcado pelo colapso de todo processo de emergência de sujeitos políticos com potencial de transformação revolucionária devido ao diagnóstico sociológico da integração do proletariado no interior das dinâmicas do Estado de bem-estar social, com sua limitação localizada da pauperização, ao menos a partir da ótica do desenvolvimento do capitalismo europeu dos anos 1950 e 1960. O dado sociológico fundamental é a impossibilidade de os submetidos a espoliação e alienação atualmente se constituírem, para si mesmos, enquanto classe. Vários são os fatores apontados por Adorno. Um deles é o extremo desenvolvimento monopolista do capitalismo e a própria ausência de uma dinâmica de defesa de interesses unificados de classe na burguesia, já que a espoliação devido à concentração monopolista afeta setores da própria burguesia. Ela é imposta através da filiação à propriedade feudal que o capitalismo concorrencial nunca liquidou completamente,[263] da relação imediata com o aparato do exército, da concentração de poder político entre grupos burgueses específicos. Adorno ainda alude ao impacto da indústria cultural com seu sistema de bloqueio de demandas de emancipação e de formação de consciência de classe através de modos de gestão da economia libidinal, além da natureza disciplinar e hierárquica da própria noção de classe. Nesse sentido, é importante lembrar:

> Se a crítica da economia política significa crítica do capitalismo, então o próprio conceito de classe, seu centro, está formado de acordo com o modelo da burguesia. Enquanto unidade dos proprietários dos meios de produção e seu séquito, ela é a classe por excelência. Entretanto, o próprio caráter igualitário que a torna essa unidade é dissolvido pela crítica da economia política, não meramente em relação ao proletariado, mas também como determinação da burguesia enquanto tal.[264]

Colocações dessa natureza nos levam a colocar a questão sobre se a própria noção de classe não seria organicamente dependente da estrutura disciplinar de sua gênese burguesa, ou seja, de sua condição de unidade de proprietários. Seu horizonte não poderia assim superar a unidade composta pela generalização da condição de proprietário, seja de bens, seja de atributos diferenciais. Organizar-se como classe parece indissociável de organizar-se sob uma lógica de associação fundada na aceitação de uma ontologia de propriedades.

---

[263] Que exemplo melhor deste "resquício feudal" do que estudos como os realizados por Guglielmo Barone e Saulo Mocetti, divulgado em 2016, mostrando como o sobrenome das pessoas ricas em Florença são, em larga medida, os mesmos há quase 500 anos, desde 1427 até 2011 (BARONI, Guglelmo; MOCETTI, Saulo. Intergenerational mobility in the very long run: Florence 1427-2011. *Bank of Italy Temi di Discussione (Working Paper)*, n. 1060, Apr. 28, 2016.)

[264] ADORNO, *Soziologische Schriften I*, p. 378.

De certa forma, Adorno de fato acredita que a expectativa de transformação depositada na classe sociológica dos trabalhadores proletários não pode ser mais posta.[265] Ele chega a afirmar que a luta de classes estaria atualmente subjetivamente esquecida, o que traz consequências, mesmo que provisórias, para seu sentido objetivo: "Mas o antagonismo não desapareceu com a integração. Simplesmente sua manifestação como luta está neutralizada. Os processos econômicos fundamentais da sociedade que produzem as classes não se modificaram, apesar de toda integração dos sujeitos".[266] Integração ainda maior na Alemanha do pós-guerra e de suas parcerias sociais no interior da economia social de mercado. E é contra o discurso da parceria social que devemos entender Adorno a afirmar que sindicatos haviam se tornado monopólios e seus funcionários, bandidos, pois a história era, agora, a história dos monopólios praticados pelos líderes do capital e do trabalho, conjuntamente. A luta de classe aparecia agora como "a história da luta entre bandos, gangues e *rackets*"[267] no interior de uma democracia liberal que não passava de "oligarquia". O que demonstra como a reflexão de Adorno apontava para um horizonte ingovernável no qual a coesão social só poderá se dar através da mobilização de dinâmicas de guerra civil e medo.

A incapacidade de o antagonismo social se encarnar como consciência de luta de classe não impede, no entanto, Adorno de afirmar que a luta tende a se deslocar, um pouco como o que cai sob a censura da consciência retorna à consciência sob a forma de sintomas. Esses sintomas sociais serão encontrados na reação daqueles que não são imanentes à sociedade, não estão a ela completamente integrados, seja como força de trabalho, seja como consumidores.[268] Tais sintomas sociais podem produzir violência direta ou serem o embrião para uma transformação subjetiva fundamental.

Nesse sentido, há de se lembrar que o conceito de proletariado tem, em Marx, uma realidade que não é apenas sociológica. Ele descreve também uma posição ontológica ligada à despossessão generalizada como condição para a

---

[265] Daí afirmações como: "A luta de classes de estilo antigo, no sentido do manifesto de Marx, se tornou virtualmente invisível, segundo um dito de Brecht. Sua própria invisibilidade não deve ser separada dos problemas estruturais. De fato, em grande medida, as manifestações das relações de classes foram embutidas no contexto funcional da sociedade, definidas como parte de seu funcionamento" (idem, p. 183).

[266] Idem, p. 184.

[267] Idem, p. 381.

[268] "O conflito, invisível sob a superfície da parceria, manifesta-se em fenômenos sociais marginais; lá onde a integração ainda não é suficiente ou naquela "escória do mundo dos fenômenos" que o processo antagônico continua expelindo de si como de costume; em muitos casos, nos surtos irracionais daqueles que não estão totalmente imanentes à sociedade, nem como forças de trabalho, nem como consumidores" (idem, p. 185). Este é um tópico que será abordado de forma mais sistemática por MARCUSE, Herbert. *Counterrevolution and revolt*. Boston: Beacon Press, 1972.

ação efetiva, assim como ligada à expressão da negatividade e da irredutibilidade às predicações como posição fundamental do sujeito.[269] Através de uma situação na qual sujeitos aparecem como profundamente despossuídos, os vínculos com as atuais formas de vida e a seus regimes disciplinares se fragilizam, permitindo a emergência de um novo sujeito. A despossessão e a desidentificação podem aparecer como a condição fundamental da recuperação política do proletariado, para além de sua restrição à descrição sociológica da classe dos trabalhadores que tem apenas sua força de trabalho.

Em dado momento, Adorno afirma: "A confrontação (*Gegenüberstellung*) entre burguês e proletário nega tanto o conceito burguês de homem quanto os conceitos da economia burguesa".[270] Colocações dessa natureza, que articulam claramente crítica da economia política e crítica da estrutura disciplinar de constituição de figuras da subjetividade, mereceriam ser mais bem exploradas. Pois, se nos perguntarmos sobre o que caracteriza tal antropologia do sujeito burguês, veremos certa ligação à identidade, a relações por propriedade, à abstração, à funcionalidade. Tais características necessariamente são negadas com o advento do proletariado. Assim, a dicotomia entre burguês e proletário não é apenas resultado de um problema de distribuição e de espoliação econômica (que, é sempre bom lembrar, retorna de forma muito mais forte no interior do neoliberalismo). Ela é expressão de um antagonismo a respeito de formas do sujeito, ou seja, *um antagonismo sobre figuras da subjetividade*. A ponto de Adorno afirmar que o desaparecimento da autonomia do mercado e da individualidade burguesa implica o desaparecimento do seu oposto, a saber, a desumanização daqueles rejeitados pela sociedade. Tal desumanização não aponta, no entanto, para a perda do que a individualidade burguesa entende por "humanidade". Ela aponta para a impossibilidade da emergência de uma "humanidade" que nos retiraria desta préhistória contínua travestida de história da ascensão e hegemonia da burguesia. Nesse sentido, lembremo-nos de afirmações de Marx e Engels como:

> A relação comunitária em que entram os indivíduos de uma classe, relação condicionada por seus interesses comuns frente a um terceiro, era sempre uma comunidade à qual pertenciam esses indivíduos somente na condição de indivíduos médios, somente enquanto viviam dentro das condições de existência de sua classe, uma relação que não os unia como indivíduos, mas como membros de uma classe. Na comunidade dos proletários revolucionários, ao contrário, que tomam sob seu controle suas condições de existência e a de todos os membros da sociedade, ocorre justamente o oposto; tomam parte dela os indivíduos como indivíduos.[271]

[269] Tentei desenvolver este ponto no quarto capítulo de *O circuito dos afetos*.

[270] ADORNO, *Soziologische Schriften I*, p. 389.

[271] MARX; ENGELS, *Ideologia alemã*, p. 102.

Notem a distinção feita por Marx e Engels. Antes do advento do proletariado como classe revolucionária, os indivíduos só formavam classes como resposta a uma luta comum contra um terceiro, contra outra classe. Ou seja, a classe aparece, assim, como uma associação condicionada pela existência de um terceiro excluído, dentro dos usos políticos da distinção amigo/inimigo. Mas por ser uma estrutura defensiva, ela necessariamente definirá os indivíduos a partir de um modo de pertencimento baseado na partilha geral de atributos diferenciais que constituem a classe como um conjunto. A classe funda, assim, uma identidade por partilha de atribuição e toda identidade dessa natureza é sempre uma operação defensiva. Daí a ideia de que, no interior da classe, os indivíduos aparecem apenas como indivíduos médios, ou seja, indivíduos submetidos a um padrão, a uma mediana com a qual todos devem se conformar.

Já na associação de indivíduos livres produzida pelo proletariado, os indivíduos (e há de se compreender que não se trata mais aqui da noção liberal de indivíduo, mas uma noção dialética de singularidade) podem aparecer como não mais submetidos a uma definição de classe. Primeiro, eles não se submetem mais à divisão do trabalho, por isso sua atividade não é compreendida como trabalho. Como dirão Marx e Engels, o proletariado elimina o trabalho. Por outro lado, eles não se confrontam mais com um terceiro excluído, portanto sua ascensão é a dissolução de todas as classes, é o fim da compreensão da vida social como constituída por classes e a realização possível da totalidade própria ao ser do gênero. Marx e Engels chegam a falar em "apropriação de uma totalidade de forças produtivas e no consequente desenvolvimento de uma totalidade de capacidades".[272] A apropriação da totalidade só é possível porque não há mais uma perspectiva de classe em operação. Nesse momento, outra história começa: uma história do ser humano. Esse horizonte não pode ser dissociado da dialética negativa de Adorno.

[272] Idem, p. 95.

LINHAS DE TRANSBORDAMENTO

Há algumas semanas, sonhei que me perguntavam: como é possível que alguém como você perca seu tempo em mundanidades tão entediantes! Sem hesitar, respondi: é porque eu realmente amo o cheiro da pólvora.

Ser e sujeito: a sombra de Heidegger e a violência contra a origem

> *O "filosofar" sobre o fracasso está separado*
> *por um abismo do pensar que fracassa.*
> Heidegger

Há uma dimensão da dialética negativa de Adorno que só ficará explícita se aceitarmos falar de uma forma específica de violência. Pois há algo de reação violenta em certas leituras e embates filosóficos colocados em operação por Adorno. Trata-se da violência daquilo que deve ser criticado não apenas em um momento, mas cuja crítica deve ser continuamente reiterada. Como se fosse o caso de insistir em uma distância a ser declinada das mais diferentes maneiras. Diante de movimentos dessa natureza, devemos nos perguntar sobre que tipo de distância é esta que parece nunca deixar de assombrar certos autores. Uma distância que parece querer se confundir com a proximidade, que não se acomoda a seu lugar próprio. Há relações entre filósofos que são assim, sempre violentas, relações para sempre impossíveis porque motivadas por uma diferença móbil. Essa foi, com certeza, a natureza da não-relação entre Adorno e Heidegger: capítulo fundamental para compreendermos, juntamente às leituras adornianas de Hegel e Marx, o sentido de seu projeto de dialética negativa.

A não-relação com Heidegger está longe de ser apenas um problema de historiografia da filosofia contemporânea. Ela é um setor importante do movimento imanente à reconstrução contemporânea da dialética. Sua constância já desmente toda tentativa de relativizar sua importância. A crítica a Heidegger aparece, de forma sintomática, inicialmente na conferência inaugural que Adorno profere à ocasião de seu ingresso no Departamento de Filosofia da Universidade de Frankfurt, em 1931, "A atualidade da filosofia". Ela perpassa problemas estéticos, como vemos na querela a respeito da interpretação heideggeriana de Hölderlin, tal como aparece em "Parataxis", de 1963. Mas ganhará força principalmente quando Adorno publicar, em 1964, *O jargão da autenticidade: da Ideologia alemã* e a *Dialética negativa*, em 1966, cuja primeira parte, "Relação com a ontologia", será dedicada à crítica do pensamento heideggeriano. Ao fim e ao cabo, durante 35 anos, Adorno se confrontará com Heidegger.

O segundo capítulo de A Ideologia alemã

É evidente que a crítica de Adorno a Heidegger se funda, por um lado, em uma espécie de diagnóstico das tendências internas ao panorama intelectual de sua época. Para Adorno, trata-se de mostrar como a adesão, principalmente depois da Segunda Guerra, ao projeto de uma ontologia fundamental tal como pensado por Heidegger é sintoma de uma situação social e histórica específica. Adesão que seria incompreensível sem entendermos a solução heideggeriana como o esforço de abertura para além dos impasses próprios às dinâmicas das sociedades capitalistas avançadas, de suas formas políticas, e para além do sofrimento social que elas produzem. Mas trata-se de falar em "sintoma" porque o recurso a uma ontologia fundamental responderia de maneira distorcida aos desafios de superação do momento histórico que a produz. Sua resposta perpetuaria o problema sob outra forma, trazendo consequências políticas catastróficas, ao menos para Adorno.

Mas a complexidade da operação vem do fato de essa crítica de Adorno esconder, por outro lado, um sistema de similitudes estratégicas com Heidegger. Tais similitudes não se encontrariam apenas no diagnóstico de reificação social que perpassa a experiência filosófica dos dois autores, nem na sensibilidade comum à extensão de tal diagnóstico à degradação das condições sociais de ação e aos usos da linguagem.[273] Na verdade, elas estariam, principalmente, na maneira de submeter a crítica da economia política a uma crítica historicamente mais ampla e fundamental.

Axel Honneth já percebera a peculiaridade de certa "inversão adorniana" da perspectiva marxista tradicional ao lembrar que, na *Dialética do esclarecimento*, "a troca de mercadoria é simplesmente a forma historicamente desenvolvida da razão instrumental",[274] forma cujas fontes devem ser procuradas (e aqui Adorno

---

[273] Por exemplo, entre Adorno e Heidegger perpassa a mesma crítica da comunicação que apela à força da expressão estética contra uma racionalidade baseada na redução comunicacional da linguagem. Vem de Heidegger uma afirmação como: "A linguagem é colocada a serviço como intermediadora nas vias de comunicação, às quais se estende a objetivação como a acessibilidade uniforme de tudo para todos, desprezando todo e qualquer limite. Desse modo, a linguagem é submetida à ditadura da opinião pública. É a opinião pública que decide de antemão o que é compreensível e o que deve ser descartado como incompreensível" (HEIDEGGER, Martin. *Marcas da linguagem*. Petrópolis: Vozes, 2003, p. 326). Ela está muito próxima de posições de Adorno, como: "Se fosse possível especular sobre o estado de reconciliação (*Versöhnung*), não seria questão de pensá-lo sob a forma de unidade indiferenciada entre sujeito e objeto ou sob a forma de uma antítese hostil, mas como uma comunicação do diferenciado (*Kommunikation des Unterschiedenen*). O conceito atual [de comunicação] é vergonhoso porque trai o melhor, a força de um entendimento (*Einverständnisses*) entre homens e coisas, e nos oferece em seu lugar a comunicação (*Mitteilung*) entre sujeitos tal como a razão subjetiva requer" (ADORNO, Theodor. Stichworte. In: *Gesammelte Schriften 10.2*. Frankfurt: Suhrkamp, 2003, p. 743).

[274] HONNETH, Axel. *Critique of Power*. Boston: MIT Press, 1991, p. 38.

não poderia ser mais freudiano) no processo humano de autopreservação diante dos perigos da natureza. Ou seja, as coordenadas históricas da crítica da economia política submetem-se a uma filosofia da história de grande envergadura. Isso permite a Adorno e Horkheimer afirmações como:

> Para o Esclarecimento, aquilo que não se reduz a números e, por fim, ao uno, passa a ser ilusão; o positivismo moderno remete-o à literatura. "Unidade" continua sendo a divisa, de Parmênides a Russell. O que se continua a exigir insistentemente é a destruição dos deuses e das qualidades.[275]

É sempre possível se perguntar sobre a temporalidade própria a uma crítica que vai de "Parmênides a Russell", ou que ainda retorna a Homero para falar da imbricação entre razão e dominação que aparece como hegemônica na contemporaneidade. Uma crítica tradicional da economia política não saberia o que fazer com os dois primeiros capítulos da *Dialética do esclarecimento*. Não é difícil perceber que a crítica da racionalidade instrumental opera com um quadro temporal que a aproxima involuntariamente da crítica da metafísica do sujeito heideggeriana e de sua crítica da técnica que, não por acaso, vai também de Parmênides a Russell. Tanto em um caso como em outro, o capitalismo é o momento máximo de certo descaminho metafísico, que tem seu fundamento em um processo histórico maior que a dinâmica da emergência de modos de produção. O capitalismo está inscrito em uma metafísica da identidade e da propriedade; ele a realiza como forma de vida e modo de existência. Há uma descontinuidade sob fundo de continuidade na filosofia adorniana da história. Por isso, criticar o capitalismo não é apenas uma questão de denúncia de injustiças econômicas ligadas a processos de espoliação. Criticá-lo é também compreender o sofrimento social que ele produz a partir da metafísica que ele realiza. Daí o sentido de afirmações adornianas como: "A identidade é a forma originária da ideologia", maneira de lembrar que a ideologia que se trata de criticar no capitalismo é momento de uma metafísica da identidade. E isso, por mais que alguns não queiram, aproxima Adorno e Heidegger, uma proximidade que leva Adorno a insistir reiteradamente na necessidade de salientar os efeitos diversos das estratégias distintas próprias a Heidegger e a ele próprio.[276]

O primeiro nível desse sistema de diferenças consistirá em repetir, de certa forma, o gesto de Marx e Engels. O que não é segredo algum, uma vez que tal

---

[275] ADORNO; HORKHEIMER, *Dialética do esclarecimento*, p. 23.

[276] Para um entre vários exemplos da articulação heideggeriana entre crítica da metafísica e crítica das determinações técnicas do presente (o que necessariamente inclui uma crítica do capitalismo ou, ainda, que submete a crítica do capitalismo a uma crítica da metafísica que ele realiza), ver: HEIDEGGER, Martin. A questão da técnica. In: *Ensaios e conferências*. Petrópolis: Vozes, 2012.

programa já se encontra anunciado no subtítulo do libelo contra Heidegger: "da Ideologia alemã". Tal como Marx e Engels denunciam as figuras de uma crítica filosófica estéril, pois fundada na mera "exigência de interpretar o vigente de outra maneira", a qual deixa intactas as condições para a reprodução material da vida nas suas estruturas atuais, Adorno entende que a fenomenologia alemã, em especial esta própria a Heidegger, é uma versão contemporânea de ideólogos que, "apesar de suas frases feitas pretensamente 'abaladoras do mundo', são os maiores conservadores".[277]

Isso talvez explique por que Adorno começa sua *Dialética negativa* criticando a "necessidade de ontologia" que dá à filosofia de Heidegger sua força de influência. Adorno quer compreender aquilo que poderíamos chamar de "gênese sociopsicológica" de tal necessidade, o que não deixa de explicitar uma dimensão importante das estratégias colocadas por ele em circulação para ler outros filósofos. Pois não serão poucas as vezes que Adorno agirá, em uma estratégia claramente nietzschiana, como quem se pergunta pelas formas de vida que projetos filosóficos específicos parecem querer realizar. A crítica filosófica se submete, assim, a uma crítica das formas de vida pressupostas por projetos filosóficos específicos.

Por exemplo, a função do esquematismo transcendental na *Crítica da razão pura* será criticada como expressão de uma estratégia de dominação da natureza tendo em vista a autopreservação do Eu,[278] o que pode passar por uma espécie de crítica psicologista por se perguntar pelos móbiles de adesão psicológica a proposições filosóficas. Da mesma forma, Adorno denunciará o "narcisismo" que impulsionaria a estratégia kantiana de constituição da autonomia moral.[279] Mesmo a defesa do princípio de não-contradição será, por sua vez, descrita como imposição de um tabu que visa reprimir tendências contrárias, como se estivéssemos diante do tabu do incesto, tal como descrito por Freud em *Totem e tabu*:

> Como "lei do pensamento", o princípio envolve uma proibição de conteúdo: não pense dispersivamente, não se deixe distrair em uma natureza não articulada, mantenha a unidade do visado como uma posse. Por força da lógica, o sujeito se liberta da decadência no amorfo, no inconstante, no ambíguo, e se fixa como forma na experiência, como identidade humana que se conserva na vida, permitindo

---

[277] MARX; ENGELS, *A ideologia alemã*, p. 41.

[278] Desenvolvi este ponto no capítulo V de *Grande Hotel Abismo*.

[279] "A liberdade, como conceito universal abstrato de um para-além da natureza, é espiritualizada como liberdade em relação ao reino da causalidade. Mas assim ela leva à autodesilusão. Psicologicamente falando, o interesse do sujeito pela tese de sua liberdade seria narcísico, tão desprovido de medida quanto tudo o que é narcísico. Mesmo na argumentação kantiana, que situa categoricamente a esfera da liberdade acima da psicologia, ressoa o narcisismo" (ADORNO, *Negative Dialektik*, p. 219).

que só sejam válidos os enunciados sobre a natureza abarcados pela identidade daquelas formas.[280]

Note-se que o princípio de não-contradição não é apresentado como a descrição de uma impossibilidade lógica da experiência e do pensamento. Ele aparece como o modo de recalque de uma tendência psíquica ao amorfo, ao ambíguo. É uma tendência que nos levaria à impossibilidade de conservar a vida nas formas atuais nas quais ela se afirma em seus modos de reprodução material.

Há algo desse modelo de crítica em operação na afirmação de que a ontologia fundamental, em Heidegger, é expressão de uma demanda de segurança contra uma dinâmica histórica diante da qual nos sentiríamos impotentes. Quando afirma isso, Adorno está a dizer que, à sua maneira, para além de sua interpretação pretensamente capaz de abalar a era das imagens de mundo, a ontologia fundamental seria uma espécie de expressão de uma patologia social de enfraquecimento do Eu (tema que Adorno traz do psicanalista Hermann Nunberg) e de uma peculiar "identificação com o agressor", pois:

> [...] como o espírito não pode remover completamente a sua insuficiência, ele contrapõe à heteronomia atual grosseiramente visível outra heteronomia, seja passada, seja abstrata, os valores enquanto *causa sui* e o fantasma de sua reconciliação com os viventes.[281]

É como se estivéssemos diante de uma elevação da impotência do sujeito à condição de invariável histórica. Adorno quer, assim, defender que a purificação do ser em relação à empiria, sua distância em relação a todo conteúdo coisal, a posição da diferença estrita entre ôntico e ontológico expressam não apenas o desprezo milenar pela contingência e sua força de instaurar processualidades, mas expressam principalmente a paralisia em relação a toda ação social de transformação efetiva. O momento de crítica da reificação presente no pensamento de Heidegger apenas levaria a impasses que fariam com que o "mundo reificado

---

[280] ADORNO, *Para a metacrítica da teoria do conhecimento*, p. 145.

[281] ADORNO, *Dialética negativa*, p. 88. Ou ainda: "A revigoração da ontologia a partir de uma intenção objetivista seria suportada por aquilo que certamente menos se adequa à sua concepção: pelo fato de o sujeito ter se tornado em grande medida ideologia, dissimulando o contexto funcional objetivo da sociedade e tranquilizando o sofrimento dos sujeitos no interior dela" (p. 64). Adorno deve pensar em afirmações de Heidegger sobre a maneira com que a relação do homem ao mundo a partir do querer e da vontade o desprotege e o lança para longe do ser: "A ameaça que afeta a essência do homem emerge a partir dessa mesma essência. Isto repousa, no entanto, na sua relação com o ser. Assim, através do seu querer-se a si mesmo, o homem está num sentido especial, ameaçado, carente de proteção. Contudo, devido a esse seu modo essencial de querer, ele está igualmente des-protegido" (HEIDEGGER, *Caminhos da floresta*, p. 337).

fosse tomado, por assim dizer, como indigno de ser transformado".[282] Ou seja, a irresistibilidade do processo social objetivo se imporia aos sujeitos, que procuram se lhe contrapor através do apelo a um objeto esquecido, a um ser autoidêntico e pertencente a si mesmo, cuja recuperação pretensamente nos retiraria para fora de um mundo impossível de ser outro, mundo impossível de ser transformado.

Para Adorno, por apoiar-se no enfraquecimento do Eu, a ontologia fundamental seria incapaz de impedir uma certa recuperação de tal experiência de impotência social em chave autoritária. Pois a ação social motivada por tal necessidade de ontologia pode sempre se realizar como regressão política, a qual está descrita por Adorno nos seguintes termos:

> A fragilidade do eu que retrocede ao complexo de castração procura compensação em uma imagem coletiva e onipotente, arrogante, e, assim, profundamente semelhante ao próprio eu enfraquecido. Essa tendência, que se incorpora em inumeráveis indivíduos, torna-se ela mesma uma força coletiva, cuja extensão até agora não se estimou corretamente.[283]

Husserl, Derrida e a primazia da matemática

No entanto, o modelo de crítica da reificação que perpetua uma paralisia na ação transformadora seria não apenas traço da filosofia de Heidegger, mas o apanágio de toda a fenomenologia alemã, já que Adorno utiliza esquemas estruturalmente semelhantes para criticar, por exemplo, a "primazia à matemática" própria a Husserl, assim como o "caráter analítico" que protege a fenomenologia de "toda e qualquer perturbação de uma experiência não prevista".[284] De fato, a crítica a Heidegger é o setor de uma crítica mais geral à fenomenologia em suas múltiplas limitações, ao menos do ponto de vista de uma dialética das transformações sociais.

Nesse sentido, podemos mesmo dizer que, para Adorno, a fenomenologia aparece *in toto* como fundada em modalidades paradoxais de reversão da crítica da reificação em sua eternização. Essas reversões sempre estarão ligadas à impossibilidade efetiva de um "retorno às coisas", que no caso de Adorno só pode significar retorno à dimensão de transformação a partir da abertura a processos históricos e contingentes. Pois o maior pecado da fenomenologia, tanto em Heidegger quanto

---

[282] ADORNO, *Dialética negativa*, p. 84.

[283] ADORNO, Theodor. *Ensaios sobre psicologia social e psicanálise*. São Paulo: Ed. da Unesp, 2015. Contra isso, no entanto, como desenvolvi em outra ocasião, Adorno não defende alguma forma de "fortalecimento do eu" nos moldes do que podíamos encontrar na psicologia do ego de sua época. Para este debate, ver o quinto capítulo de: SAFATLE, *Grande Hotel Abismo*.

[284] ADORNO, *Para a metacrítica da teoria do conhecimento*, p. 107.

em Husserl, seria o desconhecimento da mediação dialética entre forma e conteúdo coisal, desconhecimento que se saldaria através da produção de abstrações reais.[285] É tendo isso em vista que, por exemplo, a guinada de Husserl em direção à lógica como "objetividade suprema" será criticada:

> A reificação da lógica, como autoalienação do pensamento, tem por equivalente e por modelo a reificação daquilo com que o pensamento se relaciona: a reificação da unidade de objetos que se aglutinam sob a forma da identidade no pensamento. O pensamento trabalha sobre os objetos de tal modo que, abstraindo seu conteúdo ambiente, pode reter a mera forma da sua unidade.[286]

Essa mera abstração que faz com que a forma da unidade passe por realidade última do que há a ser pensado seria o saldo necessário da fenomenologia husserliana. Mas, para tanto, tal "absolutismo lógico" deve elevar o dualismo forma-conteúdo à condição de pressuposto naturalizado, impedindo a compreensão dialética da emergência da forma *a partir* do conteúdo, e não como uma imposição externa, obscurecendo a compreensão da validade *a partir* do movimento de sua gênese. Assim, mais do que uma estratégia psicologista, temos em Adorno uma leitura da filosofia que coloca em circulação um materialismo claramente caracterizado em colocações como:

> A gênese implícita do elemento lógico não é de maneira alguma a motivação psicológica. Ela é um comportamento social. Segundo Durkheim, nas proposições lógicas sedimentam-se experiências sociais como a ordem das relações de geração e das relações de propriedade, que afirmam a primazia sobre o ser e sobre a consciência individual.[287]

Para não ser "a tentativa paradoxal de uma teoria isenta de teoria"[288] que acaba, muitas vezes, em um "platonismo involuntário" por almejar que todo enunciado normativo seja doação, a fenomenologia deveria ser, ao menos, um materialismo que tematiza os modos de emergência da forma a partir da empiricidade das experiências sociais, dos processos histórico-temporais, compreendendo como "as formas não são esse último, como Kant as descreveu. Em virtude da reciprocidade entre elas e o conteúdo, elas também se desenvolvem por sua parte".[289]

---

[285] "Husserl saltou o momento da dialética", dirá Adorno em *Para a metacrítica da teoria do conhecimento*, p. 197.

[286] Idem, p. 129.

[287] Idem, p. 139.

[288] Idem, p. 213.

[289] ADORNO, *Dialética negativa*, p. 378.

Não compreendendo isso, a fenomenologia cai sob a crítica de uma mobilização ideológica que transforma um impasse social em invariante ontológica.

Notemos, nesse caso, como a crítica de Adorno guarda certas semelhanças estratégicas com as críticas que Derrida fará a Husserl mais ou menos na mesma época, mesmo que falte ao filósofo francês o horizonte materialista que anima a perspectiva adorniana. De fato, Derrida está muito mais preocupado em encontrar as condições de reflexão a respeito de um campo transcendental desprovido de consciência. No entanto, é inegável que sua crítica a Husserl lança certa luz sobre o empreendimento de Adorno.

Lembremos, por exemplo, do comentário derridiano à *Origem da geometria*, de Husserl. De fato, o comentário desse pequeno texto de Husserl serve a Derrida de ocasião para uma discussão inaugural a respeito do problema da fundamentação da objetividade através do recurso à noção de "origem". Desse modo, pensar o problema da produção do sentido a partir da reflexão sobre a geometria permite a Derrida perguntar: "Como se passa de um estado individual antepredicativo originário à existência de um ser geométrico em sua objetividade ideal?".[290] Que a idealidade seja aqui inquirida a partir do objeto geométrico, eis algo que não poderia ser diferente. Pois o objeto geométrico, assim como o objeto matemático, é o exemplo ideal devido à sua pureza em relação à empiricidade:

> Seu ser se esgota e transparece integralmente em sua fenomenalidade. Absolutamente objetivo, ou seja, totalmente liberado da subjetividade empírica, ele, no entanto, não é o que aparenta. Ele está sempre já *reduzido* a seu sentido fenomenal e seu ser é, desde o início do jogo, ser-objeto para uma consciência pura.[291]

A definição do objeto matemático em sua independência em relação à subjetividade empírica parece colocá-lo em posição de completa exterioridade à história e sua faticidade. Sabemos como, para a fenomenologia, a tematização da historicidade sempre foi ligada à condenação tanto do genetismo historicista quanto do psicologismo. Todas as duas posições seriam figuras de um certo materialismo para o qual a dimensão das empiricidades forneceriam o fundamento para aquilo que procura ter validade incondicional. Contra elas, seria necessário insistir no vínculo entre fenomenologia e filosofia transcendental, o qual não significaria anular toda questão relativa à historicidade. Pois os objetos transcendentais que *assegurariam a possibilidade da história* não pertenceriam à dimensão do Ego concreto. Como se a história, como experiência empírica, estivesse na dependência de um fundo de pressuposições eidéticas revelado pela fenomenologia.

---

[290] DERRIDA, Jacques. *Le problème de la génèse chez Husserl*. Paris: PUF, 1990, p. 267.

[291] DERRIDA, Jacques. *Introduction à L'origine de la géométrie*. Paris: PUF, 2004, p. 6.

Mas contrariamente a Kant, para quem a construção própria à atividade do matemático e do geômetra seria a explicitação de um conceito já constituído que ele encontraria em si mesmo, os objetos visados pela intuição husserliana não existiriam antes dela. Conhecemos a dissociação radical entre história e geometria que Kant apresenta logo na introdução à *Crítica da razão pura*: "Aquele que primeiro demonstrou o triângulo isósceles (fosse ele Tales ou como quer que se chamasse) teve uma iluminação (*ging ein Licht auf*)"[292] que consistiu em compreender que ele deveria trazer à luz (*hervorbringen*) a partir de conceitos pensados e já presentes *a priori*.

No entanto, para Husserl, mesmo que a geometria em seu caráter normativo seja independente da história, há a necessidade de descrever o processo através do qual as idealidades geométricas surgem em um solo de experiências não-geométricas, o qual está ligado ao mundo da cultura. Ou seja, "para Husserl, as objetividades geométricas ideais, como a triangularidade, devem advir de objetividades não-geométricas, eles não existem como tais antes desta experiência".[293] Na verdade, em vez da simples autonomia da idealidade lógica em relação a toda consciência em geral, Husserl quer "manter ao mesmo tempo a autonomia normativa da idealidade lógica ou matemática em relação a toda consciência factual e a dependência originária a uma subjetividade *em geral; em geral*, mas *concreta*".[294] Concreta, mas não empírica, o que para alguém como Adorno só pode ser outro nome para uma aporia.

Entretanto, essa primeira experiência em solo "pré-científico" não pode colocar em causa a unidade de sentido do que deve ser pensado como "geometria":

> A axiomática em geral, a partir da qual todo ideal de dedutividade exaustiva e exata pode ganhar sentido, a partir da qual todo problema de decidibilidade pode em seguida surgir, já supõe uma sedimentação do sentido, ou seja, uma evidência originária, um fundamento radical, que é também um passado.[295]

Esse passado não é a determinação factual de um acontecimento empírico que colocaria a geometria nas vias da relatividade e da contingência dos fatos. Ele é uma espécie de "pré-história transcendental" sempre vivenciada como distância e como já acontecido. Husserl nos diz haver "protomateriais", "arquipremissas" no mundo pré-científico da cultura, como se seu desvelamento fornecesse as coordenadas de tal pré-história. Como dirá Husserl:

---

[292] KANT, *Crítica da razão pura*, B XII.

[293] LAWLOR, Konyv. *Derrida and Husserl: The Basic Problems of Phenomenology*. Bloomington: Indiana University Press, 2002, p. 107.

[294] DERRIDA, J. *L'écriture et la différence*. Paris: Gallimard, 1966, p. 235.

[295] DERRIDA, *Introduction à* L'origine..., p. 42.

Toda história factual permanece na não-inteligibilidade enquanto ela, concluindo sempre diretamente e de maneira ingênua a partir de fatos, não tematizar o solo de sentido universal sobre o qual repousam o conjunto de tais conclusões, enquanto ela nunca explorou o potente *a priori* estrutural que lhe é próprio.[296]

Nesse sentido, a história não pode ser outra coisa que a recondução das formas de sentido históricas dadas no presente à dimensão dissimulada das arquipremissas fundadoras que poderão gerar uma escrita de transmissibilidade integral e garantir uma identidade sempre à disposição[297]. Isso exige o paradoxo de uma forma cultural que não seja específica de cultura particular alguma. De fato, a fenomenologia descreve um movimento da verdade em que esta aparece como uma história concreta cujo fundamento são atos de uma subjetividade temporal, os quais são fundados no mundo da vida como mundo da cultura. No entanto, essa subjetividade não é uma subjetividade egológica; ela é uma intersubjetividade transcendental enraizada em um mundo da vida onde encontraríamos uma forma cultural que não seria específica de cultura particular alguma.

Mas a intersubjetividade transcendental implica na neutralização espontânea da existência factícia do sujeito falante de uma língua particular (daí a insistência na tradutibilidade absoluta dos objetos geométricos), das palavras e da coisa designada.[298] Por isso, Derrida deve afirmar que "a objetividade desta verdade não poderia se constituir sem a possibilidade pura de uma informação em uma linguagem pura em geral. Sem esta possibilidade pura e essencial, a formação geométrica seria inefável e solitária".[299] No entanto, lembremo-nos de uma afirmação como esta de Husserl: "Na dimensão da consciência, a humanidade normal e adulta (excluindo o mundo dos anormais e das crianças) é privilegiada como horizonte de humanidade e como comunidade de linguagem".[300] Pois se a maturidade do homem adulto e sua normalidade permitem uma determinação eidético-transcendental rigorosa da consciência, então "o privilégio de Husserl implica que uma modificação factual e empírica – a normalidade adulta – pretenda

---

[296] HUSSERL, Edmund. Der Frage nach dem Ursprung der Geometrie als intentional-historische Problem. *Revue Internationale de Philosophie*, v. 1, v. 2, 1939, p. 23.

[297] Isso leva Adorno a falar, a respeito de Husserl: "No princípio afirmado como filosoficamente primeiro deve imergir tudo, independentemente do fato de tal princípio se chamar Ser ou pensamento, sujeito ou objeto, essência ou facticidade. O elemento primeiro dos filósofos levanta uma pretensão total de que o primeiro seria não mediado, mas imediato" (ADORNO, *Para a metacrítica da teoria do conhecimento*, p. 39.)

[298] Este é o ponto no qual Derrida explora as relações entre a voz da consciência e a morte na fenomenologia de Husserl, como vemos em: DERRIDA, Jacques. *La voix et le phénomène*. Paris: PUF, 1966.

[299] DERRIDA, *Introduction à* L'origine..., p. 70.

[300] HUSSERL, Der Frage nach dem Ursprung der Geometrie, p. 37.

ser uma norma transcendental universal".[301] Se quisermos utilizar uma palavra proibida, podemos dizer que tal modificação factual e empírica não seria outra coisa que uma certa recaída na dimensão do psicológico. É ela que permitiria, assim, a fundamentação da consciência de se estar diante da mesma coisa, da consciência de um nós puro e pré-cultural. É por razões semelhantes que Adorno precisa insistir que a gênese implícita do elemento lógico não é de maneira alguma a motivação psicológica. Ela é um comportamento social não tematizado de maneira adequada pela fenomenologia.

Heidegger contra a dialética

Mas o caso de Heidegger é mais complicado para Adorno, pois aqui não se trata apenas de um problema ligado à ausência de perspectiva materialista. Trata-se de uma questão vinculada à configuração possível da dialética na contemporaneidade. Pois há algo próprio a uma "protodialética" operando no pensamento heideggeriano. Podemos mesmo dizer que, do ponto de vista dialético, há uma espécie de negatividade amputada de sua produtividade dialética em Heidegger. Assim, se a crítica a seu pensamento é o primeiro capítulo da *Dialética negativa,* não é apenas por desejo de continuar a denúncia da nova versão da ideologia alemã. Na verdade, trata-se de insistir que a apresentação da dialética negativa *começa* com a meditação sobre o que, ao menos aos olhos de Adorno, seria o fracasso heideggeriano. Tal como Hegel começava sua *Ciência da Lógica* mostrando a inanidade do conceito de ser e fazendo a confissão de tal inanidade produzir o movimento em direção a uma exposição da metafísica que, através da própria crítica das categorias da metafísica, permite o advento da infinitude da Ideia, Adorno começa sua *Dialética negativa* mostrando como os impasses de uma ontologia fundamental nos abrem a um movimento que nos permitirá pensar, de forma adequada, uma "experiência metafísica" cuja tematização será o objeto central da última parte do seu livro. Ou seja, de certa forma, a ontologia fundamental é interna ao movimento de explicitação da dialética negativa.

Por isso, a compreensão efetiva dessa crítica adorniana só é possível à condição de retomar a desqualificação dialética do ser como operador fundamental de uma ontologia, tal como Hegel já fizera em sua *Ciência da Lógica.* Tal como em Hegel, o ser aparece para Adorno como um conceito inadequado para o qual convergem a crença na força normativa da origem e uma abstração que não se reconhece como tal, abstração que procura eliminar sua gênese e, principalmente, eliminar a compreensão das modificações históricas do que se coloca sob a forma

---

[301] LAWLOR, *Derrida and Husserl,* p. 112.

de fundamento. Abstração que Adorno descreve a partir daquilo que ele chamará de "ontologização do ôntico".

De fato, há várias estratégias possíveis para apresentar as questões próprias à crítica adorniana à ontologia fundamental, mas talvez a mais adequada seja dar um passo atrás e começar por se perguntar como o próprio Heidegger tenta defender seu projeto contra a dialética. Não a dialética de Adorno, a respeito da qual Heidegger soberanamente nada dirá, mas a dialética de Hegel, a qual ele continuamente se confronta. Essa estratégia se justifica pelo fato de a confrontação de Heidegger a Hegel ser uma constante. Heidegger dedica cursos à *Fenomenologia do Espírito,* assim como vários artigos a Hegel (em especial, "Hegel e os gregos" e "Hegel e seu conceito de experiência"). Tal confrontação justifica-se pela necessidade de distinguir duas fenomenologias: esta que nos leva à compreensão do caráter produtor do Espírito (Hegel) e a que nos leva à compreensão da história da ocultação do ser (Heidegger). Todas as duas partem da crítica da experiência fenomenal, embora seus resultados sejam claramente distintos.

Partamos de uma afirmação maior para nosso problema relativo à possibilidade de uma ontologia fundamental. Diz Heidegger, a respeito de Hegel: "O ser, enquanto primeira e simples objetividade dos objetos, é pensado desde o ponto de vista da referência ao sujeito a ser pensado, por meio da pura abstração deste".[302] Ou seja, a defesa hegeliana da natureza de abstração própria ao ser seria resultado da crença de que apenas a reflexão subjetiva poderia fornecer um fundamento ao pensar. Hegel pode afirmar que ser e nada são, pois, o mesmo, porque, para ele, aquilo que resta quando a subjetividade retira seu representar é apenas o puramente indeterminado. Essa forma de compreender o ser nos explica por que Heidegger afirma, sempre a respeito de Hegel: "O ser e, por conseguinte, aquilo que é representado nas palavras fundamentais, *não é ainda* determinado e *não é ainda* mediado através e para o interior do movimento dialético da subjetividade absoluta".[303] Pois é o sujeito com suas estruturas de reflexão que determina o que há a ser pensado e ele o determina necessariamente sob a forma de "entes". "O que não é um ente", dirá Heidegger a respeito de Hegel, "é nada",[304] o que nos deixa com a questão de compreender o que pode significar determinar algo sob a forma de um ente.

Para compreender esse modo de produtividade da subjetividade, devemos insistir que a interpretação de Heidegger deve partir de um pressuposto fundamental, a saber, desde Descartes, "sujeito" é o que se fala da mesma maneira.

[302] HEIDEGGER, Martin. *Marcas do caminho.* Petrópolis: Vozes, 2003, p. 444.

[303] Idem, p. 446.

[304] HEIDEGGER, Martin. *Hegel. Gesamtausgabe band 68.* Berlim: Vittorio Klostermann, 2009, p. 44.

Hegel chegaria apenas lá onde Descartes já havia definido a meta, a saber, determinar a essência do que existe a partir da condição de objeto disponível ao entendimento calculador de um sujeito, o mesmo sujeito que diante de um pedaço de cera só verá *res extensa*. A terra firme que, segundo Hegel, Descartes descobre é a compreensão do saber como "certeza de si do sujeito sabendo-se incondicionalmente".[305] Compreensão que Hegel levaria ao extremo através de seu idealismo absoluto. Note-se que Adorno muitas vezes fará colocações a respeito de Hegel no mesmo tom.

Em uma passagem célebre de seus cursos sobre Nietzsche, Heidegger insiste que a estrutura da reflexão que nasce com o princípio moderno de subjetividade é fundamentalmente posicional. Refletir é pôr diante de si no interior da representação, como se colocássemos algo diante de um "olho da mente". Seguindo os rastros do texto cartesiano, ele nos lembra que, em várias passagens, Descartes usa *cogitare* e *percipere* como termos correlatos. Um uso necessariamente prenhe de consequências. De fato, Heidegger deve pensar aqui, primeiro, na maneira peculiar com que Descartes utiliza o termo em latim *percipere*. Ele raramente é utilizado para designar processos sensoriais, como visão e audição (nesses casos, Descartes prefere utilizar o termo *sentire*). *Percipere* designa, normalmente, a apreensão puramente mental do intelecto, já que, em Descartes, é a inspeção intelectual que apreende os objetos, e não as sensações. Assim, por exemplo, na meditação terceira, ao falar daquilo que aparece ao pensamento de maneira clara e distinta, Descartes afirma: "Todas as vezes que volto para as coisas que penso conceber mui claramente, sou de tal modo persuadido delas [...]".[306] Mas, de fato, "penso conceber" é a tradução não muito fiel de *percipere*.[307] Da mesma forma, Descartes, mais à frente, falará de "tudo aquilo que concebo clara e distintamente"[308] pelo pensamento. Mas, novamente, o termo "conceber" é uma tradução aproximada de *percipere,* já que o texto latim diz: "illa omnia quae clare percipio". De onde se vê como *percipere* serve, nesses casos, para descrever o próprio ato mental do pensamento. Heidegger é sensível a este uso peculiar de *percipere* por Descartes, pois a reconstrução etimológica do termo nos mostra que ele significa:

Tomar posse de algo, apoderar-se (*bemächtigen*) de uma coisa, e aqui no sentido de dispor-para-si (*Sich-zu-stellen*) [lembremos que *Sicherstellen* é

---

[305] HEIDEGGER, *Caminhos da floresta*, p. 163.

[306] DESCARTES, René. *Meditações metafísicas.* São Paulo: Abril Cultural, 1972, p. 108. (Coleção Os Pensadores.)

[307] Conforme o texto em latim: *"Quoties vero ad ipsas res, que valde clare percipere arbitror* [...]".

[308] DESCARTES, *Meditações metafísicas,* p. 116.

confiscar] na maneira de um dispor-diante-de-si (*Vor-sich-stellen*), de um re-presentar (*Vor-stellen*).[309]

Dessa forma, a compreensão de *cogitare* por *Vor-stellen* (re-presentar/pôr diante de si) estaria mais próxima do verdadeiro sentido do fundamento que Descartes traz como terra firme da filosofia moderna.

Tais aproximações permitem a Heidegger interpretar o *cogitare* cartesiano como uma representação que compreende o ente como aquilo que é essencialmente representável, como aquilo que pode ser essencialmente disposto no espaço da representação. É assim que devemos compreender a frase-chave: "O *cogitare* é um dispor-para-si do representável".[310] Assim, *cogitare* não seria apenas um processo geral de representação, mas sim um ato de determinação da essência de todo ente como aquilo que acede à representação. Isso indicaria como todo ato de pensar é um ato de dominar através da submissão da coisa à representação. O diagnóstico de Heidegger seria claro: "Algo só é para o homem na medida em que é estabelecido e assegurado como aquilo que ele pode por si mesmo, na ambiência (*Umkreis*) de seu dispor, a todo instante e sem equívoco ou dúvida, reinar como mestre".[311] Pois a compreensão do pensamento como capacidade de articular representações, como competência representacional impõe um modo específico de manifestação dos entes ao pensamento. O ente será, a partir de agora, aquilo que aparece, para um sujeito cognoscente, como objeto adequado de uma representação categorizada em coordenadas espaço-temporais extremamente precisas. Nesse sentido, "o homem se coloca a si mesmo como a cena (*Szene*) sobre a qual o ente deve a partir de agora se apresentar (*vor-stellen, präsetieren*)".[312] Daí por que Heidegger pode afirmar que o cogito traz uma nova maneira da essência da verdade.

Nada disso é estranho a Hegel quando ele insiste que a reflexão, como disposição posicional dos entes diante de um sujeito, não pode deixar de operar dicotomias e divisões no interior do que se oferece como objeto da experiência entre aquilo que é para-mim e aquilo que seria em-si, entre o que se dá através da receptividade da intuição e aquilo que é ordenado pela espontaneidade do entendimento com suas estruturas reflexivas de representação, entre o que é da ordem do espírito e o que é da ordem da natureza, entre o que é acessível à reflexão e o que é Absoluto.

No entanto, Heidegger acredita que Hegel não é capaz de dar uma resposta adequada que possa superar tais divisões. Antes, Hegel seria apenas a culminação

[309] HEIDEGGER, Martin. *Nietzsche*. Rio de Janeiro: Forense, 2007. v. II, p. 112.

[310] Idem.

[311] Idem.

[312] HEIDEGGER, *Caminhos da floresta*, p. 119.

de um longo projeto de determinação pela representação e de afirmação da destinação técnica das coisas impulsionado pelo sujeito cartesiano. No interior desse modo de determinação, a verdade seria sempre definida como *adequatio intellectus rei,* ou seja, como adequação entre representações mentais e estados de coisa dotados de acessibilidade epistêmica e autonomia metafísica. O sujeito seria, assim, o fundamento de um modo de determinação por representação, no interior do qual "objeto" seria apenas aquilo que ocorre às coisas quando elas se deixam representar pelo sujeito. Dentro dessa imagem do pensamento, o que não se deixa representar não pode ser pensado. Por fim, preso no interior da representação, o sujeito só pode relacionar-se à exterioridade do campo do representável através da "negatividade", a qual seria, assim, a última astúcia de um pensamento incapaz de escapar da representação como único modo de determinação.[313] Hegel admitiria aquilo que Heidegger chama de "diferença ontológica" entre ser e ente, mas apenas para reduzir o ser à imediaticidade indeterminada do nada.

Tudo se passa, portanto, como se houvesse uma antropologia insidiosa a se confundir com a modernidade, limitando as possibilidades do que há a ser experimentado devido ao horizonte estabelecido por nossos processos de racionalização. A possibilidade de a filosofia abandonar uma época histórica marcada pela metafísica e suas estruturas reificadoras (época que seria fundamentalmente "metafísica do sujeito") estaria vinculada à sua capacidade de acordar do sono antropológico, abandonando um projeto que culmina com o império da filosofia da consciência representativa, o qual encontraria seu ápice em Hegel. A reificação produzida pelas categorias metafísicas de nosso pensamento exigiria uma crítica radical das estruturas que constituíram o que entendemos pura e simplesmente por "pensamento racional", para que um sentido originário do lógos possa ser recuperado. O que explica proposições como:

> Se o homem quiser voltar a se encontrar novamente nas cercanias do ser, então ele precisa antes aprender a existir no sem-nome [...] Antes de falar, o homem precisa novamente deixar-se interpelar, correndo o risco de que, sob esse apelo, ele pouco ou raramente tenha algo a dizer.[314]

Só assim, ele poderia "libertar o ser no sentido grego, o ει ναι, da referência ao sujeito, para, então, entregá-lo à liberdade de sua própria essência".[315] Assim, contra uma concepção correspondencialista de verdade como adequação (ou contra seu complemento hegeliano através de uma verdadeira *ontologização da*

---

[313] Este é também um dos eixos da estratégia crítica de Deleuze contra a dialética hegeliana, como gostaria de mostrar no primeiro capítulo do Anexo.

[314] HEIDEGGER, *Marcas do caminho,* p. 332.

[315] Idem, p. 449.

inadequação), Heidegger se propõe a recuperar o conceito grego de *aletheia* (verdade como desvelamento; *a-lethe*: não-esquecimento). Uma verdade que apenas eclode lá onde a atividade subjetiva de determinação não é mais sentida. Nessas condições, "a liberdade revela-se como o deixar-ser (*Gelassenheit*) do ente".[316] Daí uma afirmação como:

> Deixar-ser o ente – a saber, como o ente que ele é – significa entregar-se ao aberto e à sua abertura, na qual todo ente entra e permanece, e que cada ente traz, por assim dizer, consigo. Esse aberto foi concebido pelo pensamento ocidental, desde o seu início, como τα αληθεα, o desvelado.[317]

Uma abertura que é deixar ser o que aparece à racionalidade instrumental como acontecimento: "imprevisível e inconcebível"[318] ou, como dirá Heidegger, como *Ereignis* (acontecimento, evento, ocorrência). Acontecimento que é, antes, a abertura a uma temporalidade originária que teria a força de expor: "a mais íntima indigência do homem histórico".[319]

La lettre, l'être et l'autre

A primeira questão que devemos colocar é se Heidegger não precisa construir um certo "doente imaginário", ou seja, criar uma entidade totalizante ilusória, a saber, o sujeito moderno que constitui o mundo a partir do pensar representativo, a fim de determinar o retorno ao ser como única contraposição possível a um modo de dominação pela representação. Pois talvez devamos lembrar, contra a estratégia heideggeriana, que "sujeito" é o que se diz de várias formas. O que a dialética entende por sujeito não guarda relações de desdobramento direto com seu homólogo cartesiano, e que não poderia ser diferente, já que, a partir de Fichte e Hegel, sujeito é um sistema de implicação reflexiva com a alteridade através de uma experiência que é alienação e retorno. Não é por acaso que só a partir desse momento, "reconhecimento" será o modo de determinação necessária de existência de um sujeito. A centralidade da temática do reconhecimento para a teoria do sujeito no pós-kantismo alemão demonstra como não estamos a lidar com um conceito de sujeito cuja existência expressa uma estratégia de autocertificação solipsista de moldes cartesianos. Trata-se de um conceito que descreve modos de implicação com aquilo que produz descentramento, o qual, por sua vez, não

---

[316] Idem, p. 200.

[317] Idem, p. 200.

[318] Idem, p. 205.

[319] HEIDEGGER, Martin. *Contribuições à filosofia: do acontecimento apropriador*. Rio de Janeiro: Via Vérita, 2014, p. 35.

é apenas resultado do reconhecimento produzido por "outra consciência", mas da emergência de um fundamento (*Grund*) que não se deixa pensar sob a forma da consciência, que para a consciência equivale a um abismo (*Abgrund*), de onde se segue a centralidade da temática da confrontação, nos processos de reconhecimento, com alteridades que, do ponto de vista fenomenológico, equivalem a morte.[320] É uma centralidade que não deveria ser estranha a alguém que entende que "o tempo [presente] é indigente porque lhe falta o não-estar-encoberto da essência da dor, da morte e do amor".[321]

Por outro lado, há de se lembrar que tal implicação reflexiva expressa no vínculo existencial entre sujeito e reconhecimento demonstra como a natureza relacional do sujeito deverá ser fundada em uma dupla reflexão, não em uma subsunção simples. Assim, se Hegel afirma, como vimos anteriormente: "O Eu é o conteúdo da relação e a relação mesma, defronta um Outro e ao mesmo tempo o ultrapassa; e esse Outro, para o Eu, é apenas ele próprio"[322] é porque o Eu não oferece apenas a forma que unifica o diverso da experiência sensível através da gramática dos objetos representados. Ele é a reflexão a partir da negatividade posta pelo conteúdo, a partir da reconstrução normativa que o conteúdo impõe ao pensar. Por isso, ele só pode "ultrapassar" o Outro à condição de modificar a própria estrutura autárquica e identitária do Eu.

Essa concepção anima tanto Hegel quanto o sujeito adorniano como *lócus* da não-identidade. Pois, contrariamente a Descartes, para Hegel, pensar não é representar, nem a verdade é uma questão de adequação. O conceito não é uma representação previamente definida em sua clareza e distinção, como o que se dispõe como o que há a ver, como imagem de uma coisa na presença, mas o nome do movimento de reconstrução normativa a partir do desdobramento da experiência, mesmo que Heidegger desqualifique o conceito hegeliano de experiência como a confirmação da "etantidade do ente" que se desdobraria no campo da representação a si da consciência.[323]

No entanto, a incompreensão da natureza relacional e implicativa do conceito de sujeito leva, necessariamente, à incapacidade de compreender, de forma dialética, a natureza das mediações entre ser e ente. Este pode ser visto como o verdadeiro eixo da crítica de Adorno a Heidegger. Adorno compreende que o sujeito, no interior da dialética, não pode ser nem mera transcendência negativa,

---

[320] Desenvolvi melhor este ponto no primeiro capítulo de *Grande Hotel Abismo*.

[321] HEIDEGGER, Para que poetas?, em: *Caminhos da floresta*, p. 316.

[322] HEGEL, *Fenomenologia do Espírito I*, p. 135.

[323] Sobre Hegel, Heidegger dirá: "A experiência é a apresentação do sujeito absoluto se desdobrando na representação e assim se apreendendo. A experiência é a subjetividade do sujeito absoluto" (HEIDEGGER, *Holzwege*, p. 226).

nem subjetividade transcendental constituinte. Ele não é também um epifenômeno de determinações exteriores, mero feixe de representações. O sujeito, por ser um conceito parcialmente situado em contextos materiais, é o que se deixa implicar com experiências materiais que forçam a sensibilidade e violentam a capacidade esquematizadora da imaginação. A isso, Adorno chama de "não-identidade". Por ser o espaço de uma dinâmica implicativa, o sujeito é o que permite a emergência de metamorfoses categoriais a partir da contingência e de processos materiais até então impredicados. Dessa maneira, *o conceito de sujeito necessariamente unifica o que Heidegger separou sob as formas do ser e do ente*. Tudo se passa como se Adorno lembrasse, contra Heidegger, a necessidade de "apreender a substância como sujeito". Para Adorno, Heidegger teria produzido tal separação por não poder deixar de pensar respeitando a lógica da ausência de contradição: dois momentos contraditórios do sujeito (a transcendência que lhe evita ser mero ente e a materialidade aleatória de suas implicações) só poderão ser pensados em exclusão simples devido a uma diferença ontológica.

Por isso, faz-se necessário lembrar como, longe de ser uma entidade substancial, o sujeito é uma entidade processual. Se eliminamos a categoria de sujeito, não teremos mais como responder pela possibilidade de reconhecimento do que acontece na esfera material, nem pela possibilidade de transformação do sentido a partir de tal reconhecimento. Só nos restaria então a defesa de um conceito de ser como o que leva à existência, o que não se deixa afetar pela processualidade do que foi reduzido pelo pensamento à condição de "mero ente". De certa forma, esta é a crítica de Adorno a Heidegger ao afirmar:

> Se a ontologia fundamental se retrai, é porque um ideal de "pureza" proveniente da metodologização da filosofia – cujo último elo de ligação foi Husserl – é mantido por ela enquanto contraste do ser em relação ao ente, na medida em que o filosofar ontológico se distancia de todo conteúdo coisal. Esse hábito só podia se reconciliar com essa pureza em um domínio em que todas as diferenças determinadas, sim, todo conteúdo se desvanece. Assustado com as fraquezas de Scheler, Heidegger não deixa que a *prima philosophia* seja comprometida de maneira crassa pela contingência do material, pela transitoriedade das respectivas eternidades. No entanto, ele também não abdica da concreção originariamente prometida pela palavra "existência".[324]

Note-se que Adorno expõe aqui o que ele entende por "ontologização do ôntico" em Heidegger. O meramente ente torna-se nulo na medida em que o filosofar ontológico distancia-se de todo conteúdo coisal. Mas essa abstração se dá a partir das condições de determinação dos entes, ou seja, tendo tais condições de determinação por sua gênese. Por isso, para Adorno, ela acaba por involuntariamente

---

[324] ADORNO, *Dialética negativa*, p. 71.

respeitar tal condição de determinação, mesmo que em chave negativa. Essa é sua maneira de compreender como o ser, privado de todo conteúdo delimitante, pode ser tomado imediatamente como concreto, como uma abstração que se concretiza. Nessa interpretação, o ser simplesmente passa a existência como a forma geral da negação do ente, por isso sem permitir ao ente se transfigurar em algo outro que ele mesmo.[325] Se quisermos utilizar uma expressão de Hegel, tudo se passa como se a finitude (ou seja, a dimensão dos entes) tivesse uma realidade à parte e fora da infinitude, permanecendo enquanto finitude. Porque isso, ela não pode se transmutar. Ela pode apenas perecer. Dessa forma, Adorno acaba por voltar a crítica de Heidegger a Hegel contra o próprio Heidegger.

No entanto, tal leitura parece não levar em conta o cuidado de Heidegger em dizer, por exemplo: "De modo adequado, talvez só se possa dizer o 'é' do ser de tal modo que nenhum ente 'é' de maneira própria".[326] Mas se nenhum ente é de maneira própria não é porque o modo de ser do ente é apontar para além de si mesmo, o que o conceito dialético de negação determinada nos permitiria dizer. Na verdade, Heidegger insiste que representar algo como ente é necessariamente pensar sob certa limitação gramatical "imprópria" da experiência. É pensar a experiência, por exemplo, sob as formas da causalidade, da causa e do efeito, do sujeito e predicado. O que não pode ser diferente para alguém que afirma: "Libertar a linguagem da gramática, conduzindo-a para uma estrutura essencial mais originária, é uma tarefa reservada ao pensar e ao poetar".[327]

Entretanto, e este é o ponto central, essa impropriedade gramatical do ente faz do modo de existência do ser, ao menos para Adorno, a posição definitiva de um indeterminado. Pois Adorno afirma ser essa uma forma astuta de ontologizar o ôntico através de uma negação simples do segundo termo pelo primeiro. Se podemos dizer que o ser "passa" no ente, definindo outra modalidade de existência, devemos completar lembrando que nessa passagem não há uma interversão que permitiria negar o ser através do ente. Há apenas uma negação simples do ente pelo ser. Daí por que Adorno pode afirmar que não há, neste caso, propriamente uma dialética entre ser e ente, mas os dois termos são pensados sem mediação recíproca, sendo que o primeiro tem primazia sobre o segundo. Pois o sentido do ente é dado em sua integralidade pelo ser. Já o ser, por sua vez, não terá nunca seu sentido modificado por sua relação com o ente, sua temporalidade é originária, o

---

[325] É assim que Adorno interpretaria afirmações como: "O nada nunca é 'nulo' no sentido da pura não presença, ineficácia, ausência de valor, não ente, mas é essencialidade do próprio ser como nadidade abismal-abismada" ("Das Nichts ist niemals das 'Nichtige' im Sinne des bloss Unvorhandenen, Unwirksamen, Unwertigen, Un-seienden, sondern Wesung des Seyns selbst als des *ab-gründig-*abgrundhaft *Nichtenden*") (HEIDEGGER, *Hegel*, p. 100).

[326] HEIDEGGER, *Marcas do caminho*, p. 348.

[327] Idem, p. 327.

que elimina a possibilidade de gêneses histórico-materiais daquilo que procura ter validade para nós. Assim, a dialética se realiza apenas até o nível de uma dialética puramente negativa na qual um "absolutamente inexprimível, que se subtrai a todos os predicados, torna-se sob o nome 'ser' um *ens realissimum*".[328]

Uma outra dialética negativa?

Há uma certa ironia aqui. Pois tudo se passa como se Adorno acusasse Heidegger de fazer uma certa "dialética negativa", mas uma peculiar dialética negativa feita apenas com negações simples na qual, por isso, o ser precisará perpetuar indefinidamente sua negação aos entes para se manifestar. Algo como um *juízo de existência sem faticidade* expresso na ideia de subtração de todos os predicados. Daí por que Heidegger acabaria por tratar o ser como "identidade, puro ser si mesmo, desprovido de sua alteridade".[329] Não é difícil perceber que Adorno nega ao ser a possibilidade de ele possuir uma determinação imanente, o que demonstra claramente a estratégia dialética de não pensar exatamente por rupturas, mas por metamorfoses.

No interior de um pensamento dialético, o modo de determinação dos entes não pode ser exatamente contraposto a outro modo de determinações sem que não se transforme em uma mera duplicação, em um decalque do primeiro pelo segundo. Pois, para uma teoria do absoluto, como a que está na base do pensamento dialético (e mesmo uma dialética negativa opera com um conceito de absoluto sob a figura da totalidade pressuposta, como tentei defender no segundo capítulo deste livro), não é possível haver dois modos gerais de determinação em relação de exterioridade indiferente um para com o outro. Na verdade, é possível apenas que o modo de determinação dos entes seja transmutado em seu outro, ou seja, é possível apenas que ele, de certa forma, implode-se em um movimento de realização do absoluto. A dialética não é uma teoria das contraposições, mas uma teoria das metamorfoses.

Por isso, melhor seria, ao menos segundo a perspectiva de Adorno, entender como os entes sempre remetem para além de si mesmos em um movimento que é processo, não exatamente ser. Isso explica por que Adorno pode dizer que Heidegger para no limiar de uma dialética sem processualidade, paralisada pela procura em realizar uma estabilidade que a verdadeira dialética saberá criticar por assumir a reflexão a respeito da imbricação interna entre sujeito e objeto.[330]

---

[328] ADORNO, *Dialética negativa*, p. 75.

[329] Idem, p. 95.

[330] Por isso, Adorno pode dizer: "Heidegger segue a dialética até o ponto em que nem o sujeito, nem o objeto são algo imediato e último, mas salta para fora dela na medida em que busca a se lançar para além deles em direção a algo imediato e primeiro" (ADORNO, *Dialética negativa*, p. 97).

É a razão pela qual esta negação indefinida do ser heideggeriano precisaria aparecer, paradoxalmente, como algo firme:

> A mais urgente das necessidades hoje parece ser a necessidade de algo firme. Ela inspira as ontologias; elas se adaptam a essa necessidade. Ela possui a sua justificação no fato de que se quer segurança, de que não se quer ser enterrado por uma dinâmica histórica contra a qual as pessoas se sentem impotentes. O imperturbável gostaria de conservar aquilo que é antigo e condenado. Quanto mais desesperançadamente as formas sociais existentes bloqueiam essa nostalgia, tanto mais irresistível a autoconservação desesperada é introduzida em uma filosofia que deve ser as duas coisas ao mesmo tempo, desespero e autoconservação [...] Se a ameaça desaparece, então com certeza também desapareceria com ela a sua inversão positiva, que não é ela mesma outra coisa senão o seu negativo abstrato.[331]

Assim, se não há ontologia do ser no pensamento dialético, é porque o conceito central só poderia ser um conceito reflexivo, no sentido de um conceito que descreve o movimento de imbricação entre categorias até então opostas, que permite a intelecção das transformações mútuas entre o que se separa da existência e o que se determina em uma situação. Esse conceito não será o ser, mas a essência. Como já disse, há uma certa ontologia no interior da dialética, mas ela será uma ontologia da processualidade e das metamorfoses categoriais contínuas.

Heidegger compreende a essência hegeliana como desdobramento da ενεργεια de Aristóteles.[332] No entanto, o conceito aristotélico é pensado no interior de um movimento de efetivação que é passagem da potência ao ato. Contra isso, há de se lembrar que nem todas as figuras do movimento que animam a essência hegeliana são pensáveis como passagem da potência ao ato. Se assim fosse, não haveria sentido, por exemplo, em falar: "o que em geral move o mundo é a contradição".[333] Pois não há contradição alguma na passagem da potência ao ato. Se a contradição desempenha um papel tão central na noção hegeliana de movimento é porque, frente à essência hegeliana e à ενεργεια aristotélica, não estamos diante de conceito simétricos.

O problema da antropologia e a experiência metafísica

Mas é certo que Heidegger mobiliza de tal maneira a ontologia para evitar a colonização do pensar pelas formas próprias a uma antropologia. Conhecemos as temáticas do "sono antropológico" a limitar as potencialidades do pensamento

---

[331] Idem, p. 87.

[332] HEIDEGGER, *Marcas do caminho*, p. 446.

[333] HEGEL, *Enciclopédia*, par. 119

contemporâneo, temática tão fartamente desenvolvida pelo pensamento francês exatamente em sua abertura às temáticas heideggerianas da crítica ao humanismo. Não seria então a dialética ainda dependente de certa antropologia que se afirma como horizonte normativo de seus movimentos de crítica? Note-se que a insistência na dependência da dialética a uma antropologia da consciência fortemente normativa foi, de fato, um dos eixos maiores de sua desqualificação por setores da filosofia do século XX.

Não há como negar existir claramente uma antropologia pressuposta em Adorno. Ou seja, em vez de operar uma crítica totalizante da antropologia, um dos maiores esforços intelectuais de Adorno consistirá em construir uma espécie de "antropologia filosófica" que não tem parte com as figuras normativas do homem e de seu humanismo. Esta será uma antropologia fundada na psicanálise freudiana. Dessa forma, ocorre um movimento singular: a psicanálise fornecerá a Adorno um horizonte antropológico que lhe permitirá colocar-se em contraposição a todo recurso ontológico ao conceito de ser. Ou seja, tudo se passa como se Adorno insistisse não ser a antropologia necessariamente o cerne da colonização da filosofia às formas presentes de vida e à sua metafísica da identidade. Ela pode ser, também, como no caso da antropologia psicanalítica, o sistema de feridas e cicatrizes que expõe as marcas de recalques e repressões produzidas pelos processos de socialização. Um sistema que aponta para um além da figura atual do humano. Assim, a antropologia pode lembrar como há uma humanidade não realizada latente sob a experiência de sofrimento social de alienação e mal-estar. Mas a operação é ainda mais singular porque, longe de ser uma recusa absoluta a toda e qualquer reflexão ontológica, a psicanálise deverá fornecer uma orientação para a compreensão da possibilidade daquilo que Adorno chama de "experiência metafísica" em sua *Dialética negativa*.

Notemos como o problema da experiência metafísica é introduzido no último capítulo da *Dialética negativa* como o saldo final da reflexão adorniana. Primeiro, Adorno coloca sua reflexão sob a sombra de Auschwitz, o que é feito para lembrar a existência de um imperativo moral que deve guiar a reflexão sobre a metafísica, dar as coordenadas históricas de sua configuração atual possível a partir de Auschwitz. Pois, como vimos, enquanto *ontologia em situação,* a dialética determina a posição de seus conceitos a partir das configurações históricas e das coordenadas definidas no interior de situações atuais. Nesse sentido, podemos dizer que Adorno vê como tarefa filosófica maior pensar a possibilidade de atualização dos conceitos da dialética sem negligenciar a consciência produzida pela emergência da experiência do campo de concentração e de sua generalização possível.

A experiência do campo de concentração não é, para Adorno, puro apanágio do nazismo. Uma história do campo de concentração nos levaria ao colonialismo (como os *campos de reconcentración* criados pelos espanhóis em

Cuba no final do século XIX ou os campos britânicos contra os afrikaners na Segunda Guerra dos Boers, no início do século XX, no quais foram mortos em torno de 26.000 pessoas). Ou seja, a experiência do campo de concentração é a expressão mais bem-acabada da forma colonial própria ao desenvolvimento do capitalismo monopolista e suas estruturas de controle e exclusão em relação à "humanidade". Isso talvez possa nos permitir contextualizar melhor o imperativo moral fundado na interdição de que Auschwitz se repita, de que uma forma fascista de vida não se imponha sob suas múltiplas formas. Imperativo que só pode ser realizado se compreendermos como, atualmente, "a moral só sobrevive em um motivo materialista sem disfarces. O curso da história conduz necessariamente ao materialismo aquilo que tradicionalmente foi seu oposto imediato, a metafísica".[334] Tentemos esclarecer melhor este ponto.

Desde *Juliette: esclarecimento e moral*, Adorno e Horkheimer insistiam nos impasses do formalismo moral, em uma chave de leitura que não deixa de remeter as críticas hegelianas à moral kantiana. Adorno e Horkheimer insistirão nas relações profundas entre, de um lado, a apatia exigida por uma moral que não deve reconhecer vínculos privilegiados a objetos por definir a moralidade a partir de uma estratégia procedural e, de outro, a perversão como indiferença generalizada própria a quem ensina que "todos os homens, todas as mulheres se assemelham: não há em absoluto amor que resista aos efeitos de uma reflexão sã".[335] Uma indiferença em relação ao objeto que pressupõe a despersonalização e mesmo o abandono do princípio de prazer. Este é o sentido de outro conselho de Dolmancé à Eugénie: "Que ela chegue a fazer, se isto é exigido, o sacrifício de seus gostos e de suas afeições".[336]

É claro que Adorno faz a crítica dessa potência da indiferença ao dizer "não terem sido mais os indivíduos que morreram nos campos de concentração, mas espécimes".[337] No entanto, longe de estarmos diante de uma profissão de fé baseada na exortação ao respeito ao indivíduo, o que não faria sentido já que "ser indivíduo" é exatamente uma forma de ser espécime de um gênero, temos a defesa da força moral própria a um modo singular de reconhecimento. Pois o curso da história recente exige uma configuração do pensamento na qual o reconhecimento da não-identidade vinda da não-conformidade à normatividade implícita na universalidade abstrata do gênero aparece como exigência moral. Assim, se há um imperativo moral após Auschwitz, ele deve se vincular à força metafísica de implicação com uma diferença cujas figuras privilegiadas Adorno encontrará não exatamente na exigência de reconhecimento do outro como

---

[334] ADORNO, *Dialética negativa*, p. 303.

[335] SADE, D. F. A. *La philosophie dans le boudoir*. Paris: Gallimard, 1975, p. 172.

[336] Idem, p. 83.

[337] ADORNO, *Dialética negativa*, p. 300.

outra consciência, mas o reconhecimento de si em materialidades anteriores à configuração da forma de um eu, em uma espécie de "baixo materialismo", se quisermos recuperar uma ideia de Georges Bataille.[338]

Nesse sentido, lembremos, por exemplo, de afirmações como: "A infância pressente algo disso [da experiência metafísica] na fascinação que emana da zona do esfolador, do cadáver, do odor nauseante e doce da putrefação, das expressões suspeitas que designam essa zona".[339] A força moral de tal pressentimento está ligada à implicação com o que não tem ainda ou não tem mais a imagem do humano, com o que não nos assegura em nossas demandas de identidade por nos colocar perto demais do limiar entre a forma e o informe, entre a existência e a inexistência, entre o vivo e o morto. Experiência liminar que abre o espaço próprio à ética. Pois estamos aqui muito próximos de uma ética do reconhecimento da dignidade do que nos faz nos desfazermos da imagem de nós mesmos.[340]

Aqui, fica clara a função do recurso a uma antropologia psicanalítica. Ela fornece a base pulsional da procura pela não-identidade. Ela inscreve a dialética de tal procura na própria configuração do humano a partir de uma teoria sobre seu desejo e a estrutura de suas pulsões. Pois o que as crianças pressentem é a identidade produzida pela implicação com pulsões pré-egoicas e parciais que nunca são completamente integradas em representações globais de pessoas. O que elas pressentem é a compreensão de que a instauração da identidade pessoal recalca os vínculos materiais com o que ainda não é formado, do que ainda não porta a forma de um Eu. Podemos falar em consequências éticas aqui, porque ser capaz de ainda ouvir tais vínculos é a antítese absoluta de uma vida nazista. Crítica ao nazismo como forma de vida marcada, entre outros, pela crença de que:

> O que se considera como natural é o universal, o que se encaixa no contexto funcional da sociedade. Mas a natureza que não se purificou nos canais da ordem conceitual para tornar algo dotado de finalidade; o som estridente do lápis riscando a lousa e penetrando até a medula dos ossos; o *haut goût* que lembra a sujeira e a putrefação; o suor que poreja a testa da pessoa atarefada; tudo o que não se ajustou

---

[338] Bataille afirma que o único materialismo capaz de não ser dependente do horizonte ontológico do idealismo é aquele que não faz da matéria uma coisa em si: "Pois trata-se acima de tudo de não se submeter, e consigo também com sua razão, ao que for de mais elevado, ao que for que possa dar ao ser que sou, à razão que arma esse ser, uma autoridade de empréstimo. Este ser e sua razão só podem se submeter ao que é mais baixo, ao que não pode servir a assentar qualquer autoridade [...]. A matéria baixa é exterior e estrangeira às aspirações ideais humanas e recusa a se deixar reduzir pelas grandes máquinas ontológicas que resultam de tais aspirações" (BATAILLE, Georges. Le bas matérialisme et la gnose. In: *Oeuvres Complètes*, v. I, Paris: Gallimard, 1970, p. 225).

[339] ADORNO, *Dialética negativa*, p. 303.

[340] Ver, a este respeito: BUTLER, Judith. Adorno on Becoming Human. In: *Giving an Account of Oneself*. Nova York: Fordham University Press, 2005.

inteiramente ou que fira os interditos em que se sedimentou o progresso secular tem um efeito irritante e provoca uma repugnância compulsiva.[341]

Ou seja, há uma economia libidinal que aparece como eixo importante de interpretação de formas políticas. Economia ligada aos modos de negação da polimorfia pulsional que serve como figura avançada da liberdade. Cabe a Adorno ver em tal fascinação por aquilo cuja proximidade desfaz nossas imagens de mundo a expressão de uma experiência metafísica, ou seja, o modelo para uma experiência que é forma genérica de abertura à realização de exigências que têm valor incondicional. Não exatamente abertura à temporalidade originária do ser, mas abertura à transformação plástica das formas, transformação pelo que aparece como não-integrado na dimensão da experiência material, pelo que teria sido subtraído devido à finitude das representações constituídas pelo espírito. Assim, podemos entender melhor proposições fundamentais como:

> Para ser espírito, o espírito precisa saber que não se esgota naquilo que alcança; que não se esgota na finitude com a qual se assemelha. Por isso, ele pensa o que lhe seria subtraído [...] A conjectura que se propõe a saber se a metafísica como tal ainda é possível precisa refletir a negação do finito exigida pela finitude.[342]

Se tal experiência material pode aparecer como negação do finito é por Adorno encontrar, na temática psicanalítica da relação do sujeito com um objeto que constitui seu desejo ao mesmo tempo em que ultrapassa sua identidade, o fundamento de um modo de relação de implicação contínua com a não-identidade. Fala-se aqui de negação do finito tal como se fala sobre finitude no idealismo alemão. Nesses casos, a ruptura da finitude não se dá através das figuras da progressão ao infinito, do sem medida, do infinito quantitativo, mas através do colapso da representação devido à desagregação da força de determinação da identidade.

Neste ponto, podemos entender por que Adorno dirá que a possibilidade de uma experiência metafísica é necessariamente vinculada à possibilidade da liberdade. Pois não haveria moral sem a realização de uma certa metafísica e o conceito moral fundamental só pode ser a liberdade em efetivação. É neste ponto que Adorno retoma um tema mobilizado contra Heidegger. Tal experiência da liberdade exige que o eu "seja fortalecido historicamente, para conceber para além da imediatidade do princípio de realidade a ideia daquilo que é mais do que o ente".[343] Este tema do fortalecimento do eu já se encontrava, por exemplo, em uma reflexão sobre a música de Schoenberg:

[341] ADORNO; HORKHEIMER, *Dialética do esclarecimento*, p. 168.

[342] ADORNO, *Dialética negativa*, p. 325.

[343] Idem, p. 328.

A música de Schoenberg quer se emancipar em seus dois polos: ela libera as pulsões (*Triebhafte*) ameaçadoras, que outras música só deixam transparecer quando estas já foram filtradas e harmonicamente falsificadas; e tenciona as energias espirituais ao extremo; ao princípio de um Eu que fosse forte o suficiente para não renegar (*verleugnen*) a pulsão [...] Embora sua música canalizasse todas as forças do Eu na objetivação de seus impulsos, ela permaneceu ao mesmo tempo, durante toda a vida de Schoenberg, algo "estranho ao Eu".[344]

Esse é um bom exemplo da maneira peculiar que a tópica do "fortalecimento" do eu aparece. Apenas um eu forte pode se tencionar ao extremo, permitindo o reconhecimento de pulsões que se expressam através da ruptura dos princípios de síntese, unidade e identidade que até agora marcaram a estrutura egológica da consciência. Longe de um fortalecimento da personalidade como unidade sintética, como encontramos nas temáticas do fortalecimento do eu presentes na psicologia do ego, o que temos aqui é a conservação de um potencial de reconhecimento, implicação e reflexão disponível à agência do sujeito. O exemplo de Schoenberg (e é sempre bom lembrar que Adorno pensa principalmente no atonalismo livre de *Erwartung,* e não no dodecafonismo) é bom para mostrar como é possível ao sujeito produzir sínteses que não sejam necessariamente subsunção à identidade. Como veremos no próximo capítulo, Adorno afirma existir uma "dialética do eu", o que significa que o retorno ao eu não pode ser uma reinstauração de seu domínio, a negação da negação não é a confirmação das ilusões postas pelo conceito em seu estágio de representação natural. Se há dialética aqui é porque o eu após sua dialética não responde mais a seu sentido originário. Suas funções de identidade, síntese e unidade foram submetidas a uma metamorfose, restando apenas uma exigência de reflexão que conserva o não-idêntico.

Paul Celan, leitor de Heidegger

Poderíamos terminar dizendo que as considerações de Adorno, resultantes de sua confrontação com Heidegger, partilham o horizonte de uma das leituras mais singulares do pensamento heideggeriano. Como não poderia deixar de ser com Heidegger, esta leitura tensa e crítica, feita também de proximidade e distância, só poderia ser levada a cabo por um poeta, talvez o último dos poetas-filósofos, a saber, Paul Celan. Lembremo-nos de seu poema "Todtnauberg", escrito em homenagem a Heidegger, depois do encontro dos dois na cabana localizada exatamente em Todtnauberg:

[344] ADORNO, Theodor. *Prismas: crítica cultural e sociedade.* São Paulo: Ática, 2001, p. 147.

Arnica, Eufrásia, o
Beber da fonte com
Estrelas-dados acima

Na
Cabana

Escrito no livro
– nomes de quem estão anotados
antes do meu? –
neste livro
linha de esperança, hoje
por uma palavra
de pensador
a vir,
no coração

clareira, desnivelada
Orquídea e orquídea, singular

Crueza, mais tarde a caminho
claramente

que nos conduz, o homem
que se escuta

O meio
caminho de troncos
repisado no pântano

Humidade,
muitos[345]

Haveria uma forma pobre de falar sobre o poema, colocando-o sob o signo de uma narrativa, ou seja, sob o signo da estilização de um encontro efetivamente ocorrido entre Celan e Heidegger (eles se encontraram na cabana de Heidegger; havia de fato uma fonte na entrada, havia de fato um livro em que os visitantes escreviam seus nomes, etc.). Mas notemos como o poema é uma forma clara de o poeta Celan refletir sobre a filosofia de Heidegger, que ele realmente conhecia.

---

[345] *Arnika, Augentrost, der/ Trunk aus dem Brunnen mit dem/Sternwürfel drauf/ in der/ Hütte,/ die in das Buch/ – wesen Namen nahms auf/ vor dem meinen? –/ die in dies Buch/ geschriebene Zeile von/ einer Hoffnung, heute,/ auf eines Denkenden/ Kommendes/ Wort/im Herzen,/ Waldwasen, uneingeebnet/ Orchis und Orchis, einzeln,/ Krudes, später im Fahren/ deutlich,/ der uns fährt, der Mensch/ der's mit anhört,/ die halb-/ beschrittenen Knüppel-/pfade im Hochmoor/ Feuchtes/ viel.*

Celan compõe um poema que inicialmente mobiliza figuras da *physis,* a mesma *physis* que, como nos lembra Heidegger, "é uma palavra grega fundamental para ser". Não por acaso, o poema se inicia com o falar sobre plantas medicinais (Arnica, Eufrásia – *Augentrost,* literalmente "consolo dos olhos"), ou seja, aparece aqui a *physis* como forma do cuidado, do amparo e da cura, como a restauração da forma originária após a doença.[346] No entanto, o poema termina com a *physis* se decompondo no pântano, na humidade, no caminho partido ao meio de troncos repisados, árvores mortas. A decomposição do que não nos ampara mais, mas que nos implica em sua existência liminar, que exatamente por isso aparece como o caminho, mesmo que um meio-caminho.

Poderíamos dizer que todo o poema é a descrição do movimento de emergência desse impensado cujo nome não se ouve, pois ainda estamos na espera da palavra por vir. Ele começa por contrapor a fonte e as estrelas. A fonte como imagem arquetípica da origem, enquanto as estrelas que aparecem como guias na condução, como no mar olhamos as estrelas para nos guiar. Beber da fonte é absorver o que brota, "fazer desabrochar o recebido em sua plenitude".[347] Há uma deposição do agir através das figuras do receber, mas de um receber do que se coloca como fonte. Muito diferente são as estrelas como figura dos dados cujos números nunca sabemos antes de jogá-los. O recebido que aqui se desabrocha é a contingência que me despossui, o acaso que lembra a ausência de destino na origem. Assim, beber da fonte tendo estrelas-dados acima já é colocar o abaixar-se em direção à fonte originária sob o levantar os olhos e descobrir o acaso nas constelações estelares. São duas figuras da *physis* que se contrapõem, são duas figuras distintas disto que Heidegger descreve tão bem como o "desamparo que oferece um estar seguro",[348] pois abertura ao que não é o homem, ao que não é mera expressão do querer do homem.

Fonte, estrela como duas figuras distintas do destino. Deste destino que nos assombra ao abrir o livro. Nomes de quem antes do meu? O que aconteceram a eles que agora são apenas traços, ficarei apenas como traço? Contra a redução de si a traço, vemos o destino que se projeta na forma de esperança, do tempo de expectativa da esperança. E o que é a filosofia a não ser aquilo que faz rimar *Denkenden* e *kommenden*: o que está por vir e aquele que pensa? Todo pensar é um jogo de dados, dizia Mallarmé, que Celan tanto respeitava, todo pensar é a expectativa produzida pela palavra.

---

[346] Neste sentido, podemos seguir Alain Badiou e lembrar que, em Heidegger: "'Natureza' quer dizer: presentificação da presença, oferenda do que é velado" (BADIOU, Alain. *L'être et l'évémenet.* Paris: Seuil, 198, p. 141).

[347] HEIDEGGER, *Caminhos da floresta,* p. 343.

[348] Idem, p. 344.

Nesse momento, o poema traz algumas das figuras mais caras ao pensamento de Heidegger: a clareira como o aberto, o caminho pela floresta. Clareira que nos abre para orquídea e orquídea, singulares. Pois não há palavra para traçar o comum, não é isso que fará nem a palavra da filosofia, nem a palavra do poema. Não será a filosofia e o poema o espaço do comum que encontra sua palavra, mesmo que esta palavra seja o ser. Haverá, ao contrário, um comum que insiste contra a palavra, pois não tem gramática própria. Porque a filosofia força a linguagem a seu ponto de não-identidade, a seu colapso de nomeação e esta é sua verdadeira função crítica, que ela não poderia deixar de partilhar com o poema. Ela reconhece o risco da dominação técnica da *physis,* ela sabe que a "produção técnica é a organização da despedida",[349] mas a origem despedida é um comum desprovido de linguagem própria. E essa impropriedade precisará implicar aquele que até agora se viu como "o homem"; essa impropriedade precisará transformá-lo.

Pois se orquídeas são as flores exuberantes que crescem no pântano em uma beleza autárquica, então o poema será o caminhar da orquídea ao pântano, da forma a mais exuberante a este caos vivo no qual a humidade é a emergência do muitos, do múltiplo. Assim, haverá uma condução na qual se mistura a crueza, o tempo sempre outro (*später* – mais tarde) e a insistência de um *deutlich* no qual se ouve tanto a clareza quanto o nome do solo, da terra alemã. Mas essa condução é um caminho que se realiza como meio-caminho. Um meio-caminho que, apesar disso e de maneira paradoxal, realiza-se, mas realiza-se apenas quando emerge a consciência do afastar das primeiras figuras curativas da *physis*, da arnica e da eufrásia, para nos abrirmos, assim, a uma *physis* que nos ensina a amar o que nos é obscuro e pantanoso. No entanto, poderia dizer Adorno com sua "experiência metafísica" que parece ressoar as indagações de Celan, nunca veremos tal forma de pensar vindo das cercanias da cabana em Todtnauberg. É neste ponto que todos eles, Celan/Adorno e Heidegger, se separam.

[349] Idem, p. 338.

Sonhei que participava de uma discussão teológica, na qual Tillich também estava. Um orador expôs a diferença entre Equibrium e Equilibrium. O primeiro se referia ao equilíbrio interno, o segundo, ao externo. O esforço que fiz para mostrar-lhe que Equibrium não existia foi tão grande que ele me acordou.

Identidade: a psicanálise da desintegração

*A razão sempre existiu,
mas nem sempre de forma racional.*
Marx

Um dos pontos de partida da reflexão adorniana sobre problemas morais é aquilo que podemos chamar de constatação da "erosão da eticidade". São vários os momentos nos quais Adorno apresenta afirmações do tipo: "a substancialidade dos costumes, assim como a possibilidade de uma vida correta (*richtigen Leben*) na forma na qual a sociedade existe"[350] não está mais dada. Eles são resumidos no famoso aforisma: "não há vida correta na falsa". Nesses momentos, Adorno insiste que as reflexões morais deveriam partir da consciência da dissociação entre exigências de reprodução material da vida social contemporânea e possibilidades de realização de uma vida correta. Mesmo o sistema de costumes, hábitos e julgamentos que se mostraram necessários à vida em comum sob o horizonte dos processos de modernização capitalista não pode construir mais do que uma "vida mutilada" (*beschädigten Leben*).

É bastante conhecida a maneira com que Adorno desenvolve tal crítica apoiando-se no modo de escrita dos moralistas franceses (La Rochefoucauld, La Bruyère, Pascal, Chamfort, entre outros). Em *Minima moralia* encontramos o desdobramento dessa escrita dos moralistas, feita muitas vezes de observação de costumes como sintomas do que se chamava na época de "amor próprio". Por trás dessa denúncia dos móbiles do amor-próprio havia a consciência histórica de que a emergência de estruturas sociais baseadas na individualidade moderna era indissociável da perda de lugares naturais que permitiriam o orientar-se na ação. No desenraizamento que podia alcançar a intensidade de inseguranças ontológicas ("O silêncio eterno destes espaços infinitos me apavora", dirá Pascal),

---

[350] ADORNO, Theodor. *Probleme der Moralphilosophie*. Frankfurt: Suhrkamp, 2010, p. 22. Daí por que Adorno afirmará: "Segurança moral não existe; pressupô-la já seria imoral, desoneração falsa do indivíduo em relação àquilo que poderia de algum modo receber o nome de eticidade. Quanto mais implacável a sociedade expressa toda situação como antagonista-objetiva, menos está garantido que qualquer decisão moral individual seja correta" (ADORNO, *Negative Dialektik*, p. 241).

os comportamentos tendiam a se transformar em um desdobrar de aparências e de raciocínios estratégicos ligados à autoconservação do indivíduo.

De fato, a crítica ao amor-próprio não desempenha papel algum nos aforismas de Adorno. Seu momento histórico é outro. Mas há nos aforismas adornianos o mesmo páthos da denúncia do caráter teatral de nossa gramática de sentimentos, da redução das relações intersubjetivas a expressões de *personas fictas*. Denúncia que pode assumir afirmações como: "O olhar lançado à vida transformou-se em ideologia, que tenta nos iludir escondendo o fato de que não há mais vida",[351] o que nos deixa com uma questão a respeito do lugar do sujeito da enunciação da crítica, ao menos no caso de Adorno. Onde se situa aquele que denuncia o caráter extensivo da mutilação das formas de vida socialmente necessárias? Onde se situa aquele que fala em nome de uma "vida correta"; a partir de qual fundamento ele enuncia?

Adorno não pode mobilizar, por exemplo, as mesmas estratégias que Rousseau. Há de se lembrar de Rousseau nesse contexto, porque ele será um eixo fundamental do desenvolvimento da crítica social como crítica da natureza patológica dos processos de modernização de formas de vida.[352] Modelo de crítica que, à sua maneira, Adorno adota. Pois, tal como em Adorno, a crítica social rousseauista é totalizante e vinculada à exposição extensiva do caráter mutilado da vida social. Tal como em Adorno, essa mutilação é propriamente "patológica" porque a modernização social estaria ligada a sistemas de conduta e valoração cuja internalização é indissociável da perpetuação de situações de sofrimento que são claramente descritas a partir do que a posteridade entenderá como "alienação". Crítica e diagnóstico de sofrimento social caminham juntos.

Mas sabemos como em Rousseau, a alienação está vinculada à perda de um horizonte originário de doação de sentido ligado às relações de imanência que indivíduos isolados poderiam ter com a natureza. Não é difícil perceber que não há nada disso em Adorno, como já insisti no capítulo anterior. Sua crítica moral da sociedade não se fundamenta em horizonte algum de recuperação da origem, mesmo que Habermas afirme que pulsa em Adorno, principalmente através do uso da noção de mimese, "um retorno às origens através do qual se tenta retornar aquém da ruptura entre a cultura e a natureza",[353] ou seja, a uma certa crença na força de uma crítica à figura antropológica do homem através da ressurreição de sua indistinção no seio da natureza. Daí por que Habermas não cansa de achar estranho, por exemplo, como "o tema de um Eu que retorna à natureza toma os

---

[351] ADORNO, *Minima moralia*, p. 7.

[352] Ver: ROUSSEAU, Jean-Jacques. *Discurso sobre o fundamento e a origem da desigualdade entre os homens*. Porto Alegre: L&PM, 2008.

[353] HABERMAS, Jürgen. *Theorie des kommunicative Handels*. Frankfurt: Suhrkamp, 1982, p. 513.

traços, em Adorno, de uma utopia sexual e de uma certa anarquia";[354] utopia que, por ser irrealizável por sujeitos socializados, só poderia levar a certa posição depressiva em relação aos descaminhos da vida social. Posição descrita pelo próprio Habermas ao falar do "negativismo de Adorno que [...] só enxerga a confirmação de que não é mais possível romper a magia de uma razão instrumental aparatosamente transformada em totalidade social".[355]

Responder a tal provocação habermasiana só é possível ao nos perguntarmos sobre o que leva Adorno a fazer ressoar um conceito de "vida correta" que não deixa de ter tonalidades aristotélicas, parecendo derivar-se diretamente da noção de *eu zen* (bem viver, vida boa), mesmo que Adorno desconheça uma *eudaimonia* que seja a expressão da imanência entre virtudes públicas e individuais.[356] Notemos ainda como este conceito de "vida correta" não fundará apenas um horizonte normativo moral, mas será extensivo a todas as formas sociais de práxis, desde a política (já que "a questão sobre a vida correta é uma questão sobre a forma política correta") até a estética. Será necessário ainda compreender o que significa exatamente "vida" nesse contexto e como se fundamenta seu horizonte valorativo, uma vez que não há, ao menos de forma direta, uma "filosofia da natureza" adorniana, uma estratégia de recurso massivo à biologia, mesmo que o conceito de "natureza" (e é isto que parece incomodar Habermas) não seja apenas reificação discursiva em Adorno, como procurei mostrar no terceiro capítulo deste livro.

De fato, a natureza não é mera reificação discursiva em Adorno porque, se há uma "vida correta", então a vida não pode ser apenas o campo de atuação das formas de administração das populações, ou seja, o nome que damos atualmente ao objeto de uma biopolítica disciplinar. Ela precisará ser o nome daquilo que nos leva a nos confrontarmos com o poder e suas disposições. A vida nos impulsiona ao conflito social. Mas, de forma sintomática, essa vida correta de fato ainda nunca existiu, o que não poderia ser diferente para alguém, como Adorno, fiel à dimensão prospectiva da filosofia da história em Marx. A inexistência da vida correta, no entanto, paradoxalmente nos faz sofrer, porque ela é sentida em nossos corpos e desejos. *Há uma instauração sensível da inexistência da vida correta em nossos corpos e desejos.* Pois, só através da instauração sensível, essa inexistência não será uma quimera, mas uma latência da existência.

---

[354] HABERMAS, Jürgen. *Profils philosophiques et politiques.* Paris: Gallimard, 1980, p. 239.

[355] HABERMAS, Jürgen. *Consciência moral e agir comunicativo.* Rio de Janeiro: Tempo Brasileiro, 1989, p. 31.

[356] Não por outra razão, comentadores como Fabian Freyenhagen afirmarão existir um "aristotelismo negativo" em Adorno baseado na assunção de um bem viver ligado à realização da humanidade e na problematização do horizonte de realização atual de tal humanidade. Ver: FREYENHAGEN, Fabian. *Adorno's Practical Philosophy.* Cambridge: Cambridge University Press, 2013, p. 239.

Vida psíquica como sujeição social

Esse é o horizonte para compreendermos o recurso massivo de Adorno à psicanálise. É a psicanálise que poderá responder, em larga medida, pela configuração do que Adorno entende por "vida correta". Nesse sentido, há uma reflexão ética em Adorno, em que um dos eixos principais é fornecido pela experiência psicanalítica, e esse ponto talvez ainda não tenha recebido devida atenção.[357]

Lembremos inicialmente que Adorno não será apenas um leitor de Freud, mas também de Otto Fenichel, Hermann Nunberg, Franz Alexander, Sándor Ferenczi, Alexander Mitscherlich, além de crítico de Karen Horney, Anna Freud, Heinz Hartmann e Erich Fromm. Ou seja, o recurso adorniano à psicanálise é plural e intenso. Mesmo assim, Adorno nunca se interessará pela clínica psicanalítica, a qual constantemente acusava de resvalar em processos adaptativos: "Mesmo a cura bem-sucedida carrega o estigma do danificado, da vã adaptação pateticamente exagerada",[358] dirá. Ele dará espaço importante, por exemplo, à crítica aos esforços psicanalíticos em separar um supereu sadio e um supereu patológico (presentes, por exemplo, em Ferenczi e Karen Horney) por ser estratégia resultante da incapacidade de compreender como a crítica da sociedade passa pela crítica extensiva da irracionalidade do supereu, ou seja, pela crítica a um modelo de internalização de normas no qual sentimento patológico de culpa e demandas de amparo a figuras fantasmáticas de autoridade são os verdadeiros esteios da socialização.[359] Tal crítica adorniana expressa uma crença na dificuldade da psicanálise em abandonar o fortalecimento de estruturas disciplinares.

O horizonte clínico ao qual Adorno se refere para fazer tais diagnósticos, no entanto, será sempre aquele marcado pelos debates da *ego psychology* e mesmo seus comentários sobre Freud nunca abordarão diretamente casos clínicos. Adorno não se interessará ainda por Reich, mesmo que este desenvolva

---

[357] Uma reconstrução dos momentos da relação entre Adorno e a psicanálise é fornecido por: DAHMER, Helmut. Adorno's View of Psychoanalysis. *Thesis Eleven*, n. 111, 2012. Sobre as relações entre psicanálise e teoria crítica, ver: DAHMER, Helmut. *Libido und Gesellschaft. Studien über Freud und die Freudsche Linke*. Fraknfurt: Suhrkamp, 1973; BONSS, Wolfgang. Psychoanalyse als Wissenschaft und Kritik. Zur Freudrezeption der Frankfurter Schule. In: BONSS, Wolfgang; HONNETH, Axel (Dir.). *Sozialforschung als Kritik : zum sozialwissenschaftlichen Potential der kritischen Theorie*, Frankfurt: Suhrkamp, 1982; WHITEBOOK, Joel. *Perversion and Utopia. A Study in Psychoanalysis and Critical Theory*. Cambridge: Massachusetts Institute of Technology Press, 1995.

[358] ADORNO, Theodor. *Ensaios sobre psicologia social e psicanálise*. São Paulo: Unesp, 2015, p. 90.

[359] Como dirá Dunker a respeito de Adorno: "a formação da moral e seu sentimento de culpa não derivam de uma distorção da lei, mas do fato de que a própria lei, ela mesma, comporta grande dose de irracionalidade" (DUNKER, Christian. *Introdução a* Ensaios de psicologia social e psicanálise, *de Theodor Adorno*. São Paulo: Unesp, 2016, p. 21).

uma análise da economia pulsional do fascismo, como o próprio Adorno fará nos anos 1950, a partir de uma leitura original de *Psicologia das massas e análise do eu*. Ele também ficará à parte do desenvolvimento da psicanálise na Inglaterra (Klein e a teoria das relações de objeto) e na França, o que deve ter mudado em seus últimos anos, já que, em seu último curso, *Introdução à sociologia*, encontramos a promessa de ministrar um curso sobre o estruturalismo, em especial a partir de Claude Lévi-Strauss e Jacques Lacan.[360] No entanto, não há nenhuma indicação ou notas a respeito do que seriam tais cursos e de como se configurariam tais debates.

Na verdade, o interesse de Adorno concentra-se na metapsicologia (em especial a teoria da sexualidade infantil, das pulsões e das clivagens do aparelho psíquico) e nos chamados "textos sociológicos" de Freud, em especial *Psicologia das massas e O mal-estar na civilização*. Nesse sentido, a leitura de Adorno inverte um certo padrão de recepção filosófica de Freud (presente, por exemplo, em Habermas e Honneth) que consiste em tentar conservar a clínica e suas dinâmicas de autorreflexão, enquanto critica o pretenso cientificismo da metapsicologia.[361] Tal inversão de interesse expressa uma característica maior do recurso adorniano à psicanálise: trata-se de ver na metapsicologia freudiana, e não exatamente em sua clínica, o setor fundamental de uma crítica social renovada capaz de denunciar como "a dominação universal da natureza volta-se contra o próprio sujeito pensante".[362]

Isso ainda não estava claro nos primeiros escritos de Adorno sobre Freud, datados ainda dos anos 1920. O jovem Adorno lerá Freud pela primeira vez em 1927 e proporá no mesmo ano uma *Habilitationsschrift* a Hans Cornelius sobre "O conceito de inconsciente na doutrina transcendental da alma". Note-se que esse é um dos primeiros trabalhos filosóficos sobre a psicanálise de que se tem notícia. A tese, que será recusada, apresentava um interesse, em larga medida, epistemológico. Adorno esperava demonstrar a compatibilidade entre filosofia transcendental e teoria psicanalítica do inconsciente, a partir sobretudo dos problemas do estatuto da coisa-em-si, do caráter inteligível, da espontaneidade e da teleologia em Kant. No entanto, isso o obrigará a definir o inconsciente como "todos os fatos e complexos de nossa vida consciente que nos são dados

---

[360] Ver: ADORNO, Theodor. *Introdução à sociologia*. São Paulo: Unesp, 2006.

[361] Exemplo maior aqui é: HABERMAS, Jürgen. *Conhecimento e interesse*. Rio de Janeiro: Tempo Brasileiro, 1990. E também as críticas de Honneth à teoria freudiana das pulsões, como podemos encontrar em: HONNETH, Axel. *Pathologien der Vernunft: Geschichte und Gegenwart der Kritischen Theorie*. Frankfurt: Suhrkamp, 2003. Lembremos ainda que esse modelo de leitura que visa desqualificar a metapsicologia é hegemônico no campo filosófico desde: POLITZER, Georges. *Crítica dos fundamentos da psicologia*. Lisboa: Presença, 1975.

[362] ADORNO; HORKHEIMER, *Dialética do esclarecimento*, p. 38.

de forma indeterminada de algum ponto de vista".[363] Essa era sua forma de tentar evitar toda forma de substancialização do inconsciente em uma espécie de segundo cogito acessível, de forma privilegiada, à intuição. No entanto, ao afirmar que todo inconsciente está relacionado ao consciente, Adorno dava o passo arriscado de concluir ser possível tornar o inconsciente completamente compreensível com base nas leis de nossa consciência. Ele chega mesmo a falar da possibilidade de uma "redução do inconsciente ao consciente" através de mecanismos de rememoração.

No limite, essa visão reduz conceitualmente a especificidade do inconsciente, eliminando sua condição de instância e reduzindo-o à condição de estado. Dessa forma, perde-se uma dimensão fundamental da elaboração freudiana. Pois se a acessibilidade dos conteúdos mentais inconscientes à consciência se dá, de fato, através da rememoração, há ainda aquilo que só pode ser expresso a partir do momento em que o sistema de representações da consciência depõe suas formas de estruturação da experiência. Isso exige reconhecer, para além do problema da acessibilidade dos conteúdos mentais, um problema de incompatibilidade de estruturas de experiência entre inconsciente e consciente, ao menos enquanto a consciência for compreendida como uma instância representacional, como ela é no interior do pensamento kantiano.

Note-se que, ao retornar à relação entre Freud e Kant na *Dialética negativa*, Adorno será muito menos entusiasta das aproximações possíveis entre psicanálise e filosofia transcendental, compreendendo, por exemplo, como a estrutura da espontaneidade resultante da aceitação da hipótese do inconsciente não tem compatibilidade possível com o que podemos derivar da filosofia kantiana. A inflexão de rota na relação entre psicanálise e filosofia transcendental marca a emergência de um conceito de sujeito não-idêntico cuja necessidade o jovem Adorno ainda não sentira. Conceito de sujeito que não se reduz à subjetividade constituinte kantiana. Ela ainda inscreve a psicanálise no interior de um processo de reconstrução da dialética que não se colocava como tarefa para o jovem Adorno.

No entanto, a partir da *Dialética do esclarecimento* e a antropologia pressuposta nos seus dois primeiros capítulos, uma antropologia em larga medida talhada a partir da descrição freudiana do processo civilizatório, a função da psicanálise no interior do pensamento adorniano delineia-se de forma mais clara. Digamos que Freud fornecerá a Adorno, inicialmente, a possibilidade de *ampliar a reflexão sobre as formas de instauração sensível da sujeição social*, ou seja, a maneira com que a sujeição social se impõe através das múltiplas formas disciplinares de constituição da sensibilidade e da vida sensível. Como

---

[363] ADORNO, Theodor. *Primeiros escritos filosósficos*, São Paulo: Unesp, 2019, p. 345.

vimos anteriormente, Marx pensara tais instaurações sensíveis da sujeição privilegiando os processos disciplinares no interior do trabalho. Adorno, à sua maneira, dá um passo que em muito se assemelha aos pressupostos operatórios da *Fenomenologia do Espírito*, de Hegel, ao fazer derivar as dinâmicas sociais do trabalho de uma reflexão prévia sobre a estrutura do desejo. É a instauração sensível da sujeição social através do desejo que se tornará pensável a Adorno graças a Freud.

Por um lado, tal maneira de ler Freud como teórico capaz de desvelar uma dimensão profunda e esquecida da sujeição social não era estranha às preocupações da Escola de Frankfurt desde os estudos pioneiros de Erich Fromm sobre a adesão do operariado alemão ao nazismo a partir da análise das articulações entre "impulsos emocionais do indivíduo e suas opiniões políticas".[364] Nesse sentido, não é apenas um traço anedótico lembrar que a aproximação entre a Escola de Frankfurt e a psicanálise chegava até à partilha, nos anos 1920 e início dos anos 1930, do mesmo edifício e das mesmas salas de aula entre o Instituto de Pesquisas Sociais e o Instituto Psicanalítico de Frankfurt. Isso fez do Instituto Psicanalítico de Frankfurt a primeira instituição psicanalítica de orientação claramente freudiana a estar ligada, mesmo que indiretamente, a uma universidade alemã (o que valeu duas cartas de agradecimento de Freud a Horkheimer).

Fromm procurava, para além da expressão explícita do engajamento político, compreender e tipificar as estruturas motivacionais e emocionais que sustentavam tais decisões. Sua compreensão visava lançar luz sobre as contradições imanentes entre comportamentos públicos e representações psíquicas, o que poderia explicar o sistema de modificações bruscas das posições políticas da classe operária, como a deserção do comunismo em direção ao nazismo. Ou seja, esse recurso à psicanálise para fundamentar uma crítica social mais ampla da estrutura psíquica produzida pela sociedade capitalista, da estrutura libidinal da vida social sob os auspícios do capitalismo, assim como para fundamentar uma compreensão aprofundada dos mecanismos de regressão social e de vínculo à autoridade será uma das características mais evidentes da primeira geração da Escola de Frankfurt.[365]

De fato, a natureza de tal recurso à psicanálise no interior da recuperação filosófica do campo da crítica social proposta pelos frankfurtianos pode ser compreendida se lembrarmos uma intuição maior presente em momentos centrais dos

---

[364] FROMM, Erich. *Arbeiter und Angestelle am Vorabend des Dritten Reiches*, Stuttgart: Deutsche Verlags-Anstalt, 1980, p. 110. Para uma discussão sobre as primeiras colaborações de Erich Fromm ao Instituto de Pesquisas Sociais, ver: JAY, Martin. *The Dialectical Imagination*. Berkely: California University Press, 1996.

[365] Em carta endereçada a Lowenthal, em 1942, Horkheimer dirá: "nós temos realmente uma grande dívida para com Freud e seus primeiros colaboradores. Seu pensamento é uma das pedras de toque (*Bildungsmächte*) sem a qual nossa filosofia nunca será aquilo que ela é".

ditos "textos sociológicos" de Freud. Trata-se da compreensão de que a análise dos processos de racionalização social e seus descaminhos deve, se quiser esclarecer seu fundamento, incorporar considerações mais amplas sobre a ontogênese das capacidades prático-cognitivas dos sujeitos.[366] Ontogênese esta que é, para Freud, indissociável da reflexão sobre a dinâmica conflitual dos processos de socialização das pulsões e do desejo no interior de esferas de interação como a família, as instituições sociais e o Estado. Ou seja, em última instância, trata-se de propor a compreensão do fundamento dos processos de racionalização social e de desenvolvimento de critérios de racionalidade operativos em nossas formas de vida a partir de problemas ligados à socialização das pulsões e do desejo, colocando-se assim no ponto indissociável de interface entre individualidade e vida social. Isso permitirá aos frankfurtianos inaugurarem uma espécie de crítica da economia libidinal do capitalismo que acabará por desdobrar a crítica da economia política em novas dimensões.

No entanto, a perspectiva de Adorno ultrapassará os quadros da psicologia social criticamente orientada ao procurar, na psicanálise, também a base material para um conceito fundamental na reconstrução do sentido da dialética, a saber, o conceito de *sujeito não-idêntico*. Ou seja, a reconstrução adorniana do materialismo dialético passa necessariamente pela psicanálise. Pois, através da exposição da gênese do indivíduo moderno como um verdadeiro sistema de cicatrizes, de feridas (*Beschädigungen*) e clivagens produzidas pelos processos de socialização da libido e das pulsões, a psicanálise freudiana mostrará que:

> A insistência na totalidade como o oposto do impulso único e fragmentário implica uma crença harmônica na unidade da pessoa, que na sociedade subsistente é impossível, talvez nem sequer desejável. O fato de Freud ter destruído o mito da estrutura orgânica da psique conta como um de seus maiores méritos.[367]

Ou seja, Adorno é consciente da maneira com que a metapsicologia psicanalítica e sua teoria do aparelho psíquico como um sistema de conflitos expunham os móbiles da sujeição internos ao próprio conceito de indivíduo moderno. Não é outra coisa que lhe move a afirmações como:

---

[366] Daí por que Adorno lembrará: "Freud mostrou de maneira bem convincente que as forças que assumem a função do cimento irracional de grupos, como lembrada por autores tais como Gustave Le Bon, são atualmente efetivas no interior de cada participante do grupo e não pode ser compreendida como entidades independentes das dinâmicas psicológicas" (ADORNO, Theodor. *Vermischte Schriften I*. Frankfurt: Suhrkamp, 2003, p. 279).

[367] ADORNO, *Escritos de psicologia social e psicanálise*, p. 49. Isso explica por que: "A *Dialética do esclarecimento* expõe um reconhecimento do poder e da validade de experiências de indiferenciação único no interior da tradição marxista" (WHITEBOOK, Joel. The Urgeschichte of the Subject Reconsidered. *New German Critique*, n. 81, 2000, p. 135).

[...] é preciso lembrar também que o próprio indivíduo, e, portanto, a pessoa individualizada que insiste estritamente no interesse próprio, último, também é bastante problemática. Se hoje o indivíduo desaparece – não tem jeito, sou um velho hegeliano –, então também é verdade que o indivíduo colhe o que ele mesmo semeou.[368]

No entanto, apenas uma teoria como a psicanálise poderia mostrar como as clivagens da vida psíquica aparecem também como a expressão mais profunda da capacidade de resistência à sujeição social. Adorno precisa de uma teoria conflitual do aparelho psíquico, pois a existência conflitual que a psicanálise tematiza permite o enraizamento da resistência diante das formas de alienação. Há de se insistir que a experiência freudiana se baseia na compreensão de que tais clivagens não são deficiências a serem sanadas por um processo mais bem-sucedido de adaptação social e de fortalecimento da autonomia individual, como acreditavam os defensores da *ego psychology*. Elas são a expressão do caráter violento, mutilador das dinâmicas de socialização e de constituição de estruturas de sínteses psíquicas às quais os sujeitos estão submetidos. Nesse sentido, é sintomática a maneira de Adorno compreender que o complexo de castração, como saldo necessário dos processos de socialização do desejo, expressava de maneira clara como "a sociedade é mantida em conjunto através da ameaça de violência corporal, mesmo que mediada de várias formas".[369] Se na sociedade atualmente existente não há socialização do desejo sem castração, é porque o desejo só se vincula a objetos socialmente dispostos na situação atual a partir do peso da ameaça da violência corporal e da mutilação.

Mas, e este é um ponto fundamental e muitas vezes negligenciado, tais conflitos psíquicos mostram ainda como sujeitos aspiram não exatamente uma unidade reinstaurada no seio de uma vida social reconciliada, mas a emergência de novas formas de síntese capazes de lhes liberarem do primado da identidade e da unidade, desta "identidade do eu que não pode se perder na identificação com o outro, mas toma definitivamente posse de si como máscara impenetrável".[370] Até porque "identidade de si e alienação de si acompanham uma a outra".[371] Daí a razão pela qual será exatamente em um texto dedicado

---

[368] ADORNO, Theodor. *Educação e emancipação*. São Paulo: Paz e Terra, 1989, p. 153. Ou ainda quando afirma que a psicologia: "abstrai do processo social de produção e, por sua vez, estabelece como absoluto algo produzido: o indivíduo em sua forma burguesa" (ADORNO, *Escritos sobre psicologia social e psicanálise*, p. 91). Ou ainda quando lembra que: "o critério de personalidade é, em geral, poder e força" (ADORNO, *Palavras e sinais*, p. 64).

[369] ADORNO, *Ensaios de psicologia social e psicanálise*, p. 58

[370] ADORNO; HORKHEIMER, *Dialética do esclarecimento*, p. 23.

[371] ADORNO, *Dialética negativa*, p. 183. Isso leva Adorno a afirmar, por exemplo: "a separação entre o eu e o supereu sobre a qual repousa a topologia psicanalítica é dúbia; do ponto de vista genético,

à psicanálise que Adorno dirá: "O conhecimento não pode se assenhorar de nenhuma outra totalidade que não a antagônica, e somente em virtude da contradição pode alcançar a totalidade".[372] Notemos, no entanto, que a totalidade alcançada através da contradição em nada mais se assemelha àquela que se sustentou apenas através de sua realidade antagônica e que produziu um Eu como máscara impenetrável. Antes, a contradição não será apenas o modo de acesso a uma falsa totalidade, mas o acesso a um campo de circulação do que não se pensa mais sob a forma da identidade, esta identidade que será a "forma originária da ideologia" segundo Adorno.

É nesse sentido que o recurso adorniano a Freud lhe ajudará a definir o horizonte de uma "vida correta".[373] Freud fornecerá as bases materiais para a existência de um desejo de não-identidade capaz de impulsionar sujeitos ao reconhecimento de alteridades efetivas; ele fornecerá a base pulsional para tal conceito, que será decisivo à reorientação da *dialética e de sua potência crítica. Há uma existência pulsional* da não-identidade, mesmo que Adorno não compreenda como tal conceito poderia estar em operação na clínica analítica.[374] No entanto, se a realização de tal horizonte dessa vida correta não está simplesmente vinculada a uma crítica da repressão exigida pela vida social, mas *à* constituição de novas formas de síntese psíquica que não sejam simplesmente decalcadas de um Eu, então deveremos admitir consequências maiores para conceitos de forte potencial emancipatório, como liberdade e autonomia. Não é possível falar de liberdade e de autonomia da mesma forma antes e depois da psicanálise.[375] Com o auxílio da psicanálise, a

os dois conduzem igualmente à interiorização da imagem do pai. É por isso que as teorias analíticas sobre o supereu logo se estiolam, por maior que seja a audácia com a qual se dá o seu ponto de partida; de outro modo, elas também precisariam atacar o eu que tanto mimam" (ADORNO, *Dialética negativa*, p. 228).

[372] Idem, p. 83.

[373] Por isso, não podemos concordar com Martin Jay quando ele afirma, sobre Adorno, em seu estudo canônico: "não é um acaso que o aumento do pessimismo em relação à revolução caminhe passo a passo com a intensificação da apreciação da relevância de Freud" (JAY, *The Dialectical Imagination*, p. 195). O aumento do interesse na psicanálise não é apenas fruto de uma equação compensatória à decepção política, mas da consciência da necessidade de a política revolucionária levar em conta a força de descentramento do inconsciente na constituição de um horizonte social capaz de responder às exigências de uma vida correta.

[374] Em outro trabalho, insisti que este horizonte clínico pode ser encontrado nas reflexões de um psicanalista que Adorno conhecera apenas tardiamente, a saber, Jacques Lacan. Ver sobretudo os dois últimos capítulos de: SAFATLE, *A paixão do negativo*.

[375] Joel Whitebook percebe que tais novas formas de síntese estão em operação, no pensamento de Adorno, apenas no campo da estética: "Adorno afirma que novas formas de síntese, próprias a relações não-reificadas entre particular e universal, parte e todo, já teriam sido realizadas em obras exemplares da arte avançada, especialmente na música de Schoenberg e no teatro de Beckett. Ele sugere que o tipo de integração *estética* manifestada nessas obras pode prefigurar um modo pós-reificado de síntese *social,* que provavelmente poderia ser realizado em uma sociedade futura. Mas por alguma razão – talvez devido a um persistente preconceito marxista contra a psicologia

dialética produzirá uma modificação maior em conceitos normativos de nossos horizontes de vida. De certa forma, a dialética negativa de Adorno é dependente de tais transformações, e não será por acaso que um dos capítulos mais importantes de seu livro será dedicado exatamente às transformações necessárias no conceito de liberdade.

A economia pulsional do capitalismo e seus descontentes

Mas, antes de entrarmos nesse ponto, notemos as coordenadas históricas que fortalecerão o interesse de Adorno pela psicanálise. É entre 1945 e 1955 que são publicados seus principais textos nos quais o recurso à psicanálise se faz sentir. Os *Estudos sobre a personalidade autoritária*, de Adorno, Else Frenkel-Brunswik, Daniel Levinson e Nevitt Sanford serão publicados em 1950. "Teoria freudiana e o padrão da propaganda fascista" é de 1951. "A psicanálise revisada", com sua crítica canônica ao culturalismo de Karen Horney e Erich Fromm, sairá em 1952. Já "Sobre a relação entre psicologia e sociologia" aparecerá em 1955. Depois, o recurso mais explícito à psicanálise aparecerá apenas no referido capítulo sobre a liberdade, na *Dialética negativa*, de 1966.

É claro o impacto do nazismo e do antissemitismo no interesse renovado pela psicanálise após o final da Segunda Guerra. Muitos dos trabalhos nos quais a psicanálise é convocada tem como objeto explícito os mecanismos psicológicos de regressão social colocados em operação pelo fascismo, seguindo assim a linha de pesquisa aberta pelo Instituto de Pesquisas Sociais desde o início dos anos 1930.

No entanto, tal interesse não pode ser abstraído também do diagnóstico de que o capitalismo em meados do século XX se transformara em um "capitalismo de Estado" (em versões autoritárias e democráticas) que teria se imposto como modelo de gestão social baseado na regulação e controle dos agentes econômicos pela capacidade de planificação própria a uma economia de comando. Como insisti anteriormente, nesse modelo de gestão, a força de transformação social ligada aos conflitos de classe e lutas estruturais contra a pauperização parecia ter sido em larga medida desativada devido aos processos de integração da classe operária a redes de assistência e participação limitada na riqueza social. Essa dinâmica de capitalismo de Estado era o ponto de contato, utilizado pelos frankfurtianos, entre a democracia liberal e as experiências totalitárias do pré-guerra.

– Adorno nunca deu a si a mesma liberdade especulativa a respeito da síntese do Eu" (WHITE-BOOK, Joel. The marriage of Marx and Freud. In: RUSH, Fred. *The Cambridge Companion to Critical Theory*. Cambridge University Press, 2004, p. 80). A resposta passa pela compreensão da necessidade de sínteses psíquicas que não sejam decalcadas da forma de um Eu, por uma ipseidade que não tenha a forma de um Eu, como veremos mais à frente.

Vimos como, mesmo sem admitir a integralidade do diagnóstico de Friedrich Pollock a respeito da desativação do conflito social, Adorno lembrará mais de uma vez que o conceito de classe não seria mais operativo por não haver sequer mais condições de apelar a uma consciência de classe. Essa impossibilidade de consolidação de consciência de classe não era apenas um dado sociológico. Havia uma impossibilidade psicológica de sujeitos se verem como encarnações de uma mesma consciência de classe devido à anestesia em relação ao sofrimento social de alienação. Nesse sentido, lembremos como a gestão social própria às sociedades do capitalismo de Estado havia aprofundado o que Adorno chamava de "expropriação do inconsciente pelo controle social", ou seja, uma expropriação pulsional direta que se serve do enfraquecimento do Eu, da ascensão das patologias narcísicas e do declínio dos processos de identificação no interior do núcleo familiar para neutralizar o conflito entre princípio de prazer e princípio de realidade através de uma satisfação socialmente administrada. Essa neutralização do conflito através da integração produziria um nível fundamental de anestesia em relação à experiência social de alienação que ultrapassará o quadro estrito do capitalismo de Estado, sendo peça constitutiva da desarticulação dos processos de incorporação política do descontentamento social mesmo em fases posteriores, como no caso do capitalismo neoliberal.[376]

De fato, as regulações e integrações socioeconômicas não poderiam se impor sem regulações e integrações psicológico-culturais. A atenção à imbricação entre estes dois modos de regulação será uma característica da crítica social frankfurtiana. Nesse contexto, há de se falar em "expropriação pulsional" porque não se trata apenas de uma dinâmica social de socialização do desejo, de sua inscrição no interior de uma rede simbólica.[377] O capitalismo saberá, paulatinamente, expropriar o excesso pulsional (tópico maior do que os frankfurtianos chamarão de dessublimação repressiva), dar uma medida ao que antes alimentava as transgressões da pulsão, mesmo que se trate da contabilidade da desmedida, ou antes, da submissão da desmedida à contabilidade. Ele saberá fazê-lo através dos mecanismos libidinais presentes na indústria cultural, e não será um acaso se encontrarmos uma pletora de conceitos psicanalíticos mobilizados nos estudos adornianos sobre a indústria cultural, a começar pelo conceito de "fetichismo" aplicado ao campo da cultura: resultado de uma costura entre temáticas marxistas e

---

[376] Desenvolvi este ponto no quarto capítulo de *O circuito dos afetos*.

[377] Marcuse desenvolve o tópico da expropriação pulsional através da dessublimação repressiva pensada como "liberalização controlada que realça a satisfação obtida com aquilo que a sociedade oferece", pois, "com a integração da esfera da sexualidade ao campo dos negócios e dos divertimentos, a própria repressão é recalcada" (MARCUSE, Herbert. *Cultura e sociedade II*. São Paulo: Paz e Terra, 1996, p. 106).

psicanalíticas.[378] A ponto de Adorno afirmar que a indústria cultural seria uma espécie de "psicanálise ao avesso".

Desenvolvendo as temáticas da dessublimação repressiva como forma de integração social e desativação de conflitos, Adorno falará, por exemplo, de uma "dessexualização do próprio sexo" naquilo que ele teria de desestabilizador, através de sua "pasteurização como *sex*, por assim dizer, como uma variante do esporte".[379] Tal dessexualização seria solidária do advento de um discurso não-repressivo, mas integrador de conflitos através da eliminação da força disruptiva das pulsões parciais e de suas estruturas múltiplas e sem telos.[380] Como se a sexualidade em circulação na retórica do consumo e na indústria cultural, constituída por uma articulação entre discurso médico e imaginário cultural, se transformasse em um mecanismo de defesa contra o próprio sexual.[381] Dessa forma, as bases motivacionais da recusa e da revolta poderão ser solapadas através da adaptação de sujeitos a uma vida mutilada. Mas para entender tal colapso das bases motivacionais da revolta, há de se perguntar sobre a estrutura pulsional no interior do capitalismo, o que implicará modificações substanciais no que devemos entender por crítica.

Tendo tal diagnóstico em mente, podemos entender por que, para Adorno, as dinâmicas de resistência deverão se enraizar não mais na esfera da classe social e da emergência possível de sua consciência, mas na esfera do sujeito e de seu inconsciente. Serão seus sofrimentos, seu mal-estar, seus sintomas que testemunharão a natureza violenta de um processo de gestão social cuja regulação passará pela procura em desconstituir toda experiência possível da diferença.[382] Serão seus sofrimentos, seu mal-estar, seus sintomas que sustentarão a possibilidade de uma vida correta radicalmente fora dos modos de ordenamento social vigentes, a qual se baseia na recusa aos modos de expropriação pulsional no interior das sociedades capitalistas. Isso colocará problemas a respeito das formas políticas de organização do conflito social, os quais Adorno não se verá obrigado a responder

---

[378] Ver ainda a presença massiva de conceitos psicanalíticos em estudos de mídia como: ADORNO, Theodor. *As estrelas descem à Terra*. São Paulo: Unesp, 2006.

[379] ADORNO, *Escritos sobre psicologia social e psicanálise*, p. 202.

[380] "Dessexualização da sexualidade deveria ser compreendida psicodinamicamente como a forma do sexo genital, em que este mesmo se transforma em poder de impor tabus e inibe as pulsões parciais ou as elimina" (Idem, p. 205).

[381] Para uma aproximação sugestiva entre o tópos frankfurtiano da dessublimação repressiva e a crítica da biopolítica em Michel Foucault, ver sobretudo: CARNEIRO, Sílvio. *Poder sobre a vida: Herbert Marcuse e a biopolítica*. São Paulo: USP, 2015. (Tese.)

[382] Isso leva Adorno a falar, por exemplo, no conteúdo de verdade das neuroses: "Todo conteúdo de verdade das neuroses está no fato de elas demonstrarem ao Eu sua não-liberdade com base no que é estranho ao Eu, com base no sentimento do 'mas este não sou eu'; e isso lá onde se interrompe seu domínio sobre a natureza interior" (ADORNO, *Dialética negativa*, p. 188). Pois a neurose é a expressão distorcida da experiência social da não-liberdade que, mesmo expulsa da esfera da consciência, retorna sob a forma de sintoma.

(ou que, se quisermos, precisarão ficar temporariamente sem resposta para que possam ser efetivamente respondidos).

De toda forma, há de se insistir que *a psicanálise demonstra para Adorno como, em um horizonte de gestão social de máxima integração, a verdade tem necessariamente a forma de sintoma.* Cabe à crítica não apenas saber ouvir o conteúdo social do que se expressa nos sujeitos sob a forma de sintoma. Cabe a ela compreender que é apenas lá onde encontramos a dimensão do sintoma que haverá sujeito. Poderíamos mesmo dizer que a afirmação lacaniana de que "não há sujeito sem sintoma" ganha aqui uma conotação política inesperada. Pois há de se lembrar que:

> O sujeito, em que a psicologia preponderou como algo subtraído à racionalidade social, valeu desde sempre como anomalia, como um excêntrico; na época totalitária, seus lugares são o campo de trabalho ou de concentração, onde ele é "aprontado", bem integrado.[383]

Mas notemos que, longe de uma estratégia que reconhece o colapso da ação política coletiva e que prega o retorno ao cultivo da dimensão individual, a posição de Adorno revela a necessidade de um aprofundamento do campo político, da ampliação de suas ações através da compreensão clara dos mecanismos psíquicos de sujeição e integração social como condição para a reorientação da práxis. Assim, não apenas a cultura será claramente elevada a um campo de combate político tendo em vista a possibilidade de produção social da diferença. Também a vida psíquica será um espaço de combate, e não seria um erro se perguntar pela função clínica da arte em Adorno, o que poderia explicar por que, por exemplo, vários conceitos clínicos são mobilizados na crítica musical adorniana, como no caso de Stravinsky (hebefrenia, dissociação psicótica), de Berg (pulsão de morte) ou mesmo em Beckett (despersonalização), entre tantos outros. Pois a arte terá uma força clínica para Adorno. Ela denunciará uma sintomatologia, assim como constituirá modos de subjetivação que darão a sintomas, inibições e angústias outros destinos que não o sofrimento.

Por outro lado, é evidente como, através de sua discussão com a psicanálise, Adorno espera recuperar um elemento fundamental para a ação política transformadora, o qual teria sido negligenciado por Freud, a saber, o potencial de espontaneidade. Seu embotamento é a matriz de todo empobrecimento da imaginação política:

> A teoria analítica denuncia a não-liberdade e a humilhação dos seres humanos na sociedade não livre de forma semelhante a como a crítica materialista o fez em relação

---

[383] ADORNO, *Escritos sobre psicologia social e psicanálise*, p. 87.

a um estado de coisas cegamente dominado pela economia. Sob seu olhar médico conjurado com a morte, entretanto, a não-liberdade se coagula transformando-se em invariante antropológica, e assim o aparelho conceitual afim ao das ciências naturais deixa escapar em seu objeto aquilo que não é apenas objeto: o potencial da espontaneidade.[384]

A afirmação é exemplar da maneira como Adorno concebe a psicanálise. Primeiro, trata-se de defender certa similitude entre a crítica da economia política e a crítica da economia pulsional. *Homo economicus* e *homos psychologicus* são duas facetas da mesma moeda. No entanto, o que poderia quebrar tal ciclo de alienação, a saber, o potencial de espontaneidade, pensado inicialmente a partir do horizonte kantiano como a capacidade do sujeito em produzir sínteses para além das relações mecânico-causais da natureza, não é tematizado pela clínica analítica, que parece aceitar de bom grado a transformação da não-liberdade em invariante antropológica. Mas tal potencial está ainda menos presente nos críticos de Freud que pregam uma "psicanálise revisada" com seu horizonte adaptativo. A ironia dialética nesse debate encontra-se, no entanto e de forma sintomática, no fato de tal potencial de espontaneidade ser pensado por Adorno exatamente através da metapsicologia freudiana.[385]

Que forma de autonomia?

A esse respeito, comecemos por duas afirmações de Adorno que, de certa forma, podem inicialmente parecer contraditórias com a noção de um sujeito não-idêntico que ele procura defender e constituir. A primeira: "O único poder efetivo contra o princípio de Auschwitz seria autonomia, para usar a expressão kantiana; o poder para a reflexão, a autodeterminação, a não-participação".[386] Ela parece corroborar uma importante afirmação presente nos *Estudos sobre a personalidade autoritária*, segundo a qual, a fim de lutar contra o fascismo, seriam necessários programas para ações democráticas devotados a "aumentar o tipo de autoconsciência e autodeterminação que impossibilita toda forma de manipulação".[387] Ou seja, se a injunção moral de nossa época é tudo fazer para que Auschwitz não ocorra novamente, se Auschwitz é o estágio final da vida

---

[384] Idem, p. 98.

[385] Até porque Adorno lembrará que a espontaneidade, em Kant "é uma versão da experiência que valoriza um sujeito espontaneamente dominador, irredutível às qualidades do objeto" (O'CONNOR, Brian. *Adorno's Negative Dialectic*. Boston: MIT Press, 2005, p. 100).

[386] ADORNO, Theodor. Educação após Auschwitz. *Educação e emancipação*, p. 125.

[387] ADORNO, Theodor. *Studies in the Authoritarian Personality*. Frankfurt: Suhrkamp, 2003, p. 162.

mutilada, então parece ser a autonomia individual em moldes kantianos o que permitiria o desenvolvimento de uma subjetividade moral adequada direcionada à realização de uma vida correta.

No entanto, há algo de singular no conceito de autonomia defendido por Adorno, a ponto de podermos nos perguntar se "autonomia" ainda é o termo adequado nesse contexto, se não seria necessário procurar um termo outro. Pois ao menos o modelo kantiano de autonomia é baseado em noções de divisão subjetiva e autopertencimento estranhas a Adorno. Mesmo sua estrutura de reflexão porta problemas que não deixarão de ser criticados pelo filósofo de Frankfurt. A tal respeito, lembremo-nos de certas consequências da ideia kantiana segundo a qual, ao serem os legisladores de si próprios, os sujeitos poderiam se autodeterminar. Essa noção de autodeterminação a partir da forma da *autolegislação* não é isenta de problemas. É através da forma da lei que o sujeito instaura a imanência entre a causa de sua ação e sua liberdade, constituindo um horizonte fundamental de autopertencimento.

Diferentemente da perspectiva voluntarista, Kant lembra que o homem tem no seu interior a ciência da Lei devido a uma espécie de luz natural da razão partilhada por todos: "Todo homem, como um ser moral, possui em si mesmo, originalmente, uma tal consciência".[388] Essa possessão é instauração de uma reflexividade na qual não saio de mim mesmo quando ajo de forma moral. No entanto, Adorno compreende que a imanência da ação às suas causas, no caso de Kant, é pensada sob as formas do autodomínio de estruturas motivacionais através da projeção subjetiva. Por exemplo, pensando a liberdade como causa e lei: "A normatividade das formas do pensamento, a *causa cognoscendi*, é projetada sobre os objetos como *causa efficiens*".[389] Falar a respeito da projeção sobre os objetos, nesse contexto, equivale necessariamente a criticar as estruturas da reflexividade pressupostas por Kant, pois é defini-las como capazes de apreender apenas relações exteriores e abstratas.

A esse respeito, lembremos da peculiaridade do *regime de ipseidade,* ou seja, da estrutura de autopertencimento produzida pela Lei moral. Se a razão não pudesse postular a realidade objetiva de uma Lei que não fosse a simples expressão dos interesses particulares da pessoa, nem do interesse utilitarista em maximizar o prazer e afastar-se do desprazer, então uma vontade livre seria, para Kant, sem sentido. Pois não haveria liberdade lá onde o sentimento fisiológico do bem-estar guia a conduta. Nesse caso, o sujeito seria submetido a uma causalidade natural na qual o objeto e os instintos ligados à satisfação das necessidades físicas determinam a Lei à vontade, e não o contrário. De onde se segue a afirmação: "Estes que estão

---

[388] KANT, Immanuel. *Metafísica dos costumes.* Petrópolis: Vozes, 2013, p. 243. (Tradução adaptada).

[389] ADORNO, *Dialética negativa,* p. 197.

habituados unicamente às explicações fisiológicas não podem colocar na cabeça o imperativo categórico".[390] Nesse nível, o homem não se distinguiria do animal, pois "seria então a natureza que forneceria a lei".

A fim de exorcizar o determinismo na dimensão prática, faz-se necessário então que os sujeitos tenham algo mais do que desejos particulares ou, como dirá Kant, "patológicos", por se tratarem de desejos que se impõem a mim como um páthos, como uma afecção externa. Desejos a respeito dos quais não posso determinar, de maneira autônoma, seus objetos, mas que são determinados por objetos que me seriam exteriores. A estratégia kantiana passa por defender a possibilidade de existência de uma vontade "pura" que, para ser livre, não pode ser condicionada pelos objetos empíricos; que deve ser marcada por certa apatia própria a quem fez "abstração de todo objeto, ao ponto de este não exercer a menor influência sobre a vontade".[391] Mas isso significará, ao menos para Adorno, reduzir a vontade à ilusão de um "puro lógos", criar uma ipseidade que se confunde necessariamente com regimes de domínio de si. "Como se a vontade não fosse outra coisa senão consciência"[392] que se projeta nos objetos que ela encontra. Pois, dessa forma, se os desejos patológicos e impulsos sensíveis são uma ameaça à minha liberdade e autonomia, então o preço da liberdade será o afastamento daquilo que, em mim, se guia a partir da contingência dos sentimentos, da inconstância das inclinações, do acaso dos encontros com objetos que não são deduzidos de uma lei que dou para mim mesmo. Isto explica por que Adorno insistirá que Kant precisa consagrar uma "aliança entre uma doutrina da liberdade e uma prática repressiva".[393] Pois, se "todos os conceitos que, na *Crítica da razão prática*, em honra da liberdade, devem preencher o abismo entre o imperativo e os homens são repressivos: lei, obrigação, respeito, dever",[394] é porque a liberdade pensada como causalidade em moldes jurídico-normativos deve eliminar o que agora só pode aparecer como heteronomia e sustentação de uma divisão interna necessária do sujeito.

Notemos como, em uma verdadeira metacrítica da razão prática, Adorno reconhece o conteúdo de verdade da estratégia kantiana visando insistir em uma vontade que vá além da configuração atual dos homens. Para Adorno, tal vontade guarda o desejo de não limitarmos nossa existência àquilo que atualmente somos, àquilo que atualmente nos determina. É a expressão de

---

[390] KANT, *Metafísica dos costumes*, p. 222.

[391] KANT, Immanuel. *Fundamentação da metafísica dos costumes*. Tradução de Paulo Quintela. Lisboa: 70, 1974, p. 47.

[392] ADORNO, *Dialética negativa*, p. 195.

[393] Idem, p. 182.

[394] Idem, p. 196.

que nada nos obriga a nos contentarmos com a imagem atual do homem, com suas configurações locais e suas determinações antropológicas. Expressão de um desejo do que ainda não tem imagem e figura.[395] Pois, "estamos cultivados em alto grau pela arte e pela ciência. Somos civilizados até o excesso, em toda classe de maneiras e na respeitabilidade sociais. Mas falta ainda muito para nos considerarmos já moralizados".[396] Daí por que Kant recorre ao sublime e sua desmesura em relação às exigências antropológicas de autoconservação para definir o horizonte da lei moral.

No entanto, a compreensão da crítica da finitude sob a forma da pressão de transcendência fornecida pela lei e pelo dever só pode ser a perpetuação de um impasse que se expressa mais claramente através da impossibilidade de Kant dar conta de uma espontaneidade que não seja apenas projeção de uma ipseidade previamente assegurada. Para Adorno, sair desse impasse implica na reconfiguração da espontaneidade do sujeito através da noção de *ação recíproca entre sujeito e objeto*.[397] Tal noção de ação recíproca entre sujeito e objeto é, para Adorno, o eixo de uma reconstrução dos conceitos de liberdade, autonomia e mesmo de reflexão. Ela explica uma afirmação surpreendente como:

> A existência ou não da autonomia depende de seu opositor e de seu contraditor, do objeto que concede ou recusa autonomia ao sujeito; desvinculado disso, a autonomia é fictícia.[398]

Ou ainda: "Na medida em que o sujeito por seu lado é um mediado (*Vermitteltes*), a práxis, corretamente entendida, é aquilo que o objeto quer: ela segue sua necessidade (*Bedürftigkeit*)".[399]

Há de se perceber a singularidade de tais afirmações. Afinal, o que pode significar dizer que o objeto concede ou recusa autonomia ao sujeito, e não que o sujeito afirma sua autonomia em uma recusa de toda causalidade externa vinda dos objetos? Isso pode significar dizer que, na práxis corretamente entendida, é o objeto que quer, ou seja, a práxis segue aquilo que aparece como "o querer" de algo que tem para nós a estrutura de objetos, como se fosse uma questão de

---

[395] Para Adorno, na *Dialética negativa,* Kant: "estipula a norma de direito universal; nessa medida, apesar de e por causa mesmo de sua abstração, continua vivendo um certo conteúdo, a ideia de igualdade" (p. 199). Ou ainda, ele lembra como: "a humanidade, o princípio do ser humano, de maneira alguma a soma de todos os homens, ainda não foi realizado" (p. 215).

[396] KANT, Immanuel. Ideia de uma história universal de um ponto de vista cosmopolita. In: *A paz perpétua e outros opúsculos.* Tradução de Artur Morão. Lisboa: Edições 70, 2009, p. 34.

[397] Ver: ADORNO, *Dialética negativa,* p. 183.

[398] ADORNO, *Dialética negativa,* p. 188; *Negative Dialektik,* p. 226.

[399] ADORNO, *Palavras e sinais,* p. 211.

fazer sua a tendência dos objetos. A contraposição à estratégia kantiana é aqui evidente. Como se Adorno estivesse a lembrar que a espontaneidade do sujeito está profundamente vinculada à capacidade de se deixar afetar por objetos que nós não controlamos, sem nos ser completamente externos. Essa espontaneidade nos retira da condição de *sui iuris*, sem, no entanto, significar servidão. Antes, ela é abertura a objetos vinculados à dimensão corporal, que nos causam, que nos afetam e com os quais temos uma relação que quebra as estruturas de domínio próprias à ipseidade.

Saltos

Adorno precisará afirmar que o reconhecimento da agência de tais objetos implica admitir que a estrutura das relações causais da agência moral e de sua espontaneidade pede um "salto brusco", cujo "aspecto irracional" não deixa de ressoar o "salto" da passagem do ético ao religioso em Kierkegaard. No entanto, esse salto em Adorno recebe uma versão materialista ao ser descrito como emergência de um "momento somático" capaz de expor "a inextricável natureza corporal da agência livre".[400] Por isso, tal salto expressa uma motivação para a ação que tem a forma de um suplemento (*das Hinzutretende*) e tem a estrutura de uma moção pulsional.

Notemos como insistir em seu caráter de "salto" significa quebrar a tendência kantiana em submeter a liberdade a uma causalidade pensada sob a forma do exercício subjetivo de normatividades expressas, por sua vez, como regras e leis enunciando da necessidade da sucessão de estados determinados. Daí a necessidade de Adorno afirmar:

> [...] como a constituição da causalidade pela razão pura – que deve ser por seu lado a liberdade – já se acha submetida à causalidade, a liberdade é de antemão tão comprometida que ela não tem quase um outro lugar para além da subordinação da consciência à lei.[401]

Há inicialmente de se lembrar que, longe de um problema meramente lógico-ontológico, o destino da causalidade será uma peça maior da crítica social de Adorno. Pois ele analisa a sociedade capitalista atual ao descrevê-la como submetida a uma "crise da causalidade", efeito de uma sociedade total na qual "tudo está igualmente próximo do centro".[402] Essa era sua maneira de recusar a compreensão

---

[400] FREYENHAGEN, *Adorno's Practical Philosophy*, p. 255

[401] ADORNO, *Dialética negativa*, p. 209.

[402] Idem, p. 224.

de que a simples dissolução das estruturas hierárquicas e territorializadas de relações produzidas pelo capitalismo tardio possa equivaler à liberdade. Pois há uma crise da causalidade que é apenas submissão a um princípio de abstração generalizada. Tudo estar igualmente próximo do centro significa, nesse contexto, que toda produção social é imediatamente indexada a uma dinâmica unificada de valorização do valor. Muito diferente é a abertura ao que inicialmente produz um salto na ordem das razões.

Na verdade, a crítica adorniana da causalidade é resultado de uma costura improvável entre Kierkegaard e Hegel. É evidente que a forma adorniana de apelar à ação recíproca como modo de superação de um conceito exterior de causalidade segue os passos das últimas páginas da *Doutrina da essência*. Lá, Hegel apresenta inicialmente sua crítica à natureza de reflexão exterior própria às relações de causalidade, reflexão eminentemente formal e subjetiva, após expor as limitações da compreensão da efetividade (*Wirklichkeit*) como substância e acidente. O caráter de exterioridade das relações de causalidade se expressa no fato de elas serem, para Hegel, "proposições analíticas", ou seja, proposições nas quais movimento efetivo não há: o efeito já está todo na definição da causa, a determinação causal é figura simples da subsunção dos acontecimentos à forma da lei. Por isso, a descrição da efetividade a partir das relações de causalidade equivale, para Hegel, à assunção de uma tautologia. Isso explica por que Hegel insistirá que é próprio do vivente e de tudo o que é espiritual suspender e transformar as relações de causa e efeito, daí a afirmação de que seria "uma aplicação inadmissível (*unstatthafte Anwendung*)"[403] pensar as relações físico-orgânicas e a vida espiritual (*gestiegen*) a partir de relações de causalidade.

É nesse contexto que Hegel faz apelo ao conceito de ação recíproca para pensar a produtividade imanente à efetividade. Hegel procura, na ação recíproca, o modelo de um sistema de implicação mútua de substâncias mutuamente se condicionando, cada uma atuando, ao mesmo tempo, como passiva e ativa. Pensar tal imbricação mútua entre substâncias absolutas e, no entanto, idênticas, "unidade originária da diversidade substancial",[404] é para Hegel forma de suspender as dicotomias herdadas pelo entendimento que nos levam a compreender a efetividade a partir da atuação da forma sobre a matéria, da substância sobre o acidente, da causa sobre o efeito, da atividade sobre a passividade. A principal das dicotomias suspensas pela compreensão da efetividade a partir da estrutura da ação recíproca é, no entanto, a distinção entre necessidade e contingência. Pois a ação recíproca é a imbricação com uma alteridade cuja exterioridade aparente aparece inicialmente sob a forma da contingência para posteriormente revelar-se

---

[403] HEGEL, *Ciência da Lógica*, v. II, p. 227.

[404] Idem, p. 238.

como instauração retroativa da necessidade. A efetividade não se dissolve simplesmente em um campo de contingências irredutíveis. Na verdade, a necessidade das configurações da efetividade é compreendida a partir da produtividade processual da contingência, o que é algo totalmente diferente. A dissolução da efetividade na dispersão irredutível das contingências seria um erro similar àquele em compreender a efetividade apenas sob o signo do necessitarismo, do "tudo era desde sempre necessário". É exatamente esse colapso da distinção entre necessidade e contingência que será compreendido por Hegel como a emergência mesma da liberdade e a realização de uma totalidade que nos levará diretamente à lógica subjetiva do conceito. Pois *a liberdade será indissociável da capacidade de acolher a contingência e de compreender sua transmutação em figura dinâmica da necessidade.*

Esse processo, que Hegel define como último estágio na reflexão sobre a efetividade, será retomado por Adorno para pensar a relação de implicação entre ação e pulsão (*Trieb*), com a interferência da contingência própria aos objetos da pulsão.[405] Dessa forma, ele espera realizar, tal como Hegel, a superação da necessidade e da contingência no interior de um conceito renovado de liberdade. Liberdade fundada não em uma noção autorreferencial de autonomia, mas na consciência de que "a práxis necessita de um outro, que não se esgote na consciência, algo corpóreo, mediado à razão e qualitativamente diferente dela".[406] Algo qualitativamente diferente que, ao ser reconhecido, produz a modificação retroativa da consciência. Dessa maneira, o salto representado pelo reconhecimento do inconsciente, ou seja, a recusa de que a vontade não seria outra coisa que consciência e suas formas de normatividade, nos leva a outra figura da liberdade na qual o autopertencimento próprio à noção moderna de autonomia não desempenha mais o papel de legatário das expectativas de emancipação.

A dialética do Eu e as pulsões parciais

É neste ponto que podemos entender a importância do recurso à psicanálise na constituição dos móbiles da dialética negativa. A psicanálise fornece a Adorno a compreensão de como a relação com aquilo que foi apartado do sujeito para que ele se constituísse enquanto Eu – ou seja, os objetos parciais aos quais a pulsão vinculou-se de forma contingente, objetos dos quais ele se separou e que, no entanto, continuam a causar seu desejo – conserva o potencial de

---

[405] Lembremo-nos de Freud afirmando que o objeto: "é o que há de mais variável (*variabelste*) na pulsão, ele não lhe está originalmente vinculado (*verknüpft*)" (FREUD, Sigmund. *Gesammelte Werke*, v. V. Frankfurt: Fischer, 1999, p. 275-276).

[406] ADORNO, *Dialética Negativa*, p. 194.

uma liberdade na não-identidade, já que se trata de um "causar" que obedece à injunção de uma "determinação das coisas mesmas".[407] Adorno é claro nesse sentido ao afirmar:

> A consciência nascente da liberdade alimenta-se da rememoração do impulso arcaico, ainda não dirigido por nenhum Eu fixo. Quanto mais o Eu controla tais impulsos, mais esta liberdade primitiva aparece-lhe como questionável, pois caótica. No entanto, sem a anamnese do impulso indomado e pré-egoico, que posteriormente foi banido à zona da naturalidade (*Naturhörigkeit*) assujeitada, a ideia de liberdade não poderia ser criada, ideia que, por seu lado, realiza-se no fortalecimento do Eu.[408]

Em outro contexto, Adorno lembrará que "sobrevive na genitalidade a libido parcial que nela se unifica. Toda felicidade se inflama na tensão entre ambas".[409] Ou seja, liberdade e felicidade aparecem aqui ligadas ao destino das transposições pulsionais. Destino cuja resolução exige uma "dialética". Mas há de se saber manejar com cuidado esta "dialética do Eu" proposta por Adorno a partir do modo de integração das pulsões parciais, com todas as consequências que podemos dela derivar. Só uma compreensão dialética das determinações de reflexões pode nos esclarecer a respeito do horizonte efetivo de Adorno em afirmações que parecem conjugar duas determinações contrárias: o fortalecimento do Eu e a rememoração das pulsões parciais pré-egoicas. Conceito de reflexão que não é, como veremos pela primeira vez em Locke, simplesmente "a observação que a mente tem de suas próprias operações",[410] ou seja, uma experiência de autoapreensão do pensamento que funda a imediaticidade do autopertencimento, uma capacidade de o pensamento inspecionar seu próprio modo de apreensão que instaura a identidade. Na verdade, mais correto seria lembrar que "a reflexão é ela mesma e seu não-ser, e só é ela mesma enquanto o negativo de si mesma, pois só é assim que o superar do negativo é ao mesmo tempo um coincidir consigo mesmo".[411] Nesse sentido, a reflexão pressuposta por Adorno é o movimento de apreensão de um conceito de experiência pensado

---

[407] Daí o sentido de uma crítica como: "Para Kant, liberdade significa o mesmo que a razão pura prática, produtora ela mesma de seus objetos, essa razão prática não tem para ele nada a ver 'com os objetos para conhecê-los, mas com a sua própria capacidade de realizá-los (de acordo com o conhecimento desses objetos)'. Implícita aqui, a autonomia absoluta da vontade seria o mesmo que o domínio absoluto sobre a natureza interna" (ADORNO, *Dialética negativa*, p. 214).

[408] Idem, p. 221.

[409] ADORNO, *Escritos sobre psicologia social e psicanálise*, p. 205.

[410] LOCKE, John. *Essay Concerning the Human Understanding.* Oxford University Press, 20-vro II, cap. I, par. 4.

[411] HEGEL, *Ciência da Lógica*, v. II, p. 46 (tradução modificada).

como o movimento de alienação e retorno a si capaz de transformar as primeiras representações naturais do "si mesmo".

Por isso, lembremos que falar em "dialética" do Eu implica aceitar um movimento que não é operação de retorno a proposições do tipo Eu=Eu, mas que compreende a alienação do Eu em outro como embrião de outra forma de síntese. O retorno ao Eu no interior de uma dialética não pode significar a reinstauração da representação inicial, mas a decomposição da naturalidade da primeira representação e a constituição de relações em um nível até então inexistente. De outra forma, seria desprovido de sentido falar em dialética. A reflexão aqui não é projetiva, como uma forma que se impõe a uma matéria informe, mas é implicativa e recíproca, entendendo a "matéria" como já prenhe de forma.

A maioria das leituras críticas a Adorno acaba por reduzir tal instauração de outras formas de síntese pressupostas pelo reconhecimento de si na dimensão do que permaneceu pré-egoico a uma espécie de flexibilização de identidades nos moldes, na melhor das hipóteses, daquilo que encontramos em psicanalistas como Hans Loewald. Por exemplo, Axel Honneth, com sua defesa do reconhecimento da identidade pessoal como horizonte para as formas de emancipação, partirá de Loewald para falar da necessidade de nos abandonarmos temporariamente as experiências que dissolvem os limites do Eu, permitindo o retorno para aquém das diferenciações intrapsíquicas que se consolidaram através de processos de maturação,[412] processos chamados por ele de "pluralização intrapsíquica dos sujeitos".[413] Pois ele sabe que:

> [...] conceitos como "identidade" e "si" designam, nas correntes mais avançadas da tradição sociológica, apenas operações de síntese que o sujeito deve efetuar para poder perceber uma multitude de experiências, de convicções e de ações pertencentes a planos temporais e sociais díspares como manifestações coerentes de um mesmo eu.[414]

No entanto, tal modelo precisa admitir que os modos atuais de síntese psíquica já são potencialmente realizadores de emancipação, como se a situação social atual e seu horizonte de vivências já fornecesse a gramática da emancipação, o que vai totalmente contra a direção proposta por Adorno. Daí por que o horizonte de reconhecimento proposto por Honneth nunca se afastou

---

[412] Ver afirmações de Hans Loewald como: "O ego media, unifica, integra porque é de sua essência manter a unidade original em níveis cada vez mais complexos de diferenciação e objetivação da realidade" (LOEWALD, Hans. *Collected Papers and Monographs*. Hagerstown: University Publishing Group, 2000, p. 11).

[413] HONNETH, *La société du mépris*, p. 328.

[414] Ibidem.

da crença na racionalidade do potencial comunicacional inerente às relações sociais atualmente em operação nos processos de socialização. Já a resolução da dialética do Eu presente em Adorno anda na contramão dessas certezas, pois exigiria a emergência de algo próximo a um "si desprovido de Eu" que não se realiza sob as formas da pessoa individualizada tal como a conhecemos até agora, existindo apenas como latência no interior de experiências estéticas avançadas.[415]

Mas, antes de avançar, perguntemo-nos mais claramente o que são tais pulsões parciais e objetos parciais. Por que Adorno deposita tal grau de expectativa de emancipação nesse reconhecimento de si em impulsos pré-egoicos e libidos parciais? A esse respeito, lembremos como Adorno afirmará, quando décadas depois retomar o texto de sua *Habilitationsschrift,* que seu defeito estava em ter "relacionado Freud de forma unilateral à epistemologia da escola de Mach e Avenarius, e negligenciado, desde o início, o momento materialista existente em Freud, que se manifesta nele mediante o conceito fundamental de prazer de órgão".[416] Ou seja, haverá uma passagem adorniana da reflexão transcendental ao materialismo que será feita *pela* psicanálise e *na* psicanálise. Tal passagem esclarecerá a importância dada ao horizonte mais materialista do pensamento freudiano sobre a estrutura da motivação para a ação. Ela ainda nos mostrará como a teoria adorniana do sujeito não-idêntico se realiza através do reconhecimento da complexidade de sua corporeidade.

Voltemo-nos à teoria freudiana do desenvolvimento e da maturação para tentar entender melhor o que Adorno teria em vista. Sabemos como Freud insiste que há algo, no sujeito, anterior ao advento do Eu como saldo dos processos de socialização e de individuação – Eu entendido aqui como unidade sintética de representações que permite o desenvolvimento de uma personalidade coerente, o estabelecimento de uma hierarquização das vontades capaz de abrir espaço para o advento de uma vontade autônoma. Há um corpo libidinal polimórfico que orienta sua conduta a partir da procura de satisfação de pulsões parciais (ou ainda pré-egoicas), ou seja, impulsos que não respondem à hierarquia funcional de uma unidade. Essa estrutura polimórfica e fragmentada das pulsões viria da ausência de um princípio unificador como o Eu, estrutura que não estaria presente antes de um certo processo de maturação individual através do qual o sujeito internaliza a representação social de um princípio de conduta e coerência,

---

[415] "Os homens só são humanos quando eles não agem e não se colocam mais como pessoas; esta parte difusa da natureza na qual os homens não são pessoas assemelha-se ao delineamento de um ser inteligível, a um Si que seria desprovido de Eu (*jenes Selbst, das vom Ich erlöst wäre*). A arte contemporânea fornece algo disto". (ADORNO, *Dialética negativa*, p. 237).

[416] ADORNO, Theodor. *Philosophische Frühschriften*. Frankfurt: Suhrkamp, 2003, p. 382.

o qual permite a unificação das pulsões e a organização das condutas a partir da identificação com um Outro na posição de tipo ideal.

Se voltarmos à primeira tópica freudiana, com sua distinção entre pulsões sexuais e pulsões de autoconservação, podemos encontrar elementos que serão importantes para a discussão. Sabemos como as pulsões sexuais não descrevem as atividades submetidas aos imperativos de reprodução, mas são tendencialmente polimórficas, sempre prontas a desviar, inverter, transpor, de maneira aparentemente inesgotável, os alvos e objetos sexuais. O primado da sexualidade genital a serviço da reprodução é a última fase que a organização sexual atravessa e só se impõe através de processos profundos de repressão e recalcamento. É isso que Freud tem em vista ao afirmar: "A vida sexual compreende a função de obtenção do prazer através de zonas corporais; ela é posta apenas posteriormente (*nachträglich*) a serviço da reprodução".[417] Daí por que haveria "algo de inato na base das perversões, mas algo que é inato a todos os homens".[418] Algo que diz respeito à polimorfia perversa que encontraríamos em toda sexualidade infantil. Polimorfia implica que, em Freud, a sexualidade nos fornece o modelo de experiências corporais sem telos finalista, indeterminadas, como se através delas os sujeitos deparassem com um estranho *processo desprovido de princípio unificador* que nos coloca diante de uma dinâmica constante de indeterminação.

Assim, pelo fato de os prazeres corporais não se submeterem imediatamente a uma hierarquia funcional, cada zona erógena (boca, ânus, ouvidos, órgãos genitais, etc.) parece seguir sua própria economia de gozo e cada objeto a elas associados (seio, fezes, voz, urina) satisfaz uma pulsão específica, produzindo um "prazer específico de órgão".[419] Freud chamará de "pulsões parciais" tais pulsões que não se submetem à satisfação com representações globais de pessoas produzidas graças a uma imagem unificada do corpo. Ele chamará também de "autoerótica" tal satisfação, por ela procurar e encontrar seus objetos no corpo próprio do sujeito desejante, já que mesmo o seio e a voz do Outro materno são compreendidos pelo bebê como sendo objetos internos à sua própria esfera de existência.

---

[417] FREUD, *Gesammelte Werke*, v. XVII, p. 75.

[418] FREUD, *Gesammelte Werke*, v. V, p. 71.

[419] O melhor comentário do sentido deste prazer de órgão vem de Alenka Zupancic: "Em relação à necessidade de alimentar-se, com a qual ela inicialmente se vincula, a pulsão oral persegue um objeto distinto do alimento: ela persegue (e procura repetir) a pura satisfação produzida na região da boca durante o ato de nutrição [...] nos seres humanos, toda satisfação de uma necessidade permite, a princípio, a ocorrência de outra satisfação, que tende a advir independente e a se autoperpetuar na procura e na reprodução de si" (ZUPANCIC, Alenka. Sexuality and Ontology. In: *Why Psychoanalysis?* Uppsala: NSU Press, 2008, p. 16).

Sabemos, por outro lado, como as pulsões de autoconservação ou pulsões do Eu permitem elevar as exigências de conservação do indivíduo e do *principium individuationis,* que determina a imagem unificada de si, à condição de princípio de orientação da conduta. Em um tom que não deixa de nos remeter a Nietzsche, Freud vincula o desenvolvimento da consciência, da linguagem, da memória e do julgamento às exigências de autoconservação agenciadas pelo princípio de realidade. Tratam-se, em todos os casos, de como construir o melhor caminho para alcançar um objeto capaz de satisfazer as pulsões do Eu. Nesse sentido, ele chega mesmo a dizer que "o Eu-realidade (*Real-Ich*) não tem outra coisa a fazer que tender em direção ao benefício (*Nutzen*) e afastar-se do prejuízo (*Schaden*)".[420]

Mas notemos como essa assunção do princípio de realidade é, ao mesmo tempo, submissão da estrutura polimórfica da pulsão à orientação do que permite a autoconservação do Eu, o que implica em transformações na estrutura das relações a objetos. Uma dessas transformações fundamentais diz respeito à integração das pulsões parciais em representações globais de pessoas. A orientação da conduta do Eu exige a submissão dos objetos a representações que trazem em seu bojo as marcas das disposições disciplinares dos processos de socialização. O sujeito deixa de se vincular a objetos parciais para encontrar a realização destinal de seu desejo nas representações de pessoas que, por sua vez, nos remetem às figuras do romance familiar e de suas declinações. Pois tudo se passa como se tais objetos fossem partes de um todo que estará disponível *a posteriori*. O desejo pelo seio resolve-se logicamente no amor pela mãe. O desejo pelo pênis resolve-se logicamente no amor pelo homem portador do pênis.[421] Aqui, a metonímia do objeto é reconhecimento da pressuposição de sua integração em uma totalidade funcional fornecida pela vida social e assegurada por sua reprodução.

No entanto, pós-freudianos como Jacques Lacan insistirão em repensar tais processos de integração, lembrando que eles nunca são completos, o que trará consequências importantes para a noção de sujeito que daí derivará.[422] Nesse sentido, Adorno parece mais próximo de perspectivas, como esta, que lembrarão do potencial desestabilizador de tais relações, de onde se justifica minha insistência,

---

[420] FREUD, *Gesammelte Werke*, v. VIII, p. 135.

[421] É neste ponto que se situa, por exemplo, a crítica pertinente de Deleuze e Guatarri: "Desde o nascimento, o berço, o seio, os excrementos são máquinas desejantes em conexão com partes do corpo do bebê. Parece-nos contraditório dizer ao mesmo tempo que a criança vive entre objetos parciais e que o que ela apreende nestes objetos são pessoas parentais em pedaços" (DELEUZE, Gilles; GUATTARI, Félix. *L'anti-Oedipe*. Paris: Seuil, 1972, p. 55).

[422] "As aspirações mais arcaicas da criança são, ao mesmo tempo, um ponto de partida e um núcleo nunca totalmente resolvido sob alguma forma de primado genital ou de pura e simples *Vorstellung* do homem sob a forma humana, tão total que supomos andrógena por fusão" (LACAN, Jacques. *Séminaire VII*. Paris: Seuil, 1986, p. 112).

em trabalhos anteriores, em atentar-se às ressonâncias entre os dois a partir do diagnóstico comum de generalização das estruturas do narcisismo na constituição de individualidades e do prognóstico comum de servir-se da não-identidade do sujeito como contraposição ao narcisismo do Eu.

Lacan, por exemplo, lembrará que os objetos parciais são objetos que o sujeito deve perder a fim de desenvolver processos de autorreferência através da formação do Eu. Como imagem especular do corpo próprio, o Eu é inicialmente o resultado de uma sucessão de cortes que incidem sobre um gênero de *corpo pulsional* pré-especular, montagem inconsistente de objetos *parciais* como os seios, os excrementos, o olhar, a voz, etc. A insistência nesse processo de *separação interna*, ou ainda, de automutilação que deixa traços na forma de marcas de corte e de borda na configuração das zonas erógenas, permitirá o advento de um pensamento do corpo não-especular e não-narcísico. Tal tensão entre os objetos *parciais* e a imagem do corpo próprio submetida à instância do Eu levará Lacan a falar de "objetos que, *no corpo,* definem-se por estarem – de alguma forma – na perspectiva do princípio de prazer, *fora do corpo*".[423] A relação a tais objetos só poderá se dar através do reconhecimento de si em algo que não portará mais a imagem de si. Ela será o eixo de uma operação de "descentramento" fundamental para o advento do sujeito.

No entanto, longe de alguma forma de regressão a estágios pré-individuais, o reconhecimento de tais relações é uma forma de abertura a relações sociais esquecidas, a quais, no entanto, são anteriores à consolidação de estruturas intersubjetivas no interior da vida social. Pois esses objetos são marcados por um certo espaço de entrelaçamento entre o *corpo* do sujeito e o *corpo* do Outro. Ele é um procedimento de entrelaçamento entre o desejo do sujeito e o desejo do Outro, ou ainda, uma *demanda de reconhecimento direcionada ao Outro* que só pode ser expressa como disposição corporal.

Nesse sentido, há uma dialética que não deixa de esclarecer pontos importantes da estratégia de Adorno. Os "impulsos pré-egoicos" ligados a objetos que o sujeito deixou de ver como dispostos no campo de uma referência-a-si, isso a fim de se constituir como Eu, não são resquícios de uma natureza indomada, de uma aspiração arcaica marcada com o selo do a-histórico. Ao contrário, trata-se de uma dimensão de relações sociais constitutivas que, no entanto, só podem ser tematizadas como fora da história do indivíduo.

Em uma configuração social como a atual, há uma dimensão das relações que só se expressa de maneira corporal, porque elas necessariamente lembram a violência que a ordem simbólica precisou produzir para poder instaurar-se. Elas precisam ser relações corporais não porque são "naturais", "originárias" ou ainda

---

[423] LACAN, Seminário XIV, sessão de 14/06/67 (mimeo).

"arcaicas", mas por serem necessariamente esquecidas pela consciência. Elas precisam ser relações corporais por serem a forma de realização das dimensões próprias a uma "sociedade inconsciente de si mesma". Dimensões que só podem ser conscientes à condição da destruição da consciência tal como ela se determina atualmente. Nesse sentido, não é sequer possível falar de uma intersubjetividade neste contexto, pois não estamos a falar dos processos de interação entre indivíduos constituídos e reconhecidos enquanto tais. O conceito de intersubjetividade é aqui inadequado, pois elimina a dimensão crítica, fundamental no pensamento de Adorno e tributária da psicanálise, às formas de integridade pessoal que se dispõem no horizonte dos processos atuais de reprodução material da vida. A teoria do reconhecimento que se deriva da dialética negativa exige coordenadas de relação que ultrapassam o quadro estrito da intersubjetividade e que saibam assumir a irredutibilidade de imbricações corporais à estrutura identitária da pessoa e de sua personalidade.

Notemos ainda um ponto importante. Através da relação transindividual que passa por dimensões corporais e pulsionais, vemos uma dialética entre natureza e história na qual a natureza aparece, mais uma vez, como a história esquecida de si mesma, a qual *só pode se encontrar a si mesma à condição de negar a violência que a própria história até agora representou. Ou seja, ela só pode se encontrar à condição de obrigar a história a ser o que ela ainda não é e o que ela até agora nunca foi.* É nesse sentido que a psicanálise poderá trazer a Adorno as coordenadas de uma vida correta que ainda não existiu, que ainda não acedeu à existência reconhecida enquanto tal.

Nesse sentido, lembremos da maneira com que, em um dos raros momentos nos quais apresenta um horizonte prospectivo de formas psíquicas de síntese para além das figuras da individualidade moderna, Adorno fala do conceito de um *richtiger Mensch* (que pode ser traduzido como "homem" correto, no sentido genérico de "ser humano", mas não "pessoa" no sentido individualizador de "Person"[424]):

> Ao menos algo negativo pode ser dito sobre o conceito de homem correto (*richtigen Menschen*). Ele não seria nem mera função de um todo que o afetasse tão profundamente que já não poderia distinguir-se dele, nem consolidação em sua pura ipseidade (*Selbstheit*); essa, precisamente, é a estrutura do mau naturalismo que ainda perdura. Se fosse um homem correto, já não seria uma personalidade, mas tampouco algo que estivesse abaixo de uma personalidade; não seria um mero feixe de reflexos, senão algo distinto de ambos. É o que resplandece na

---

[424] Lembremos, por exemplo, do que diz Adorno: "Do mesmo modo que o conceito de um homem justo (*richtigen Menschen*) não pode ser antecipado, ele também não pode ser igualado à pessoa, essa duplicata santificada de sua própria autoconservação" (ADORNO, *Dialética negativa*, p. 230).

visão hölderliniana do poeta: "Prossegue, pois, desarmado/ Avante pela vida e nada temas!".[425]

Wehrlos pode ser "desarmado", mas também "sem defesa". Se a personalidade do indivíduo moderno em sua realização material e objetiva sempre foi vinculada a força e domínio, Adorno está a falar de uma confiança que nasce de certo fortalecimento de si que não se confunde mais com o domínio de si. *Uma força sem domínio será própria de sujeitos por vir.* "Prossegue sem defesa e sem medo", mesmo que o pensamento se recuse a fornecer normatividades que seriam a realização de uma humanidade por vir, daí por que só há algo de negativo que possa ser dito do conceito de "homem correto". No entanto, haverá de se entender um dia que essa negatividade (*não* mais uma pura ipseidade, *não* mais a indistinção em relação a totalidade, *não* mais uma personalidade) não era simples recusa, nem estrutura deceptiva, mas a forma primeira da emergência. Uma emergência que, não por acaso, aparece em um poema cujo título é "Coragem de poeta" e que começa com: "E não estás relacionado a todos os viventes?".

[425] ADORNO, *Palavras e sinais*, p. 69.

Eu evoquei com A. o projeto de tirarmos nossas vidas conjuntamente. Em minha lembrança, parecia ter sido ela quem inicialmente tinha expresso essa ideia. De toda forma, ela a aceitava com seu entusiasmo e audácia característica. Nós pensamos então saltar de uma torre alta como R. P., mas decidimos ao final não fazê-lo. Ela acabou por me dizer: vou tentar então morrer contigo. Quando ouvi seu "tentar", senti que ela não falava seriamente. Acordei com uma decepção próxima da repugnância. Mais tarde, na mesma noite, Habermas me disse, aparentemente apoiando-se em sua experiência psicanalítica, que era muito perigoso abandonar-me ao que me move internamente: isso poderia facilmente desenvolver um câncer.

Práxis: apesar de tudo, uma política revolucionária

> *A dialética se corrompe em sofística*
> *assim que se fixa pragmaticamente*
> *no passo mais próximo.*
> Adorno

Podemos entender tais discussões sobre a estrutura do sujeito em Adorno como prolegômeno necessário para pensarmos o sentido de suas reflexões sobre práxis e política. Pois elas nos orientam na compreensão do horizonte efetivo de agência pressuposta pela dialética negativa. Por outro lado, talvez nosso tempo seja um tempo em que se tornou, enfim, possível reapresentar, em bases renovadas, as relações entre dialética e política. Não foram poucos aqueles que quiseram desqualificar, nas últimas décadas, a dialética como matriz para a intelecção das ações de transformação social. Como se estivéssemos diante de um pensamento assombrado por dinâmicas de integrações conciliatórias de opostos, por uma filosofia necessitarista e teleológica da história, ou ainda por uma estratégia idealista insidiosa de bloqueio de toda produção efetiva da diferença. Quando voltávamos os olhos à dialética negativa, parecia ainda mais evidente a inadaptação política que ela expressava. Sua lógica da desintegração e seus usos extensivos da negação determinada sem horizonte explícito de totalização e síntese pareciam ser a manifestação de um pensamento da paralisia da ação e de resignação prática diante da crítica totalizante do existente.

No entanto, o esforço sistemático de Adorno na reconstrução da dialética deve ser analisado em suas consequências para a prática política e para o tensionamento de sua força de transformação. Já deve ter ficado claro como a dialética negativa é, à sua maneira, uma resposta crítica à dinâmica de integração social e psicológica que procurava selar o destino das sociedades de capitalismo avançado no pós-guerra. Ela é ainda uma reflexão sobre modalidades de constituição de sujeitos com forte potencial de transformação política.

É verdade que proposições dessa natureza podem parecer extemporâneas, ainda mais se lembrarmos do desenlace final da relação entre teoria e práxis em

Adorno diante de movimentos de revolta como maio de 1968. Por isso, talvez seja o caso de terminar este livro através de um retorno sistemático a esses pontos de tensão da experiência intelectual de Adorno. Faz-se necessário ouvir seus impasses, auscultar as apostas e análises que embasarão os posicionamentos de Adorno. Eles poderão não apenas nos evidenciar questões fundamentais para tentativas de recuperação contemporânea da dialética, mas evidenciar também as relações, nunca suspensas em Adorno, entre dialética e uma prática revolucionária que não tenha em seu seio tendências repressivas devido a exigências estratégicas de organização.[426]

De fato, tal proposta de leitura não é moeda corrente. Mas o fato de uma operação filosófica como a dialética negativa em sua força política ter sido objeto de tantas más leituras já diz muito sobre que tempo é o nosso e o que ele tem efetivamente dificuldade em pensar ou, ainda, onde está sua real dificuldade em agir. Pois é o caso de colocar aqui uma hipótese geral a respeito das metamorfoses pelas quais a Teoria Crítica passou nessas últimas décadas. Ela diz respeito ao abandono da solidariedade entre pensamento dialético e ação revolucionária, tão decisiva para Marx e nunca de fato descartada por Adorno. Ao contrário, essa associação faz a posição singular de Adorno em relação aos debates atuais da teoria crítica. Tal abandono pode ser claramente encontrado em Horkheimer, não em Adorno, como evidencia a discussão entre os dois a respeito da possibilidade de redação de um novo Manifesto, em 1956.[427] A posição resignada e adaptada de Horkheimer nunca é assumida por Adorno no referido diálogo.

O famoso aforisma de Adorno: "A filosofia que um dia pareceu ultrapassada mantém-se viva porque se perdeu o instante de sua realização" é, à sua maneira, fiel à indissolubilidade entre dialética e revolução. As experiências revolucionárias do século XX, que apareciam como o instante da realização da filosofia e sua ultrapassagem enquanto "mera" filosofia, perderam-se, passaram no seu oposto. Se a filosofia se mantém viva, é como o pensamento que conserva o impulso de sua realização e de sua força de transformação apesar do seu fracasso. A filosofia aparece como pensamento que não pensa apenas seu fracasso, embora não recuse deter-se diante dessa tarefa, mas que principalmente medita sobre a astúcia para a realização dos processos de revolução social.

---

[426] Sobre este ponto, ver: FREYENHAGEN, Fabian. Adorno's Politics: Theory and Practice in Germany 1960's. *Philosophy and Social Criticism*, v. 40, n. 9, 2013.

[427] ADORNO, Theodor; HORKHEIMER, Max. *Toward a New Manifesto*. London: Verso, 2011. Ou ainda, de forma explícita, na passagem de "Teoria crítica: ontem e hoje", que é a expressão da confissão máxima de sua capitulação intelectual: "Nossa teoria crítica mais atual não defende mais a revolução, pois depois da queda do nacional-socialismo nos países ocidentais a revolução conduziu novamente a um terrorismo, um estado aterrador. Trata-se, na verdade, de conservar o que é positivo, como por exemplo a autonomia da pessoa individual, o significado dos indivíduos, suas psicologias diferenciais, certos momentos da cultura, sem suspender o progresso" (HORKHEIMER, Max. Kritische Theorie gestern und heute. In: *Gesammelte Schriften, v. 8*. Frankfurt: Suhrkamp, 2003, p. 341).

Marx podia, em 1846, clamar o momento de ultrapassar as interpretações do mundo porque sentia a iminência de uma experiência revolucionária, tal como ocorrerá em 1848. Adorno afirma, em 1966, que a filosofia estava viva porque não via iminência alguma, enquanto a dialética não se mostrasse, de fato "à altura do que é heterogêneo"[428] e não penetrasse em novos sujeitos políticos emergentes. Pois essa modificação no modo de pensar seria condição para a emergência de novos sujeitos na práxis. O pensamento dialético pede a emergência de novos sujeitos, da mesma forma que Hegel compreendia que o desenvolvimento da dialética modificaria a consciência até o ponto em que ela não seria mais consciência, até o ponto em que o pensamento não seria mais pensamento representacional, mas Espírito que unifica pensar e ser. Há em Hegel uma emergência do Espírito como sujeito dos processos históricos. Um processo de emergência pensado como revelação retroativa de uma totalidade verdadeira que reinscreve os fatos do passado modificando seu sentido, além de projetar uma força performativa recomposta. O Espírito sempre terá sido, provocando, através de sua emergência, uma revolução no presente, no passado e no futuro.

Como vimos, tal dinâmica está também presente em Marx, agora através de uma guinada em direção à nomeação de um sujeito concreto dotado de força de transformação estrutural da sociedade, a saber, o proletariado. A dialética se realiza através da emergência de um sujeito que age de maneira dialética. Pois a emergência do proletariado não é apenas a constituição de atores políticos que exigirão novas formas de redistribuição de bens e riquezas. Ela é a produção potencial de outro modo de existência, de outra forma de vida capaz de fazer a negatividade passar ao ser, abolindo as determinações por propriedade e posse, capaz de eliminar o primado da representação, capaz de desarticular o primado da identidade. Como defendi anteriormente, o proletariado é, acima de tudo, um modo de pensar e agir por despossessão, não mais um modo de pensar e agir por determinação de propriedade. Faz parte da dialética fazer da negatividade dessa despossessão um motor de transformações, já que ela é a expressão de um processo de perda de adesão aos modos de reprodução social que sustentam o capitalismo.

Quando Marx insiste na alienação do trabalho, ele não pensa apenas na alienação da posse do objeto trabalhado, mas no trabalho como modelo social e estrutural de alienação.[429] Sua superação exige a negação de tudo o que sustenta a sociedade do trabalho, a saber, a família, o Estado, a religião, a moral e o conjunto dos dispositivos disciplinares que definem a estrutura de identidades sociais. Essa negação leva à ação revolucionária, e não à resignação depressiva ou

---

[428] ADORNO, *Dialética negativa*, p. 12.

[429] Ponto bem desenvolvido por: POSTONE, Moishe. *Tempo, trabalho e dominação social*. São Paulo: Boitempo, 2014.

à mera exigência por redistribuição justa porque ela é dialética. Ela é negação dos valores que sustentam a sociedade burguesa (a liberdade como falsa liberdade, a autonomia como heteronomia, a emancipação como disciplina, a justiça como injustiça) em nome da realização efetiva desses mesmos valores, agora fora do horizonte de significação definido pela hegemonia da burguesia.

Insistamos nesse ponto, que pode nos fornecer uma orientação para a reflexão a respeito das relações entre filosofia e práxis. Pois talvez sejamos obrigados a dizer que uma filosofia, se não quiser se reduzir à estranha tarefa de um horizonte normativo e valorativo prévio à práxis, não pode ser uma descrição de modos de organização e de estratégia, o que apenas uma experiência efetiva em condições práticas locais pode fornecer. Ela será uma teoria da emergência, das transformações possíveis que produzem a emergência de sujeitos que responderão, em sua atuação, pelas condições e desafios concretos da práxis em sua multiplicidade de situações. Ela pode pensar organização, mas organização para emergência. Digamos, pois, que tal exigência não desaparece em Adorno; ela se complexifica devido à interpretação de uma série de coordenadas histórico-sociais ligadas ao colapso do proletariado como classe sociológica e à dificuldade de constituição de dinâmicas de consciência de classe devido ao advento da indústria cultural. Notemos que o fato de a ação revolucionária estar temporariamente bloqueada, segundo Adorno, não significa que ela não teria mais significado algum no interior das dinâmicas do político, nem que a luta pela efetivação de suas condições não seria objetivo maior. Reconhecer o bloqueio de um processo não significa abandonar a defesa de sua necessidade. Significa apenas complexificar seus esquemas de efetivação. Mas uma das condições centrais para a práxis revolucionária, ao menos segundo Adorno, é a incapacidade de refletir sobre os "traços maníacos e coercitivos"[430] da própria práxis e este é um dos elementos que leva Adorno a se posicionar da maneira como fez diante dos movimentos de maio de 1968.

Às vezes, fazer algo leva a nada

Adorno sentirá maio de 1968 na Alemanha (pois sua análise é eminentemente local) como um conjunto de ações atravessadas tanto pelo reconhecimento acertado do intolerável da situação atual quanto pela incapacidade de avançar sem resvalar na submissão do pensamento à tática, à submissão burguesa dos meios aos fins, à tecnicização simplificadora própria ao discurso militante que, por sua vez, levaria a uma tecnicização da própria universidade – isso em uma reversão em relação àquilo que os próprios estudantes criticavam. Adorno fala, por exemplo, de "um apego burocrático a agendas, decisões vinculantes, um número incontável

---

[430] ADORNO, *Palavras e sinais: modelos críticos 2*, p. 206.

de assembleias";[431] crítica que indica uma forte recusa a práticas assembleístas a seu ver responsáveis pela burocratização da revolta.[432] Ou seja, há uma interversão sempre possível da práxis que procura realizar a emancipação em dispositivo repressivo, o que não deve ser negligenciado em nome de exigências imediatas de organização,[433] ou ainda em nome de certa "forma regressiva e deformada do princípio do prazer"[434] baseada em um autocontentamento narcísico com sua própria ação, para além das consequências efetivas.

Por outro lado, Adorno insistirá na incapacidade de o movimento estudantil agir sem saber lidar com o enorme potencial fascista na sociedade alemã que seria desperto como força reativa. Incapacidade que os levaria a flertar, em reação desesperada ao aparecimento de um sujeito reativo, com uma noção de ação direta que fecharia ainda mais a sociedade alemã a transformações reais.

Há de se insistir que as reflexões políticas de Adorno sempre serão claramente atravessadas pela consciência de toda ação transformadora produzir uma dinâmica de consolidação de sujeitos reativos.[435] Não há ação de transformação social sem a contraprodução de modelos de recuperação conservadora da revolta e é dessa forma que o nazismo será compreendido. Como dirão Adorno e Horkheimer: "O fascismo é totalitário na medida em que se esforça por colocar diretamente a serviço da dominação a própria rebelião da natureza reprimida contra a dominação".[436] Ou seja, há uma rebelião na base do fascismo, há uma revolta cuja energia é desviada de sua força transformadora para colocar-se a serviço do recrudescimento da dominação. Há uma rebelião que se transforma em reação.

A experiência do nazismo aparecerá a Adorno como modelo nunca ultrapassado de regressão, imanente ao funcionamento normal das democracias liberais. Pois, "a tarefa da propaganda fascista é facilitada na medida em que o potencial antidemocrático já existe na grande massa de pessoas".[437] Esse potencial pode sempre ser atualizado nos desdobramentos das revoltas contra a democracia liberal, como

---

[431] Carta a Marcuse, 19 de junho de 1969. In: ADORNO, T.; MARCUSE, H. *As Últimas Cartas. Revista Praga – Estudos Marxistas*. São Paulo: Hucitec, 1997.

[432] Nesses casos, "a discussão serve à manipulação. Cada argumento é recortado sob medida para uma intenção, sem que se leve em conta a sua solidez" (ADORNO, *Palavras e sinais*, p. 216).

[433] Freyenhagen lembra bem como Adorno identifica, neste ativismo, uma compulsão à positividade: "em vez de se objetar à tendência social de sempre exigir um elemento positivo, construtivo, mesmo como parte de um criticismo radical, o acionismo se alinha com tal tendência" (FREYENHAGEN, Adorno's Politics, p. 883).

[434] ADORNO, *Palavras e sinais*, p. 208.

[435] Para o conceito de "sujeito reativo", ver BADIOU, Alain. *Logique des mondes*. Paris: Seuil, 2014.

[436] ADORNO; HORKHEIMER, *Dialética do esclarecimento*, p. 172. Ver ainda: HORKHEIMER, Max. *The Eclipse of Reason*. Londres: Continuum Press, 2007.

[437] ADORNO, Theodor. *Studies in the authoritarian personality*. In: *Gesammelte Schriften, v. 9*. Frankfurt: Suhrkamp, 1975, p. 162.

reação às possibilidades abertas de transformação efetiva. Por isso, não pode haver luta política sem imunização contra os riscos de regressão e, na visão de Adorno, tal imunização estava completamente ausente das dinâmicas de revolta estudantil.

Lembremos do contexto histórico do movimento estudantil alemão a fim de melhor compreender as afirmações e preocupações de Adorno. No final dos anos 1960, a Alemanha Federal conhecera uma situação que, para muitos, evidenciava o esgotamento do horizonte de ação política institucional. Em dezembro de 1966, inicia-se uma grande coalização entre o Partido Social Democrata (SPD) e a União Cristã Democrata Alemã (CDU), que terá, como uma de suas prioridades, a aprovação das chamadas "leis de emergência" (*Notstandsgesetze*), que visavam permitir a concentração de poder e a suspensão de garantias legais em situações de exceção. Adorno participará de um ato no qual lerá texto profundamente crítico à aprovação de tais leis, que não podiam deixar de ressoar o artigo 48 da Constituição de Weimar, responsável pela legalização das ações autoritárias do governo nazista. Há de se lembrar ainda que, em 1972, a Alemanha Federal aprovará o "decreto contra o radicalismo" (*Radikalenerlass*), que impedia a contratação de funcionários públicos que tivessem atividades em organizações contrárias à Constituição: um eufemismo para a perseguição de comunistas e membros de grupos radicais de esquerda.

Desde o programa de Godesberg (1959), o SDP havia formalmente abandonado a luta contra o capitalismo e a centralidade dos temas marxistas ligados à luta de classe em prol da defesa de uma sociedade, "na qual todo indivíduo possa desenvolver sua personalidade e, como um membro responsável da comunidade, tomar parte na vida cultural, econômica e política da humanidade".[438] Aparecia, assim, um pretenso socialismo democrático enraizado "na ética cristã, no humanismo e na filosofia clássica", deixando para trás toda e qualquer referência ao marxismo. Platitudes liberais dessa natureza levaram a ala mais esquerdista do partido a abandonar a agremiação para criar uma oposição extraparlamentar (APO) na qual se alojarão os setores hegemônicos dos estudantes, em especial a SDS (*Sozialistischer Deutscher Studentenbund*). A assunção final da capitulação da social-democracia às dinâmicas do livre-mercado evidenciava a hegemonia política absoluta da "economia social de mercado" na Alemanha Federal, com seu capitalismo de regulação estatal que servirá de base para o que se convencionou chamar de "estado do bem-estar social".

Adorno será profundamente crítico da guinada do SPD, chegando mesmo a pensar em escrever uma crítica ao programa do partido que se assemelharia à crítica de Marx ao programa de Gotha. Tal projeto será, no entanto, abandonado e sua justificativa será dada, por exemplo, em uma carta de Adorno a Gunter Grass:

---

[438] Godesberg program: <https://bit.ly/2DJrZ2t>.

O Programa de Godesberg é um documento único, em que um partido abjura tudo, até o pensamento teórico que um dia aspirou. Eu tinha a intenção de escrever uma crítica a esse programa, e seu impacto não seria desprezível. Eu não fui adiante somente porque eu, apesar de tudo, não seria capaz de fazer algo contra o SPD publicamente, sobretudo porque não havia nenhuma outra alternativa, uma vez que aqueles que se consideram à esquerda do SPD ou bem são ativistas anarquistas que recaem na crítica de Marx, ou bem são partidários de Moscou, dispostos a defender a monstruosidade do ataque à Tchecoslováquia.[439]

Como se vê, há uma avaliação estratégica de Adorno a respeito da explicitação da crítica à social-democracia que em nada significa adesão. Ela implica recusa tanto do alinhamento ao socialismo real quanto daquilo que Adorno entende por "ativistas anarquistas", no qual se encontraria o grosso do movimento estudantil. Pode-se criticar a maneira apressada com que Adorno conjura as potencialidades imanentes ao movimento estudantil. Mas notemos que seu diagnóstico de impotência do movimento aponta para questões reais.

Lembremos, por exemplo, do diagnóstico de época a respeito do fortalecimento no neonazismo. Não se tratava apenas da presença em cargos públicos, desde o governo Adenauer, de antigos simpatizantes nazistas, o que demonstrava um processo malsucedido de desnazificação, que não deixava de ressoar ambivalências internas à própria sociedade alemã. O fenômeno fundamental será a entrada, a partir de 1966, do nazista NPD no parlamento regional de vários *Länders,* como Hessen, Rhineland-Palatinate, Schleswig-Holstein, baixa Bavária e Bremen. Lembremo-nos deste trecho de uma carta de Adorno a Hans Magnus Enzenbergen, escrita em 1966:

Eu não sei se agora é o melhor momento para uma prestação de contas com a orientação do SPD. O perigo do neonazismo na Alemanha é muito agudo para isso. Parece ser mais importante evitar tudo, até o que seria indireto, que contribua para o fortalecimento do radicalismo de direita.[440]

No que poderíamos nos perguntar, contra Adorno, se a melhor estratégia política contra o pior seja suportar o mal menor. Adorno parece admitir a tese, presente à época, de que um dos fatores de ascensão do nazismo fora a crítica

---

[439] ADORNO, Br 499/7, carta de 4/11/68. Agradeço a Yasmin Afshar pela referência da carta. Sobre essa dimensão política do pensamento de Adorno, não poderia deixar de remeter a duas dissertações de dois alunos meus, que muito colaboraram para a sistematização de tais discussões, a saber AFSHAR, Yasmin; *Materialismo sem imagens: três ensaios sobre a Dialética negativa*, Dissertação defendida no Departamento de Filosofia da USP, outubro de 2818 e CATALANI, Felipe. *Filosofia moral no mundo do pós guerra: estudo sobre Adorno*, dissertação defendida no Departamento de Filosofia da USP, fevereiro 2019.

[440] ADORNO, Br 261/27, 18/4/1966.

totalizante da social-democracia e sua equiparação, sem mediações, a um "social-fascismo". Erro pretenso que não poderia ser cometido mais uma vez diante do risco de hegemonia autoritária no interior da política alemã nos anos 1960. No entanto, sempre vale a pena lembrar que uma das formas para o "fortalecimento do radicalismo de direita" é exatamente a naturalização de posições conservadoras por antigos atores da esquerda, como fazia o SPD à época e depois. O que nossos últimos vinte anos mostraram foi que nenhuma ascensão da extrema-direita seria possível sem a naturalização de políticas de direita e extrema-direita pela social-democracia. Ela traz, assim, para dentro do espectro político, a agenda contra a qual ela normalmente deveria combater. Ou seja, é possível (e mesmo desejável) criticar a posição estratégica de Adorno no horizonte político da esquerda alemã dos anos 1960.

De toda forma, nesse horizonte no interior do qual se associava, de um lado, um acordo tácito entre os principais atores políticos para a gestão de uma economia social de mercado que conseguira diminuir a pauperização extrema e associar os principais representantes das classes trabalhadoras à lógica da manutenção social e, de outro, um desvelamento paulatino do núcleo autoritário da democracia liberal com suas leis de exceção e sua violência policial, Adorno compreendia que as condições de ação não estavam dadas. Devido aos efeitos da estabilização econômica própria ao capitalismo de Estado,[441] a adesão das classes trabalhadoras ao radicalismo político não seria possível, o que levaria o movimento estudantil à consciência do divórcio em relação ao operariado. Daí sua crítica a certo ativismo (*Aktionismus*) que seria apenas a reação desesperada contra a consciência tácita de sua própria impotência.[442]

De fato, o movimento estudantil alemão, contrariamente ao que acontecerá na Itália e na França, não conseguirá criar associações efetivas com o mundo do trabalho. As condições materiais do "milagre alemão", que fizera a Alemanha crescer 25% em 1950, 21% em 1951, e voltar a ser a primeira economia europeia antes de dez anos passados do fim da guerra, ainda estavam muito presentes para tanto. Os trabalhadores alemães, sequer uma parcela deles, se engajariam em lutas revolucionárias (como acontecerá na Itália, por exemplo, com seus autonomistas). Não ocorrerá sequer uma greve geral, como será a marca do maio de 1968 francês. Por outro lado, inexistia na Alemanha Federal um partido comunista forte (como na França e na Itália) que acabava por permitir uma maior abertura de posições e perspectivas políticas no interior do espectro oficial.

[441] Lembremos que a Alemanha entra em estagnação econômica em 1966, mas ela se recupera já no ano seguinte graças às medidas keynesianas de Karl Schiller e de sua *Globalsteuerung*, mostrando como a economia social de mercado alemã era flexível diante de crises e como ela podia aceitar inflexões vindas de economistas social-democratas.

[442] Ver, principalmente: ADORNO, Theodor. Resignação. *Cadernos de Filosofia Alemã*, v. 23, n. 1, 2018.

O que fica claro aqui é certa expressão do que alguns comentadores já indicaram como um peculiar "leninismo" de Adorno.[443] Em um fragmento intitulado *Der Hebelpunkt* (o fulcro, o ponto de alavancagem) escrito nos anos 1930, Adorno insiste na astúcia de Lenin em saber utilizar a força da burguesia para produzir a revolução.[444] O proletariado seria muito fraco para produzir a queda do Czar em fevereiro de 1917, e apenas a burguesia poderia fazê-lo. Mas a burguesia seria, por sua vez, incapaz de sustentar-se no poder por suas divisões internas e impossibilidade de operar no interior de uma política de massa. Nesse contexto, Lenin teria tido a astúcia de usar a força da burguesia como uma alavanca para o processo revolucionário, como um ponto de apoio, servindo-se de um movimento liderado pela burguesia e colocando o proletariado à frente apenas em condições de vitória efetiva. Daí por que Adorno insistirá que o futuro das lutas de emancipação dependeria da possibilidade de encontrar tal ponto, tal possibilidade de transferência da força mais uma vez. Nada disso ele via como estratégia do movimento estudantil, o que, em sua visão, levaria ao fracasso dramático do movimento.

Pois o resultado desse fracasso, ao menos para Adorno, não poderia ser outro que a brutalização do movimento estudantil, o que ocorrerá rapidamente pelo menos para uma parte dele. Já em abril de 1968, acontecem as primeiras ações diretas do grupo de Andreas Baader e Gudrun Ensslin: duas bombas explodem em duas lojas de departamento em Frankfurt como "uma ação de vingança" em relação à guerra do Vietnam. Essas ações violentas (que se desdobrarão em assassinatos de empresários, assalto a embaixadas e sequestro de avião de passageiros) não encontravam respaldo em formas de violência operária na Alemanha; elas eram radicalmente isoladas de um contexto social mais amplo. Soma-se a isso o radical princípio adorniano de não-violência em contextos de democracia liberal,[445] o que não lhe impedia apoiar ações de força, como o bloqueio de distribuição de

---

[443] Ver, por exemplo: QUADFASEL, Lars. *Adornos Leninismus*. Disponível em: <https://bit.ly/2JnTthY>. Ou ainda: ZANOTTI, Giovanni. Estado e filosofia: sobre as origens da dialética negativa. In: TIMM, Ricardo *et al*. *Theodor Adorno: a atualidade da crítica*. Porto Alegre: Fi, 2017. v. II, p. 207-227. Neste sentido, aparece como incorreta a afirmação de Espen Hammer, para quem Adorno "nunca foi atraído pelo leninismo" (HAMMER, Espen. *Adorno and politics*. Nova York: Routledge, 2005, p. 13). Da mesma forma não é correto afirmar, como faz o autor, que Adorno sempre conservou a defesa liberal da autonomia individual em moldes kantianos, como mostrei no capítulo anterior.

[444] Der Hebelpunkt. In: Theodor W. Adorno Archiv (Org.). *Adorno. Eine Bildmonographie*. Frankfurt: Surhkamp, 2003, p. 148.

[445] "Tenho as mais graves reservas contra qualquer uso da violência. Eu teria que renegar toda a minha vida – a experiência sob Hitler e o que observei no stalinismo – se não me recusasse a participar do eterno círculo da violência contra a violência. Só posso conceber uma prática transformadora dotada de sentido como uma prática não violenta" (ADORNO, Theodor. Keine Angst vor dem Elfenbeinturm: Ein Spiegel Gespräch. In: *Vermischte Schriften I*. Frankfurt: Suhrkamp, 2003, p. 405).

revistas e jornais do grupo conservador Springer através de práticas de *sit-in*. O que não lhe impedia também apoiar o uso da violência em situações excepcionais, como diante do fascismo ("a um fascismo real só se pode reagir com violência", ele dirá na mesma entrevista), ou mesmo em ditaduras militares como a que à época imperava na Grécia (diagnóstico que também poderia ser estendido ao Brasil).[446]

Note-se que as críticas de Adorno estavam longe de expressar uma reação conservadora. Elas eram feitas porque, ao menos aos seus olhos, não sairia revolução alguma de maio de 1968.[447] Não havia nenhuma condição socioeconômica para uma sedição revolucionária em uma sociedade na qual não havia movimento algum nesse sentido entre a classe trabalhadora. Essa "pseudoatividade" só produziria uma "revolução fictícia".[448] Pode-se criticar a posição de Adorno sob vários aspectos, mas seria injusto ignorar que ela é sensível a problemas reais que merecem reflexões reais. O mínimo que podemos dizer é que sua análise se demonstrou precisa em mais de um ponto, principalmente no que diz respeito à situação alemã. Nesse sentido, há de se concordar com Roberto Schwarz, para quem "o bloqueio da solução revolucionária e a esterilidade da política eleitoral são diagnósticos, e não preferências. Pode-se discordar, mas as razões para concordar são consideráveis".[449]

Política e subjetivação

No entanto, é possível dizer sobre a posição de Adorno que ela parece ignorar o fato de revoltas e lutas revolucionárias se darem em um campo heterogêneo de forças sociais, nunca no interior de um campo homogêneo previamente balizado por um sujeito genérico.[450] Por eclodirem em um campo heterogêneo, elas lidam com tendências muitas vezes contraditórias, muitas delas francamente regressivas. Cabe ao processo de mobilização procurar criar hegemonia "em movimento", ou

---

[446] Lembremos ainda que a afirmação de Adorno, em carta a Marcuse, de que não se deve apenas protestar contra as bombas norte-americanas de napalm, mas contra as "indescritíveis torturas ao estilo chinês que os vietcongs praticam" diz aquilo que ela quer dizer. Não é exatamente a contraviolência anti-colonial que aparece como objeto da crítica de Adorno, mas a tortura que, em qualquer circunstância possível, é a expressão da degradação de toda práxis feita em nome da emancipação. Adorno conhecia muito bem as justificativas de tortura feitas pelas potências liberais para aceita-las repetidas exatamente pelas bocas dos que lutam contra tais forças.

[447] Há de se lembrar de que o diagnóstico de que maio de 1968 não representava uma situação revolucionária ou mesmo pré-revolucionária era partilhado por outros frankfurtianos, como Herbert Marcuse (em carta a Adorno datada de 5 de abril de 1969).

[448] ADORNO, *Palavras e sinais*, p. 218.

[449] SCHWARZ, Roberto. *Martinha versus Lucrécia: Ensaios e conferências*. São Paulo: Companhia das Letras, 2012, p. 50.

[450] Ver: LACLAU, Ernesto; MOUFFE, Chantal. *Hegemony and Socialist Strategy*, Londres: Verso, 1977.

seja, a partir da própria intervenção no campo de ações. Nesse sentido, a colocação de seu antigo estudante, Hans Jurgen Krahl, a respeito da "inabilidade da teoria de Adorno em lidar com questões de organização"[451] não deveria ser descartada. Elas dizem respeito à compreensão concreta dos processos de emergência. Ao menos nesse contexto, ela aponta para um problema central de reflexão sobre processos de constituição de hegemonia. Pois sujeitos políticos emergem no interior de lutas e revoltas, não previamente a elas. Para que tal emergência seja possível, faz-se necessário que a crítica social se desdobre ao menos em indicação de potencialidades de organização tendo em vista a insurgência. O diagnóstico adorniano do "enfraquecimento da consciência de classe"[452] no interior do capitalismo tardio parece paralisá-lo diante da possibilidade de lutar pela constituição de hegemonia em um campo de atores sociais fragmentado, já que falta a Adorno a constituição teórica de um sujeito genérico interno aos embates políticos, capaz de emergir "em movimento" no interior das lutas sociais (como faz Marx a respeito do proletariado). Para tanto, seria necessário que o próprio conceito de "sujeito não-idêntico" fosse projetado para dentro do campo de embates políticos, o que não ocorre. Essa talvez seja uma tarefa política maior deixada pela dialética negativa. Isso nos levaria à questão de como sujeitos não-idênticos se organizam em processos de insurgência, como eles se manifestam em situações "cedo demais", questões que Adorno se recusa terminantemente a colocar. Questões que ficaram para a posteridade.

Note-se que isso nada tem a ver com alguma forma de "resignação escapista" que seria própria à dialética negativa. A insistência de Adorno na irredutibilidade do momento teórico é, na verdade, fruto da consciência da impotência de uma prática incapaz de se orientar diante de uma avaliação adequada de contextos e impactos de ações. Pois, "a passagem à práxis sem teoria é motivada pela impotência objetiva da teoria, e multiplica aquela impotência mediante o isolamento e fetichização do momento subjetivo do movimento histórico: a espontaneidade".[453] Esse ponto é tão central para a concepção política de Adorno que em certos momentos ele explicitará a necessidade de novas formas de aliança entre intelectuais

---

[451] KRAHL, Hans Jurgen. The political contradiction in Adorno's critical theory. *Telos: critical theory of the contemporary*, v. 21, n. 164, 1974.

[452] ADORNO, *Gesammelte Schriften*, v. 8, p. 15.

[453] ADORNO, *Palavras e sinais*, p. 212. Lembremos ainda de que: "A crítica lógica e a enfático-prática, de que a sociedade precisa ser transformada, são momentos do mesmo movimento do conceito. Que também uma tal análise não pode simplesmente ignorar a separação do vinculado, a de ciência e política, se confirma pelo procedimento de Marx. Ele tanto criticou como respeitou a separação; aquele que em sua juventude escreveu as *Teses de Feuerbach* permaneceu por toda a sua vida um teórico da economia política" (ADORNO, *Introdução à controvérsia sobre o positivismo na sociologia alemã*, p. 139)

e classe trabalhadora como condição fundamental para que a energia negativa das classes subalternas se transforme em força revolucionária:

> Hoje em dia, quando o conceito de proletariado, intocado em sua essência econômica, está tão obliterado pela tecnologia que, no maior dos países industrializados, não há possibilidade de uma consciência proletária de classe, o papel dos intelectuais já não seria alertar os obtusos para seus interesses mais patentes, porém tirar a venda dos olhos dos espertos, tirar a ilusão de que o capitalismo que faz deles seus beneficiários transitórios baseia-se em outra coisa que não sua exploração e opressão. Os trabalhadores enganados dependem diretamente daqueles que ainda conseguem enxergar alguma coisa e falar-lhes de seu engano. Seu ódio pelos intelectuais sofreu uma mudança correspondente. Alinhou-se com as opiniões correntes do senso comum. As massas já não desconfiam dos intelectuais por eles traírem a revolução, mas porque eles talvez a queiram; com isso, relevam quão grande é sua própria necessidade de intelectuais. A humanidade só sobreviverá se os extremos se unirem.[454]

A colocação é clara e repete uma ideia presente em muitos momentos nos textos adornianos, a saber, não há como apelar à emergência de uma consciência de classe, independente dos antagonismos de classe terem permanecido intocados. Mesmo assim, nesse contexto, a função dos intelectuais continua decisiva, o que demonstra uma consciência explícita de autopertencimento a uma dinâmica de luta social. Essa função dos intelectuais não consiste, no entanto, em enunciar ao proletariado a natureza de seus próprios interesses, como se fosse questão de retomar uma visão redentora e dirigista de uma pretensa vanguarda intelectual. Ela é um insistir na impossibilidade da integração, no embuste da participação e da "parceria social". A classe intelectual tem uma função desintegradora que só aparece de forma efetiva quando ela assume para si querer uma práxis revolucionária, sua não-participação é ativa. Ela é uma desintegração em ato. Assim, ela recusa sua própria integração e permite, com isso, a imagem improvável de uma união entre os extremos, mesmo que não se possa dizer que essa força da recusa seja atualmente uma posição muito presente entre a classe intelectual.

No entanto, diante dos impasses e desafios dessa natureza, a Teoria Crítica preferiu abandonar o que seria a tarefa exigida pelo tempo histórico, a saber, aprofundar a reflexão sobre a dialética necessária para as potencialidades revolucionárias do presente, aprofundar a reflexão sobre processos de emergência. Ou ainda, pensar a sociedade capitalista a partir de sua *plasticidade revolucionária imanente*. O que ela se tornou foi um celeiro de intelectuais para os quais a própria ideia de "revolução" perdera completamente o sentido. Teria sido necessário meditar com mais vagar afirmações de Adorno como:

---

[454] ADORNO, Theodor. Mensagens numa garrafa. In: ZIZEK, Slavoj (Org.). *Um mapa da ideologia.* Rio de Janeiro: Contraponto, 2007, p. 50.

Meu sentimento mais íntimo sobre isso é: no momento tudo está fechado, mas a qualquer momento isso pode mudar. Eu faço a seguinte consideração: essa sociedade não se move em direção a um Estado de Bem-Estar. [...] Eu não consigo imaginar que exista um mundo intensificado a tal ponto de delírio, sem que contraforças objetivas sejam liberadas.[455]

Ou seja, teria sido necessário pensar com mais vagar sobre essas contraforças objetivas que se movem para fora do modelo do estado do bem-estar social, o último estágio possível de compromissos no interior das sociedades capitalistas avançadas. Teria sido necessário pensar uma plasticidade revolucionária indissociável do movimento polar entre emancipação e risco de regressão fascista. Em vez disso, as gerações posteriores da Escola de Frankfurt, animadas pelo medo do que aparecia a alguns como "fascismo de esquerda" (expressão colocada em circulação pelo jovem Habermas), acabarão por abraçar um projeto político muito mais desinflacionado de aspirações de transformação. A filosofia que precisa manter-se viva para lembrar a potência do que ainda não foi realizado e dos sujeitos que virão dará lugar à análise dos potenciais imanentes às estruturas de interação já em operação nas esferas de reprodução da vida social. A solidariedade entre filosofia e revolução, solidariedade que, como dizia Freud a respeito da razão, pode falar baixo mas nunca se cala, será cortará de vez no interior do pensamento frankfurtiano. Ela simplesmente desaparecerá como questão relevante para uma reflexão político-filosófica.

Até mesmo a crítica totalizante da sociedade capitalista implacavelmente feita por Adorno será vista, muitas vezes, como mera expressão de um niilismo sem freios, elitista e aristocrático. Sua crítica da cultura será vista como incapaz de dar conta da multiplicidade dos processos de ressignificação próprios à recepção e à remediação. Teremos então uma geração de pensamento crítico sem a capacidade e o desejo de operar de forma implacável no campo da crítica cultural e na destituição da indústria cultural. Geração que preferirá ver, na crítica cultural, a expressão inconfessa do elitismo e da afirmação colonial. Mas a deposição da crítica da cultura é o primeiro estágio do embotamento de toda imaginação política. Por isso, há de se lembrar que recuperar a dialética adorniana nunca será uma operação anódina em suas consequências políticas.

---

[455] ADORNO, Theodor; HORKHEIMER, Max. Diskussion über Theorie und Praxis. In: HORKHEIMER, Max. *Gesammelte Schriften. Band 19*. Frankfurt: Suhrkamp, 2003, p. 47.

**EXCURSOS:
UM ESCLARECIMENTO SOBRE A
PRODUTIVIDADE DAS COLISÕES
E DOIS SOBRE A DIALÉTICA EM SOLO NACIONAL**

Entre a diferença e a contradição:
Deleuze contra a negatividade

Things floating like the first hundred flakes of snow
Out of a storm we must endure all night.

Out of a storm of secondary things,
A horror of thoughts that suddenly are real.

We must endure our thoughts all night, until
The bright obvious stands motionless in cold.
Wallace Stevens

É inegável que um dos eixos maiores de caracterização do pensamento francês contemporâneo foi sua aversão à dialética. A partir do estruturalismo de Lévi-Strauss, Althusser e do primeiro Foucault, a dialética aparecerá como o pensamento que se desdobra no interior de uma antropologia humanista profundamente normativa e conservadora, no interior de uma concepção teleológica e necessitarista de história, de um movimento de integração sem rupturas efetivas. Todos esses autores parecem convergir no diagnóstico da dialética como uma teoria do falso movimento, do processo de anulação da diferença e das transformações. Como sabemos, esse horizonte não se modificará com a ascensão da experiência intelectual da geração posterior, a saber, Derrida, Lyotard, Deleuze, Guattari e os desdobramentos pós-estruturalistas de Foucault. E entre essa aversão comum, talvez não tenha ninguém que mais claramente colocou-se em oposição à dialética do que Gilles Deleuze, a ponto de ele não temer em definir sua filosofia da diferença como o fruto de um "anti-hegelianismo generalizado".[456] No entanto, há de se perguntar se tal operação não teria cobrado um preço alto demais, bloqueando possibilidades implícitas de desdobramentos e de interações entre experiências singulares de pensamento. Como havia dito, uma reflexão sobre o sentido de recuperar e discutir atualmente as configurações do pensamento dialético não pode deixar de levar em conta as críticas vindas do pensamento

---

[456] DELEUZE, *Différence et répétition*, p. 1.

francês contemporâneo, de onde se segue o sentido de desenvolver este livro na direção de uma confrontação filosófica, a meu ver, sempre adiada.

No entanto, a recepção da Escola de Frankfurt pelo pensamento francês foi, em larga medida, circunstancial. Afora Lyotard, que lera e criticara principalmente a filosofia da música de Adorno, nomes como Foucault, Derrida e Deleuze terão conhecimento dos trabalhos dos frankfurtianos apenas a partir de meados dos anos 1970, sem nunca se debruçar de forma sistemática sobre eles. Deleuze e Guattari farão algumas considerações positivas surpreendentes a respeito da dialética negativa de Adorno em *O que é a filosofia?*, mas sem maiores consequências.[457] Foucault lembrará de citá-los em entrevistas, arrependendo-se de não tê-los conhecido antes. Derrida comentará textos de Benjamin e proporá um programa de aproximação à ocasião da entrega do prêmio Adorno. Mas não teremos muito mais que isso.

Já a confrontação com Hegel é onipresente, principalmente nos anos 1960 e início dos 1970. Por isso, é através dela que devemos mensurar certos problemas fundamentais na recuperação contemporânea da dialética. Pois o problema central a animar esse dispositivo de confrontação entre dialética e pensamento francês girava em torno de um ponto que não deixava de ressoar questões maiores da releitura adorniana de Hegel, a saber, o estatuto da diferença e da identidade no interior do pensamento dialético.

Notemos que tal questão não é simplesmente um problema filosófico, mas uma discussão claramente política. Como foi dito na Introdução, a emergência da centralidade da diferença como operador filosófico na Europa do pós-guerra é indissociável do pressentimento do colapso do estado do bem-estar social e seus modelos de integração econômica e psicológico-cultural. Diante desse horizonte de colapso iminente, a insistência na diferença era forma de colocar em questão os modelos hegemônicos de luta social, de tradução da multiplicidade das lutas na centralidade de uma contradição principal global capaz de impulsionar certa redenção histórica. No interior desse cenário, tudo o que a dialética parecia ser capaz de oferecer era a submissão do potencial de produção da diferença a modalidades de integração a partir da efetividade existente. Um pensamento da integração, e não uma reflexão sobre metamorfoses categoriais. Seu potencial revolucionário

---

[457] Uma das raras tentativas de articular Deleuze e Adorno foi feita por: BONNET, Alberto. Antagonism and difference: negative dialectics and post-structuralismin view of the critique of modern capitalism. In: HOLLOWAY, *Negativity and Revolution*. No entanto, sua perspectiva termina na tópica do pós-estruturalismo como afirmação teórica involuntária do estágio atual do capitalismo avançado, o que creio ser indefensável por não levar realmente em conta as reflexões de Deleuze e Guattari sobre o sofrimento social produzido pelo capitalismo e sobre as dinâmicas de lutas por eles tematizadas e que se enraízam de forma clara nas práticas clínicas fundadas na transversalidade das relações de poder, nas lutas autonomistas, na crítica da forma-partido e da forma-sindicato, na solidariedade com a resistência anticolonial, entre tantas outras.

seria, portanto, nulo, principalmente em um país como a França, que nunca fora assombrado pela consciência do descompasso entre ideia e efetividade, como era o caso da Alemanha e de seu solo fértil à dialética hegeliana.

Ao contrário, na França do pós-guerra, "dialética" era vista de três maneiras. Primeiro, como aquilo que animava a política oficial do Partido Comunista Francês e de suas platitudes humanistas alinhadas com a Diamat. Segundo, como o que poderíamos encontrar na recuperação fenomenológica da filosofia da consciência (Sartre, Merleau-Ponty) e seu horizonte de engajamento. Por isso, sair do espectro da dialética aparecia, para muitos, como a condição necessária para produzir um movimento efetivo de ruptura em relação às amarras identitárias da filosofia do sujeito e de seus modelos de engajamento e deliberação. Por fim, "dialética" era o que encontrávamos em Kojève, Bataille, Lacan, em uma vertente heterodoxa que representará um conjunto de potencialidades nunca efetivamente explorado em suas reais consequências políticas.

Nesse sentido, talvez o comentário sistemático de certos modos hegemônicos de leitura da dialética em solo francês seja complemento necessário para medir o que realmente estava em jogo na tentativa de reconstrução adorniana da dialética como modalidade fundamental de pensamento crítico. Que isso seja feito então através do mais anti-hegeliano dos filósofos franceses contemporâneos, a saber, Gilles Deleuze. Vale a pena ler Deleuze perguntando-se em até que medida sua maneira de ler a dialética é, de fato, condizente com aquilo que a dialética realmente pode produzir. Seria o Hegel de Deleuze capaz de se confrontar com os textos do próprio Hegel em sua potencialidade interna ou seria ele um acerto de contas com certas leituras recorrentes no interior do pensamento francês do século XX?

A questão não é meramente historiográfica. Caso a crítica de Deleuze seja inadequada para expressar a maneira com que a dialética pensa a produtividade da experiência da diferença, ou seja, se a compreensão dialética da diferença for mais complexa do que aquela sugerida por Deleuze, então não teremos apenas uma correção necessária de leitura. Nós não teremos apenas uma possibilidade de medir de maneira mais honesta as proximidades e as distâncias entre dialética e a ontologia deleuzeana, de perguntar pelas reais consequências de tais experiências intelectuais. Uma reordenação tópica que serviria para esclarecer melhor o que a dialética é capaz de produzir e quais questões ela pode colocar ao pensamento deleuzeano. No entanto, não se trata aqui simplesmente de defender Hegel contra Deleuze. Trata-se, na verdade, de tentar mostrar como a discussão entre dois dos maiores filósofos que se debruçaram sobre a diferença está mal posta. Ela está colocada em um lugar improdutivo no qual o debate filosófico resvala rapidamente para formas astutas de desqualificação moral. Melhor seria tentar reposicionar o debate a partir daquele que é, a meu ver, o verdadeiro problema, a saber, as modalidades diversas de inscrição ontológica da diferença e seus embates. Um problema cujas consequências para a reflexão filosófica sobre políticas da transformação serão fundamentais.

Teoria do falso movimento

Podemos dizer que um dos eixos da crítica deleuzeana a Hegel gira em torno da centralidade, dada pela dialética, à contradição. Deleuze compreende a contradição como uma figura inadequada da diferença. Ou seja, a maneira com que a dialética compreende a processualidade do movimento, a constituição de determinações e o redimensionamento contínuo do campo da experiência é indissociável da possibilidade de "organizar a contradição". Mas, para Deleuze, os conflitos organizados sob a forma da contradição são um "falso movimento".[458] Daí por que ele necessita afirmar que "a diferença só implica o negativo e só se deixa ir até a contradição na medida em que continuamos a subordiná-la ao idêntico".[459]

A noção da dialética como um astuto pensamento da identidade fundado através da possibilidade de sempre construir mediações entre contraditórios – as quais, por serem mediações, só podem meramente confirmar o que estava inicialmente pressuposto no interior de um sistema prévio de possibilidades – não esperou, no entanto, Deleuze para aparecer. Heidegger, por exemplo, insistirá: "O que Hegel pensa com a palavra 'experiência' diz primeiramente o que é a *res congitans* enquanto *subjectum co-agitans*. A experiência é a apresentação do sujeito absoluto desdobrando-se na representação, e assim se absorvendo".[460] Ou seja, a experiência em Hegel seria a absorção contínua no campo de um sistema de representações em cujo fundamento sempre encontramos o sujeito em sua confirmação de si. *A contradição seria apenas a oposicionalidade do sujeito consigo mesmo*, um movimento no interior do qual os acontecimentos são apenas a confirmação de possíveis de uma substância que continuará sempre idêntica a si mesma.

Encontramos ideias estruturalmente semelhantes em Althusser, quando ele afirma, em 1965, que Hegel tem apenas um conceito simples e unificador de contradição que opera por interiorização cumulativa:

> Com efeito, a cada momento de seu devir, a consciência vive e prova sua própria essência (que corresponde ao grau que ela alcançou) através de todos os ecos das essências anteriores que ela foi e através da presença alusiva de formas históricas correspondentes [...] Mas tais figuras passadas da consciência e seus mundos latentes

---

[458] Idem, p. 16.

[459] Idem, p. 1. Como sintetizará Malabou, Deleuze "restringe a dialética ao infatigável movimento de superação (*Aufhebung*) da diferença e, em segundo lugar, a identifica a uma forma elevada de ressentimento" (MALABOU, Catherine. Who's Afraid of Hegelian Wolves? In: PATTON, Paul. *Deleuze: A Critical Reader*. Oxford: Blackwell, 1996, p. 117).

[460] HEIDEGGER, *Caminhos da floresta*, p. 340.

(correspondentes a tais figuras) nunca afetam a consciência presente enquanto determinações diferentes dela mesma. Tais figuras e mundos só a concernem como ecos (lembranças, fantasmas de sua história) do que ela se tornou, ou seja, como antecipações de si ou alusões a si.[461]

Althusser pode dizer que as figuras do passado nunca afetam a consciência como uma determinação diferente, que o passado foi desde sempre "digerido previamente",[462] porque Hegel pensaria o movimento histórico a partir de uma contradição simples própria à noção de uma unidade originária que se cindiria em dois contrários, unidade "desenvolvendo-se no seio de si mesma graças à virtude da negatividade e sempre se restaurando, em todo seu desenvolvimento, cada vez em uma totalidade mais 'concreta' do que tal unidade e simplicidade originárias".[463] Para tanto, e Althusser pensa aqui principalmente na *Fenomenologia do Espírito*, seria necessário que todos os elementos da vida concreta de um mundo histórico fossem reduzidos a um princípio único compreendido como exteriorização e alienação da forma abstrata da consciência de si referida a tal mundo, tal como Roma reduzida por Hegel à manifestação do princípio da personalidade jurídica abstrata. Daí a ideia althusseriana de falar em uma "contradição simples" a animar a dialética hegeliana. Como se a totalidade hegeliana possuísse uma unidade no interior da qual todas as diferenças seriam postas apenas para serem negadas enquanto a expressão do mesmo princípio espiritual transcendente. Pois, na totalidade hegeliana, "cada elemento é *pars totalis,* e as esferas visíveis são apenas o desdobramento alienado e restaurado do dito princípio interno".[464] Essa "causalidade expressiva" transformaria toda experiência da diferença em uma forma simples de contrariedade. Contra tal redução, Althusser faz apelo ao uso da noção freudiana de sobredeterminação.

Lembro-me dessas duas leituras por elas terem certamente influenciado de forma direta a intepretação proposta por Deleuze.[465] Mesmo que a estratégia de Deleuze não seja idêntica às de Althusser e Heidegger, ela segue o diagnóstico corrente. Proponho então tentar reconstruí-la aqui, a fim de avaliar sua pertinência.

---

[461] ALTHUSSER, Louis. *Pour Marx*. Paris: La Découverte, 1986, p. 101.

[462] Idem, p. 115.

[463] Idem, p. 202.

[464] Idem, p. 210.

[465] A respeito de Althusser, Deleuze dirá: "os comentadores de Marx que insistem na diferença fundamental de Marx e Hegel lembram corretamente que a categoria de diferenciação no interior de uma multiplicidade social (divisão do trabalho) substitui, no *Capital*, os conceitos hegelianos de oposição, de contradição e de alienação – os quais formam apenas um movimento de aparência e valem apenas por efeitos abstratos, separados do princípio e do verdadeiro movimento de sua produção" (DELEUZE, *Différence et répétition*, p. 268. Ver ainda a nota da p. 75).

Dialética como representação orgiástica

Deleuze tende a compreender que a posição de Hegel não é essencialmente diferente da maneira que Aristóteles define a diferença e a determinação. Essa articulação é fundamental para Deleuze poder afirmar, tal como Heidegger fizera anteriormente, que o que temos em Hegel ainda é uma forma de pensamento da representação. Como no interior da representação só seria possível pensar a diferença como diferença opositiva, como oposicionalidade que se acomoda a um quadro estruturado de representações, essa é a forma de Deleuze afirmar que a dialética hegeliana é um pensamento da identidade, do retorno às possibilidades formais já determinadas, incapaz de pensar a produtividade da diferença.

Aristóteles afirma que é diferente aquilo que difere do outro a partir de um elemento particular, sendo necessária a existência de um elemento idêntico que construa um campo de equivalência possível. O elemento comum pode ser o gênero ou a espécie. Duas coisas são distintas em gênero quando não há matéria comum ou geração recíproca, como é o caso de coisas de categorias diferentes. Elas são distintas em espécie quando são idênticas segundo o gênero.

Sabemos que Aristóteles distingue quatro tipos de oposição: contrariedade, contradição, relação e privação. É na contrariedade que Aristóteles verá a "diferença perfeita", já que a contrariedade representa a diferença máxima no interior do gênero (por exemplo, cor "branca" e "preta", animal "pedestre" e "alado"), sendo a contrariedade primeira dada pela posse e pela privação de um predicado. É por ser pensada a partir da posse e da privação que, para cada coisa, só pode haver um contrário.

Por "gênero" entendamos, por sua vez, o que constitui a unidade e a identidade de dois seres e que diferencia esses seres de uma maneira que não é simplesmente acidental. "Animal" define minha unidade com um cão, ao mesmo tempo que "animal" se diferencia em mim e no cão de forma não acidental, pois nos distingue em espécies. Ou seja, a diferença no interior do gênero divide-o, produzindo espécies que têm, entre si, relações que vão até a contrariedade (como "mamíferos pedestres" e "mamíferos alados"). Dessa forma, percebemos como a diferença aparece como especificidade que divide o que permanece comum, a saber, o gênero. Ela é um operador que permite a conservação da identidade conceitual do gênero, inscrevendo-se no conceito indeterminado do gênero.

A "diferença específica", ou seja, que determina espécies, é compreendida por Deleuze como modo de não apresentar um conceito de diferença, mas de submeter a experiência da diferença às limitações representacionais do conceito, transformando-a em predicado de uma espécie. É para criticar tal *concepção predicativa de diferença* que Deleuze precisa insistir que se confunde "a determinação de um conceito próprio de diferença com a inscrição da diferença no conceito em geral".[466] Nesse sentido, ao falar que procura uma diferença desprovida de conceito, Deleuze insiste que há uma experiência exterior ao modo de determinação de predicações conceituais que deve ser recuperada a fim de nos livrarmos de uma imagem do pensamento que nos aparece com o peso do senso comum. Veremos mais à frente o que podemos entender por tal estratégia. Por outro lado, a relação dos gêneros entre si desconhece um terceiro termo comum, como Aristóteles afirma: "As coisas que são diferentes por gênero não admitem entre si nenhuma passagem, mas são distantes entre si e incomunicáveis".[467] O único termo comum possível seria "ser" ou "um". No entanto, Aristóteles afirma que "ser" e "um" não são substâncias, mas apenas os predicados mais universais. Nesse sentido, na dimensão da distinção entre gêneros, há uma equivocidade radical do ser, enquanto as espécies são unívocas em relação ao gênero.

Levando isso em conta, podemos dizer que a crítica deleuzeana a Hegel pode ser sintetizada na seguinte frase: "Hegel, assim como Aristóteles, determina a diferença por oposição dos extremos ou dos contrários",[468] o que implica, e esse é um ponto prenhe de consequências, *reduzir a contradição hegeliana a uma forma radicalizada de contrariedade.* Se aceitarmos a leitura de Deleuze, poderíamos explicar por que, na *Ciência da Lógica,* a diversidade (como diferença exterior e multiplicidade não-estruturada) deve necessariamente resolver-se na posição da igualdade e da desigualdade para daí advir oposição.[469] Poderíamos ainda compreender tentativas, como a de Robert Brandom, de definir a negação determinada como a simples reflexão sobre as consequências de assumirmos o caráter estruturante de relações de *incompatibilidade material.* Lembremos do que ele afirma:

> Hegel aceita o princípio medieval (e spinozista) *omni determinatio est negatio.* Mas a mera diferença ainda não é a negação que a determinidade exige de acordo com esse princípio. Essencialmente, a propriedade definidora da negação é a

---

[466] Idem, p. 48.

[467] ARISTOTELES, *Metafísica,* X, 4, linha 7.

[468] DELEUZE, *Différence et répétition,* p. 64. Ou ainda: "a dialética se alimenta de oposições porque ela ignora os mecanismos diferenciais sutis e subterrâneos" (DELEUZE, *Nietzsche et la philosophie,* p. 181). Como dirá David-Ménard: "para Deleuze, a contradição hegeliana é uma vitória imaginária do mesmo sobre a diferença quando esta é mal pensada: dois termos só se relacionam um ao outro de maneira contraditória quando eles são enviados a uma medida comum que não deixa subsistir a disparidade caótica que colocou estes dois termos em relação" (DAVID-MÉNARD, Monique. *Deleuze et la psychanalyse: l'altercation.* Paris: PUF, 2006, p. 17).

[469] Na verdade, não pode haver multiplicidade não-estruturada para Hegel. A simples posição de uma proposição como: "Não há duas coisas que sejam completamente idênticas" já pressupõe um dispositivo de contagem que organiza a diversidade a partir da estrutura de uma multiplicidade numérica. De fato, Hegel segue um argumento aristotélico aqui.

exclusividade codificada no princípio de não-contradição: *p* exclui-se de *não-p*; eles são incompatíveis.[470]

Assim, "o conceito de incompatibilidade material ou, como Hegel o designa, de 'negação determinada' é seu mais fundamental instrumento conceitual".[471]

No entanto, há que se insistir contra Brandom que Hegel não pensa os polos opostos a partir de relações de exterioridade, o que impossibilita a tentativa de reduzir a contradição a uma forma de incompatibilidade material ou mesmo de contrariedade. Reduzir a negação hegeliana à contrariedade implica aceitar que os processos descritos por Hegel são apenas atualizações de um dos possíveis opostos definidos previamente no interior do gênero ou definidos previamente como atributos possíveis de um mesmo sujeito. No entanto, à sua maneira, Hegel também se bate contra uma concepção predicativa de diferença, a que ela chama de "pensar representativo" ligado ao primado do entendimento.

Deleuze crê superar a dificuldade desse ponto afirmando que, para além do modo "orgânico" de representação marcado pela aplicação estrita dos quatro princípios anteriormente mencionados, há ainda um modo de a representação tentar englobar o que lhe nega, englobar o "sentimento" da infinitude. Trata-se daquilo que Deleuze chama de representação "orgiástica" e que conhecemos simplesmente por dialética em sua matriz hegeliana. Por representação orgiástica, Deleuze compreende o conceito enquanto operador de internalização do que lhe aparece inicialmente como diferença exterior.[472] Daí por que a noção de limite se modifica:

> Ela não designa mais os limites da representação finita, mas ao contrário a matriz na qual a determinação finita não cessa de desaparecer e de nascer, de se absorver e se desdobrar na representação orgiástica.[473]

Deleuze insiste várias vezes que a maneira que Hegel dispõe de criticar a representação consiste em salvá-la, ou seja, em conservá-la como fundamento a partir do qual o que não se conforma à representação é posto como negativo. Daí por que ele pode afirmar que a determinação finita (a representação) não cessa

---

[470] BRANDOM, *Tales of the Mighty Death*, p. 179.

[471] Idem, p. 180.

[472] Como dirá Lapoujade: "O fundamento deve agir agora no interior da representação para estender os limites desta tanto ao infinitamente pequeno quanto ao infinitamente grande" (LAPOUJADE, David. *Deleuze: os movimentos aberrantes*. São Paulo: N-1, 2015, p. 50).

[473] DELEUZE, *Différence et répétition*, p. 62. Nesse sentido: "em vez de tentar resolver as dificuldades da representação movendo-se em direção a uma posição transcendental, Hegel usa tais dificuldades para mover-se do pensamento finito da representação ao pensamento infinito através da aceitação da natureza contraditória do mundo" (SOMERS-HALL, Henry. *Hegel, Deleuze and the critique of representation: dialectics of negation and difference*. Albany, NY: SUNY Press, 2012, p. 188).

de desaparecer (já que ele se confronta incessantemente com o que lhe nega) e de nascer (já que ela permaneceria como fundamento dos modos de orientação do pensamento). É isso que Deleuze tem em mente ao insistir que a dialética só pode descobrir o infinito deixando subsistir a determinação finita: "dizendo o infinito da determinação finita, representando-a não como dissolvida ou desaparecida, mas como se dissolvendo e a ponto de desaparecer, ou seja, também como engendrando-se ao infinito",[474] um pouco como a consciência que deve sentir a presença contínua de Deus *in absentia*.

No fundo, essa maneira de só pensar o infinito como desaparecimento infinito da determinação finita seria fruto de uma espécie de "sono antropológico" hegeliano. Hegel seria ainda preso à antropologia da consciência, ou seja, aos limites cognitivos da consciência psicológica. Por isso, desde sua resenha crítica ao livro de Jean Hyppolite, *Lógica e existência*, Deleuze se pergunta:

> [...] não podemos fazer uma ontologia da diferença que não teria que ir até a contradição porque a contradição seria menos do que a diferença, e não mais? A contradição não seria apenas o aspecto fenomenal e antropológico da diferença?[475]

Anos depois, em *Nietzsche e a filosofia*, Deleuze explicitará essa via ao acusar a dialética de ser "uma mistura bizarra de ontologia e antropologia, de metafísica e de humanismo".[476] A insistência na dialética hegeliana como pensamento dependente dos limites de uma antropologia (tema heideggeriano e althusseriano por excelência) vem da compreensão da consciência-de-si como uma consciência presa às determinações representacionais de uma consciência empírica. Pois *seria apenas para uma consciência presa ainda à representação que tudo não pensável sob a forma da representação só pode ser uma contradição*, ou seja, uma impossibilidade do pensamento que só se apresenta como negatividade diante da clareza do pensamento representacional.[477] Daí por que Deleuze

---

[474] DELEUZE, *Différence et répétition*, p. 63.

[475] DELEUZE, Gilles. *L'île déserte*. Paris: Minuit, 2006, p. 23.

[476] DELEUZE, *Nietzsche et la philosophie*, p. 210.

[477] Em um artigo em que critica minha leitura da relação entre Deleuze e Hegel, Alisson Souza levanta uma série de questões importantes. Em uma delas, ele insiste: "só existe contradição do ponto de vista da consciência, visto precisamente que a consciência é a paralisia do movimento, o que lhe confere uma forma, subjetivando-o e objetivando-o, reduzindo o real a uma contradição" (SOUZA, Alisson. A paixão da diferença: uma resposta a Safatle. *Ipseitas*, São Carlos, SP, v. 4, n. 2, 2018, p. 191). No entanto, há de se insistir ainda mais uma vez que a contradição não é uma produção da consciência, como se fosse mero resultado das estruturas de conhecimento da consciência. Lembremos da afirmação de Adorno, para quem ela era uma "lei real" de um mundo objetivo que só permite à diferença existir sob a forma de uma "impossibilidade lógica" aos modos reais de determinação social. Os modos de representação não são apenas produções da consciência. Eles são uma ordem social ligada às estruturas de reprodução material da vida. A consciência é uma derivação de tais estruturas. Logo, reduzir a contradição a uma antropologia

precisa afirmar que a fenomenologia hegeliana é, no fundo, uma fenomenologia da consciência infeliz, tema que ele traz das leituras hegelianas de Jean Wahl,[478] um dos poucos livros que Deleuze cita em sua crítica à dialética em *Nietzsche e a filosofia*. Como se ela fosse prisioneira da cisão própria à consciência infeliz entre a efetividade e a essência.

No entanto, tal interpretação é dificilmente sustentável. Primeiro, porque se para a consciência a contradição é o impensável, para o Espírito (*Geist*) ela é índice de verdade. O Espírito não é uma consciência hipostasiada, mas outra forma de pensamento, radicalmente distinta da forma de pensamento e presença que define a consciência. O Espírito é o sujeito de um pensamento que atualiza o infinito sob a forma do absoluto. Por isso, a *Fenomenologia do Espírito* não é uma antropologia da consciência, nem a consciência infeliz é seu destino final, o que seria bizarro, já que Hegel criou tal figura da consciência para dramatizar as clivagens próprias à consciência moral kantiana, que ele critica.[479]

Isso explica, entre outras coisas, por que o fundamento ao qual a contradição é reportada não pode ser considerado "uma maneira de tomar particularmente a sério o princípio de identidade, dando-lhe um valor infinito, tornando-o coextensivo ao todo e, assim, fazendo-o reinar sobre a própria existência",[480] um pouco como a função da unidade originária simples defendida pela leitura que Althusser faz de Hegel. Ao contrário, o ir ao fundamento é uma desarticulação do anteriormente fundado. Em Hegel, o esclarecimento do fundamento é sempre a dissolução imanente do fundado. As oposições, quando vão ao fundamento (*Grund*), caem todas no abismo (*Abgrund*). Daí por que "a essência, quando se determina como fundamento, determina-se como o não-determinado e é apenas

é desconhecer os modos efetivos de estruturação da falsa totalidade no interior das sociedades capitalistas. Por outro lado, a crítica da filosofia da consciência não deve eliminar o problema da reflexão sobre os regimes de implicação e de reconhecimento da diferença. Há uma implicação com a diferença que exige operações de reflexividade. Imaginar que a reflexão é apenas uma figura da representação da consciência, e não um modo extensivo de implicação, equivale a implodir toda possibilidade de compreensão de transformações e metamorfose. Uma transformação não reconhecida como tal por aquele que a subjetiva só pode ser inefetiva. A insistência em processos de reconhecimentos permite a compreensão de transformações por afecção, já que reconhecer algo não é um ato de recognição, mas de transformação a partir de uma causalidade exterior.

[478] WAHL, Jean. *Le malheur de la conscience dans la philosophie de Hegel*. Paris: Rieder, 1929.

[479] Derrida compreendeu bem esta ideia ao afirmar: "a *Fenomenologia do Espírito* não se interessa por qualquer coisa a que possamos chamar simplesmente o homem. Ciência da experiência da consciência, ciência das estruturas da fenomenalidade do espírito relacionando-se com ele mesmo, ela distingue-se rigorosamente da antropologia. Na *Enciclopédia*, a seção intitulada 'Fenomenologia do Espírito' vem depois da 'Antropologia' e excede muito explicitamente os limites desta" (DERRIDA, Jacques. *Margens da filosofia*. Campinas: Papirus, 1986, p. 156).

[480] DELEUZE, *Différence et répétition*, p. 70.

a superação (*aufhebung*) de seu ser determinado que é seu determinar".[481] Tal superação pressupõe uma inquietude (*Unruhe*) do nível do fundamento que não pode ser compreendida de forma adequada como reinstauração da identidade sob a garantia da representação, mas como processualidade baseada na "unidade imediata com sua negatividade absoluta".[482]

De volta ao problema do infinito

No entanto, devemos insistir em uma questão central nesse debate: entre Deleuze e Hegel passa ao menos um ponto em comum, a saber, todas as duas são filosofias para as quais o problema filosófico fundamental consiste em pensar a atualidade do infinito, criticando, com isso, o papel estabilizador do recurso ao fundamento. Todo debate sobre os dois filósofos deveria partir dessa aceitação. Todos os dois procuram, à sua maneira, definir a tarefa da filosofia como a exigência de, através dos conceitos, "adquirir consistência sem perder o infinito no qual o pensamento mergulha".[483] Todos eles colocam como tarefa maior criticar a finitude da representação, seja sob a forma da finitude dos modos de determinação próprios ao entendimento (Hegel), seja sob a forma de uma imagem do pensamento ligada ao primado da identidade (Deleuze). Por ter um projeto comum, mas construído a partir de uma base metafísica distinta (como gostaria de mostrar mais à frente), a relação de Deleuze com Hegel será necessariamente problemática e mesmo necessaria-mente injusta. Os filósofos que não podemos ler não são aqueles com os quais discordamos, mas aqueles com os quais mantemos uma relação não-aceita de proximidade relativa.

Infelizmente, não há espaço aqui para falar, de maneira detalhada, sobre a maneira com que Deleuze pensa o infinito, o que gostaria de fazer em outra ocasião, mas podemos salientar algumas características do pensamento dia-lético sobre o infinito, retomando o que já foi indicado no primeiro capítulo deste livro. Podemos começar lembrando como, para Hegel, o infinito não está ligado a determinações quantitativas, mas a determinações qualitativas. O infinito não descreve extensões, mas intensidades caracterizadas por atua-lizações que são movimentos contínuos de implicação com o que, até então, aparecia como impossível. Por isso, podemos dizer que não se trata de pensar o infinitamente grande ou pequeno, mas o infinitamente outro.

---

[481] HEGEL, *Wissenschaft der Logik II*, p. 81.

[482] Idem, p. 84.

[483] DELEUZE; GUATTARI, *O que é a filosofia?*, p. 59.

Digamos que, para Hegel, infinito é aquilo que porta em si mesmo sua própria negação e que, em vez de se autodestruir, conserva-se em uma determinidade. Daí por que ele pode afirmar, em uma frase-chave:

A infinitude, ou essa inquietude absoluta do puro mover-se-a-si-mesmo, faz com que tudo o que é determinado de qualquer modo – por exemplo, como ser – seja antes o contrário dessa determinidade.[484]

Notemos essa maneira peculiar de falar sobre o infinito. Primeiro, Hegel o define como "a inquietude absoluta do puro mover-si-a-si-mesmo", ou seja, *o infinito é uma forma de movimento, uma forma de passagem,* e não uma situação. Um movimento infinito será aquele que é marcado por uma inquietude "absoluta". Ela é absoluta por não ser "relativa" a uma situação dada, mas ser contínua ultrapassagem de si por si mesmo, o que pode ser entendido como: atualização do que não é um mero possível da situação dada. Por isso, a infinitude é construída a partir da experiência da contradição, pois ela é atualização de impossíveis. Dessa forma, a infinitude aparecerá como a constituição de um objeto da experiência que se move a si mesmo, que tem em si mesmo a própria causa de sua transformação, não no sentido de ter seu princípio de desenvolvimento em um regime potência/ato, mas de ter em si o processo que destrói sua própria identidade imediata.

Mais uma vez poderíamos dizer que isso parece fazer com que o infinito seja o ato contínuo de ultrapassagem do finito, de um finito que permanece, que se conserva por precisar ser continuamente ultrapassado. Portanto, Deleuze podia dizer que, em Hegel, a representação infinita não se livra do princípio de identidade, mesmo que ele agora seja mobilizado preferencialmente através daquilo que indica seu limite, como as noções de oposição, antagonismo, contradição e conflito.

No entanto, e vale a pena voltar a esse ponto de forma mais sistemática, lembremos como tal leitura só seria possível se reduzíssemos todas as figuras dialéticas da negação à oposição, o que está longe de ser o caso em Hegel. A oposição pode admitir que só é possível pôr um termo através da pressuposição da realidade do seu oposto, que aparece aqui como limite de significação. Mas a oposição não pode admitir, e aqui começa uma compreensão dialética da infinitude, que a realização de um processo é a autonegação de sua identidade imediata, é a destruição de seu limite suposto. Em suma, ela não pode admitir que "tudo o que é determinado de algum modo é o contrário desta determinidade", que toda determinação é precária por estar em movimento. Admitir isso significaria desarticular a própria noção de identidade em sua força de distinção entre elementos, o que desarticularia a

---

[484] HEGEL, *Fenomenologia do Espírito I*, p. 116.

noção de "finito". Pois perdida a capacidade de distinção entre elementos, o que resta da identidade? Certamente, nada referente a seu significado habitual. Ela deixa de ter a função organizadora que normalmente esperamos da representação.

Por isso, para Hegel, a identidade do conceito nada tem a ver com a identidade da representação. Pensar o conceito significa pensar para além da representação. Daí a dificuldade em aceitar a afirmação de Deleuze, anteriormente citada, segundo a qual a diferença só implica o negativo e só se deixa levar até a contradição na medida em que continuamos a subordiná-la ao idêntico. Ela cria a ilusão de sabermos o que falamos ao denunciar a "subordinação ao idêntico". Mas não seria essa a verdadeira questão de Hegel: levaremos a identidade até sua autoexaustão, até esse ponto onde não temos mais certeza do que estamos falando, onde continuar a falar seu nome será a maneira mais astuta de trair suas ilusões iniciais?

A importância da perspectiva hegeliana talvez se encontre no fato de ela fornecer um princípio explanatório para o seguinte problema que talvez fique em aberto no pensamento deleuzeano: sendo a multiplicidade e a diferença aquilo que permite a intelecção da univocidade do ser,[485] então como explicar a recorrência perpétua das ilusões do finito e da identidade? Tais "ilusões" devem ser: (a) ou momentos da univocidade, (b) ou entidades com dignidade ontológica próprias (pois, se elas fossem entidades simplesmente "inexistentes", isso produziria a situação cômica de ter de explicar por que montamos verdadeiras máquinas filosóficas de guerra contra aquilo que, no final das contas, do ponto de vista ontológico, é inexistente), ou (c) expressões de alguma forma de "fraqueza moral", de descaminho do ser. Se aceitarmos (c), então colocaremos a crítica filosófica nas vias de uma crítica moral, como se o finito e a identidade fossem a versão contemporânea do mal, um mal agora chamado de "ressentimento", tal como Deleuze acusa Hegel em *Nietzsche e a filosofia*.

Analisemos, inicialmente, a hipótese (b). Se o finito e a identidade forem entidades com dignidade ontológica próprias, então a univocidade do ser estará quebrada e a multiplicidade se mostrará mais frágil do que a identidade, já que a identidade seria uma "ilusão" com a força de exilar a experiência da multiplicidade, isolá-la em territórios e momentos regionais. Portanto, a identidade deve ser um momento da diferença; o finito deve ser um momento da estratégia de atualização do infinito. Lembremos que Hegel parte do finito, porque começamos a pensar contra representações naturais, contra imagens do pensamento

---

[485] Isto, se admitirmos a leitura de Alain Badiou, para quem "o problema fundamental de Deleuze não é certamente liberar o múltiplo, é dobrar o pensamento a um conceito renovado do Uno. O que deve ser o Uno para que o múltiplo nele seja *integralmente* pensável como produção de simulacros?" (BADIOU, Alain. *Deleuze: o clamor do ser*. Rio de Janeiro: Jorge Zahar, 1997, p. 18).

enraizadas na linguagem cotidiana e nas operações do senso comum. Como diria Sartre, o primeiro ato filosófico é pensar contra si mesmo. Nossa primeira operação do pensamento é uma crítica da finitude que se consolidou na situação atual. Ignorar isso é esquecer que as determinações do mundo atual não se confundem imediatamente com o que a experiência é capaz de produzir. Ignorar isso seria elevar os limites do mundo atual a condição de limites de toda linguagem e pensamento possível, o que poderia inviabilizar a força da crítica.

A tal respeito, há de se lembrar que Hegel, à sua maneira, partilha com Deleuze a ideia de que é apenas quando a tendência em direção à atualidade é concebida como cortada da virtualidade por ela atualizada que desenvolvemos a imagem representacional do pensamento com sua finitude e identidade. Mas Deleuze insiste que pensar o que tem o estatuto de virtual como negatividade seria pensar o virtual como privação ou falta, o que seria desprovido de sentido:

> As formas do negativo aparecem em termos atuais e relações reais, mas apenas enquanto eles são cortados da virtualidade que atualizam e do movimento de suas atualizações. Então, e apenas então, as afirmações finitas parecem limitadas em si mesmas, opostas umas às outras, sofrendo de falta ou privação.[486]

No entanto, podemos lembrar como a negatividade em Hegel não pode ser pensada sob a forma da privação ou da falta, mas sob a forma da indeterminação produtiva. Hegel compreende que *o fracasso do finito em determinar-se deve ser momento de atualização de um infinito que, inicialmente, deve aparecer como força de indeterminação, para depois aparecer como força produtiva através da virtualização dos limites do finito.* As determinações finitas e sua estética própria do tempo e do espaço devem entrar em colapso; elas devem se autonegar através de uma crítica imanente na qual elas descobrem em si mesmas o infinito em operação, na qual elas começam a falar outra linguagem, como se sua linguagem natural fosse simplesmente destruída. As determinações finitas devem, de certa forma, explodir seus limites, suspendendo a força de organização de uma estética submetida ao pensar representativo para assim se realizarem como infinito.[487] É dessa forma que devemos entender uma afirmação central, que descreve o movimento dialético hegeliano:

> A superação (*Aufheben*) não é a alteração ou o ser-outro em geral, nem a superação de *algo*. Isso, em que o finito se supera, é o infinito como a negação da finitude, mas a

[486] DELEUZE, *Différence et répétition*, p. 267.

[487] Notemos que não estamos distantes de uma operação bem descrita por Lapoujade: "É um erro afirmar que o projeto de Deleuze é antidialético com o pretexto de que ele rejeita toda mediação; pelo contrário, é porque ele coloca em curto-circuito todas as mediações entre o sensível e a Ideia que seu projeto é propriamente dialético" (LAPOUJADE, *Deleuze: os movimentos aberrantes*, p. 102).

finitude foi determinada por muito tempo apenas como *existência* enquanto *não-ser*. Por seu lado, a infinitude foi determinada como o negativo da finitude e da determinidade em geral, como o vazio do para além. A superação de si na finitude é um retorno desse voo vazio, a negação do para além que é, em si mesmo, um negativo.[488]

Podemos dizer que o retorno do voo vazio, a negação da negação do para além como realização efetiva do infinito se dá através de uma peculiar virtualização da efetividade capaz de desarticular o sistema de limites do pensar representativo. Hegel fornece uma figura exemplar dessa virtualidade em ato através das noções de tempo histórico e temporalidade concreta.[489] Basta levar de fato a sério as consequências necessárias de afirmações como:

> A vida do espírito presente é um círculo de degraus que, por um lado, permanecem justapostos e apenas por outro lado aparecem como passados. Os momentos que o espírito parece ter atrás de si, ele também os tem em sua profundidade presente.[490]

A capacidade de colocar em justaposição o que até então era radicalmente disjunto, de criar a contemporaneidade do não contemporâneo implica um colapso da estética transcendental do tempo e sua linearidade. Ao se livrarem dos limites da representação, as determinações realizam sua infinitude ao se encontrarem no tempo histórico. Pois, se vários tempos podem estar atualizados em uma profundidade presente, é porque eles não se submetem a uma concepção representacional, mas se organizam como uma multiplicidade. A recondução do tempo à sua historicidade é figura exemplar da maneira hegeliana de pensar a atualização da virtualidade como figura da infinitude, e pode ainda nos fornecer um belo exemplo da razão pela qual a negação de uma negação resulta, em Hegel, em uma afirmação. Os instantes temporais negam-se entre si, pois se determinam inicialmente a partir de diferenças opositivas. A negação de sua negação é a atualização de uma estrutura de implicações impensável para o entendimento, mas profundamente real, por isso afirmativa.

Notemos ainda que Deleuze tende a pensar em chave transcendental o problema da diferença, ao menos em *Diferença e repetição*. Daí afirmações como:

> A diferença não é diverso. O diverso é dado. Mas a diferença é o que através do qual o dado é dado. É o que através do qual o dado é dado como diverso. A diferença não é o fenômeno, mas o númeno mais próximo do fenômeno.[491]

---

[488] HEGEL, *Wissenschalft der Logik I*, p. 160.

[489] Desenvolvi este ponto de maneira mais sistemática em *O circuito dos afetos*.

[490] HEGEL, *Vorlesungen über die Philosophie der Geschichte*, 2005, p. 104.

[491] DELEUZE, *Différence et répétition*, p. 287.

Ou ainda que a intensidade é a forma da diferença como razão do sensível, que só conhecemos a intensidade já desenvolvida em uma extensão e recoberta por qualidades, que a diferença tende a se anular na extensão e na qualidade. Isso para terminar afirmando: "Nós só suspeitamos da intensidade porque ela parece correr em direção ao suicídio".[492] Deleuze usa a noção sartreana de campo transcendental impessoal a fim de dar um passo além e livrá-la de toda figura e acessibilidade derivada das formas da consciência. Com isso, ou teríamos que pensar uma figura de acessibilidade outra que a consciência ou teríamos a figura de um princípio transcendental destituinte, em vez de uma noção constituinte de transcendental. O transcendental aparece assim como o que destitui os modos de atualização, todos eles desenvolvidos em extensão e recobertos por qualidades, e se afirma sempre como um correr em direção ao suicídio, ou seja, em direção à decomposição do que aparece como condição de possibilidade para nossas formas de vida. Talvez por isso, uma das mais sugestivas figuras da atualização da potência intensiva seja a fenda/a rachadura (*fêlure*):

> Se perguntarmos por que a saúde não seria suficiente, por que a rachadura é desejável, é talvez porque só se pensou por ela e sobre suas bordas, e tudo o que foi bom e grande na humanidade entre e sai por ela, em pessoas prontas e se autodestruir, e que é melhor a morte do que a saúde que nos propõe.[493]

A dialética como visão moral do mundo

Mas poderíamos, nesse contexto, tentar defender a tentativa de Deleuze, em *Nietzsche e a filosofia*, de submeter a dialética a uma crítica moral. Lembremonos de alguns momentos centrais dessa crítica que fará história e que produzirá consequências maiores no estabelecimento de um esquema de contraposição absoluta entre o trabalho do negativo e as chamadas forças afirmativas da vida:

> Três ideias definem a dialética: a ideia de um poder do negativo como princípio teórico que se manifesta na oposição e na contradição; a ideia de um valor de sofrimento e da tristeza, a valorização das "paixões tristes" como princípio prático que se manifesta na cisão, no dilaceramento; a ideia da positividade como produto teórico e prático da própria negação.[494]

[492] Idem, p. 289. Como dirá Anne Sauvagnargues: "se temos apenas acesso à atualização fenomenal, enquanto a Diferença intensa permanece insensível, é porque a intensidade virtual, ou a Diferença intensa aparece como a condição transcendental do fenômeno qualificado" (SAUVAGNARGUES, Anne. *Deleuze, L'empirisme transcendantal*. Paris: PUF, 2009, p. 230).

[493] DELEUZE, Gilles. *Logique du sens*. Paris: Seuil, 1969, p. 188.

[494] DELEUZE, *Nietzsche et la philosophie*, p. 223.

Ou seja, a crítica à dialética é: crítica lógica de um pensamento que só é capaz de pensar a diferença sob a forma de oposição e da contradição (ou antes, da contradição reduzida a uma figura da oposição), crítica moral a um pensamento fascinado pelas temáticas do sacrifício e da clivagem, crítica ontológica do primado negativo e do não-ser.

Insistamos aqui na crítica moral. De fato, para Deleuze, a dialética seria a última construção filosófica da moralidade cristã. Ela seria, na verdade, uma espécie de teologia negativa que eleva o negativo, a perda, a reconciliação prometida, o sofrimento e o sacrifício do trabalho à condição de categorias centrais para a compreensão da efetividade. Daí por que Deleuze pode afirmar: "A oposição de Dionísio ou de Zaratustra ao Cristo não é uma oposição dialética, mas a oposição à própria dialética".[495] A dialética não passaria, assim, de uma visão moral do mundo incapaz de produzir outra coisa que o ressentimento.

Isso ficaria claro se comparássemos o trágico segundo a dialética e o trágico segundo Nietzsche. Todos os dois insistem na essência trágica de existência. No entanto, Deleuze não pode concordar com seu professor, Jean Hyppolite (eixo maior de suas críticas à Hegel), para quem:

> Na Fenomenologia, a história julgada aparece sob a forma deste perdão dos pecados no qual o espírito absoluto se divide para se realizar, para se efetuar na ação, e, no entanto, se reencontrar a si como totalidade positiva no completo dilaceramento. Há aí uma permanência do trágico que nos faz pensar em Nietzsche.[496]

Para Deleuze, nada mais falso no que se refere a Nietzsche. Na verdade, em Hegel, o trágico estaria ligado à perspectiva da consciência infeliz que perdeu seu vínculo imediato com o Absoluto e sabe-se consciente dessa perda, que só poderá ser curada através da transformação da negatividade da ausência do Absoluto em ser. No entanto, em Nietzsche o trágico seria apenas a aceitação da exigência de afirmar a multiplicidade dos jogos de força e, com isso, irrealizar toda determinação fixa, toda realidade substancialmente enraizada. Ele é, como em Hegel, afastamento da substancialidade ética. Mas, no caso de Nietzsche, tal afastamento é apenas a exposição da verdade de uma ontologia que não precisa mais fazer apelo a nenhuma noção de substância. Poderíamos então dizer que o trágico em Nietzsche é a afirmação de que "o múltiplo é a afirmação do um, o devir, a afirmação do ser".[497] Sendo assim, o trágico seria apenas a compreensão da fluidez absoluta de todo subsistir, com a crueldade e a violência que isso implica.

---

[495] Idem, p. 199

[496] HYPPOLITE, Jean. *Figures de la penseé philosophique*. Paris: PUF, 1960, p. 225.

[497] DELEUZE, *Nietzsche et la philosophie*, p. 27.

No entanto, a crítica moral deleuzeana é ainda uma análise de patologias sociais. A seu ver, a dialética seria uma patologia caracterizada pelo ressentimento e pela má consciência. Este é um ponto de suma importância. Ressentimento e má consciência formam tipos, modos gerais de vida que produzem uma psicologia, uma forma de relação à história, à metafísica e à moral. Deleuze afirmará: "Um tipo é, com efeito, uma realidade ao mesmo tempo biológica, psíquica, histórica, social e política".[498] E, se por um lado, a filosofia nietzscheana em sua potência crítica aparece como uma sintomatologia, por outro ela funciona a partir de uma tipologia que procura identificar os modos de vida responsáveis pela produção de valores socialmente partilhados. Modos de vida que podem fornecer a inteligibilidade de condições mutiladas da vida na modernidade ocidental. Daí por que os valores, segundo Nietzsche, estão ligados a formas de vida: nobre/vil, ativo/reativo. Nesse sentido, mesmo a razão não é mais vista como a capacidade de refletir sobre princípios que podem nos orientar no julgar e no agir. A razão é uma forma de vida ligada a condições muito específicas de disposição da vontade de potência.

Ao menos nesse contexto, devemos compreender o ressentimento como o tipo que se coloca em posição de desvalorização niilista da vida tendo em vista um princípio transcendente que nunca deve se incarnar. Tal transcendência tem como sua função real apenas desvalorizar a existência, marcando-lhe com o selo infinito da inadequação e da incompletude. Nesse quadro, a negatividade dialética, em sua pretensa transcendência negativa, aparece como última astúcia de uma vontade de nada, como nadificação da existência. Assim:

> O ser hegeliano é o nada puro e simples; e o devir que esse ser forma com o nada, ou seja, consigo mesmo, é devir perfeitamente niilista; e a afirmação passa aqui pela negação porque ela é apenas a afirmação do negativo e de seus produtos.[499]

Tal perspectiva, aberta por Deleuze, que consiste em submeter a dialética a uma crítica moral, foi desenvolvida de maneira mais sistemática por Gérard Lébrun em *O avesso da dialética: Hegel à luz de Nietzsche*. Lebrun insiste como a saída hegeliana pela negatividade tem uma matriz teológica, na qual "ganhar uma determinação acaba sempre por ser renúncia a uma diferença que me individualizava, advir um pouco mais meu ser verdadeiro na medida em que sou um pouco menos meu ego".[500] Nessa desqualificação teológica das formas de individualização, a dialética hegeliana tentaria um passe de mágica no qual a

[498] Idem, p. 132.

[499] Idem, p. 210.

[500] LEBRUN, *L'envers de la dialectique*, p. 100.

inoculação de certo sentimento de fraqueza no particular aferrado à existência se transforma em estratégia fenomenológica da elevação da dor à condição de abertura ontológica. Assim, "em troca de seus sofrimentos, é o gozo do universal que se oferece à consciência – belo presente [...]".[501] Não estamos muito longe de Deleuze vendo a dialética hegeliana como "ideia do valor do sofrimento e da tristeza, valorização das 'paixões tristes' como princípio prático que se manifesta na cisão, no dilaceramento".[502]

Mas notemos dois pontos. Primeiro, a dialética hegeliana nunca poderia ser equiparada a uma forma de ressentimento, já que lhe falta a fixação no dolo passado e na culpabilização. O tempo do ressentimento é um tempo marcado pela repetição compulsiva das violações sofridas e da impossibilidade de reparação. Por isso, tempo dos lutos que não podem se realizar e das culpabilizações infinitas.[503] Nada parecido ao tempo de alguém que lembra como "as feridas do espírito são curadas sem deixar cicatrizes", como é o caso da processualidade retroativa do tempo hegeliano. Na verdade, a dialética hegeliana poderia ser acusada exatamente do contrário, a saber, do desejo de conversão absoluta de toda violência em movimento necessário do Espírito, produzindo uma espécie retroativa de necessitarismo afirmativo.[504] Nesse sentido, o mínimo que podemos dizer é que a temática do ressentimento definitivamente não lhe cabe.

Por outro lado, a presença das temáticas da morte e do sofrimento não bastam para acusar uma experiência intelectual de fixação na finitude e no niilismo. Se assim fosse, seria impossível compreender afirmações como:

> [...] os artistas são como os filósofos, têm frequentemente uma saudezinha frágil, mas não por causa de suas doenças, nem de suas neuroses; é porque eles viram na vida algo grande demais para qualquer um, grande demais para eles, e que pôs neles a marca discreta da morte. Mas esse algo é também a fonte ou o fôlego que os fazem viver através das doenças do vivido.[505]

Não seria difícil ver um acento hegeliano nessa infinitude que pôs no sujeito a marca discreta da morte por abrir a vida à potência do impessoal. Pois a negatividade hegeliana não é alguma forma de fixação no vazio (o que poderíamos encontrar, na verdade, em Alexandre Kojève, que lê claramente a negatividade

---

[501] DELEUZE, *Nietzsche et la philosophie*, p. 211.

[502] Idem, p. 224.

[503] A este respeito, ver: KEHL, Maria Rita. *Ressentimento*. São Paulo: Casa do Psicólogo, 2006.

[504] Ver, por exemplo: BALIBAR, Étienne. *Violence et civilité*. Paris: Galilée, 2010.

[505] DELEUZE; GUATTARI, *O que é a filosofia?*, p. 324.

hegeliana em chave transcendente como "revelação de um vazio"[506] e que deve fornecer boa parte das coordenadas da crítica de Deleuze à Hegel), mas a expressão do excesso em relação às determinações postas em sua individualidade e que, por isso, é capaz de produzir movimento. Nesse sentido, uma filosofia da atividade e da transformação contínua, como a hegeliana, dificilmente aceitaria a fixação temporal própria a todo ressentimento. Deleuze reconhece, em mais de um momento, a função da experiência da morte como fator de movimento e momento do devir. Não é muito diferente, ao menos nesse ponto, daquilo que encontramos em Hegel.[507]

---

[506] KOJÈVE, Alexandre. *Introduction à la lecture de Hegel*. Paris: Gallimard, 1943 A insistência em contrapor o senhor e o escravo hegeliano à moral do senhor e à moral do escravo em Nietzsche mostra como a leitura de Kojève é um guia importante de Deleuze em seus embates com Hegel naquele momento, como mostrou Paulo Arantes.

[507] Em um astuto texto no qual Adorno e Deleuze são confrontados, Larissa Agostinho compreende que: "o pensamento deleuziano é, desde o princípio, habitado por essas forças caóticas que irromperiam apenas quando nos aproximamos da morte" (AGOSTINHO, Larissa. Estilo tardio: Deleuze e Beckett. *Kriterion*, Belo Horizonte, n. 138, 2017, p. 620). De fato, essa é sua estratégia para redimensionar a relação entre limite e determinação, lembrando como o que excede o exercício das faculdades, o que lhes leva ao exercício paradoxal de seus limites, permite a abertura a um pensar para além da representação. Tal abertura é produzida através de estratégias precisas, como as que levam Beckett, segundo Deleuze, a produzir modalidades de "esgotamento dos possíveis" através das quais um impossível é atingido. Esgotamentos que se dão por formação de séries exaustivas de coisas, por interrupção do fluxo da voz, por extenuação das potencialidades do espaço ou por dissipação da potência da imagem. Esses esgotamentos não implicam o fim da narrativa, mas a possibilidade de criar a partir de condições mínimas, a partir do ínfimo que se desdobra através dos movimentos mínimos que aparecem quando os possíveis, as estruturas gerais de ordenamento se esgotam.
  Interessante notar como se abre aqui uma aproximação possível com a interpretação feita por Adorno da música de Berg, já que Adorno verá Berg exatamente como "o mestre da transição mínima", que faz instantes musicais explodirem a partir de seu desdobramento inesgotável que toma a forma da integralidade da obra. Mas, a partir daí, Agostinho prefere distinguir as operações de Deleuze e Adorno afirmando que seria necessário fazer uma distinção entre o negativo em chave dialética (que implica conservação) e a morte. Até porque uma das figuras clássicas da morte em Deleuze é a linha de fuga que encontra o risco da pura e simples abolição, destruição. Risco vencido através da produção afirmativa de imagens puras e efêmeras, para além ou aquém da representação, imagens que esgotariam todo o domínio da empiria e que mostram, com clareza, como "a morte se torna um recomeço" (idem, p. 636). Imagens que não deixam de ressoar uma noção de instinto de morte como "princípio transcendental" que nos fornece a figura da "forma vazia do tempo" (DELEUZE, *Différence et répétition*, p. 148), a figura do "estado de diferenças livres" (p. 149).
  A esse respeito, creio que seria, no entanto, importante lembrar como a negatividade dialética não pode ser compreendida como mera estratégia de conservação. Por ser negação determinada, ela é uma estratégia de implicação que não conserva o que foi deixado para trás mas, na verdade, que impede tudo o que foi deixado para trás de continuar a ser o mesmo. Ou seja, a questão é que a negação dialética não é indiferente ao que foi deixado para trás, mas lhe vê como objeto de transformações contínuas. Daí o interesse da dialética negativa por obras, como as de Beethoven, que processam continuamente até o que se rompe, até o que fende a forma. Daí também a recusa da dialética a certo empuxo ao transcendental presente em Deleuze, por acreditar que se trata de impedir o dualismo que tal empuxo pode implicar. Antes, trata-se de procurar abrir a empiria a um princípio de indeterminação para, com isso, reinscrever toda a empiria em outra processualidade, em uma negatividade que é forma de passagem incessante e conexão que preserva a não-identidade. Isso poderia abrir outras frentes na discussão. Mas há de se reconhecer que as leituras de Beckett propostas por Deleuze e interpretadas, de forma precisa, por Agostinho colocam questões que a interpretação de Adorno sobre *Fim de partida* acaba por não tematizar.

Contradição como destruição da identidade

Gostaria de terminar procurando caracterizar melhor o ponto no qual, a meu ver, a distinção entre Hegel e Deleuze pode ser posta de maneira mais produtiva. Isso exige retornar ao problema da contradição em Hegel, em especial a seu caráter de "contradição objetiva", ou se quisermos, de contradição real. Como vimos, a contradição em Hegel não diz respeito apenas à contradição lógica entre o universal e o particular, ou entre dois termos contrários enunciados sob o mesmo aspecto (como em uma relação de tese e antítese). Da mesma forma como Kant precisa distinguir oposição lógica e real, Hegel também opera com uma distinção fundamental entre contradição lógica e real.

Eu insistira anteriormente que *o movimento dialético não é mera modificação, mas é a destruição da identidade inicialmente posta*. A contradição é negação da totalidade da identidade inicial através do movimento da identidade realizar-se como exceção de si, da totalidade encarnar-se em um termo que a nega e que, inicialmente, lhe parece absolutamente exterior, o que não poderia ser diferente para alguém que define o movimento da essência como uma autonegação. Definir tal autonegação como atualização do movimento da essência significa que a destruição da identidade posta não é fruto de um acidente, mas a realização da essência, ou mesmo *a integração do acidente no interior da essência* (e poderíamos dizer que essa é uma das determinações fundamentais da dialética, a saber, a capacidade de integrar o acidente no interior da essência). Se fosse um acidente meramente exterior, não haveria contradição. Nesse sentido, podemos dizer que o que se move move-se por destruição de si e por inscrição dessa destruição em um movimento de "retorno em si" (*Rückkehr in sich selbst*) que modifica retroativamente a situação inicial finita e limitada, em vez de assegurá-la em sua identidade inicial.

Ou seja, Hegel admite, à sua maneira, uma proposição cara a Deleuze: só a repetição produz uma experiência da diferença. Mas trata-se aqui de uma repetição pensada como modalidades de retorno a si que reinstauram regimes de determinação em um nível mais elevado de complexidade.[508] Esta é a maneira hegeliana de afirmar que algo tem em si a própria causa do que lhe transforma. Ter em si a própria causa do que lhe transforma não é expressar a imanência de um devir que se desdobra no interior da totalidade da substância. Antes, ter em si a própria causa do que lhe transforma é integrar uma exceção, uma contingência

---

[508] Podemos dizer que esta função do retorno a si representa uma diferença importante entre Hegel e Deleuze. "Para Hegel, se não há retorno, a potência da ideia se dissipa até submergir-se na penumbra da alienação [...] Contra o retorno hegeliano (*zurückkehren*), Deleuze oporá o eterno retorno nietzscheano como chave da repetição que articula a diferença" (FERREYRA, Julien. Hegel leitor de Deleuze: uma perspectiva crítica da ontologia afirmativa a partir das objeções a Spinoza na *Ciência da Lógica*. *Kriterion*, Belo Horizonte, v. 54, n. 127, jun. 2013).

que só poderá ser encarnada por uma totalidade, ou seja, que só pode ser integrada à condição de a totalidade modificar o que determina seu regime de relações. Daí por que é necessário falar em contradição como condição para um movimento de transformação efetiva.

Finalizemos notando como a função dessa reflexão filosófica sobre o conceito de contradição não se resume à noção de que o pensamento crítico deve ser capaz de indicar as contradições reais no seio da vida social a fim de expô-las tendo em vista uma possível superação. Pois, ao dar à contradição um caráter ontológico, a própria noção de "superar a contradição" deve ser radicalmente revista. Conhecemos um uso tradicional dessa noção de superação, por exemplo, através da exposição marxista da contradição entre meios de produção e forças produtivas tendo em vista uma superação em direção à sociedade reconciliada. No entanto, nesse caso, notem como a contradição serviria apenas para indicar a existência de situações de crise a serem superadas, *já que a contradição é o que não pode permanecer como tal.* Ela é índice de uma crise que deve ser explicitada a fim de produzirmos uma situação na qual não existam mais crises. Não é difícil perceber como, neste ponto, temos um pensamento para o qual a contradição continua sem ter realidade ontológica alguma, pois se trata de um pensamento assombrado pela possibilidade de retornar à identidade.

O rosto da univocidade do ser

Neste ponto, aparece, enfim, o eixo principal que mostra a tensão de separação entre Deleuze e Hegel, a saber, Hegel precisa recorrer ao conceito de contradição objetiva por não haver, em sua filosofia, espaço para um pensamento da univocidade do ser. Este é, a meu ver, o ponto fundamental de tensão entre um pensamento da diferença, tal como elaborado por Deleuze, a uma dialética da contradição, tal como pensada por Hegel.

Sabemos como Deleuze insiste que há apenas uma proposição ontológica: o Ser é unívoco. O essencial não é, entretanto, que o ser se diga em um e mesmo sentido, mas que ele se diga, em um e mesmo sentido, de todas as diferenças individuantes ou modalidades intrínsecas. Ou seja, a univocidade não implica identidade; ela produz individuações, mas individuações cujo princípio é capaz de dissolver e constituir, temporariamente, indivíduos. Pois a univocidade é possibilidade imanente de atualização de um meio, "no qual toda forma, mesmo conceitos, se desnatura".[509] Lebrun compreendeu isso claramente ao afirmar que, para Deleuze, "a presença de diferenciações é perfeitamente conciliável com um estado que, representativamente falando, é de indiferenciação. É que então se

[509] DAVID-MÉNARD, *Deleuze et la psychanalyse*, p. 119.

conseguiu achar um ponto de vista completamente diferente daquele no qual a representação nos confinava".[510] A tal respeito, lembremo-nos de algumas passagens fundamentais nas quais Deleuze explicita seu conceito de diferença:

> A indiferença tem dois aspectos: o abismo indiferenciado, o nada negro, o animal indeterminado no qual tudo se dissolve – mas também o nada branco, a superfície que se vê novamente calma, na qual flutuam determinações não ligadas, como membros dispersos, cabeça sem pescoço, braço sem ombro, olhos sem testa. O indeterminado é completamente indiferente, mas as determinações flutuantes não são menos indiferentes umas em relação às outras.[511]

Essa afirmação abre o primeiro capítulo de *Diferença e repetição*. Ela é fundamental para a reconstrução do conceito de diferença. Pois se trata de dizer que a reflexão sobre a natureza da indeterminação é condição primeira para a constituição de um pensamento da diferença. Podemos falar de indeterminação de duas maneiras: como um abismo em que tudo se dissolve ou como uma superfície em que determinações não se organizam como um sistema de partes integradas e claramente diferenciadas. Este segundo conceito de indeterminação será posteriormente recuperado sob a forma da noção de "plano de imanência".

Essa é a maneira deleuzeana de afirmar que o verdadeiro pensamento da diferença a compreende não como modo de distinção entre elementos fortemente determinados, mas como uma potência interna de indiferenciação que habita toda determinação. Pois *toda atualização da virtualidade é indissociável de um movimento de destituição das formas até então vigentes* e temos todo o direito de nos perguntar se movimentos de destituição podem ser corretamente descritos a partir de potências meramente afirmativas.

Isso leva Deleuze a insistir que "quando o fundo sobe à superfície, o rosto humano se decompõe neste espelho no qual o indeterminado, assim como as determinações, se confunde em uma única determinação que 'faz' diferença".[512] Ou ainda, que o leva a mostrar como a figura fundamental da diferença não é a oposição, mas esta "potência informal do fundo que leva cada coisa a esta forma extrema na qual sua representação se desfaz".[513] Tal potência informal do fundo é o fundamento da "diferença nela mesma", uma diferença interna ao processo de determinação de uma individualidade.

A metáfora do fundo que sobe à superfície, como um informe que assombra a definição de toda forma, como um extremo em que *a representação se desfaz,*

---

[510] LEBRUN, Gérard. *A filosofia e sua história*. São Paulo: Cosac e Naify, 2006, p. 559.

[511] DELEUZE, *Différence et répétition*, p. 43.

[512] Idem, p. 44.

[513] Idem, p. 80.

pode receber a figura de um rosto humano que se decompõe. Um pouco como as cabeças nas pinturas de Francis Bacon capazes de "desfazer o rosto".[514] Em *Mil platôs*, Deleuze e Guattari lembravam que o rosto poderia parecer a definição mais bem-acabada da identidade, do que diferencia uma individualidade de outra. No entanto, há de se lembrar que:

> [...] os rostos concretos nascem de uma máquina abstrata de rostidade que vai produzi-los ao mesmo tempo que ela dá ao significante seu muro branco, à subjetividade, seu buraco negro [...] Sim, o rosto tem um grande futuro à condição de ser destruído, desfeito. Em direção ao assignificante, ao assubjetivo.[515]

Nesse sentido, Deleuze avança aqui a proposição paradoxal de que a diferença é aquilo que, de certa forma, decompõe a individualidade, que bloqueia a realização acabada e definida dos processos de individualização.[516] Expor a diferença em si mesma passa então por reconstruir completamente o que significa "determinar algo".

Se compreendermos "determinar algo" como o ato de predicar ao máximo um elemento a fim de que ele possa ser individualizado em relação aos demais termos que lhe são contíguos, então, segundo Deleuze, não entenderemos aquilo que é a diferença. Teremos uma concepção estática e finita do que pode ser uma individualização meramente a partir de determinações por predicação. Mas se entendermos "determinar algo" como a produção de uma individualidade que tem dentro de si o processo motor que a modifica, ou seja, que tem dentro de si aquilo que ainda não tem a figura de uma individualidade acabada e que lhe desconstitui a todo momento, então alcançaremos um conceito de diferença como modo de relação a si mesmo. Nesse sentido, podemos dizer que se trata de pensar um modo de determinação no qual o indeterminado não seja simplesmente excluído, mas seja expressão de uma virtualidade constitutiva de determinações não mais vinculadas à hipóstase do princípio de identidade.

O rosto que se desfaz, a representação que se desfaz, o fundo informe que sobe à superfície, a zona de indiscernibilidade que se abre, o que parece correr ao suicídio: essas imagens tão presentes nos escritos de Deleuze apontam, a meu ver, para um fator decisivo e pouco explorado em suas consequências, a saber, a virtualidade não pode se atualizar sem destituir os modos de determinação que

---

[514] DELEUZE, Gilles. *Logique de la sensation*. Paris: Seuil, 2002, p. 27.

[515] DELEUZE, Gilles. GUATTARI, Félix. *Mille plateaux*. Paris: Seuil, 1981, p. 210.

[516] Deleuze fornece um exemplo importante através da constituição de uma "zona de indiscernibilidade" na pintura de Francis Bacon: "a carne é a zona comum do homem e da besta, sua zona de indiscernibilidade, ela é este 'fato', este estado no qual o pintor se identifica aos objetos de seu horror ou de sua compaixão" (DELEUZE, *Logique de la sensation*, p. 30).

sustentavam a situação atual. Se não fosse assim, se estivéssemos a descrever um processo completamente imanente, a potência do virtual correria o risco de se decalcar do regime de determinações atuais, o que Deleuze corretamente não quer.[517] Por isso, mesmo que Deleuze não esteja disposto a aceitar, a potência do virtual não pode estar submetida a processos integralmente imanentes. Ela precisa se atualizar (e eu sustentaria este ponto sem temer as consequências) através de operações negativas que fazem com que a diferença emerja inicialmente como indeterminação, como o que não encontra forma e, por isso, impulsiona a atualidade a produzir novas modalidades de determinação.[518]

Podemos dizer que foi por uma razão semelhante que Hegel apareceu como um dos primeiros filósofos a propor *uma ontologia desprovida do conceito de ser* como conceito fundamental. Na verdade, o conceito ontológico central de Hegel é essência (*Wesen*), com sua dinâmica de movimentos produzidos a partir de estruturas relacionais como a identidade, a diferença, a oposição e a contradição. Hegel crê que o conceito de ser é, de certa forma, um falso conceito, por sua generalidade abstrata ser, na verdade, índice de indeterminação improdutiva. Portanto, ele precisa apreender a substância não como ser, mas como sujeito em atividade de negatividade, ou seja, ele precisa compreender a atualização como uma atividade na qual a multiplicidade só é posta através da reflexão, o que não significa que ela é meramente abstrata, mas que ela não é originária, que ela só pode ser fruto de uma atividade de reconhecimento capaz de produzir relações que não existiam anteriormente. Ao compreender isso, a contradição deixa de ser um limite ao pensamento para ser a expressão de um mundo que é movimento, que só se estabiliza temporariamente em uma transformação da linguagem.

Ao afirmar que é necessário apreender a substância como sujeito, Hegel não está a dar uma definição substancial de sujeito, mas a mostrar como a relação

---

[517] E não seria uma das ironias maiores lembrar que um dos conceitos maiores de Deleuze e Guattari precisa ser determinado exatamente de forma "negativa", como conceito portador de uma "falta"? Afinal, o que dizer do corpo "sem" órgãos? Por que esta clausula subtrativa? Por que é necessário marcar o corpo com o índice de uma subtração? Não seria porque há regimes de falta que não marcam carências ou privações, mas que marcam excessos, potências de decomposição de estratégias de localização e determinação? Se devemos falar de corpo "sem" órgãos é porque sua emergência passa pela destituição do corpo pleno de órgãos, passa pela atividade negativa em relação à representação natural do corpo.

[518] É certo que Deleuze não aceitaria esta interpretação. Lembremos, por exemplo, da maneira que ele recusa ao clinâmen, de Lucrécio, o estatuto de indeterminação: "O clinâmen não manifesta contingência alguma, indeterminação alguma. Ele manifesta outra coisa: a *lex atomi*, ou seja, a pluralidade irredutível das causas ou das séries causais, a impossibilidade de reunir as causas em um todo" (DELEUZE, *Logique du sens*, p. 312). Esse recurso à multiplicidade de causas sem princípio global de unificação aparece, para Deleuze, como figura mais adequada de virtualidades em atualização. No entanto, há de se insistir que estarmos diante um problema de sobredeterminação implica aceitar, também, que a atualização do que sobredeterminado exige uma negação ativa dos modos de determinação até então aceitos.

245

entre o que se coloca no lugar da substância e a existência não é uma expressão, por mais que tal expressão não seja, por sua vez, uma mera participação. Ela é a reflexão em algo que aparece inicialmente como exterioridade, como que quebrando as dobras da substância. Tal exterioridade não é apenas uma aparência derivada de um modo imperfeito de conhecimento. Ela é a condição para conservar a possibilidade de emergir aquilo que não é simplesmente a possibilidade de uma atualidade posta. Nesse sentido, apreender a substância como sujeito significa afirmar que não há experiência sem implicação, que a experiência é o nome desse processo de implicação com o que se coloca inicialmente como exterioridade bruta, como contradição em relação às dinâmicas de atualização de uma substância. Dessa forma, a dialética admite que toda e qualquer violência dos acontecimentos exteriores será sempre convertível em afirmação.

Deleuze procura algo estruturalmente semelhante através de uma teoria da univocidade do ser na qual o verdadeiro nome do ser é multiplicidade. Uma teoria que se desdobrará, em *Mille Plateaux*, em uma teoria do devir. É possível insistir que a consolidação de sua teoria do devir, em vez de "desdobrar", na verdade regionaliza o problema da univocidade do ser, abrindo assim o pensamento deleuzeano a uma filosofia dos acontecimentos para além de toda e qualquer ontologia.[519] O que explicaria por que o próprio termo "ser" desaparece em seus escritos tardios em prol de um construtivismo conceitual assumido.

Mas talvez seja o caso de afirmar que o conceito de ser desaparece nominalmente para permanecer pressuposto no horizonte regulador de uma teoria do devir na qual os desvires a todo momento se agenciam de forma contingente para dar expressão à imanência necessária de um plano que não cessa de desfazer toda consistência. É que talvez agora o ser deva ser pensado mais claramente sob a forma do infinito com sua virtualidade presente de forma espectral em toda atualização. Um infinito que não pode mais aparecer como fundamento, mas que se expressa afundando todo fundamento em um plano de imanência que é apenas uma forma de "cortar" o caos, sem com isso abandonar a ideia de que podemos avaliar planos e evitar o relativismo.[520]

A tensão entre a infinitude calma e caótica do plano de imanência e a contingência da produção de devires em movimento incessante é um ponto que não poderia ser ultrapassado no interior do pensamento de Deleuze, por ser o

[519] É isso o que leva David-Ménard a afirmar: "que exista uma ascese dos devires que os faz passar pela univocidade do plano de imanência para que sua potência criadora seja desdobrada, isto não basta para fazer, como Hegel, que "devir" seja "devir-pensado". Esta leitura é inadequada não apenas porque este "devir-pensado" em Hegel se inscreve na lógica da contradição entre universal e particular que Deleuze recusa; mas sobretudo porque em Deleuze a linguagem e o Ser não estão sós consigo mesmos" (DAVID-MÉNARD, *Deleuze et la psychanalyse*, p. 123).

[520] Ver, a respeito deste ponto: PRADO JR., Bento. *Erro, ilusão, loucura*. São Paulo: 34, 2017.

eixo de toda sua experiência intelectual. E nessas ironias tão próprias à história da filosofia quando abandonamos certo sistema naturalizado de evidências de leitura, talvez seja exatamente nesse momento em que o infinito aparece como nome do movimento que retira os conceitos de toda amarra representacional que Deleuze e Hegel estejam mais próximos. Nesse sentido, não será mero acaso que Deleuze e Guattari, em um momento maior de suas experiências filosóficas, afirmem:

> A filosofia é um construtivismo, e o construtivismo tem dois aspectos complementares, que diferem em natureza; criar conceitos e traçar um plano. Os conceitos são como as vagas múltiplas que se erguem e se abaixam, mas o plano de imanência é a vaga única que os enrola e os desenrola. O plano envolve movimentos infinitos que o percorrem e o retornam, mas os conceitos são velocidades infinitas de movimentos finitos, que percorrem cada vez somente seus próprios componentes [...] Os conceitos ladrilham, ocupam ou povoam o plano, pedaço por pedaço, enquanto o próprio plano é o meio indivisível em que os conceitos se distribuem sem romper-lhe a integridade, a continuidade: eles ocupam sem contar (a cifra do conceito é um número), ou se distribuem sem dividir.[521]

Não seria mero acaso que afirmações de tal natureza pareçam ecoar, de forma inaudita, outras afirmações ditas tempos atrás, como:

> A aparição é o surgir e o passar que não surge nem passa, mas que é em si e constitui a efetividade e o movimento da vida da verdade. O verdadeiro, assim, é o delírio báquico, onde não há membro que não esteja ébrio; e porque cada membro, ao separar-se, também imediatamente se dissolve, esse delírio é ao mesmo tempo repouso translúcido e simples. Perante o tribunal desse movimento, não se sustêm nem as figuras singulares do espírito, nem os pensamentos determinados; pois aí tanto são momentos positivos necessários quanto são negativos e evanescentes.[522]

Tal aproximação nos deixa com uma questão maior: até que ponto linguagens filosóficas distintas podem estar a exprimir experiências filosóficas em processo lento de cruzamento? Pois há situações em que a colisão é uma forma de encontro. A forma mais bela e misteriosa de todas.

---

[521] DELEUZE; GUATTARI, *O que é a filosofia?*, p. 51-52.
[522] HEGEL, *Fenomenologia do Espírito I*, p. 46.

A energia negativa das classes subalternas:
Paulo Arantes e a matriz transformadora da crítica dialética

> *Arrasa as estradas com explosivos,*
> *joga cadáveres e cavalos em todas as fontes,*
> *queima e aniquila tudo, para que aqueles que vieram*
> *para nos reduzir à escravidão tenham*
> *diante dos olhos a imagem do inferno que merecem.*
> Toussaint L'Ouverture

> *[...] uma grandiosa astúcia camponesa,*
> *por tanto tempo ensinada,*
> *de se esconder sob os poderosos e se apoiar em suas*
> *necessidades*
> *até que se possa tomar deles o poder.*
> Adorno (sobre a dialética hegeliana)

Acima de tudo, um diagnóstico

O esforço de reconstrução da dialética que perpassa esse livro talvez só pudesse vir mesmo de uma país como o Brasil. Pois, para uma certa tradição crítica, pensar o Brasil seria indissociável da capacidade de compreender de forma dialética as dinâmicas do atraso e de sua possível superação em países de inserção periférica como o nosso. Dinâmicas que poderiam se encarnar nas relações entre centro e periferia, entre desenvolvimento desigual e combinado, ordem e desordem, localismo e cosmopolitismo, norma e infração, ideia e efetividade. Essa dialética era normalmente utilizada para descrever uma integração progressiva por meio de tensões absorvidas a cada etapa ou uma lógica de interversões incessantes, de alternâncias, que expressaria "uma certa sensação de dualidade que impregnaria a vida mental numa nação periférica".[523] Sínteses por integrações que

---

[523] ARANTES, Paulo. *Sentimento da dialética*. São Paulo: Paz e Terra, 1992, p. 14.

acabavam por confirmar o que deveria ser superado ou passagens incessantes nos opostos que poderiam levar até a uma convivência inaudita entre modernização e arcaísmo, ou seja, a uma certa estabilização na anomia.

A sensação de dualidade, no entanto, não seria apenas um drama de intelectual deslocado em um país em descompasso, condenado a oscilar entre dois níveis de cultura. O próprio país era a expressão de um modo privilegiado de inserção no capitalismo global, através de contradições que paradoxalmente se resolviam no interior da dinâmica de uma economia-mundo. Liberalismo e escravidão, subdesenvolvimento e integração, desenvolvimento e dependência: os pares opostos eram apenas a expressão das sínteses funcionais do sistema global e de seus modos de inserção dependente.[524]

No entanto, veremos a partir do final dos anos 1960 a consolidação de um pensamento crítico sobre a realidade nacional que irá procurar escapar deste horizonte restrito ao se compreender, acima de tudo, como uma dialética *negativa*, ao menos no sentido da crítica às sínteses extorquidas e às reversibilidades permanentes. Uma dialética que se recusaria a dar, aos dilemas da dualidade, uma resposta positiva.

Será dessa maneira que Paulo Arantes e Roberto Schwarz lerão os desafios intelectuais da crítica em solo nacional, fornecendo um capítulo fundamental para a compreensão da função da dialética em um horizonte histórico-social próprio a sociedades periféricas como a brasileira. Pois, ao expor esta "oscilação indefinida entre extremos opostos que a ninguém interessava descartar", própria do que poderíamos chamar de realidade nacional, a crítica denunciaria o modo de perpetuação das dinâmicas de poder e seus mecanismos de integração "pacificadora". Em um país em que o poder se estabiliza ao ironizar suas próprias determinações, criando uma dinâmica de racionalidade cínica que pouco tem a ver com os mecanismos clássicos de falsa consciência, a crítica deveria ser capaz de dissolver a solidariedade entre contrários, deixando evidente o nó flagrante de injustiça social e violência que ela estiliza e normaliza.

É nesse sentido que a dialética irá se mostrar, em um país como o Brasil, capaz de pensar realidades atualmente chamadas de "pós-coloniais" e seus desafios imanentes. Para além do figurino imposto pelos estudos pós-coloniais, setor em sua grande maioria composto por intelectuais expatriados respondendo a horizontes de produção e a interesses dos próprios países centrais, essa experiência intelectual crítica fornecerá uma via alternativa para pensar os processos de racionalização social a partir do que se convencionou chamar de ponto de vista da periferia, apreendido em chave dialética. Pois ela estará

---

[524] Diagnóstico expresso de forma exemplar em: FURTADO, Celso. *O mito do desenvolvimento econômico*. São Paulo: Paz e Terra, 1974.

atenta a dinâmicas que, à sua maneira, ressoam processos comuns a sociedades periféricas dispersas no espaço e no tempo de desenvolvimento do capitalismo global, a começar pela sociedade alemã do século XIX, na qual a própria dialética em sua versão moderna emergiu.[525]

O procedimento de articulação entre sociedades periféricas e funcionamento do capitalismo global era uma "dialética em ato" porque visava partir de uma peculiaridade corrente do país para chegar ao movimento contemporâneo do mundo. Dialética, porque o que parecia contrário, "fora do lugar" e meramente local era a realização efetiva do todo, a explicitação ou ainda a antecipação de um processo que ganharia o estatuto de forma geral mesmo em países centrais.[526] Assim, "o dado de observação tem horizonte local, mas o horizonte último de análise é globalizador e ironiza o primeiro, que pode ironizá-lo por sua vez".[527]

No entanto, há de se salientar como tal dissolução da solidariedade entre contrários produzida por essa apropriação da dialética negativa em solo nacional poderia se dar não apenas de forma eminentemente negativa, na qual os polos aparentemente opostos ironizam suas pretensões de validade expondo seu núcleo de brutalidade e violência. Essa dissolução poderia apontar para uma dinâmica outra de produção. Esse é ao menos o horizonte de certa dialética entre forma e conteúdo que aparece inicialmente na experiência estética nacional, na qual os antagonismos no conteúdo serão o motor a impulsionar a emergência de uma nova forma. É um processo que Roberto Schwarz teria mostrado a propósito do desenvolvimento literário de Machado de Assis, levando Paulo Arantes a afirmar:

> [...] não será difícil encontrar situações no plano artístico em que a consideração metódica de dificuldades acumuladas, até o ponto da impossibilidade completa, gere uma forma nova onde o obstáculo ultrapassado se converta em ponto de apoio para um novo progresso do material estético – e mais, que a totalidade social imanente ao processo indique qual o caminho desobstruído e qual a forma inviabilizada.[528]

Nesse sentido, a dialética negativa em questão não será apenas uma lógica da desintegração que, por exemplo, empurraria a narrativa machadiana em direção ao nada. Antes, ela poderá aparecer como uma dinâmica de instauração

---

[525] "Quando descobri que o Brasil que eu estava estudando via Roberto era uma sociedade nacional periférica e que as sociedades nacionais periféricas a partir do século XIX tendiam a se assemelhar, como Portugal, Alemanha, Rússia, Irlanda, Itália, Áustria, etc., isso foi uma 'mina de ouro'" (ARANTES, Paulo. Entrevista. In: NOBRE, Marcos; REGO, José. *Conversa com filósofos Brasileiros*. São Paulo: Ed. 34, 1998, p. 384).

[526] Ver, por exemplo: ARANTES, Paulo. A fratura brasileira do mundo. In: *Margem esquerda*. São Paulo: Baderna, 2004.

[527] SCHWARZ, *Martinha versus Lucrécia: ensaios e conferências*, p. 169.

[528] Idem, p. 92.

ao aprofundar a contradição até fazê-la alcançar a dimensão de uma forma nova em progressão. Ninguém fala em "novo progresso do material estético" impunemente. Pois há nesse caso uma dimensão instauradora que não é apenas crítica. Por isso, podemos dizer que esse modelo deveria funcionar como um horizonte mais amplo de reflexões sobre a dialética e sua processualidade, para além de seu uso restrito no interior da experiência estética.

Ele poderia, dessa forma, nos permitir dar um passo adiante. Um passo que demonstra a produtividade da dialética, mesmo que sob um caminho eminentemente negativo. Há de se lembrar como a emergência de uma nova forma não ocorre sem produzir efeitos retroativos nos conteúdos em contradição que ela agora sintetiza. Por isso, essa dialética não pode resumir-se a uma figura da crítica da ideologia – mesmo que ela não possa deixar de sê-lo devido à solidariedade entre dialética e crítica imanente. Ela precisa também ser uma transformação das contradições no nível dos conteúdos agora redimensionados ou, ao menos, a exposição de uma latência de transformação, de uma espécie de plasticidade revolucionária que deve também se manifestar na dimensão dos conteúdos. *A emergência de uma nova forma não é apenas esclarecimento, pois ela é também o advento de possibilidades até então impredicadas no campo da experiência, ela é reconfiguração das condições de possibilidades da experiência.* De outra forma, ela seria uma capacidade de formular e de relacionar, mas travada pelos limites da experiência concreta que não podem ser transpostos,[529] o que só poderia nos levar a um horizonte deceptivo ou a uma oscilação contínua entre mania e depressão. Ela seria uma dialética negativa cortada de sua matriz de emergência, com consequências maiores para a própria descrição da potencialidade de transformação da efetividade. Mas se ela pode ser também o advento de possibilidades até então impredicadas é porque uma nova forma estética produz necessariamente não apenas modelos críticos. Ela produz experiências e conceitos com forte capacidade de indução e contágio no interior de um campo mais amplo de transformações da práxis social, o que outra dialética negativa, a saber, esta presente em Adorno, nunca deixou de apontar.

Pensar tal produtividade em solo nacional era, no entanto, particularmente arriscado devido à maneira com que a "superação" das contradições no nível dos conteúdos produzida pela forma estética levou, na verdade, à estetização e à justificação cultural de um "discurso da modernização conservadora".[530] Aqui, não

---

[529] Como vemos em: ARANTES, *Sentimento da dialética*, p. 106, a propósito do romance de Paulo Emílio Salles Gomes.

[530] Cf. SCHWARZ, Roberto. *Que horas são?* São Paulo: Companhia das Letras, 2002. Como seria o caso do tropicalismo: "uma conjunção esdrúxula de arcaico e moderno, um resultado histórico que o tropicalismo transfiguraria na forma congelada de um destino nacional imutável. O que

seria possível negligenciar a crítica de Schwarz à poesia de Oswald de Andrade como matriz de uma ideologia cultural nacional da integração, do ufanismo afirmativo e de interpretação triunfalista do atraso que desempenhará papel importante no interior da estabilização social no período da ditadura militar de 1964. Crítica que compreenderá como a matriz estética de certa vertente do modernismo brasileiro, essa própria à antropofagia de Oswald de Andrade e seu "desrecalque pau-brasil",[531] chegará aos anos 1970 como dispositivo de funcionamento próprio aos setores mais avançados de nossa indústria cultural (tropicalismo) e de nossa vida acadêmica. Tal defesa visa mostrar como certa forma de superação não teria implicado expressão da plasticidade revolucionária imanente da sociedade brasileira, mas sua forma peculiar de criar estabilização na anomia. Com a ditadura de 1964 e a remodelação da indústria cultural via tropicalismo, um dos eixos centrais do modernismo brasileiro teria sido recuperado como discurso da estabilização. Pois, neste caso:

> [...] a modernidade não consiste em romper com o passado ou dissolvê-lo, mas em depurar seus elementos e arranjá-los dentro de uma visão atualizada e, naturalmente, inventiva, como que dizendo, do alto de onde se encontra: tudo isso é meu país.[532]

Nesse contexto em que a vida social nacional teria mostrado sua incrível capacidade de desativar a força transformadora das contradições, vida social na qual os antagonismos e a negatividade teriam sido aparentemente cancelados, calar-se diante da força de instauração da forma estética parecia uma estratégia válida, talvez a única possível, para sustentar o trabalho da crítica e sua força de desestabilização.

Tal estratégia ainda se articulava à denúncia dos horizontes de expectativas retraídas de uma política de transformação que, no máximo, acomodara-se ao desenvolvimentismo de coalizões populistas de esquerda,[533] com seus arranjos heteróclitos de demandas sociais contraditórias. Pois a crença nacional-desenvolvimentista de uma superação do atraso mediante formas de aliança entre classes

---

era abismo histórico datado e transponível aparecia como coexistência disparatada de etapas incompatíveis" (ARANTES, *Sentimento da dialética*, p. 33).

[531] ARANTES, *Sentimento da dialética*, p. 40. Como dirá Roberto Schwarz, em Oswald de Andrade a convivência entre mundo pré-burguês e mundo burguês deixa de ser vista como problema para aparecer em feição eufórica; "o Brasil pré-burguês, quase virgem de puritanismo e cálculo econômico, assimila de forma sábia e poética as vantagens do progresso, prefigurando a humanidade pós-burguesa" (SCHWARZ, *Que horas são?*, p. 37).

[532] Idem, p. 22.

[533] Ver o ensaio "Cultura e política 1964-1969" em: SCHWARZ, Roberto. *O pai de família e outros estudos*. São Paulo: Paz e Terra, 1978. Devo a Larissa Agostinho essa indicação.

trabalhadoras e burguesia nacional (crença que, não deixa de ser sugestivo, repetia os dogmas da economia social de mercado alemã contra a qual Adorno se batia) era a verdadeira base social dessa dissolução feliz da força transformadora das contradições que alimentaria uma miríade de produções culturais animadas pelo impulso da antropofagia. Afinal, como falar em emergência se um dos setores mais expressivos do modernismo nacional já era o prenúncio de uma capitulação?

Mas aqui poderíamos nos perguntar se as vias de uma dialética da instauração e da emergência estariam realmente fechadas em solo nacional, por mais que ela tivesse que lidar com uma espécie de símile "pacificado". E não seria uma tarefa contemporânea para um pensamento dialético procurar os modelos críticos para tais processos?

Partindo do ressentimento da dialética

A meu ver, este é o horizonte efetivo a ser mobilizado quando é questão de interpretar o sentido de um dos mais consequentes projetos dialéticos intentados entre nós, a saber, este vinculado ao nome de Paulo Arantes e que parte, de fato, de seu livro *Ressentimento da dialética*, de 1996: ainda hoje, um dos livros mais impressionantes da filosofia feita no Brasil, mesmo que seu horizonte explícito seja o de um certo esgotamento da filosofia como discurso. Muito já se falou desse peculiar diagnóstico de "esgotamento" e não seria possível deixar de voltar a este ponto mais uma vez. Pois há de se perguntar sobre o que se encontra por trás deste diagnóstico: niilismo aristocrático, engajamento ativista ou uma forma de afirmar a filosofia a partir do horizonte de seu desaparecimento? Como veremos, esta questão não é externa ao lugar em que ela se enuncia. Em um país como o Brasil, cujos intelectuais há até pouco tempo eram constantemente convocados a tomar parte do poder e justificar as idiossincrasias de nossos pesadelos de desenvolvimento, há de se reconhecer que afirmar o esgotamento da filosofia tem sua função estratégica, nem que seja para evitar o vexame de falar de universalidade concreta na nota de rodapé do mais novo acordo de conciliação para a garantia da "governabilidade" das elites nacionais. No entanto, essa estratégia de recusa, que não é apenas resposta a uma pressão local, tem também seu preço. Um preço que não será pequeno e que talvez será impossível de ser pago de forma justa. Um preço que paradoxalmente aparecerá na dimensão da relação entre pensamento e práxis social. É a ele que deveremos nos voltar ao final.

Lembremo-nos, então, do contexto de redação de *Ressentimento da dialética*. No interior de uma tradição nacional marcada pelo desenvolvimento sistemático de um marxismo que não negligenciava seu enraizamento na dialética hegeliana e em seu horizonte de questões, de onde se seguia a famosa aversão às leituras recheadas de "cortes epistemológicos" arbitrários, como as que encontrávamos em Althusser, Paulo Arantes propunha uma história materialista do advento da recuperação hegeliana da dialética. Tratava-se, assim, de falar dos pressupostos da dialética, mas para mostrar como o esclarecimento de sua gênese era a melhor forma de lançar uma hipótese sobre o nosso presente. Tal hipótese, que será extirpada do livro, mas que aparecerá em outros textos, como o ciclo de crítica ao que Arantes chama de "ideologia francesa", afirma que nossa época presente, que imaginava estar para além da dialética, voltava na verdade às múltiplas figuras do aquém da dialética. Assim, a história material da dialética se transformava em uma cartografia dos impasses do pensamento contemporâneo, obrigado a agora repetir como farsa o que fora vivenciado sob a forma da tragédia e da comédia. Como uma banda de Moebius, o tempo da filosofia contemporânea, com sua tríade filosofia francesa contemporânea, neopragmatismo alemão e *tournant* linguístico anglo-saxão, entraria nos trilhos de uma repetição histórica, de uma sucessão de impasses já vividos e a respeito dos quais não haveria muito que acrescentar. Daí a maneira soberana com que Arantes os despacha todos aos recônditos da fraseologia vazia (um desses gestos que terá necessariamente um preço a se pagar).

Mas analisemos melhor a história materialista do advento da dialética no interior do idealismo alemão. Sabemos como ela era, na verdade, desdobramento da história da formação de uma paradoxal "classe dos desprovidos de classe", sem território, sempre a oscilar entre classes fundamentais, sempre a confrontar-se com seu desfibramento e sua espectralidade até o ponto de encarnarem uma verdadeira "vadiagem ilustrada". Um desfibramento social que permitirá às ideias irem até o extremo, até o ponto de inversão (já que elas correm no vazio), conformando-se muitas vezes com um formalismo discursivo, bem-falante, próprio à raciocinação de *salon*. Uma espectralidade que, por sua vez, permitirá ao eu confundir-se mimeticamente com o outro, o que leva a certo "culto do heterônimo", e a uma "cultura multipolar" na qual o colapso da identidade é, acima de tudo, a afirmação irônica da ausência constitutiva de lugar.

Estamos falando dos intelectuais modernos. Como dirá Arantes, é com a formação dos paradoxos do intelectual moderno que aparece "essa disponibilidade social que configura certa predisposição para a dialética".[534] Já em Sócrates e sua ironia encontraríamos as condições para o "jogo infinitamente leve com o nada" que será diagnosticado séculos mais tarde, maneira de compactuar com a redução hegeliana da dialética platônica a uma mera dialética negativa sem retorno. De toda forma, e este é o ponto fundamental, vemos a dialética aparecer como uma experiência que se constrói a partir da reflexão não apenas das condições para a formação do intelectual moderno, mas, sobretudo, de suas patologias. Bento Prado resumiu de forma precisa ao afirmar:

[534] ARANTES, *Ressentimento da dialética*, p. 29.

Trata-se de descrever o ciclo de formação do intelectual moderno em seus contínuos volteios entre a mania e a depressão e de fornecer assim o quadro de experiência que constitui o chão bruto donde emergirão a ideia hegeliana de "experiência da consciência", o conceito da Dialética e a dialética do Conceito.[535]

Seria importante insistir nesse ponto, para sublinhar a dimensão eminentemente clínica da história material da dialética proposta por Paulo Arantes. Pois é fundamental que a história social da Negação seja contada principalmente a partir de suas expressões patológicas, de suas matrizes de sofrimento social, de sua sintomatologia. Assim, será questão, sobretudo, das oscilações entre mania e depressão, mas também de melancolia, de ressentimento, de vacuidade e sobretudo, de cinismo e ironia (tratados como verdadeiras patologias sociais que procuram certo processo patológico de "desidentificação permanente").

Mas se a história material da dialética de Paulo Arantes é, acima de tudo, um impressionante diagnóstico clínico dos intelectuais, isso não tem a ver com algum prazer mórbido de autoderrisão. A forma de vida dos intelectuais, suas estilizações boêmias ou revolucionárias, as compensações simbólicas à sua impotência real: tudo isso será o prenúncio da constituição das formas hegemônicas de vida no interior do capitalismo contemporâneo em sua fase terminal de flexibilização plástica de identidades e funções, fase de gestão da anomia, de estabilização na decomposição e, principalmente, de ironização contínua de seus próprios princípios normativos substantivos. "Exijo uma versatilidade infinita do intelecto culto, que pode retirar-se de tudo, virar e inverter tudo, conforme queira", diz Novalis do intelectual animado pela ironia romântica, mas poderia ser qualquer *manager* de nossa era de culto à flexibilização e ao risco. A forma de vida dos intelectuais opera, assim, como um dos eixos de algo como uma arqueologia das formas hegemônicas de vida no interior do capitalismo neoliberal. Isso explica por que todos aqueles que se colocarem ainda no horizonte da repetição dos impasses da classe dos intelectuais só poderão, atualmente, servir de sismógrafos do neoliberalismo, arautos involuntários de sua hegemonia, no que aparece o diagnóstico fundamental do que Arantes chama de "ideologia francesa" e seu pensamento antidialético congênito.

Nesse sentido, é fundamental que a história dos intelectuais seja, basicamente, a história de uma oscilação mortal entre figuras da inefetividade, no caso, entre ironia e radicalismo, isso quando eles não entram nas vias da inefetividade suprema, ou seja, nas vias da burocracia letrada de estado. O que talvez explique por que o livro de Paulo Arantes é, inicialmente, um grande quadro em que a dialética dos intelectuais, com suas reviravoltas incessantes do pró ao contra, precisa

[535] Idem, p. 11.

aparecer como interminável, inconclusiva, afeita mais a realizações simbólicas provisórias do que a transformações reais. Seus resultados, quando indicam passagens ao ato, precisam aparecer, no máximo, como experiências revolucionárias necessariamente malogradas, tal qual vemos no radicalismo jacobino, o que não poderia ser diferente, já que suas frondas são apenas expressões de um "ressentimento permanente". Note-se que essa história dos intelectuais tem o desencanto próprio ao pensamento conservador, o que explica a onipresença inesperada de Burke, Benichou, Carlyle, entre outros.

Poderíamos ainda lembrar como a descrição do horizonte de flexibilizações gerais e de desterro dos intelectuais é particularmente visível a partir da realidade periférica nacional. Sim, poderíamos estar falando de Brás Cubas. Pois pensar a dialética em solo nacional era a forma de dar conta da periferia, de seus descompassos entre ideia e efetividade como modo de exposição da verdade e da tendência processual da estrutura global. Falar do ressentimento permanente dos intelectuais era dar conta da mais premente característica da posição paralisada da vida nacional do espírito. Mas se em solo alemão a reflexão sobre a dialética produziu, em última instância, um pensamento da revolução a partir da guinada materialista de Marx, não é possível dizer que o mesmo ocorrerá no Brasil, e há de se perguntar a razão para tanto.

A dialética e seu déficit ontológico

No entanto, gostaria de insistir em outro ponto. De certa forma, ele está presente já no título do livro de Paulo Arantes. Um título que, à primeira vista, poderia se prestar a certos mal-entendidos. Pois, qual o sentido dar ao genitivo na expressão "ressentimento *da* dialética"? Certamente, não é, ao menos aqui, falar do ressentimento próprio à dialética, do ressentimento pretensamente produzido pela dialética. Isso colocaria Paulo Arantes na linha direta de um Gilles Deleuze e de sua afirmação de que a dialética não era senão estratégia de ressentimento, coisa de quem estiliza a negatividade como forma de transformar sua própria impotência em ontologia da incompletude, como vimos no capítulo anterior. Não foi outro que Gérard Lebrun quem seguiu essa trilha, quem escreveu, à sua maneira, outra versão do *Ressentimento da dialética,* uma versão que a denuncia como forma de a paciência do conceito esconder certo quietismo animado pela naturalização de paixões tristes.[536] E talvez não seja um acaso que uma das mais violentas polêmicas de Paulo Arantes, um autor sabidamente avesso a polêmicas, tenha sido exatamente contra Gérard Lebrun.

---

[536] Ver: LEBRUN, *L'envers de la dialectique,* 2005.

É fato que a estratégia de Paulo Arantes é outra. Na verdade, trata-se de falar de um verdadeiro ressentimento que aparece, mais precisamente, como reação ao pressentimento da dialética. Se o ressentimento é *da dialética,* é porque a dialética, de certa forma, é seu verdadeiro alvo. Não se trata, assim, de um ressentimento próprio à dialética, mas de um ressentimento contra a dialética, o que faz da dialética uma resposta, uma certa suspensão possível das patologias da classe intelectual (note-se, isso é muito para alguém que estaria a procurar apenas uma "dialética puramente negativa", como disse Bento Prado). Afinal, não era o próprio Hegel que dizia, em uma carta a seu amigo Windischmann, de 27 de maio de 1810:

> Conheço por experiência própria esse estado de alma ou talvez da razão quando ela uma vez penetrou com interesse e pressentimento em um caos de fenômenos e quando ela, interiormente certa de seus alvos, ainda não atravessou esse caos, ainda não alcançou uma visão clara e detalhada do todo. Sofri dessa hipocondria durante alguns anos até perder as forças, todo homem conheceu tal ponto de contração de sua essência, obrigando-se a atravessar um estreito para confirmar a vida cotidiana ordinária e, se ele for incapaz de ser por ela preenchido, assegurar-se em uma existência interior mais nobre.[537]

Se remetermos tal hipocondria (o nome que o século XIX dava à doença sem causa, à versão masculina da histeria) e seu caos de fenômenos desconexos à sua condição de expressão de sofrimento social, não será difícil ver na dialética essa outra forma de existência que Paulo Arantes, à sua maneira e sem fazer muito alarde, pressupõe. Se é verdade que, como dizia Marx, a pequena burguesia deifica a contradição porque a contradição é o núcleo de sua essência, não estamos a falar da mesma contradição quando passamos à dialética. Aqui, a contradição não é impotência, ponto de contração da essência, mas força de transformação e produção. Nesse sentido, não seria incorreto dizer que a posição da dialética em Paulo Arantes não deixa de pressupor uma certa reedição do que vemos no Marx de maturidade. Lembremo-nos desta passagem célebre:

> A mistificação que a dialética sofre nas mãos de Hegel não impede em absoluto que ele tenha sido o primeiro a expor, de modo amplo e consciente, suas formas gerais de movimento (*allgemeinen Bewegungsformen*). Nele, ela se encontra de cabeça para baixo. É preciso desvirá-la, a fim de descobrir o cerne racional dentro do invólucro místico. Em sua forma mistificada, a dialética esteve em moda na Alemanha porque parecia glorificar o existente. Em sua configuração racional, ela constitui um escândalo, um horror para a burguesia e seus porta-vozes doutrinários, uma vez que o entendimento positivo do existente/permanente (*Bestehenden*) inclui, ao mesmo

---

[537] HEGEL, G.W.F. *Briefe von und an Hegel Band 1: 1785-1812.* Hamburgo: Felix Meiner, 1952, p. 314.

tempo, o entendimento de sua negação, de sua necessária passagem (*Untergangs*). Além disso, apreende toda forma desenvolvida no fluxo do movimento, portanto, incluindo o seu lado transitório; porque não se deixa intimidar por nada e é, por essência, crítica e revolucionária.[538]

Muito haveria a se falar sobre esses movimentos de virar e desvirar, sobre as formas mistificadas e configurações racionais, em suma, sobre a tensão que perpassa os movimentos de proximidade e distância entre a dialética hegeliana e a dialética marxista. Mas notemos ao menos como alguém que afirma ter sido Hegel aquele a fornecer as formas gerais de movimento que animam a crítica e o pensamento revolucionário não pode simplesmente sair da filosofia. No máximo, ele precisa operar com certa "filosofia implícita", no sentido de um sistema de pressuposições que, por alguma razão, não pode por enquanto passar à posição. De fato, creio que isso vale também para Paulo Arantes. Da mesma forma que guardar o bolo e, ao mesmo tempo, comê-lo não é exatamente uma operação evidente, recusar que a dialética seja mais uma patologia dos intelectuais e sair da filosofia é algo que ainda não se viu neste mundo. Portanto, insistiria que há em Paulo Arantes uma "filosofia implícita", uma filosofia que, por razões que veremos mais à frente, crê dever permanecer implícita para não ser anulada.

Mas para chegar nesse ponto, faz-se necessário operar com certo vagar. Pois sabemos que, se a dialética partilha com tais patologias o movimento de "desenvolver as ideias até a desmesura",[539] não se trata da mesma desmesura, porque há outra "forma geral de movimento". Sendo assim, não seria o caso de tematizarmos de forma mais sistemática tal diferença, de descrevermos sua ontologia, de assumirmos a relevância de tal tarefa filosófica como condição para o contágio de formas renovadas de práxis? Impressionante no livro de Paulo Arantes é que podemos sentir a latência desse movimento, o reconhecimento tácito dessa necessidade.

Camponeses, malandros e a potência plebeia da dialética

Há dois movimentos nesse sentido em Paulo Arantes. Eles aparecem em dois dos textos mais decisivos e, de certa forma, dramáticos de seu livro, a saber: "Origens do espírito de contradição organizado" e, principalmente, "*Nihilismusstreit*". São dramáticos porque vemos um movimento de algo prestes a emergir, mas que nos remeteria para fora dessa recusa terminante à "cristalização positiva da dialética", para falar mais uma vez com Bento Prado. Uma

---

[538] MARX, *O Capital*, v. 1, p. 91.

[539] ARANTES, *Ressentimento da dialética*, p. 133.

emergência que, por isso, acabará ficando em latência, sempre em latência, mesmo em textos posteriores.

O primeiro dos movimentos centrípetos do livro parte do sotaque suábio de Hegel, que o professor em Berlim nunca abandonará, como quem insiste em indicar uma certa filiação que não deixará de fornecer indícios da natureza de seu programa filosófico. O detalhe esclarece o todo. Pois há, desde as Guerras Camponesas de Thomas Müntzer e de sua Reforma radical de anabatistas, uma "energia negativa das classes subalternas"[540] a explodir periodicamente no solo alemão. Uma energia que se expressa nesta "grandiosa artimanha camponesa, por tanto tempo ensinada, de se esconder sob os poderosos e se apoiar em suas necessidades até que se possa tomar deles o poder". Essas palavras de Adorno evidenciam bem a astúcia que dá à dialética outra origem, outro eixo, outro movimento, que não apenas a estilização das flutuações da classe intelectual. *Pulsa no cerne da dialética uma energia negativa das classes subalternas que não é ressentimento, nem moral de escravo, muito menos idealização conservadora da origem (como Arantes imputa a Heidegger e a seu desejo de permanecer na província), mas que é astúcia dos que nunca esquecem seu desejo de emancipação.* A paciência do conceito é a paciência camponesa de quem paulatinamente erode o poder, modifica suas formas, toma-lhe o sentido. Dessa maneira, a dialética, e esta é sua natureza revolucionária, aparece como o lugar em que uma certa aliança entre classes subalternas e classe intelectual pode se dar, fornecendo, à força de dissolução de mundos própria da intelectualidade, seu movimento progressivo de transformação real, dando um solo ordenado à abstração da negação indeterminada. Se podemos resumir, diria que a dialética hegeliana é a arte de colocar um camponês ao lado de um intelectual.

Lembremos como a matriz plebeia da dialética não deixa de ressoar uma intuição de Nietzsche, haja vista sua genealogia da dialética socrática. Como ele dirá:

---

[540] ARANTES, *Ressentimento da dialética*, p. 215. Se seguirmos Engels em *As guerras camponesas na Alemanha*, tudo se passa como se a Reforma tivesse uma dupla face. Lutero e Calvino significariam a consolidação de um quadro social de burguesia em ascensão contra o poder central do papado. Mas reformadores radicais como Thomas Müntzer seriam a vertente protoproletária da Reforma. Daí por que poderíamos afirmar que as revoltas dos anabatistas exprimiriam a energia negativa das classes subalternas que recusam as estruturas prévias do poder a fim de estabelecer como princípio uma nova forma de existência, uma realização imediata do Reino de Deus na Terra, na qual "toda propriedade deve ser comum e distribuída a cada um de acordo com suas necessidades, de acordo com o que a ocasião requeira" (MÜNTZER, Thomas; Sermon to the princes, Londres; Verso, 2010, p. 96). As exigências camponesas de fim das relações feudais e de servidão, diminuição dos impostos sobre a terra e a liberdade para caçar nas florestas da nobreza exprimiam um horizonte claramente revolucionário de igualdade radical baseada na ressurgência do modelo das primeiras comunidades cristãs. Para a compreensão da potência comunista revolucionária das revoltas camponeses, ver: BLOCH, Ernst. *Thomas Münzer: teólogo da revolução*. Rio de Janeiro: Tempo Brasileiro, 1973.

Com Sócrates, o gosto grego se altera em favor da dialética. Que acontece aí propriamente? Sobretudo, um gosto *nobre* é vencido; com a dialética, a plebe se põe em cima. Antes de Sócrates, se rejeitava, na boa sociedade, as maneiras dialéticas: eram tidas como más maneiras, eram comprometedoras. A juventude era advertida contra elas.[541]

Sócrates traz da plebe a dialética e a ironia, essas formas de luta usadas como "*legítima defesa* nas mãos daqueles que não possuem mais outras armas", pois a inversão que a dialética produz abre o adversário ao desamparo, expondo sua fúria. Ela desconstitui sua posição e elimina seu lugar. Essa potência plebeia que se conserva nos desdobramentos da dialética indica uma gênese sempre em operação para além da negatividade da classe intelectual.

Se quisermos um belo exemplo da força política dessa potência plebeia de interversão dialética, talvez valesse a pena dar um salto no tempo e meditar sobre a experiência da revolução haitiana dos ex-escravos. Não por outra razão, trata-se de um dos fundamentos para a constituição da dialética do senhor e do escravo na *Fenomenologia do Espírito*,[542] assim como um capítulo importante das dinâmicas de interversão colonial. A Revolução Haitiana e sua guerra de independência é a história da realização efetiva dos ideais de igualdade que emergem através da Revolução Francesa contra os próprios franceses. Ela é o momento no qual a revolução francesa deixa de ser limitada por um horizonte colonial e se transforma em possibilidade de efetivação de uma universalidade concreta. E isso se dá através de um movimento dialético no qual o enunciador recebe sua mensagem de volta, mas de forma invertida. Lembremos, por exemplo, desse momento maior da luta entre o exército haitiano e os destacamentos franceses, enviados para remeter o povo da ilha à escravidão:

> A posição política desonesta do exército francês agora cobrava seu preço. Os soldados ainda se viam como uma armada revolucionária. Mas à noite ouviam os negros na fortaleza cantando a "marselhesa", a "ça ira" e outras canções revolucionárias. Lacroix relatou que aqueles miseráveis extraviados estremeciam e olhavam para seus superiores quando ouviam as músicas, como se dissessem: "Será que os nossos inimigos bárbaros têm a justiça do seu lado? Será que já não somos mais os soldados da República francesa? E será que nos tornamos meros instrumentos políticos?". Um regimento de poloneses, recordando sua própria luta pelo nacionalismo, recusou-se a tomar parte do massacre dos seiscentos negros, ordenado por Leclerc.[543]

---

[541] NIETZSCHE, Friedrich. *O crepúsculo dos deuses*. São Paulo: Companhia das Letras, 2005, p. 19.

[542] Ver, por exemplo: BUCK-MORSS, Susan. *Hegel e Haiti*. São Paulo: Edições N-1, 2017.

[543] JAMES, C. L. R. *Os jacobinos negros*. São Paulo: Boitempo, 2010, p. 289.

Depois disso, o Império perdeu. Essa potência plebeia de interversão é, no entanto, a real realização do conceito efetivamente revertido. Há uma astúcia dialética aqui que faz dos ex-escravos, em uma aliança inaudita e transtemporal com os setores de sedição da classe intelectual, os enunciadores efetivos das aspirações da razão na história (bem, eu sei o peso de afirmar algo dessa natureza em um contexto histórico como o nosso. E mesmo assim, ela está escrita).

Tal digressão talvez explique muito sobre o fato de o Brasil ter sido um lugar privilegiado de emergência do pensamento dialético a partir final dos anos 1960. Quando falamos em dialética, não se trata apenas de um dispositivo de pensamento próprio a sociedades periféricas que procuram dar certa positividade abstrata ao descompasso entre ideia e efetividade. Trata-se de uma reflexão sobre alianças entre grupos sociais desprovidos de lugar no interior do processo de reprodução material do capitalismo, sobre como fundar tal aliança na ressonância da energia negativa de classes subalternas que, para serem classes com força de transformação, precisam ser capazes de operar a partir de sua própria negatividade. Isso implica não apenas afirmar sua condição de não-contados no interior da vida social, como poderíamos encontrar em alguém como Jacques Rancière,[544] mas compreender como a emergência de sua energia será necessariamente a expressão de uma negatividade que coloca em colapso as formas hegemônicas de vida e de determinação. Porém, permitir que tal negatividade opere em sua capacidade de destituição e instauração exigiria uma aliança entre intelectualidade e tais classes que a dialética, à sua maneira, dá forma. Como se à intelectualidade coubesse explicitar a natureza dialética da negatividade que brota na experiência concreta da subalternidade. E como se essa explicitação fosse ao mesmo tempo transformação de todos os polos, da intelectualidade e das classes subalternas, pois é colocação em marcha de um processo de transformação revolucionária que destitui o lugar de todos. Uma negatividade que vai até a destituição não apenas das relações de poder, mas das relações de identidade e identificação, das estruturas de sensibilidade e afecção. Essa aliança, no entanto, permanecerá como um capítulo nunca escrito da história nacional. E há de se perguntar por que nossa reflexão sobre a dialética não chegará ao ponto de descrição das dinâmicas de emergência.

Uma das possibilidades de resposta passa por uma certa interpretação das figuras da subalternidade no Brasil. Lembremos, a esse respeito, do que já se chamou de a ata de fundação da crítica dialética em solo nacional, a saber, o texto "Dialética da malandragem", de Antonio Candido. Expondo *Memórias de um sargento de milícias* como o único romance do século XIX que não expressaria uma visão de classe dominante, Antonio Candido, à sua maneira, procura na forma literária do romance a expressão dessa energia negativa, dessa potência

---

[544] RANCIÈRE, Jacques. *La mésentente*. Paris: Galilée, 1995.

plebeia da dialética. Ele a encontrará na alternância entre ordem e desordem que dá estrutura e forma às *Memórias*. Alternância que, por sua vez, se vincularia à "suspensão de conflitos históricos precisos através de uma sabedoria genérica da sobrevivência, que não os interioriza e não conhece convicções nem remorsos".[545]

Antonio Candido compreende como emerge aqui a figura nacional do malandro, matriz de uma comicidade popular já visível em Gregório de Matos, e que estará presente em momentos maiores do modernismo nacional, como *Macunaíma* e *Serafim Ponte Grande*. Ela anuncia a possibilidade de uma certa forma de reconciliação configurada em "um mundo sem culpabilidade e mesmo sem repressão", tolerância corrosiva na qual "as antinomias convivem em um curioso lusco-fusco".[546] A dialética entre ordem e desordem que a malandragem expressaria seria a marca de certa flexibilidade cuja consequência é bem expressa em afirmações como:

> [...] não querendo constituir um grupo homogêneo e, em consequência, não precisando defendê-lo asperamente, a sociedade brasileira se abriu com maior largueza à penetração de grupos dominados ou estranhos. E ganhou em flexibilidade o que perdeu em inteireza e coerência.[547]

No entanto, seria o caso de insistir que há um problema nesse modelo de análise, a saber, *não há dialética na malandragem,* pois a malandragem não pode se tornar uma figura possível da dialética, a não ser de uma dialética cujas interversões constantes entre ordem e desordem produzam apenas uma estabilização não-dialética na anomia paga, como bem lembra o próprio Antonio Candido, pela invisibilidade da perpetuação do trabalho escravo. Ou seja, não se trata aqui de uma energia negativa que impulsiona a estrutura a rupturas e a transformações revolucionárias de situações. O que Schwarz, à sua maneira, acaba por intuir, ao lembrar que o ensaio de Candido foi escrito entre 1964 e o AI-5, e ao se perguntar: "A repressão desencadeada a partir de 1969 – com seus interesses clandestinos em faixa própria, sem definição de responsabilidades, e sempre a bem daquela mesma modernização – não participava ela também da dialética da ordem e da desordem?".[548] A resposta só pode ser positiva, mas isso implica mostrar como tal incorporação da anomia pelo poder sempre foi o funcionamento normal da ordem autoritária nacional.[549]

---

[545] SCHWARZ, Que horas são?, p. 133.

[546] CANDIDO, Antonio. Dialética da Malandragem. *Revista do Instituto de Estudos Brasileiros*, São Paulo, 1970, p. 84.

[547] Idem, p. 86

[548] SCHWARZ, Que horas são?, p. 154.

[549] Foi o que procurei desenvolver em: SAFATLE, Vladimir. *Cinismo e falência da crítica*. São Paulo: Boitempo, 2008.

Por isso, há de se lembrar que a dialética da malandragem não é a descrição de um processo de transformação e de metamorfoses categoriais, como se vê na dialética efetiva de Guimarães Rosa.[550] Ela é a condição de perpetuação de uma situação que não se transforma. As mudanças de lugar dos personagens de *Memórias de um sargento de milícias* são apenas a expressão da flexibilidade e permeabilidade de uma situação que não se decomporá, nem emergirá em outra estrutura. Se for permitido fazer uma aproximação possível, Karl Marx, em sua teoria das revoluções, procurava distinguir entre duas dinâmicas de negatividade social: uma capaz de produzir sujeitos revolucionários emergentes e outra que apenas colaborava para processos de regressão social. A primeira estaria vinculada ao proletariado e sua capacidade de assumir posições radicalmente antipredicativas.[551] A segunda estava ligada ao lumpemproletariado, cujo parente próximo nacional talvez, no final das contas, não seja outro que a própria malandragem e seu jogo contínuo entre norma e infração à sociedade do trabalho. A crítica dialética precisa, pois, pensar outras figuras de subalternidade em solo nacional.

A explosão da finitude

Por outro lado, poderíamos esperar em *Ressentimento da dialética* uma verdadeira discussão a respeito dessa energia negativa. No entanto, isso exigiria, à sua forma, certo retorno à filosofia, uma qualificação da negatividade para além das formas patológicas do sofrimento social da classe intelectual, para além da simples força de decomposição das expectativas normativas dos sistemas de ideias com a exposição de seus processos de cisão ou para além das figuras até então dispostas no panorama da inteligência nacional. Ou seja, essa tarefa exigiria não apenas uma história social, mas a reconstrução do campo de conceitos que visariam singularizar esse processo, dar-lhe paradoxalmente sua positividade, um pouco como Adorno, que parte de outra energia negativa, presente na experiência musical da forma avançada, para daí extrair conceitos normativos fundamentais para sua dialética negativa, como primado do objeto, lógica da desintegração, processualidade contínua, mimese.

Notemos como um problema simétrico se repete em outro momento dramático do livro. Com o caminhar das teses de *Ressentimento da dialética*, descobrimos que, de certa forma, a dialética é uma questão de "organizar o niilismo".

---

[550] O que é bem explicitado por: WISNIK, José Miguel. O Famigerado. *Scripta*, v. 6, n. 10, 2002. Devo a Larissa Agostinho o caminho dessa comparação entre jagunços e malandros, mesmo que sua posição seja antagônica à minha.

[551] Remeto ao capítulo "Por uma concepção anti-predicativa de reconhecimento". In: SAFATLE, *O circuito dos afetos*.

Esse é talvez o momento mais impressionante do livro, cristalizado em um artigo cujo título não deixa de ser sugestivo: *Nihilismusstreit*. Seguindo Jacobi, Arantes lembra como o idealismo e sua crença na subjetividade constituinte é indissociável da afirmação de que "o primeiro ato do conhecimento de um objeto é a supressão de sua existência independente".[552] A supressão da existência do objeto, o reconhecimento do nada absoluto, como dizia o jovem Hegel, tem endereço e nome fixo, a saber, niilismo. Mas, da mesma forma que há um bom e um mau infinito, Arantes lembrará que há um verdadeiro e falso niilismo, o que deveria demover de vez tentativas de desqualificar seu pensamento usando a velha acusação de niilismo (até porque, parafraseando Brehier: sempre se é o niilista de alguém).[553] Assim:

> Há, portanto, um "falso" niilismo – ou "idealismo infeliz" cujo diapasão é dado pela dialética interrompida do finito e do infinito – cujos nós encontram-se expostos e desatados no primeiro livro da *Ciência da Lógica*. Em compensação, o "verdadeiro" niilismo – que só o idealismo dito objeto leva a termo – é o foco de um processo de implosão que Gérard Lebrun chamou de "éclatement de la Finitude".[554]

Seria o caso de insistir nesse ponto, pois ele indica claramente uma latência interna ao projeto de *Ressentimento da dialética*. O que vemos aqui? O verdadeiro niilismo, que não é produto de ressentimento, que não se compraz em paralisar-se diante da dissolução do mundo devido à nostalgia de sua estabilidade, o niilismo que é colocação em marcha de uma "energia negativa" que só pode ser compreendida como a tomada consequente de posição sobre a nulidade de tudo o que é finito, implica tomada de posição que leva o finito a implodir. Essa implosão do finito é a verdadeira posição filosófica de Paulo Arantes. O niilismo que leva o senso comum e sua gramática da finitude ao colapso sabe que tal colapso é só o começo. Por isso, ele produzirá "um desespero muito singular, a ser entendido *cum grano salis*, muito próximo da ataraxia",[555] "um desespero que é sabedoria, repouso e distância".[556] *Este desespero que não duvida, esse desamparo que se desespera completamente de tudo o que o entendimento tem na conta de coisa sólida, mas que confia em sua força de produção é o afeto que a dialética produz, para além da verborragia infinita ruim da luta contra as paixões tristes.* Foi Paulo Arantes que nos colocou nessa trilha.

---

[552] ARANTES, *Ressentimento da dialética*, p. 244.

[553] Sobre a caracterização da posição de Paulo Arantes como niilista, ver: FAUSTO, *A esquerda difícil*.

[554] ARANTES, *Ressentimento da dialética*, p. 246.

[555] Idem, p. 251.

[556] Idem, p. 252.

Note-se, no entanto, que há um momento afirmativo aqui, um momento de ordem completamente outra, uma peculiar afirmação que só pode nascer no ponto mais brutal de negação e ceticismo, um pouco como a revelação de um Deus que só se manifesta devastando e destruindo. Mas manejar essa dialética impressionante de um niilismo confiante, de uma ataraxia desesperada, exigiria, como Paulo Arantes pressente, uma reflexão sobre o infinito em ato, sobre destruições que são manifestações da infinitude e de seus processos, sobre determinações infinitas. Ou seja, ser consequente aqui nos exigiria abrir espaço a uma filosofia do infinito na base da teoria crítica, pois só ela permitiria à crítica "organizar o niilismo", só ela permitiria a emergência de uma *époché* que não se redundaria no retorno conservador ao mundo outrora negado, mas na sustentação de uma atitude realmente revolucionária. Mesmo que não se tratasse de uma filosofia do infinito, seria necessário ao menos uma tematização dos horizontes concretos no interior dos quais pode emergir uma totalidade que não estivesse submetida à falsa totalidade do Capital. Vimos como Adorno faz isso apelando aos processos de síntese não-violenta presentes na forma estética avançada.

O lugar da filosofia e as condições para ação

Não é novidade para ninguém que essa guinada em direção à filosofia, que a explicitação das articulações entre ontologia e crítica ou ainda que essa indicação de horizontes concretos não verão a luz. Mas gostaria de defender que eles nunca verão a luz porque o regime filosófico de Paulo Arantes é o de uma filosofia implícita, com todos os riscos que tal posição implica. Digamos que tudo se passa como se estivéssemos diante de uma generalização de um princípio fundamental da dialética negativa de Adorno. De fato, como afirmei em capítulo anterior, uma análise menos esquemática da relação entre Hegel e Adorno nos mostrou que sua dialética negativa é o resultado não exatamente do abandono de certos conceitos e processos da dialética hegeliana, ou ainda, da amputação desta de seu momento positivo-racional. Na verdade, como vimos, a dialética negativa será o resultado de um conjunto de operações de deslocamento no sistema de posições e pressuposições da dialética hegeliana, o que pode nos explicar essa peculiar operação na qual vemos todos os conceitos hegelianos em operação na dialética adorniana, mas sem poder mais serem postos tais como eles eram postos por Hegel, sem poder serem atualizados no interior das situações pensadas por Hegel. Pois, como vimos, Adorno sabe que, em certas situações, pôr um conceito de maneira direta é a melhor forma de anulá-lo. Deixá-lo em pressuposição é, às vezes, a melhor maneira de reconstruir sua força crítica. Relembremos mais uma vez como ele dirá:

Mesmo o pensamento que se opõe à realidade ao sustentar a possibilidade sempre derrotada, só o faz na medida em que compreende a possibilidade sob o ponto de vista de sua realização, como possibilidade da realização, algo em direção à qual a própria realidade, mesmo que fraca, estende seus tentáculos.[557]

Ou seja, a possibilidade que a crítica pressupõe como seu solo de orientação para a recusa do existente não é "mera possibilidade", mas uma espécie de *latência do existente*. A negatividade da possibilidade em relação ao efetivo é a processualidade que coloca o efetivo em movimento. Nesse sentido, é típico de Adorno a consciência de que, muitas vezes, não se deve tentar explicitar o que está em latência. *Deslocar o sistema de posições e pressuposições da dialética hegeliana* implica recusar pôr reconciliações que Hegel julgava já maduras para serem enunciadas. É uma crença vinda, entre outras coisas, da defesa de que chegara a hora de confiar na força de explicitação da linguagem filosófica.

Há, claramente, algo de radicalização dessa posição em Paulo Arantes. Se, em Adorno, são conceitos que deixam de ser postos para serem apenas pressupostos, em Arantes, é o discurso filosófico em sua totalidade que deverá ser pressuposto sem ser completamente posto. Decisão radical e consequente. Pois ele não acredita que chegou a hora de confiar na força de explicitação da linguagem filosófica. Ao contrário, há de se mostrar a retração necessária da filosofia para que essa retração abra a consciência da acomodação de nossa forma de pensar ao curso mutilado do mundo.

No entanto, gostaria de insistir que *não é possível ao pensamento crítico operar sem explicitar seu retorno à filosofia*. A filosofia pode ser, no interior das sociedades ocidentais, o horizonte de afirmação genérica do que força a imaginação colonizada pelas formas sociais de reprodução material da vida.[558] Sua ausência de lugar no interior dos modos de produção contemporânea do saber, sua condição de "arcaísmo" sem objeto definido depois da especificação do campo das ciências é a garantia de ressonância do que não encontrou lugar no interior do presente. Não explicitar o necessário retorno à filosofia, ou seja, recusar a saída final adorniana de insistir no gesto filosófico e em uma certa recuperação da experiência metafísica é desconhecer a maneira com que a crítica retira sua força da adesão a categorias de pensamento, de certa forma, "irreais". "Irreais", não porque seriam mera fraseologia vazia, mas porque apontam para uma latência

---

[557] ADORNO, *Três estudos sobre Hegel*, p. 171.

[558] A visão de Paulo Arantes é outra, como pode se ver em afirmações como: "a filosofia profissional, e não há outra sem retrocesso doutrinário e antimoderno, não é mais nem pode ser uma filosofia figurativa, isto é, não tem mais condições de descrever a experiência real como era sua ambição na Era Hegel, e de transpor essa experiência real para o plano conceitual" (ARANTES, Paulo. *Zero à esquerda*. São Paulo: Conrad, 2004, p. 275)

da existência que se recusa a ser reduzida à condição de um possível da realidade atual. Em nossa situação histórica, para além de sua degradação acadêmica, a filosofia se transformou no discurso da insistência no que só se realiza levando a realidade atual a seu ponto de colapso. Pois há certas situações nas quais o irreal é o que há de mais real à nossa disposição.

Retirar a filosofia do eixo central da constituição da crítica acabará, assim, por nos levar a uma situação marcada pela denúncia implacável da retração geral dos horizontes de transformação, mas ao mesmo tempo também marcada pela retração paradoxal do próprio horizonte crítico de enunciação, independente do fato de a crítica parecer totalizante. Pois seremos obrigados a aceitar uma estratégia que verá ao fim toda produção da ideia em sua nudez filosófica como simples realização compensatória à impotência da vida social, como "mera ideia" que esconde seu girar em falso. Desqualificada em sua força de indução de acontecimentos, a filosofia será relegada no máximo a um discurso implícito, pois sua explicitação em condições atuais só poderá levá-la a reduzir-se à condição de ideologia. Melhor seria, no entanto, perguntar se tal retração do horizonte de enunciação não acaba, ao final, por colaborar com a retração geral dos horizontes de transformação, já que a negatividade perde sua dialética por eliminar o espaço enunciativo no qual a passagem da dissolução à emergência se mostra efetiva. Um espaço enunciativo associado necessariamente à filosofia como discurso e modo de produção, como indutor de negações determinadas.

Notemos, nesse sentido, como as lutas e os conflitos sociais se redimensionam a partir do momento em que eles ressoam. Eles ganham força a partir da capacidade em constituir, com várias outras lutas e conflitos, um campo de ressonância que não poderia ser produzido de outra forma do que por conceitos (o que um pensamento crítico filosófico necessariamente admite). Há uma unificação conceitual que Marx já mostrara quando interpretou (o termo não está aqui por acaso) a multiplicidade das lutas sociais como o movimento único e compacto de emergência de um sujeito político chamado de "proletariado". Essa "interpretação" modifica não apenas os sentidos das lutas, mas seu campo de contato, seu sistema de imbricações, sua dinâmica própria, em suma, sua força.

Utopias reais e depressão

Em seu último livro, *O novo tempo do mundo*, Paulo Arantes fornece pela primeira vez uma impressionante filosofia da história de larga escala. No entanto, ela parece inicialmente orientada, na verdade, como *filosofia do colapso do tempo histórico*. Pois se trata de descrever as condições para a realização de certa sobreposição entre *espaço de experiência* e *horizonte de expectativa* que, longe de marcar a aceleração do tempo em direção à possibilidade de transformações revolucionárias e emancipatórias, ou seja, à realização da potência redentora da utopia, é a perpetuação coroada de um "tempo morto". Longe da força transformadora da crise como explicitação de contradições que produzem o movimento histórico em direção a um futuro qualitativamente diferente, teríamos agora um "estado de crise permanente" no qual crise não é mais o índice de uma impossibilidade de governar, mas a forma mesma de governo.[559] Tal forma de governo consolida-se como a gestão e a produção de um "horizonte de expectativas decrescentes" pois se trata de reduzir acontecimentos a "riscos" que permitem a submissão do tempo à projeção, trata-se de gerir a anulação da expectativa de qualquer mudança. Algo que fica mais visível em um país periférico que expõe, em sua história, a farsa das promessas de "formação" e "desenvolvimento".

Tal horizonte decrescente de expectativas implica, entre outros, uma "experiência negativa da espera", um "disciplinamento pela espera",[560] ou seja, uma espera sem horizonte que aparece como horizonte real de uma disciplina dos corpos, do tempo do trabalho, das formas do desejo no último estágio das sociedades capitalistas. Disciplina que só pode ser suportável à condição da generalização da paranoia com sua elevação do medo a afeto político central, com seus discursos da segurança, da imunização necessária, do risco contínuo. Foi assim que "o horizonte contemporâneo tornou-se nada mais, nada menos que a securização de um risco permanente e incontornável, contra o qual toda precaução é pouca".[561] Como não há mais nada o que esperar, toda paranoia é pouca para esconder dos agentes como eles estão a correr no vazio. Na periferia, é mais fácil perceber, como disse Adorno, que não há nenhuma história universal que conduza do selvagem à humanidade. Mas há certamente uma que conduz da atiradeira à bomba atômica.

O desmoronamento da história hegeliana como processo de realização institucional da liberdade deve ser lido como estratégia de explicitação das dinâmicas de paralisação. Algo que nos lembra da função estratégica da tópica frankfurtiana da "sociedade totalmente administrada". A negatividade da figura visa forçar a imaginação social a recusar todo compromisso com a situação atual. Mais uma

---

[559] De fato, a confluência do espírito do tempo é forte. A mesma época, o grupo Comitê Invisível publicava *Aos nossos amigos: crise e insurreição* onde se defendia a tese de que, longe de uma crise do capitalismo, viveríamos um capitalismo de crise no qual: "o discurso da crise intervém como método político de gestão das populações. A reestruturação permanente de tudo – dos organogramas aos programas social, das empresas aos bairros – através de uma perturbação constante das condições de existência é a única forma de organizar a inexistência do partido opositor [...] Ela corresponde a uma estratégia que se formula nestes termos: 'Prevenir, por via da crise permanente, toda e qualquer crise efetiva'" (COMITÊ INVISÍVEL. *Aos nossos amigos: crise e insurreição*. São Paulo: N-1, 2016, p. 26).

[560] ARANTES, Paulo. *O novo tempo do mundo*. São Paulo: Boitempo, 2014, p. 163.

[561] Idem, p. 190.

vez, a acusação de niilismo é apenas confissão da incompreensão a respeito dos usos da negatividade em Paulo Arantes. Tanto é assim que seu livro dedicado ao novo tempo do mundo termina exatamente com a análise de uma insurreição, a saber, essa que o Brasil conheceu em 2013. A função desse texto é clara: indicar como uma filosofia do colapso do tempo histórico não elimina de seu horizonte a atenção às dinâmicas da revolta.

Em um dos momentos mais significativos de *O novo tempo do mundo,* Paulo Arantes serve-se do conceito de "profanação", tal como colocado em circulação por Giorgio Agamben, para falar da maneira com que a defesa da livre circulação em uma cidade segregada pela distribuição das funções do capital "libera uma carga de energia utópica que parece muito longe de esgotada – como diz a lenda difundida pelos coveiros da Teoria Crítica".[562] Paulo Arantes chega mesmo a falar em "utopia real" a fim de salientar o potencial explosivo e antissistêmico de movimentos horizontais e autônomos que produzem uma volta da política às ruas através da imagem de dimensões descontroladas da vida. Essa utopia real é fundada na incorporação da energia negativa das classes subalternas em um dispositivo local (a luta pela tarifa de transporte, por exemplo), mas capaz de desencadear uma série de desidentificações com as instâncias de poder, governo e gestão. Desencadeamento necessário, que mostra como "junho foi, antes de tudo, sobre isto: como somos governados, como nos governamos e como agora não queremos mais saber disto".[563] Desidentificação que produz um "poder coletivo exibido por muitos corpos juntos na rua",[564] uma "legião sem nome".[565]

A compreensão da insurgência e de sua dinâmica não deixa, à sua maneira, de nos remeter ao quadro teórico já em latência em *Ressentimento da dialética,* haja vista a figura da legião sem nome. Ela mostra também como essa filosofia do colapso do tempo histórico conhece algo mais do que o tempo morto do retraimento das expectativas.

Mas para que tais insurreições sejam a figura de uma negatividade processual, e não de uma negatividade simples que implode a si mesma devido à ausência de força de ressonância, é necessário algo mais que a explosão de momentos de utopia real. Como não temos mais a categoria de "povo" a operar o horizonte de ação política, já que na visão de Paulo Arantes o processo de formação nacional foi desmontado, tal utopia real corre o risco de se inverter insistentemente em depressão, repetindo com isso uma dinâmica que o próprio Arantes encontrou nos intelectuais revolucionários. Como também não é o caso de apoiar-se em

[562] Idem, p. 414.
[563] Idem, p, 453.
[564] Idem, p. 460.
[565] Idem, p. 461.

alguma forma de gênese populista do conceito de povo a partir da produção de hegemonia em campos sociais heterogêneos, tal como vemos em Ernesto Laclau, ou seja, como não é o caso de descrever mais o pretenso processo de emergência do povo, e como nem se trata de fazer apelo ao conceito de proletariado (já que sua hora como classe sociológica já teria passado – o que não significaria que ele não poderia ser recuperado em chave ontológica como possibilidade de implicação genérica com processos de não-identidade com forte carga de desidentificação social), fica-se à espera de outra forma de sujeito político cuja emergência pudesse ser descrita, cuja identificação pudesse operar e cuja dinâmica "ingovernável" pudesse servir de embrião para processos de instauração com forte carga de emancipação. Na ausência disso, volto a insistir, é a balança contínua entre entusiasmo e melancolia vinda da retração geral dos horizontes de expectativa que acabará por retornar. O balançar contínuo entre mania e depressão será então erigido à condição de verdadeiro "motor imóvel" da crítica.

A dialética do romance nacional: retomando o debate Roberto Schwarz/Bento Prado Jr.

Um léxico só não basta.
Guimarães Rosa

Como complicar sua própria vida

Eu uso "dialética negativa" para caracterizar uma alternância, um certo girar em falso entranhado na lógica da sociedade brasileira. Com isto, estou abusando um pouco da maneira pela qual Hegel descrevia o caráter inconclusivo da ideia de reflexão nos clássicos alemães, sobretudo Fichte e Kant. Nestes, a imaginação balançava de um lugar para o outro e não produz nenhum resultado, não avança. No caso de Machado, foi isto o que eu quis dizer. Se eu quisesse ter complicado a minha vida, poderia ter dito que não tinha nada a ver com a dialética negativa de Adorno, que não é propriamente alternância indefinida que não se resolve. Só que essa alternância inconclusiva no Machado tem um efeito mimético exemplar, e essa é a demonstração do Roberto. Machado usa recursos não-realistas, vai ao Setecentos inglês e aos moralistas franceses do século XVII para obter uma representação "realista" da matéria brasileira que lhe interessava retratar estruturalmente. Por outro lado – e é aí que eu poderia ter complicado minha vida – eu poderia dizer: no fundo, não há dialética.[566]

Bem, complicar sua própria vida é toda uma arte. De fato, afirmar não haver propriamente dialética em Machado de Assis produz certos tipos de complicações. A primeira poderia parecer ser resolvida com um simples alçar de ombros. Pois o que haveria de tão dramático em assumir não existir dialética em Machado de Assis? Como dizia Charcot a respeito de certos sintomas histéricos: "*ça ne nous empêche pas de vivre*". Mas declinemos a pergunta em toda sua extensão. O que haveria de dramático em reconhecer que a obra cuja análise inspirou a instauração

---

[566] ARANTES, *Zero à esquerda*, p. 284.

da crítica dialética entre nós e que evidenciou a potência crítica da ironia como instrumento a serviço de uma lógica da desintegração era na verdade a estilização de sistemas de alternância inconclusiva? Como se vê, o grau de complicação não nos permite agora alçar os ombros. Pois parece que estamos na posição de ter de reconhecer de duas, uma: ou o romance nacional não é o lugar de produção dos regimes de superação dialética dos limites da forma social, nem nunca poderia ter sido, ou a dialética é má companheira em tal procura, sendo o melhor mesmo fechar este capítulo e passar a outra coisa.

Mas, como se disse anteriormente, complicar sua própria vida é toda uma arte e talvez fosse o caso de dizer que seria possível retomar esta história entre experiência literária nacional e dialética por outra ponta. Outra ponta que se encontra em um momento decisivo do debate a respeito dos pressupostos, salvo engano, da crítica dialética nacional e que envolveu Roberto Schwarz e Bento Prado Jr. Na verdade, um debate singular, pois feito a três e cuja réplica é apresentada não por Schwarz, mas por Paulo Arantes em *Um departamento francês de ultramar*. Porque há algo nesse debate que não se explicita, mas que, visto à distância, pode complicar a vida de mais de um. Ele consiste em perceber que, na verdade, era a posição a respeito do romance deste antidialético por excelência chamado Bento Prado Jr. que acabaria por indicar um caminho mais efetivo para redescrever a dialética negativa a partir da experiência literária nacional. Ou antes, era o desdobramento do caminho aberto por sua posição que permitira explicitar a produtividade de uma dialética negativa renovada.

Propor tal inversão de perspectiva pode parecer, para alguns, prova de tipo avançado de perversão acadêmica, dessas que Gilles Deleuze descrevia ao versar sobre esse desejo singular de pegar um filósofo por trás e fazer-lhe um filho no qual ele não se reconhecia, mesmo sendo estranhamente seu. Mas gostaria de defender que se trata muitas vezes de levar um autor a mostrar como o ato de mirar no que se vê e acertar no que não se vê é uma forma avançada da astúcia da razão. Ou ainda, que filhos bastardos são, muitas vezes, os únicos filhos fiéis.

Autonomias

Retomemos esse debate de um ponto bastante específico que se articula a problemas deixados em aberto no capítulo anterior. Em certo momento, ao se deparar com os esforços da crítica literária dialética brasileira capitaneada por Schwarz, Bento Prado Jr. afirmará que sua força de esclarecimento, expressão de uma "dialética regressiva" que se sustentaria na possível "continuidade entre a consciência e o Saber, entre a experiência vivida e o conhecimento estrutural",[567]

---

[567] PRADO JR., Bento. *Alguns ensaios*. São Paulo: Paz e Terra, 2000, p. 210.

era indissociável de certa perda em relação à intelecção da produtividade da forma literária. Bento Prado tinha certamente em mente passagens do jovem Schwarz como:

> As questões de forma não se reduzem a questões de linguagem, ou são questões de linguagem só na medida em que estas últimas vieram a implicar outras do domínio prático. Pelo simples diagrama, a célula elementar do andamento machadiano supõe, em um nível de abrangência máxima, uma apreciação da cultura burguesa contemporânea, e outra da situação específica da camada dominante nacional, articuladas na disciplina inexorável e em parte automatizada de um procedimento, a que o significado histórico deste atrito empresta à vibração singular.[568]

É possível que a crítica de Bento Prado passasse pela ideia de que a forma estética como articulação capaz de lançar luz tanto sobre a situação específica da camada dominante nacional quanto sobre a cultura burguesa contemporânea no sentido amplo acabaria por não ser tematizada em sua força de instauração e emergência linguística. Daí a necessidade de dizer que tal crítica ignoraria "o próprio projeto da literatura – a ideia de uma verdade que apenas ela sabe dizer e que é a contestação de todas as demais formas de discurso".[569] Pode parecer, no entanto, que tais colocações não levam em conta que:

> [...] para a crítica dialética o trabalho da figuração literária é um modo substantivo de pensamento, uma via *sui generis* de pesquisa, que aspira à consistência e tem exigência máxima [...] [a crítica dialética] parte da análise estética e busca o não evidente, o resultado do que o trabalho formal do artista configurou.[570]

No entanto, a forma objetiva da obra literária, foco efetivo da análise para além dos conteúdos expostos, é expressão de um processo que, mesmo sendo irredutível à intencionalidade dos agentes, pode ser lido como esclarecimento das contradições que tecem as tramas da vida social, o que pressupõe não uma consciência intencional individual, mas uma consciência histórica social acessível à posição da crítica. É tendo isso em vista que Schwarz pode afirmar que "a junção entre romance e sociedade se dá através da forma".[571] Há aqui a transformação de

---

[568] SCHWARZ, Roberto. *Um mestre na periferia do capitalismo*. São Paulo: Duas Cidades, 1998, p. 225. Ou ainda, a respeito das estratégias interpretativas da crítica dialética: "Trata-se, noutras palavras, de chegar a uma estrutura de estruturas, ou melhor, a uma estrutura composta de duas outras, a forma da obra articulada ao processo social, que tem de estar construído de modo a viabilizar e tornar inteligível a coerência e a força organizadora da primeira, a qual é o ponto de partida da reflexão" (SCHWARZ, *Que horas são?*, p. 140).

[569] PRADO JR., *Alguns ensaios*, p. 217.

[570] SCHWARZ, *Martinha versus Lucrécia*, p. 288.

[571] SCHWARZ, *Que horas são?*, p. 142.

uma forma real, posta pela vida prática, em forma literária, que define o horizonte de sua cognoscibilidade.

É claro que Bento Prado procura algo a mais quando fala de "projeto próprio da literatura" e não seria difícil acreditar, erroneamente, que ele estaria a defender aqui um certo projeto de autonomia da forma estética que perderia a tensão dialética entre arte e sociedade. No entanto, percebamos como tal recuperação atende a uma exigência política que está presente já na dialética negativa adorniana. Pois o que a análise que integra uma dimensão de autonomia da forma estética pressupõe, como é o caso em Adorno, não é um esquema de compensação à paralisia social, um pouco como se a arte voltasse à tematização de sua própria forma como contrapeso a decepções históricas de transformações sociais abortadas.[572] Ela também não é apenas "momento e lugar determinado da totalidade social".[573] Na verdade, tal exigência de autonomia é estratégia de antecipação de uma comunidade por vir, cujas estruturas de relações, ao ganhar realidade formal, abrem espaço a transformações concretas.[574] Mesmo que tal antecipação não esteja explicitamente presente na crítica de Bento Prado, podemos dizer que implicitamente é ela que o move.

Nesse sentido, não seria impossível ver, em tal tipo de crítica, a consciência de que "a arte se torna social através da sua oposição à sociedade e ela ocupa essa posição apenas enquanto arte autônoma".[575] A afirmação de Adorno sintetiza bem seu modelo de compreensão da autonomia estética como força política, o que o levava, por exemplo, a ver, mesmo em situação de reconhecimento do envelhecimento da nova música, a necessidade de adotar um tom de manifesto a fim de insistir no possível advento de uma "música informal" capaz de antecipar a plasticidade revolucionária da vida social, capaz de fornecer a figura de sínteses não-violentas. A oposição que a arte levanta à sociedade não é elaboração ou decalque, mas negação determinada da forma social em sua potencialidade construtiva imanente. Pois tal modelo parte do princípio de que a oposição entre arte e sociedade só pode ter real força de transformação social se estiver expressa

---

[572] O modelo clássico dessa estratégia foi dado por: BOURDIEU, Pierre. *Les règles de l'art: génèse et structure du champ littéraire*. Paris: Seuil, 1998.

[573] SCHWARZ, *Que horas são?*, p. 143.

[574] Vale aqui o que dirá Rancière: "O regime estético da arte institui a relação entre as formas de identificação da arte e as formas da comunidade política sob um modo que recusa previamente toda oposição entre uma arte autônoma e uma arte heterônoma, uma arte pela arte e uma arte a serviço da política, uma arte do museu e uma arte da rua. Pois a autonomia estética não é a autonomia do 'fazer' artístico que o modernismo celebrou. Ela é a autonomia de uma forma de experiência sensível. E é essa experiência que aparece como o germe de uma nova humanidade, de uma nova forma individual e coletiva de vida" (RANCIÈRE, Jacques. *A partilha do sensível*. São Paulo: 34, 2005, p. 34).

[575] ADORNO, *Ästhetische Theorie*, p.240.

no nível das decisões formais próprias aos princípios construtivos das obras e seu sistema imanente de relações. A obra de arte deve ser capaz de expressar uma estrutura de relações e decisões que a vida social tacitamente combate, que ela procura determinar como impossível de ser realizada.

No entanto, é possível afirmar que a emergência de uma forma liberada com força crítica de destruição está lá em Schwarz quando, por exemplo, este lembra como *Memórias póstumas de Brás Cubas* marca o advento de uma síntese entre elementos profundamente contraditórios, de uma circulação impossível até então, a saber, essa que permite a absorção do cinismo e da dispersão próprios à escrita folhetinesca "pouco séria" no interior mesmo da elaboração romanesca.[576] Tal circulação não está lá apenas para explicitar ironicamente a desfaçatez das enunciações modernizadoras de todo representante periférico da classe burguesa. De fato, ela indica também a possibilidade de constituição de um lugar de aliança na qual a voz de uma literatura menor (o gênero folhetim) se mistura e interfere no horizonte tenso das formas estéticas que constituem a matriz da experiência moderna de emancipação social, como o romance. Da mesma forma como Paul Claudel descrevia o estilo de Baudelaire como um misto de Racine e dos jornalistas de seu tempo.

Experiência literária e modalidades de subjetivação

Mas há certa dimensão da crítica de Bento Prado que expressa um nível fundamental de problemas que mereceriam ser retomados. Eles se referem ao que poderíamos chamar de modalidades de subjetivação imanentes à experiência literária, ou ainda, as modalidades de subjetivação que a experiência literária procura realizar como condição para a emancipação. É possível que devamos ter tal ponto em mente para compreender o sentido efetivo de uma dimensão maior da crítica de Bento Prado a Schwarz, a saber, a de que em sua crítica literária "não há nenhum *inconsciente* fundamental e o *cogito* é capaz de recuperar o sentido da vida social; o conhecimento é *Erinnerung* (rememoração e interiorização)".[577]

A crítica dialética desconheceria o inconsciente; ela se inscreveria em um horizonte próprio ao cogito porque ela se orientaria por um regime de desvelamento

---

[576] "O que faltava, para completar a configuração artística da maturidade, não era portanto o procedimento narrativo. A viravolta pendente, que permitiria incorporar à elaboração romanesca uma técnica disponível e comum a muitos, era de ordem ideológica. De modo genérico, pode-se imaginar que a literatura de jornal, frívola e algo cínica, parecesse incompatível com ambições artísticas sérias. Mais decisivamente, aqueles defeitos representavam o oposto da fidelidade e retidão, que seria preciso quase exigir dos proprietários, como única segurança para o desamparo dos dependentes" (SCHWARZ, *Um mestre na periferia do capitalismo*, p. 217).

[577] PRADO JR., *Alguns ensaios*, p. 211.

cujo pressuposto fundamental é a presença originária do sentido à consciência (não necessariamente individual, mas histórico-social). Assim, a crítica se orientaria como um processo de rememoração e interiorização; ela seria um desvelamento através do qual o que aparecia como distante da consciência se revela como sua própria produção, como seu-Outro. Essa estratégia materialista de esclarecimento seria reinstauração do cogito (mesmo que não estejamos a recorrer a uma figura da consciência solipsista ou da subjetividade constituinte), porque o cogito recupera aquilo que lhe é conforme; ele rememora o que tem sua forma, impedindo todo regime de metamorfose categorial. Bento Prado tem certamente em mente passagens como esta:

> Em contraste com a maioria de seus pares na grande literatura contemporânea, a obra de Guimarães Rosa tem a virtude de colocar o experimento estético no nível da consciência, de reivindicar para ele a condição acordada. Não partilha a profunda nostalgia de irracionalismo representada, em última análise, pela pesquisa exclusiva dos níveis pré-conscientes.[578]

Notemos, no entanto, como o recurso ao inconsciente não aparece na crítica de Bento Prado como apelo a alguma opacidade negativa irredutível da experiência literária, muito menos de algo que poderia ser uma "profunda nostalgia de irracionalismo", por mais que seja difícil saber o que isso possa realmente significar.[579] Ele indica o que depõe a forma de presença e de relação própria a figuras históricas da consciência, instaurando um regime de presença outra, com suas dinâmicas singulares de tempo, de espaço e de individuação. Ele é uma potência de descentramento em relação à toda capacidade apropriativa da consciência e de sua linguagem. Tal experiência seria própria de obras capazes de produzir "a neutralização da experiência corrente da linguagem", como a "suspensão da existência quotidiana e decisão de interrogar pelo sentido do próprio destino".[580]

Não se trata aqui de incorrer na enésima versão da mobilização de conceitos psicanalíticos para obliterar o processo produtivo da forma literária, mas seria

---

[578] SCHWARZ, Roberto. *A sereia e o desconfiado*. São Paulo: Paz e Terra, 1981, p. 39.

[579] Um índice aqui poderia ser a forma com que Schwarz compreende a função do mito em *Grande Sertão: veredas*. Em sua leitura, a narrativa literária é indissociável de um processo de esclarecimento através do qual "o mito desloca-se da realidade para a sua compreensão. Não tem a necessidade das sequências físicas, é apenas um modo de consciência histórica ou das coisas" (Idem, p. 44).

[580] PRADO JR., *Alguns ensaios*, p. 177. Pois vale para Bento Prado o que disse Jacques Rancière: "Se a teoria psicanalítica do inconsciente é formulável, é porque já existe, fora do terreno clínico, uma certa identificação de um modo inconsciente do pensamento, e que o terreno das obras de arte e da literatura se define como o regime de efetividade privilegiado desse 'inconsciente'" (RANCIÈRE, Jacques. *L'inconsciente esthétique*. Paris: Galilée, 2001, p. 11).

o caso de partir desse ponto para interrogarmos certas potencialidades políticas pouco exploradas pela crítica dialética nacional até o momento. E para tanto, há de se atentar a certos aspectos da experiência literária de Guimarães Rosa a partir de chaves de leitura propostas por Bento Prado, pois é Guimarães que lhe fornece o modelo de metacrítica da crítica dialética.

A escrita da destituição de pactos

Lembremos, inicialmente, como há um horizonte histórico-social da experiência literária de Guimarães que não deveria ser negligenciado. Ele diz respeito ao nacional-desenvolvimentismo brasileiro, não por acaso o modelo de gestão social implementado em solo nacional no período entre o fim da Segunda Guerra e o golpe de 64, período no qual encontraremos o cerne da produção de Guimarães Rosa. É um horizonte histórico de pactos sociais, de acordo frágil, mas sonhado entre burguesia nacional e classes subalternas em conquista gradual de voz política. Um horizonte de integração e conciliação garantido pela pretensa força de regulação do Estado brasileiro e capaz de aparentemente acomodar dinâmicas contraditórias entre capital e trabalho a partir das expectativas de desenvolvimento partilhado, de urbanização modernizadora. Desenvolvimento que, em sua versão cepalina, realizaria dinâmicas de substituição de importação e de industrialização que não deixavam de ressoar no campo da cultura com sua procura em constituir linhas de "formação" capazes de enfim estabelecer uma ossatura que faltaria ao país.

Por outro lado, não será a maior das ironias lembrar como tais pactos encontrarão sua metáfora mais forte na conquista do vazio atemporal e desfibrado do cerrado pelo desejo de instauração modernista (Brasília), ou seja, na tentativa de junção arquitetônica entre a geometria da forma clara e distinta com sua força de instauração e os limites do sertão nas fronteiras de Goiás. Como se fosse questão de uma modernização integradora onde o modernismo recomporia o espaço mais desfibrado e liminar no território nacional. O nacional-desenvolvimentismo brasileiro se realiza em certa conquista do Oeste, em certo "processo civilizatório" integrador e destituidor do sertão. Na verdade, estamos a falar de um "colonialismo interno" no sentido forte do termo, pois o pacto esconde a perpetuação do caráter mais violento de um "progresso" que nada mais é que a imposição da história contada pelos vencedores com sua perpetuação da matriz colonial. Ele esconde o apagamento das cicatrizes vindas das espoliações cujas raízes se afundam no passado.

Lembremos, nesse sentido, do conto que abre *Primeiras estórias*, a saber, "As margens da alegria". Narra-se aqui a viagem de um menino para o lugar onde se construía "a grande cidade", em uma referência explícita a Brasília. Ele deixa o vínculo de pai e mãe para trás; sua viagem é acompanhada por tios. Toda a descrição inicial da viagem, juntamente com as sensações do voo, é feita de forma a dar a impressão de que "as coisas vinham docemente de repente, seguindo harmonia prévia, benfazeja, em movimentos concordantes: as satisfações antes da consciência da necessidade".[581] Em um horizonte sem falta ou carência, no qual a conciliação entre a necessidade e a satisfação parecia enfim ao alcance, a viagem termina.

A grande cidade, que seria "a mais levantada do mundo", apenas começava a fazer-se no planalto: "visão mirífica no lugar onde o sertão se destrói e se transforma – miragem do Brasil moderno e Brasil moderno como miragem".[582] No entanto, em vez da descrição da cidade e de sua construção, o deslumbramento do menino aparece na descrição da natureza: em um peru de cauda imperial, na malva-do-campo, no velame-branco, no buriti. Natureza frágil e no limite de desaparecer, pois o menino logo descobre que o peru que tanto o deslumbrara momentos antes acabara de ser morto para ser servido no jantar. A descoberta muda os afetos de sua visão, tem a força de um trauma que aponta para o vínculo entre silenciamento e progresso. Ele "descobria o possível de outras adversidades, no mundo maquinal, no hostil espaço".[583] Agora, descreve-se a construção da cidade através das derrubadoras de árvores, das compressoras, caçambas e cilindros. Não se ouve mais nada. Um ritmo indiferente ao que existira antes, como se estivéssemos em um espaço inerte de *tabula rasa* que agora conhece apenas um tempo compacto. O conto termina com o jantar do peru como um festim deceptivo e melancólico.

Note-se inicialmente que o conto abre o livro da mesma forma como o livro termina. O último conto, "Os cimos", é a descrição de outra viagem do menino à cidade em construção. Como se todas as narrativas entre o primeiro e o último conto fossem forma de desdobramento do que se coloca nessa confrontação com o horizonte nacional de desenvolvimento. No último conto, descobre-se que a mãe está doente. A consciência da doença da mãe provoca um sofrimento que "não cabia de uma vez no espaço do instante",[584] que destrói toda possibilidade de contemplar algo e se aproxima do sofrimento de descobrir a natureza em compasso transitório. Há uma relação entre tempo e acontecimento que parece impossibilitada. "O Tio media tudo no relógio" e é claro que o relógio não é apenas a contagem do tempo. É a funcionalização das ações e atividades, é a impossibilidade de ouvir o que parece sem função, de ser afetado pelo que conta outra narrativa, de outro modo. Essa temporalidade exilada no "vulgar inteiro

---

[581] ROSA, Guimarães. *Primeiras estórias*. Rio de Janeiro: Nova Fronteira, 2016, p. 41.

[582] WISNIK, O Famigerado, p. 178.

[583] Idem, p. 44.

[584] ROSA, *Primeiras estórias*, p. 187.

do dia" implica certa paralisia da imaginação social, pois significa atrofia da força de ressonância e da multiplicação dos níveis de experiências. Atrofia que impede que nossas vozes sejam habitadas por vozes de outros tempos, redimensionando a própria noção de quem é o sujeito das ações. Desenvolvimento, em seu positivismo empedernido, significa também perda de ressonância, redução do não-presente à figura do "atraso" e submissão disciplinar à gestualidade positiva e imediata do trabalho. Talvez não seja por outra razão que o livro termina, em seu último parágrafo, com a descrição de uma vitória em relação a esse tempo morto: "E era o inesquecível de-repente, de que podia traspassar-se, e a calma, inclusive. Durou um nem-nada, como a palha se desfaz, e, no comum, na gente não cabe: paisagem, e tudo, fora das molduras".[585]

Há de se insistir que tal atrofia é impulsionada graças ao peso de um fantasma fundamental a assombrar a realidade brasileira. Pois esse horizonte destinal de desenvolvimento tem um contraponto central, tem um fantasma originário que assombrará a experiência nacional, a saber, o desfibramento, a realidade decomposta e sem continuidade que seria uma marca brasileira de ausência de fundamentação pretensamente a ser vencida. Como dirá Mário de Andrade, seríamos uma "imundice de contrastes" para a qual faltaria o mínimo de lógica.[586] Trata-se da narrativa do país sem forma, que acredita, a todo momento, que deve ser refundado, cortado de sua zona morta de indeterminação, para encontrar enfim sua hora no interior do mundo desenvolvido, com sua lei, seus pretensos lugares claros e individuações estabelecidas.[587] Ou ainda, e agora em chave autocrítica em relação a esse mesmo progresso, para encontrar sua "formação".[588] Faz-se necessário cerrar fileiras com o partido do progresso porque do outro lado haveria apenas a perpetuação da decomposição, da informidade.

---

[585] Idem, p. 194.

[586] "Como sucede como os outros povos americanos, a nossa formação não é natural, não é espontânea, não é, por assim dizer, lógica. Daí a imundice de contrastes que somos" (ANDRADE, Mário de. *Aspectos da literatura brasileira*. São Paulo: Martins, 1974, p. 8).

[587] Como dirá Paulo Arantes, a respeito deste fantasma: "Em suma, num ambiente social 'amorfo e dissolvido', para falar como Tobias Barreto do *Discurso em mangas de camisa*, tudo conspirava para o desânimo dos espíritos, uma espécie de enervamento ressentido por todos, um convite ao veleitarismo, à deriva da curiosidade bruxuleante, tão desfibrado quanto era 'mole, excessivamente plástica e dúctil' a matéria de um corpo social desforme" (ARANTES, Paulo; FIORI, Otília. *Sentido da formação: três ensaios sobre Antonio Candido, Gilda de Mello e Souza e Lúcio Costa*. São Paulo: Paz e Terra, 1997, p. 18).

[588] E não deixa de ser significativo que o paradigma da formação se veja obrigado a partilhar o mesmo fantasma originário de anomia com o partido do progresso que ele dialeticamente combate, como podemos ver em afirmações como: "A mesma disciplina mental que louvou o caráter civilizador do jugo colonial, e que já desembarcara no Novo Mundo expurgada da cultura popular medieval, se reprimiu o correspondente local por temor à regressão, permitiu à inteligência cultivada resistir aos apelos de uma sociedade embrutecida e às voltas com a perene ameaça da anomia" (ARANTES; FIORI, *Sentido da formação*, p. 55).

Dentro desse horizonte, a experiência literária de Guimarães Rosa parece nos levar a uma singular travessia da fantasmagoria nacional e seus sistemas de extorsão de pactos. A literatura não será aqui apenas o lugar de desvelamento das contradições imanentes à forma social, mas também o lugar dos modelos de sua travessia, assim como da travessia do fantasma social da anomia de origem. Longe do desmanche da força transformadora das contradições através de uma dinâmica de integração, que estaria presente no modernismo de Oswald de Andrade segundo Schwarz, em Guimarães teríamos a matriz estética de uma desintegração capaz de abrir espaço à reordenação global dos conteúdos.

Notemos, inicialmente, como um dos eixos principais da narrativa de *Grande Sertão: veredas* é uma batalha entre os jagunços de Joca Ramiro e de Zé Bebelo. Essa batalha dramatiza, sob a forma de um confronto armado, o embate nacional entre modernização social e "arcaísmo". Zé Bebelo é aquele que se arma de jagunços exatamente para livrar o norte de Minas da jagunçagem a fim de trazer o desenvolvimento econômico e social. Em seu discurso, ele espera ser deputado e se associar à violência para acabar com a violência, para enfim instaurar a lei e a ordem, que normalmente segue à bala. Ele é quem acreditará que "o sertão não é outra coisa senão o traço de paisagem passada que se pretende ver concluída".[589] Tanto é assim que, quando preso pelos jagunços e julgado por Joca Ramiro, dá-se o seguinte diálogo entre os dois:

– O senhor veio querendo desnortear, desencaminhar os sertanejos de seu costume velho de lei...

– Velho é, o que já está de si desencaminhado. O velho valeu enquanto foi novo...

– O senhor não é do sertão. Não é da terra...

– Sou do fogo? Sou do ar? Da terra é a minhoca – que galinha come e cata: esgaravata!

Desnortear de seu costume velho é a verdadeira acusação contra Zé Bebelo, um desnorteio que se dá como forma de destruição e apagamento. E não será a menor das ironias do romance de Rosa ver, em um segundo momento, o mesmo Zé Bebelo a comandar por um momento parte dos jagunços que eram de Joca Ramiro. Como se estivéssemos a observar um sistema de reversões incessantes nessa passagem insistente nos opostos. Nesse contexto, o trajeto de Riobaldo é notável. Ele será inicialmente professor de Zé Bebelo, depois seu secretário, para enfim passar ao bando de jagunços de Joca Ramiro. Ele passa de um lado a outro, sendo a figura exemplar de uma reversão contínua que, no entanto, se resolve de maneira singular através do abandono da ordem violenta da modernização social

---

[589] STARLING, Heloisa. O sentido do moderno no Brasil de Guimarães Rosa: veredas de política e ficção. *Scripta*, Belo Horizonte, v. 2, n. 3, p. 142, 1998.

conservadora e da violência de seu oposto. Esse antigo professor que se transforma em jagunço verá, nessa transformação, o caminho para outra travessia.

Uma promiscuidade insuportável

Essa outra travessia passa por certo afundamento. Tomemos como ponto de partida esta que é o que poderíamos chamar de uma das mais fortes cenas políticas de *Grande Sertão: veredas*. Ela está lá em um momento no qual Riobaldo narra um desses "lugares não onde" que aparecem em vários momentos da escrita de Rosa, lugares que aparentemente devem ser evitados, mas que, no fundo, puxam os personagens para os movimentos efetivos de transformação. O lugar se chama "Paredão" e ele será, não por acaso, o espaço do confronto final do romance:

> É um arraial. Hoje ninguém mora mais. As casas vazias. Tem até sobrado. Deu capim no telhado da igreja, a gente escuta a qualquer entrar o borbôlo rasgado dos morcegos. Bicho que guarda muitos frios no corpo. Boi vem do campo, se esfrega naquelas paredes. Deitam. Malham. De noitinha, os morcegos pegam a recobrir os bois com lencinhos pretos. Rendas pretas defunteiras [...] Mesmo, o espaço é tão calado, que ali passa o sussurro de meia-noite às nove horas [...] Aquele arraial tem um arruado só: é a rua da guerra... *O demônio na rua, no meio do redemoinho...* O senhor não me pergunte nada. Coisas dessas não se perguntam bem.[590]

Um arraial de ninguém, de casas vazias e de formas em decomposição, como um brejo fermentando. Bois que se esfregam em paredes, como se estivessem a querer confundir carne e pedra, mobilidade orgânica e destruição do trabalho humano. Bois que são recobertos por morcegos que tecem rendas pretas defunteiras e que calam o espaço. Bento Prado Júnior falava da centralidade desses momentos de desfibramento em Guimarães Rosa nos quais "a estrutura se desfaz e todas as formas passam umas pelas outras numa promiscuidade insuportável", em que "as coisas (vivas) agarram-se umas nas outras e o contato é marca definitiva".[591] Bento Prado lembra bem de passagens de *Grande Sertão: veredas* nas quais Riobaldo diz:

---

[590] ROSA, *Grande Sertão: veredas*, p. 90. Ou ainda, em "Dão-lalalão": "Soropita na baixada preferia esperdiçar tampo, tirando ancha volta em arco, para evitar o brejo preto, de onde o ansiava o cheiro estragado de folhas se esfiapando, de água podre, choca, com bichos gosmentos, filhotes de sapos, frias coisas vivas mas sem sangue nenhum, agarradas umas nas outras, que deve de haver, nas locas, entre lama, por esconsos" (ROSA, Guimarães. *Noite de Baile*. Rio de Janeiro: Nova Fronteira, 2005, p. 56). Poderíamos acrescentar ainda a figura do rosto que se desfaz diante da imagem especular, como encontramos em *O espelho*: "Sim, vi, a mim mesmo, de novo, meu rosto, um rosto: não este, que o senhor razoavelmente me atribui. Mas o ainda-nem-rosto – quase delineado, apenas – real emergindo, qual uma flor pelágica, de nascimento abissal... E era não mais que rostinho de monino, de menos-que-menino. Só. Será que o senhor nunca compreenderá?" (ROSA, *Primeiras estórias*, p. 107).

[591] PRADO JR., *Alguns ensaios*, p. 181.

Eu careço de que o bom seja o bom e o ruim, ruim, que dum lado esteja o preto e de outro o branco, que o feio fique bem apartado do bonito e a alegria longe da tristeza! Quero todos os pastos demarcados... Como é que posso com este mundo? A vida é ingrata no macio de si; mas transtraz a esperança mesmo do meio do fel do desespero. Ao que, este mundo é muito misturado.[592]

Essa zona de promiscuidade insuportável que suspende a possibilidade de determinação da linguagem, criando um silêncio que leva o espaço a ver passar a meia-noite em hora errada, é um dos fantasmas principais a assombrar a vida nacional. Como disse anteriormente, trata-se do fantasma da decomposição, da ausência de tempo de desenvolvimento, dos arraiais que voltam para sua condição desértica, mas de forma soberana e desafiadora. Como se o verdadeiro destino fosse realizar tal violência de retorno a algo que não é exatamente uma origem, mas um "abismo de virtualidade",[593] como falou certa vez Antonio Candido, para se referir a esse horizonte larvar. Abismos que são os verdadeiros fundamentos, como já nos alertava um conhecido trocadilho hegeliano. Essa é uma forma de apontar para experiências estéticas nas quais a dialética travada que assombra o país parece ser superada pela emergência de um horizonte abismal sempre negado pela brutalidade de uma modernização conservadora com suas reconciliações extorquidas e seus fantasmas de anomia.[594]

Façamos um parêntese neste ponto e tentemos entender melhor como e por que Bento Prado transforma esse abismo de virtualidade em campo produtivo fundamental da experiência literária. Em seu livro póstumo, ele organiza parte de sua reflexão intelectual a partir da pergunta: "Que seria uma linguagem que fosse minha?".[595] O que significa "minha", nesse contexto? Uma linguagem minha não pode ser compreendida como uma linguagem privada, linguagem desprovida de força de implicação genérica. Mas aceitar a afirmação de uma linguagem minha obrigaria, necessariamente, compreender a ipseidade pressuposta no pronome

---

[592] ROSA, *Grande Sertão: veredas*, p. 187.

[593] CANDIDO, Antonio. *Tese e antítese*. 6. ed. São Paulo: Ouro Sobre Azul, 2017, p. 122.

[594] Heloisa Starling compreendeu bem essa peculiaridade do fundamento em Rosa ao afirmar, mesmo que procure ler Rosa em chave "republicana", que não é a mesma que se defende aqui: "A atualidade das cenas de fundação em *Grande Sertão: Veredas* contrasta com outras tentativas de retomada contemporânea do mesmo motivo, e isso se deve principalmente a duas razões: por um lado, pela recusa do modelo acrítico de construção da ideia de brasilidade – centrado na crença de um caráter nacional essencial, recalcado, alternativo e intocável, tal como aparece, por exemplo, na obra de Jorge Amado e João Ubaldo Ribeiro; por outro lado, pelo esforço deliberado em comentar, distorcer e desconstruir a tentativa de composição desse modelo em sua versão antiépica, decalcada de uma estética crítica, irônica, que joga por terra a ideia de uma nacionalidade em paz consigo mesma, mas persegue, ainda, o sonho profético de representar o nacional como identidade – o caso da coletânea de poemas Pau Brasil, de Oswald de Andrade, ou ainda, do romance Macunaíma, de Mário de Andrade" (STARLING, O sentido do moderno no Brasil de Guimarães Rosa..., p. 140).

[595] PRADO JR., Bento. *Ipseitas*. Belo Horizonte: Autêntica, 2017.

possessivo "minha". Seria esse "minha" a expressão de uma segurança ontológica em relação às condições de esclarecimento dos usos da linguagem e de produção do sentido? Notemos como é a crítica a tal segurança ontológica que, de fato, leva Bento Prado a recusar a crença de Roberto Schwartz na compreensão da crítica como "descrição das estruturas que, em última instância, definem o campo de toda significação possível".[596] Estruturas estas que garantiriam a intelecção clara da produção da significação literária através do desvelamento de seus mecanismos de produção, já que: "o centro de gravidade do interesse crítico se desloca da face patente da obra, de sua polpa visível ou de seu valor de uso, para os esquemas de sua produção, para o sistema invisível de coerções que presidiu a sua fabricação".[597]

"Que seria uma linguagem que fosse minha?", pergunta mais uma vez Bento Prado. Pois uma crítica da linguagem (ou uma crítica literária) que fosse o "conhecimento das estruturas sociais que tornam possível e que produzem realmente a consciência" seria ainda o movimento da consciência em direção a ela mesma, movimento arquitetado na sombra de sua segurança ontológica. Afinal, não são as estruturas que descentram a consciência, ao menos se elas aparecem como expressão de uma consciência social. Neste caso, continua a se operar com pressuposto fundamental da continuidade entre a consciência e o saber, entre a experiência vivida e o conhecimento estrutural.

Contra essa visão, Bento Prado dirá que uma linguagem que fosse minha seria, necessariamente, uma linguagem que, como dizia Whitehead, pudesse expor como "os limites da natureza estão sempre em farrapos". Metáfora de farrapos que implica o reconhecimento de uma articulação descontínua entre experiência linguisticamente constituída e descrição categorial. A linguagem toca o mundo através de seu fundo sem fundo, no qual as descrições categoriais encontram o empuxo de ultrapassagem de seus próprios limites:

> É preciso parar justamente nesse limite em que nenhum fundamento ainda é possível. Quando imaginávamos alcançar a segurança da rocha e da argila, do *Grund*, encontramo-nos à beira do abismo sem fundo, *Abgrund*. Não é na clareza de um mapa categorial (estrutura, *a priori* da Razão ou verdade fato do Senso Comum) que os falsos problemas podem ser dissipados, provocando a ataraxia.[598]

É disso que fala a literatura que interessa a Bento Prado. Assim, ele falará da importância das figuras do pântano e do brejo na literatura de Guimarães Rosa: "O brejo é a prova de que no mundo tudo é possível, de que as metamorfoses mais inesperadas podem converter o bom em mau e de que cada face pode, subitamente,

[596] PRADO JR., *Alguns ensaios*, p. 210.

[597] Idem, p. 205.

[598] PRADO JR., *Ipseitas*, p. 90.

ser corroída e desfigurada por uma lepra incontrolável".[599] Ou seja, o brejo aparece como espécie de imagem literária de um fundamento que é o espaço no qual a estrutura se desfaz, no qual todas as formas passam umas pelas outras e emerge um fundo que pode corroer toda forma, pode colocar toda forma em ritmo de metamorfose. É essa linguagem pantanosa que será a única que poderá ser chamada de minha. Assim, "a linguagem aparece aí menos como um sistema de signos que permite a comunicação entre os sujeitos, do que como um 'elemento', como um horizonte, solo universal de toda existência e de todo destino".[600]

Um comum sem gramática própria

Notemos essa dicotomia decisiva. Há uma linguagem que desconhece sua submissão comunicacional à condição de sistema de signos. Há uma linguagem que, mesmo sem comunicar, é "solo universal de toda existência e de todo destino", como se fosse questão de expressar a latência de *um comum sem gramática própria*, mas solo comum que é produtor de linguagem e de obra. Tentemos explicitar aqui uma tensão maior. Lembremos o que diz Bento Prado em seus diários: "A poesia pode não ser inteiramente traduzida – mas os textos do Croce sobre a intradutibilidade foram traduzidos e compreendidos em pelo menos 24 línguas diferentes". Não, a poesia não pode ser inteiramente traduzida, pois, à sua maneira, ela toca um comum que não tem gramática própria e que, por isso, não passa de língua a outra, não se codifica nas operações de tradutibilidade. Mas tal impotência da língua não é sua fraqueza e limitação. Ela é sua força, é a força de uma linguagem que se aproxima demais do que pode colocá-la em risco, apenas para expor a possibilidade da ultrapassagem contínua dos limites. Isso talvez nos explique o verdadeiro erro que uma filosofia pode produzir:

> O erro de postular (voto devoto) demasiada clareza ou regularidade nas, digamos, almas e coisas, demasiada limpeza na linguagem. A metáfora da natureza com perfil em farrapos ou mal desenhada visa às categorias do instante, do lugar e do acontecimento, tal como foram definidas pelo pensamento clássico.[601]

Pois se trata de não compreender mais o acontecimento como um elemento no sentido de uma última parte, indivisível, simples ou última, mas como um elemento no sentido de atmosfera ou horizonte. Ou seja, no sentido de um campo, um plano de implicações que emerge para além das demandas terapêuticas de "readaptação ao Mundo através do reencontro e da redescoberta, reconciliação

[599] Idem, p. 181.
[600] Idem, p. 196.
[601] Idem, p. 86.

consigo mesmo, na atualidade da vida de todo dia e suas formas de expressão".[602] Esse plano de implicações nunca se atualizará sob a forma de um lógos capaz de garantir o fundamento dos nossos processos de deliberação a partir da procura do melhor argumento. Isso pode nos explicar, entre outras coisas, que:

> É assim apenas na aparência que a longa interrogação que atravessa os textos de Guimarães Rosa visa um interlocutor letrado: essa linguagem é a supressão de todo interlocutor, momento em que a linguagem, solitária, se volta negativamente sobre si mesma. Talvez pudéssemos definir essa *literatura*, que é a obra de Guimarães Rosa, como a tentativa de recapturar, no interior da *escrita*, a Escritura que a precede, devolvendo à linguagem sua condição de sujeito.[603]

"O senhor não me pergunte nada. Coisas dessas não se perguntam bem". Há uma literatura que é feita exatamente dessas coisas que não se perguntam bem, dessas suspensões da linguagem endereçada e dirigida, pois emergência de outra linguagem que é um elemento a lembrar a impossibilidade da comunicação e das traduções. *Grande Sertão: veredas* pode ser lido como o desenvolvimento de uma experiência literária fundada na desintegração da comunicação possível entre um jagunço em crise e a urbanidade de um doutor que nunca aparece, que nunca fala e que ouvirá a história de transformações em uma linguagem que ela não pode decifrar por completo. Por isso, há de se levar a sério a ideia de uma linguagem da "supressão de todo interlocutor". Ela repete à sua maneira a belicosidade do eixo Joca Ramiro/Zé Bebelo, mas agora transpondo-a ao colapso da interlocução e à instauração da forma.

No entanto, há de se insistir que é apenas na supressão da interlocução que a linguagem pode efetivamente expressar. Todo leitor de *Grande Sertão: veredas* certamente se deparou com o número constante de vezes em que Riobaldo insiste na presença contínua de obstáculos, ao narrar: "O senhor tolere minhas más devassas no contar. É ignorância. Eu não converso com ninguém de fora, quase. Não sei contar direito".[604] Ou: "contar é muito, muito dificultoso. Não pelos anos que já se passaram, mas pela astúcia que tem certas coisas passadas – de fazer balancê, de se remexerem dos lugares".[605] A vida atravessada pela experiência desses abismos de virtualidades não se conta direito porque ela aponta para uma linguagem que não é mais meio de interlocução. Ela é linguagem de uma vida que se confronta com a astúcia do movimento imanente das coisas, dessas coisas que se remexem dos seus lugares não se acomodando às estruturas do começo,

[602] Idem, p. 88.

[603] Idem, p. 177.

[604] ROSA, *Grande Sertão: veredas*, p. 169.

[605] Idem, p. 158.

meio e fim, do encadeamento entre causa e efeito próprio a certa narração em sua matriz aristotélica. Por isso, essa é uma narrativa da suspensão da crença. Na verdade, suspensão da crença "na ordem ordinária do tempo, na maneira habitual de ocupar um espaço, de se identificar como indivíduo, de se inscrever nas relações de filiação e de se relacionar a formas de uso ou a objetos de possessão".[606]

Isso pode nos explicar por que Bento Prado afirma que a linguagem aqui não é meio de interlocução, mas volteio negativo sobre si mesmo que permite emergir uma Escritura cujos processos de produção de sentido não seriam próprios das dinâmicas de representação e esclarecimento da consciência. Recuperando um tópos derridiano, Bento Prado pensa em formas de junção entre memória e inconsciente através da escritura, o que explica melhor a crítica ao *cogito* apresentada anteriormente.[607] Uma articulação que faz do objeto da memória uma escritura de traços em contínua recomposição sem matriz originária, sem destino de reapropriação.

Mas notemos como o tópos da ausência de origem não é feito aqui tendo em vista a indistinção entre cópia e originário, como se fosse uma estratégia de positivação das dinâmicas miméticas da vida cultural periférica. Na verdade, ela tem uma função eminentemente política. Tudo se passa como se o espaço rememorado de *Grande Sertão* (pois é disso que se trata, de uma grande rememoração) fosse a construção de uma linguagem da inapropriação própria a um país que, agora, recusa acordos e implode lugares, desconstrói sistemas de determinações, decompõe origens através da força da indeterminação.

A esse respeito, lembremo-nos da interpretação dada por João Adolfo Hansen a um enunciado de *Corpo de baile* que bem expressa momentos constantes da prosa de Guimarães: "O vento úa, morrentemente, avuve, é uma oada e ele igreja as árvores". Onomatopeias como "úa" são conjugadas como um verbo analógico uar. O substantivo "igreja" passa à condição de verbo sem que seja evidente sua significação e sentido, sendo que o mesmo vale para a onomatopeia substantivada "oada". Assim:

> A presença da unidade desse contínuo de significação indeterminada é percebida pelo leitor como uma substância vaga e difusa, que se estende entre as palavras relacionando-as indefinidamente, como se fosse uma substância aquém e além, fora da linguagem. Materialmente, tecnicamente e ficcionalmente, as formas produzem um efeito de fundo indeterminado que o leitor tende a ler como se fosse um fundo substancial expresso no texto.[608]

---

[606] RANCIÈRE, Jacques. *Les bords de la fiction*. Paris: Galilée, 2018, p. 178.

[607] Ver: DERRIDA, Jacques. Freud et la scène de l'écriture. In: *Écriture et différence*. Paris: Seuil, 1966.

[608] HANSEN, João Adolfo. Forma literária e crítica da lógica racionalista em Guimarães Rosa. *Letras de Hoje*, Porto Alegre, v. 47, n. 2, p. 122, 2012.

Dessa forma, produzem-se formas que indeterminam a representação naturalista.

Essa linguagem da inapropriação, que reveste as palavras de uma aura irredutível de indeterminação e virtualidade, aparece ainda em seu diferimento temporal contínuo. "O senhor vem, veio tarde. Tempos foram, os costumes demudaram. Quase que, de legítimo leal, pouco sobra, nem não sobra mais nada".[609] Essas são palavras de Riobaldo ao seu interlocutor urbano e letrado. Elas demonstram uma impossibilidade de integração do que aparece como energia negativa de classes subalternas. A seu interlocutor, Riobaldo afirma que não há nada, não há relação possível, pois o senhor veio tarde. Tempos foram, como quem diz que não há um horizonte comum no qual multiplicidades de experiências sociotemporais podem se referir.

Riobaldo terá, assim, que falar do espaço do que não se nomeia mais: "Perto de lá tem vila grande – que se chamou Alegres, o senhor vá ver. Hoje mudou de nome, mudaram. Todos os nomes eles vão alterando".[610] "Eles" é a modernização nacional que se impõe como *tabula rasa* em um espaço visto como desfibrado e precário. Uma *tabula rasa* que se expressaria na ligação de todos os espaços em uma circulação desimpedida, sem "brejos" ou zonas mortas. *Tabula* que se impõe na anulação de todos os tempos em prol do tempo do desenvolvimento linear e da produção.

O descolamento do território

É tendo esse horizonte em vista que podemos compreender a centralidade do tema da travessia. Ao invés das passagens incessantes nos opostos da ordem e da desordem, *Grande Sertão: veredas* descreve transformações, ambiguidades que impulsionam metamorfoses sem retorno. De certa forma, podemos dizer que a questão central aqui é: o que significa transformar-se? Em que condições uma transformação ocorre?

Insistamos aqui em três operações só possíveis no interior de um movimento onde a confrontação com o fantasma originário de desintegração funciona como o verdadeiro ponto inicial de metamorfose, a saber: a) a produção de um povo através do descolamento do território; b) a interversão do demoníaco; c) a afirmação de um movimento aberrante que dá consistência à errância, que faz a passagem da contingência à necessidade, através de um encontro impossível.

Primeiro, notemos como a narrativa da qual Riobaldo é o enunciador traz à existência uma língua que se constrói através do descolamento em relação ao

---

[609] ROSA, *Grande Sertão: veredas*, p. 33.

[610] Idem, p. 46.

território. Pois o jagunço de Rosa fala uma língua que não é exatamente a língua do território, da região, embora se constitua a partir dela, explorando as latências de sua existência. Ou seja, e já Antonio Candido havia percebido, não se trata em absoluto de uma literatura regionalista. Os jagunços de Rosa não falam como os jagunços do sertão. Eles criam uma linguagem que nasce do descolamento progressivo do solo, da sobreposição de camadas e formas de origens e referências múltiplas, latinismos, arcaísmos do português medieval, termos aproveitados de vários idiomas, indianismos, além de referências cultas e literárias. Ou poderíamos imaginar jagunço a dizer: "Não. Ele, no que é, é é pirrônico, dado a essas manias"?[611]

Tomemos esse exemplo entre muitos. Há algo de gramaticalmente impossível nessa enunciação, isto se admitirmos que toda situação social é solidária de uma gramática regulativa de determinação das possibilidades de discursos e enunciadores. Não se transforma situação social alguma sem colocarmos a gramática que a regula em um ponto de impossibilidade lógica, sem nos apoiarmos em enunciados gramaticalmente impossíveis que, por isso, constituem o lugar de enunciadores emergentes. Podemos mesmo dizer que toda ação política é solidária da circulação de enunciados gramaticalmente impossíveis. São eles que destituem a base de reprodução das gramáticas sociais vigentes. Vladimir Maiakovski dizia não haver arte revolucionária sem forma revolucionária. Nós podemos dizer algo semelhante: não há política revolucionária sem forma linguística revolucionária. Nesse sentido, uma questão fundamental para a compreensão das topografias da ação política seria: o que na atualidade é gramaticalmente impossível de enunciar?

Entre algumas das enunciações impossíveis para nossa situação, estão aquelas que destituem sujeitos de seus lugares através do que poderíamos chamar de "multiplicação de ressonâncias". Trata-se de falas sem lugares, que parecem poder ser assumidas em um movimento de implicação genérica até o ponto de colocar em contradição a identidade dos lugares e sujeitos naturalizados de enunciação. Tais falas inauguram processos de ressonâncias por apropriação generalizada de enunciados, produzindo uma contração compacta de multiplicidades. Quem fala "Ele, no que é, é é pirrônico"? Ou ainda, quantos falam em uma frase dessa natureza? Há a rítmica própria à fala agrária nessa repetição de verbos "...no que é, é é...". Há ainda a fala de quem domina discursos de pouca circulação como a história da filosofia. Mas onde tais falas podem se encontrar em uma operação de ressonância a não ser em um lugar impossível? E quantos mais falam nessa fala na qual espaços categorialmente distintos, enunciadores dispersos parecem produzir ressonâncias contínuas?

Poderíamos colocar a mesma pergunta em vários momentos de *Grande Sertão: veredas* nos quais estratégias dessa natureza proliferam. Tomemos apenas

---

[611] ROSA, Guimarães. *No Urubuquaquá, no Pinhém (Corpo de baile)*. 13. ed. Rio de Janeiro: Nova Fronteira, 2016, p. 36.

seu primeiro parágrafo, no qual encontramos: "Cara de gente, cara de cão: determinaram – é o demo. Povo prascóvio". Como se sabe, não há "prascóvio" em dicionário algum, mas "pacóvio", adjetivo que significa "tolo", "ignorante", e cujo uso é mais corrente em Portugal e remete a um estado antigo da língua. Prascóvio parece inicialmente uma corruptela resultante da força de transformação da oralidade. Mas há de fato "Prascóvia", no entanto, há como nome próprio comum na Rússia. Ressonâncias entre nome próprio e adjetivo que não é estranho aos procedimentos construtivos de Rosa. Não por acaso, o povo prascóvio é aquele que mata um bezerro branco porque ele não parecia uma espécie de seu gênero, pois tinha cara de cão, cara de gente. Ele apontava para a monstruosidade do que insiste em depor os lugares de classificação. Nada mais "prascóvio".

Mais uma vez, podemos colocar a pergunta: quantos falam nessa fala? O jagunço, o falante de outro tempo e espaço, o que transita entre países distantes e aproxima o que não tem medida comum aparente. Quantos mais? E a quem ela se endereça? Ignorar a produtividade política de tais experiências seria não compreender como a metamorfose dos enunciadores é condição fundamental para a constituição de um horizonte de ação que não seja apenas a reiteração das possibilidades atualmente inscritas. Ações políticas não são simples enunciações de demandas ou ampliações do horizonte de demandas possíveis de serem reconhecidas. Elas são destituições dos modos de constituição de demandas, pois enunciam o que não pode ser ouvido e nem respondido a partir da gramática social de conflitos que nos regula. Por isso, elas são ao mesmo tempo emergência de enunciadores até então inexistentes.

Nesse sentido, é possível dizer que tal descolamento de território produzido pela multiplicação de ressonâncias é, ao mesmo tempo e de forma dialética no sentido mais rigoroso da palavra, a recuperação e a negação da fala popular. Pois, na verdade, esta é uma língua inexistente, de um povo que ainda não existe, um povo por vir. "Minha língua brasileira é a língua do homem de amanhã", dirá Guimarães.[612] Mas notemos que povo é esse que, por enquanto, apenas a experiência literária pode criar. Trata-se de um povo que explicita, no sentido de tomar para si o que nunca será totalmente transparente, todas as camadas temporais da língua, todos os níveis de sua experiência em um jogo contínuo com implicações genéricas. Um povo que sente o que vem de múltiplas camadas, sem que isso seja expresso pela potência representativa da consciência. Um povo

---

[612] O que bem compreendeu Arrigucci ao lembrar: "Ninguém encontrará decerto nessa região a fala de Riobaldo ou a linguagem recorrente, embora com mudanças e diferenças substanciais, do restante da obra rosiana. Sob esse aspecto, o sertão rosiano é um artifício, ainda que ligado metonimicamente à sua região de origem, pelo lastro da documentação" (ARRIGUCCI, Davi. O mundo misturado: romance e experiência em Guimarães Rosa. *Novos Estudos*, São Paulo, n. 40, p. 12, 1994).

que não fala o que no interior do estado-nação burguês foi definido como a "fala popular", o que seria a pretensa fala do povo que definiria a essência de "nossa" nacionalidade, povo que nada mais seria que o avesso do letramento burguês. Por isso, o que temos em Rosa é a fala de um país que não ocorreu, mas que permanece como uma latência contínua da existência.

A respeito da caracterização estrutural dessa fala de um povo por vir, lembremo-nos de Hansen a salientar:

> Extensivamente, em Rosa as classes gramaticais, categorias linguísticas, formas léxicas, sintáticas e semânticas nomeiam objetos que usualmente não são designados e classificados por elas; intensivamente, as correlações estabelecidas entre as palavras e as temporalidades disparatadas de suas referências forçam a língua a significar, aquém e além do conceito adequado e sensato, algo que, segundo a rotina de hábitos simbólicos petrificados como ideologia, não poderia ser nomeado e significado de tal modo. Poética e funcionalmente apta para figurar e avaliar um outro cultural, o sertanejo, a indeterminação efetuada pelos vários procedimentos do autor também pressupõe que o leitor tenha outra imaginação, uma imaginação que deve ser produtiva, não meramente reprodutora do já conhecido.[613]

A literatura aparece aqui em sua força política maior, ou seja, como motor de transformação da sensibilidade em direção ao redimensionamento da imaginação social, a uma explosão do tempo e do espaço para que se abra a possibilidade de formas sociais ainda inexistentes e não mais marcadas pela violência da ordem, do tempo exilado no instante e do limite. E ela faz isso através da abertura a enunciados impossíveis que permitem à vida social sentir as dinâmicas de implicações genéricas que emergem através da destituição dos lugares naturalizados de enunciação.

É por razões como essas que não seria possível concordar com outra forma de associação entre *Grande Sertão: veredas* e a dialética negativa proposta antes de nós. Uma forma que enxerga no romance apenas a pulsação irresoluta de um mau infinito que seria, por sua vez, expressão do pretenso hibridismo que constituiria marca de nascença do próprio país. Para tal leitura, o romance de Rosa:

> [...] engendra formas, investe-se perpetuamente em novas figuras – porém se repõe inalterado em cada uma delas. Como que obrigado à mutação ou à metamorfose contínua, esse motor paradoxal é, no entanto, incapaz de produzir a diferença ou de encaminhar a transformação.[614]

---

[613] HANSEN, Forma literária..., p. 127.

[614] PASTA, José Antonio. O romance de Rosa: temas do *Grande Sertão* e do Brasil. *Novos Estudos*, n. 55, p. 63, nov. 1999.

Uma dialética negativa que não conheceria superação ou síntese por indiscernir metamorfose incessante e retorno do mesmo. Ela só poderia redundar na estilização da guerra como modelo de destruição sem mediação efetiva.

No entanto, tal leitura astuta não leva em conta como é possível dizer que há, sim, uma dialética negativa em operação no romance de Rosa, mas ela não saberia se afirmar sem levar em conta a transformação efetiva que essas interversões produzem, com sua instauração de uma linguagem da vida fora da ordem, embrião para outro horizonte de experiências sociais e para outra experiência política do tempo. Mais uma vez, fica claro como a temática da dialética negativa em solo nacional serviu, até agora e em larga medida, para qualificar processos estéticos pretensamente amputados de seu momento positivo-racional necessário, seja como defesa contra reconciliações sociais forçadas, seja como expressão de alguma forma de déficit interno às obras em questão que mimetizariam o próprio déficit de resolução e determinação que marcaria o país.

A interversão do demoníaco e o encontro impossível

Terminemos, pois, pelo fim. Ao final de *Grande Sertão: veredas*, quando se disser que enfim tudo foi contado, Riobaldo poderá afirmar tudo: "Amável o senhor me ouviu, minha ideia confirmou: que o Diabo não existe. Pois não? O senhor é um homem soberano, circunspecto. Amigos somos. Nonada. O diabo não há! É o que eu digo, se for... Existe é homem humano. Travessia".[615] Sabe-se como a todo momento as figuras de Deus e do diabo intervêm no romance a ponto de a narrativa alcançar um de seus pontos de maior tensão no pacto com o diabo na encruzilhada.

Mas o diabo não é aqui o mal, não estamos no interior de um embate teológico-moral. O diabo é, na verdade, a promiscuidade insuportável das coisas e dos lugares, a decomposição das ordens que encontra sua figuração irredutível na promiscuidade entre masculino e feminino que impulsiona o desejo de Riobaldo por Diadorim.[616] Ele é a irredutibilidade dos espaços liminares que fornece o verdadeiro solo para a gênese da linguagem do romance. A travessia passa, pois, pela humanização do diabo, não no sentido de sua redução à mera projeção humana, não no sentido de sua desmitologização, mas no sentido da integração de sua linguagem, da absorção da negatividade de seu desnorte. O diabo pode inexistir porque o humano se alargou para fora da ordem; ele se livrou das ilusões causais de uma autonomia que se funda na diabolização de tudo o que é causalidade externa, tudo o que é errância, promiscuidade, encontro e contingência. Há dialética

---

[615] ROSA, *Grande Sertão: veredas*, p. 492.

[616] Como lembra Arrigucci: "A mescla das formas se articula com a psicologia demoníaca do herói problemático" (ARRIGUCCI, O mundo misturado...., p. 10).

aqui ou "satanismo filosófico", como disse um dia Schelling. Vence-se o diabo deixando-se falar como ele, ou ainda, deixando-se ser falado pela sua linguagem.

Isso implica, e aqui encontramos o terceiro ponto, compreender como travessias pressupõem processos que não podem ser entendidos de forma teleológica. Riobaldo é a figura mesma da errância. Ele se transforma em jagunço devido a um encontro contingente e inesperado com Diadorim, deixando-se ir à jagunçagem para permanecer próximo de quem lhe despertou um amor de desequilíbrio. Ele se torna chefe, encontra o diabo na encruzilhada, luta com Hermógenes superando suas próprias limitações, sempre impulsionado por Diadorim. Ou seja, Diadorim é a figura indutora de um encontro impossível que lhe desnorteia, ao mesmo tempo que lhe faz seguir um trajeto que não era a assunção de um plano ou destino, mas uma "neblina". "Diadorim é minha neblina", diz Riobaldo.

Ao menos nesse sentido, Diadorim aparece como aquilo que poderíamos chamar de o ponto de contradição global do romance. Ponto de contradição por ser aquela/aquele cuja existência impede que a situação atual se reproduza. Notemos como Diadorim é alguém profundamente sem lugar, que fala de pássaros e flores em meio ao universo de brutalidade e sangue dos jagunços, mas que pode ao mesmo tempo levar Riobaldo ao mais duro combate. Ele/ela é assim o desejo pelo sem lugar que rompe a adesão à situação atual, o ponto de excesso que força o fim da adesão ao horizonte.

Poderia parecer que o romance terminaria paradoxalmente por levar Riobaldo a se reinstalar em um lugar já marcado pelo mesmo, no caso, lugar de proprietário (ele herda terras) e marido (ele se casa com Otacília), deixando o desnorteio para trás. Mas isso seria perder o verdadeiro eixo de transformação do romance, a saber, na maneira com que essa experiência produz *a emergência de uma vida fora da ordem*, pois é vida que não se deixa narrar, dividir, classificar e categorizar da forma como até agora se fez. Vida que instaura uma linguagem renovada e um tempo que abole a estética transcendental da linha e do plano. O que não seria estranho para um escritor que afirmou:

> Embora eu veja o escritor como um homem que assume uma grande responsabilidade, creio, entretanto, que não deveria se ocupar de política; não desta forma de política. [...] é verdade que, embora eu ache que um escritor de maneira geral deveria se abster de política, peço-lhe que interprete isto mais no sentido da não participação nas ninharias do dia a dia político.[617]

A verdadeira questão é: onde a política do romance está? Se é fato que o romance narra, como diz Guimarães, "a travessia para a solidão, que equivale ao

---

[617] ROSA, Guimarães. Entrevista concedida a Günter Lorenz. Disponível em: <https://bit.ly/2VqZ7RY>.

infinito" (não por outra razão o símbolo do infinito é o último signo que aparece no livro), então não se trata de reinstaurar laços sociais, mas de implodi-los na abertura a uma vida outra para a qual "um léxico só não basta". O que mais uma vez não seria estranho para alguém que afirma: "O idioma é a única porta de entrada para o infinito, mas infelizmente está oculto sob montanhas de cinzas".[618]

Na verdade, talvez valha para *Grande Sertão: veredas* a noção adorniana de "epopeia negativa". Pois não se trata de oferecer a "mimese de homens de caráter elevado",[619] mas de ser a "testemunha de uma condição na qual o indivíduo liquida a si mesmo, convergindo com a situação pré-individual no modo como esta um dia pareceu endossar o mundo pleno de sentido"[620]. Essa autoliquidação do indivíduo, juntamente com a destruição violenta do que move seu desejo expressam a ambiguidade de toda epopeia negativa: elas descrevem algo que não se dispõe a decidir se estamos diante de uma decomposição bárbara ou "um caminho para a realização da humanidade". Esta ambiguidade é fundamental para queimar as ilusões de que seria possível "falar imediatamente aos homens, como se o imediato, em um mundo de mediação universal, pudesse ser realizado imediatamente".[621] Por isso, o romance deve terminar com a ambiguidade de quem parece ter operado uma transformação complexa para, ao fim de tudo, instaurar-se em um ponto normal de repouso. No entanto, dialeticamente falando, o ponto de repouso que se narra dessa maneira, que faz ressoar seu trajeto de negações, não pode em hipótese alguma equivaler ao que ele seria em uma situação "natural". Ele é a perversão absoluta da situação inicial.

Autonomia como heteronomia

Talvez tenha ficado agora mais claro por que Bento Prado pode falar da maneira com que as narrativas de Guimarães Rosa (principalmente "O recado do morro") parecem apontar para uma "autonomia total da linguagem em relação aos homens que dela se utilizam", como se "ela se explicitasse e se aproximasse de sua verdade sem que os sujeitos se apercebessem disso".[622] Ela é uma linguagem autônoma não por ser mero exercício formal autorreferencial, mas por apontar a uma inapropriação que se impõe para além da intencionalidade de todo sujeito cujo reconhecimento seja atualmente possível. Sujeito que se vê, em certos momentos, habitado por uma linguagem que lhe produz formas outras de sensibilidade e de espessura subjetiva.

[618] Idem.

[619] ARISTÓTELES. *Poética*. São Paulo: 34, 2015, p. 69.

[620] ADORNO, Theodor. *Notas de literatura*. São Paulo: 34, 2012, v. 1, p. 62.

[621] Idem, p. 158.

[622] PRADO, JR., *Ipseitas*, p. 196.

Mas há uma última crítica a ser lembrada. Seria possível imaginar estarmos aí diante de uma versão sertaneja do absoluto literário, com sua transformação sorrateira de uma impotência social efetiva em fórmula ontológica.[623] Ou ainda, poderíamos afirmar que Bento Prado teria se deixado arrastar pela incomparável qualidade poética roseana e: "avançado o sinal rumo ao fetichismo do sujeito automático (como Marx designava o Capital, planando acima de seus portadores)".[624] Pois se trataria de fazer da autorreferencialidade da linguagem literária o mascaramento estético involuntário da redução do sujeito à condição de portador dos processos de descentramento já presentes na vida social, no caso, dessa mesma vida social animada pelo movimento de autovalorização do Capital.

No entanto, valeria a pena se perguntar se a melhor maneira de combater o fetichismo do sujeito automático seria recuperando o que poderíamos chamar, com Étienne Balibar, de certo "fetichismo da consciência"[625] pressuposto nessa defesa de que toda forma de redimensionamento da ação para além do horizonte de deliberação racional da consciência (seja ela histórica ou individual) seria estetização de certo fracasso histórico de transformação social. Pois há algo que impede tal processo de descentramento ser a expressão da redução dos sujeitos a condições de portadores do movimento do Capital: ele é a decomposição da generalidade das equivalências e da intercambialidade que fundamenta a extensão da forma-mercadoria como princípio geral de objetividade. Ele é ainda a desestabilização de lugares sociais naturalizados pela repetição de processos hegemônicos de reprodução material da vida em prol de uma presença contraída de camadas temporais múltiplas em processo contínuo de redimensionamento do campo de experiências.

Por isso, seria o caso de lembrar quão involuntariamente próximo Bento Prado está de Adorno nessa defesa da autonomia da linguagem em relação aos humanos que dela se utilizam. O mesmo Adorno que afirmará:

> As mais altas composições líricas são aquelas nas quais o sujeito, sem qualquer resíduo da mera matéria, soa na linguagem, até que a própria linguagem ganha voz. O autoesquecimento do sujeito, que se entrega à linguagem como a algo objetivo, é o mesmo que o caráter imediato e involuntário de sua expressão: assim a linguagem estabelece a mediação entre lírica e sociedade no que há de mais intrínseco.[626]

---

[623] Lembremo-nos de Paulo Arantes a afirmar: "Autonomia literária não pode ser mais do que um *dédommagement* pelo funcionamento significativo da linguagem, todavia menos uma evidência sociológica do que um capítulo do destino metafísico do Ocidente" (ARANTES, *Um departamento francês de ultramar*).

[624] Idem, p. 273.

[625] BALIBAR, Étienne. *Citoyen sujet et autres essais d'anthropologie philosophique*. Paris: PUF, 2011.

[626] ADORNO, *Notas de literatura*, p. 74.

Se Adorno pode falar que tal autoesquecimento em que o sujeito submerge na linguagem não é uma violência contra si, mas um instante de reconciliação, é porque o encontro de si em uma linguagem marcada pelo colapso da comunicação e da intencionalidade permite a criação de um aparato poético que substitui uma linguagem não mais presente, aparato estranho à organicidade aristotélica da narrativa e capaz de permitir a emergência de uma "corrente subterrânea coletiva"[627] que ainda não tem lugar no mundo. Uma corrente subterrânea que pode, por exemplo, dar sentido a essa confluência completamente improvável entre "condição sertaneja e descentramento vanguardista".[628] Essa é a condição para que a literatura forneça à imaginação social as formas sensíveis da revolta contra os modelos hegemônicos de gestão social e desenvolvimento. Ela é a condição efetiva de emancipação, para além das ilusões autárquicas da autonomia.

Ou seja, talvez agora possamos entender melhor por que a autonomia estética é estratégia política. Ela não se confunde com os horizontes da ação pressupostos pela autonomia moral. Há uma colisão sugestiva aqui. Aqueles que defendem a irredutibilidade da autonomia estética precisam recusar os horizontes de jurisdição de si e de autogoverno pressupostos pela autonomia moral. Como o ser em Aristóteles, "autonomia" é o que se diz em vários sentidos. O cruzamento dialético singular aqui consiste em lembrar que *a autonomia estética é heteronomia do ponto de vista da autonomia moral*. Pois ela é ação a partir de afecção exterior, e não emanação pragmática de uma autolegislação. Afecção exterior que não é simplesmente a figura de outros sujeitos, mas a experiência do que necessariamente se compõe no limite do agramatical.

Uma dialética negativa que recusa esse passo, que não recusa os modelos de autonomia moral para generalizar politicamente os modelos fornecidos pela autonomia estética, corre o risco de preservar aquilo que ela deveria ultrapassar, a saber, a adesão às formas atuais de existência encarnada em figuras específicas do sujeito e de deliberação, fundamentos da adesão às formas atuais de reprodução social. Ela corre, assim, o risco de perder a força de ser a explicitação dessa corrente subterrânea que faz mundos desabarem, de ser essa prática de heteronomia que é a verdadeira autonomia.

---

[627] Idem, p. 77.

[628] ARANTES, *Um departamento francês de ultramar*, p. 274.

Bibliografia

ADORNO, Theodor. *As estrelas descem à Terra*. São Paulo: Unesp, 2006.

ADORNO, Theodor. Ästhetische *Theorie*. Frankfurt: Suhrkamp, 1973.

ADORNO, Theodor. *Beethoven: the philosophy of music*. Palo Alto, Ca: Stanford University Press, 1998.

ADORNO, Theodor. *Berg: o mestre da transição mínima*. São Paulo: Unesp, 2007.

ADORNO, Theodor. *Dialética negativa*. Rio de Janeiro: Jorge Zahar, 2009.

ADORNO, Theodor. *Educação e emancipação*. São Paulo: Paz e Terra, 1989.

ADORNO, Theodor. *Einführung in die Dialektik*. Frankfurt: Suhrkamp, 2010.

ADORNO, Theodor. *Ensaios sobre psicologia social e psicanálise*. São Paulo: Unesp, 2015.

ADORNO, Theodor. *Gesammelte Schriften*. Frankfurt: Suhrkamp, 2003. 20 v.

ADORNO, Theodor. *Introdução à sociologia*. São Paulo: Unesp, 2007.

ADORNO, Theodor. Mensagens numa garrafa. In: ZIZEK, Slavoj (Org.). *Um mapa da ideologia*. Rio de Janeiro: Contraponto, 2007.

ADORNO, Theodor. *Minima moralia*. São Paulo: Ática, 1993.

ADORNO, Theodor. *Negative Dialektik*. Frankfurt: Suhrkamp, 1973.

ADORNO, Theodor. *Notas de literatura*. v. 1. São Paulo: 34, 2012.

ADORNO, Theodor. *Noten zur Literatur*. Frankfurt: Suhrkamp, 2003

ADORNO, Theodor. *O fetichismo na música e a regressão da audição*. São Paulo: Abril Cultural, 1972.

ADORNO, Theodor. *Palavras e sinais: modelos críticos*. Petrópolis: Vozes, 1995.

ADORNO, Theodor. *Para a metacrítica da teoria do conhecimento*. São Paulo: Unesp, 2016.

ADORNO, Theodor. *Philosophische Frühschriften*. Frankfurt: Suhrkamp, 2003.

ADORNO, Theodor. *Primeiros escritos filosóficos*. São Paulo: Unesp, 2019.

ADORNO, Theodor. *Prismas: crítica cultural e sociedade*. São Paulo: Ática, 2001.

ADORNO, Theodor. *Probleme der Moralphilosophie*. Frankfurt: Suhrkamp, 2010.

ADORNO, Theodor. *Quasi una fantasia*. São Paulo: Unesp, 2018.

ADORNO, Theodor. Resignação. *Cadernos de Filosofia Alemã*, v. 23, n. 1, 2018.

ADORNO, Theodor. *Soziologische Schriften*. Frankfurt: Suhrkamp, 1972.

ADORNO, Theodor. *Studies in the Authoritarian Personality*. Frankfurt: Suhrkamp, 2003.

ADORNO, Theodor. *Três estudos sobre Hegel*. São Paulo: Unesp, 2012.

ADORNO, Theodor. *Vermischte Schriften I*. Frankfurt: Suhrkamp, 2003.

ADORNO, Theodor. *Vorlesungen über negative Dialektik*. Frankfurt: Suhrkamp, 2014.

ADORNO Theodor; HORKHEIMER, Max. *Dialética do esclarecimento*. Rio de Janeiro: Jorge Zahar, 1985.

ADORNO Theodor; HORKHEIMER, Max. *Briefwechsel Band II*. Frankfurt: Suhrkamp, 2004.

ADORNO, Theodor; HORKHEIMER, Max. Diskussion über Theorie und Praxis. In: HORKHEIMER, Max. *Gesammelte Schriften Band 19*. Frankfurt: Suhrkamp, 2003.

ADORNO, Theodor; HORKHEIMER, Max. *Toward a New Manifesto*. London: Verso, 2011.

ADORNO, Theodor; MARCUSE, H. As Últimas Cartas. *Revista Praga – Estudos Marxistas*. São Paulo: Hucitec, 1997.

AFSHAR, Yasmin. *Materialismo sem imagens: três ensaios sobre a* Dialética negativa. São Paulo: USP, 2018. Dissertação (Mestrado em Filosofia) – Departamento de Filosofia, Universidade de São Paulo, São Paulo, 2018.

AGAMBEN, Giorgio. *Infância e história*. Belo Horizonte: Ed. da UFMG, 2005.

AGAMBEN, Giorgio. O príncipe e o sapo: o problema do método em Adorno e Benjamin. In: *Infância e história*. Belo Horizonte: Ed. da UFMG, 2005, p. 121-149.

AGOSTINHO, Larissa. Estilo tardio: Deleuze e Beckett. *Kriterion*, Belo Horizonte, n. 138, 2017.

ALLEN, Amy. *The End of Progress: Decolonizing the Normative Foundations of Critical Theory*. Nova York: Columbia University Press, 2016.

ALTHUSSER, Louis. *Pour Marx*. Paris: La Découverte, 1986.

ANDRADE, Mário de. *Aspectos da literatura brasileira*. São Paulo: Martins, 1974.

ARANTES, Paulo. A fratura brasileira do mundo. In: *Margem esquerda*. São Paulo: Baderna, 2004.

ARANTES, Paulo. Entrevista. In: NOBRE, Marcos; REGO, José. *Conversa com filósofos brasileiros*. São Paulo: 34, 1998.

ARANTES, Paulo. *Hegel: a ordem do tempo*. São Paulo: Hucitec, 2000.

ARANTES, Paulo. *O novo tempo do mundo*. São Paulo: Boitempo, 2014.

ARANTES, Paulo. *Ressentimento da dialética*. São Paulo: Paz e Terra, 1996.

ARANTES, Paulo. *Sentimento da dialética*. São Paulo: Paz e Terra, 1992.

ARANTES, Paulo. Tentativa de identificação da ideologia francesa: uma introdução. *Novos Estudos Cebrap*, n. 29, 1990.

ARANTES, Paulo. *Um departamento francês de ultramar*. São Paulo: Paz e Terra, 1996

ARANTES, Paulo. *Zero à esquerda*. São Paulo: Conrad, 2004.

ARANTES, Paulo; FIORI, Otília. *Sentido da formação: três ensaios sobre Antonio Candido, Gilda de Mello e Souza e Lúcio Costa*. São Paulo: Paz e Terra, 1997.

ARISTÓTELES. *Metaphysics*. Cambridge: Harvard University Press: 1933. (Loeb Classical Library.)

ARISTÓTELES. *Poética*. São Paulo: Ed. 34, 2017.

ARRIGUCCI, Davi. O mundo misturado: romance e experiência em Guimarães Rosa. *Novos Estudos*, São Paulo, n. 40, 1994.

ATLAN, Henri. *Cours de philosophie biologique et cognitiviste: Spinoza et la biologia actuelle*. Paris: Odile Jabob, 2018.

BACKHAUS, Hans-Georg. *Dialektik der Wertform: Untersuchungen zur marxschen Ökonomiekritik*. Berlim: Ça ira Verlag, 2011.

BADIOU, Alain. *Cinq leçons sur le "cas" Wagner*. Paris: Nous, 2010.

BADIOU, Alain. *Deleuze: o clamor do ser*. Rio de Janeiro: Jorge Zahar, 1997.

BADIOU, Alain. *L'être et l'événement*. Paris: Seuil, 1998.

BADIOU, Alain. *L'immanence des vérités*. Paris: Fayard, 2018.

BADIOU, Alain. *Logique des mondes*. Paris: Seuil, 2014.

BAKUNIN, Mikhail. A reação na Alemanha. Tradução de José Gabriel. *Cadernos Peninsulares*, Lisboa: Assírio & Alvin, ensaio 17, 1976. (Nova Série.)

BALIBAR, Étienne. *Citoyen sujet et autres essais d'anthropologie philosophique*. Paris: PUF, 2011.

BALIBAR, Étienne. *Violence et civilité*. Paris: Galilée, 2010.

BARONI, Guglelmo; MOCETTI, Saulo. *Intergenerational Mobility In The Very Long Run: Florence 1427-2011*. Bank of Italy Temi di Discussione (Working Paper) No. 1060, Apr. 28, 2016.

BATAILLE, Georges. *Oeuvres Complètes*. Paris: Gallimard, 1970. v. I.

BATESON, Gregory. *Steps to an Ecology of Mind: Collected Essays in Anthropology, Psychiatry, Evolution, and Epistemology. Part III: Form and Pathology in Relationship*. Chicago: University of Chicago Press, 1999.

BENJAMIN, Walter. *Origem do drama trágico alemão*. Belo Horizonte: Autêntica, 2011.

BERNSTEIN, Jay. Negative Dialectic as Fate: Adorno and Hegel. In: HUHN, Tom. *The Cambridge Companion of Adorno*. Cambridge: Cambridge University Press, 2004.

BLOCH, Ernst. *Thomas Münzer: teólogo da revolução*. Rio de Janeiro: Tempo Brasileiro, 1973.

BONSS, Wolfgang, HONNETH, Axel (Orgs.*). Sozialforschung als Kritik: zum sozialwissens-chaftlichen Potential der kritischen Theorie*. Frankfurt: Suhrkamp, 1982.

BOULEZ, Pierre. *Apontamentos de aprendiz*. São Paulo: Perspectiva, 1995.

BOURDIEU, Pierre. *Les règles de l'art: génèse et structure du champ littéraire*. Paris: Seuil, 1998.

BRANDOM, Robert. *Tales of the Mighty Death*. Cambridge: Harvard University Press, 2002.

BRAUNSTEIN, Dirk. *Adornos Kritik der politischen Ökonomie*. Bielefeld: Transcript, 2016.

BUCK-MORSS, Susan. *Hegel e Haiti*. São Paulo: N – 1, 2017.

BUTLER, Judith. Adorno on Becoming Human. In: *Giving an Account of Oneself*. Nova York: Fordham University Press, 2005.

CANDIDO, Antonio. Dialética da Malandragem. *Revista do Instituto de Estudos Brasileiros*, São Paulo, 1970.

CANDIDO, Antonio. *Tese e antítese*. 6. ed. São Paulo: Ouro Sobre Azul, 2017.

CARNEIRO, Sílvio. *Poder sobre a vida: Herbert Marcuse e a biopolítica*. São Paulo: USP, 2015. Tese (Doutorado em Filosofia) – Departamento de Filosofia, Universidade de São Paulo, São Paulo, 2015.

CATALANI, Felipe. *Filosofia moral no mundo do pós-guerra: estudo sobre Adorno*. São Paulo: USP, 2019. Dissertação (Mestrado em Filosofia) –Departamento de Filosofia, Universidade de São Paulo, 2019

CHALMERS, David J. Strong and Weak Emergence. In: CLAYTON, P.; DAVIES, P. (Orgs.). *The Re-Emergence of Emergence*. Oxford: Oxford University Press, 2006.

CHAMAYOU, Grégoire. *La société ingouvernable*. Paris: La Fabrique, 2018.

CLASTRES, Pierre. *A sociedade contra o estado*. São Paulo: Cosac e Naify, 2003.

COLLETTI, Lucio. *Marxism and Dialectics*. 2011. Disponível em: <https://bit.ly/2QiwF6f>. Acesso em: 9 nov. 2018.

COMITÊ INVISÍVEL. *Aos nossos amigos: crise e insurreição*. São Paulo: N – 1, 2016.

COOK, Deborah. *Adorno on Nature*. Duhram: Acumen, 2011.

DAHLHAUS, Carl. *Between Romanticism and Modernism*. Berkeley, Ca: University of California Press, 1980.

DAHLHAUS, Carl. *Die Idee der absoluten Musik*. Kassel: Bärenreiter Verlag, 1978.

DAHLHAUS, Carl. *Schoenberg*. Genebra: Contrechamps, 1997.

DAHMER, Helmut. Adorno's View of Psychoanalysis. *Thesis Eleven*, n. 111, 2012.

DAHMER, Helmut. *Libido und Gesellschaft: Studien über Freud und die Freudsche Linke*. Frankfurt: Suhrkamp, 1973.

DAHRENDORF, Ralf. Elemente einer Theorie des sozialen Konflikts. In: *Gesellschaft und Freiheit: zur soziologischen Analyse der Gegenwart*. Munique: Piper, 1961.

DAVID-MÉNARD, Monique. *Deleuze et la psychanalyse: l'altercation*. Paris: PUF, 2006.

DAVID-MÉNARD, Monique. *La folie dans la raison pure: Kant lecteur de Swedenborg*. Paris: Vrin, 1990.

DELEUZE, Gilles. *Différence et répétition*. Paris: PUF, 1969.

DELEUZE, Gilles. *L'île déserte*. Paris: Minuit, 2006.

DELEUZE, Gilles. *Logique de la sensation*. Paris: Seuil, 2002.

DELEUZE, Gilles. *Logique du sens*. Paris: Seuil, 1969.

DELEUZE, Gilles. *Nietzsche et la philosophie*. Paris: PUF, 1962.

DELEUZE, Gilles; GUATTARI, Félix. *L'anti-Oedipe*. Paris: Seuil, 1972.

DELEUZE, Gilles; GUATTARI, Félix. *Mille plateaux*. Paris: Seuil, 1981.

DELEUZE, Gilles; GUATTARI, Félix. *O que é a filosofia*? São Paulo: 34, 1996.

DERANTY, Jean-Philippe. Adorno's Other Son: Derrida and the Future of Critical Theory. *Social Semiotics*, v. 16, p. 422-433, 2006.

DERRIDA, Jacques. Freud et la scène de l'écriture. In: *Écriture et différence*. Paris: Seuil, 1966.

DERRIDA, Jacques. *Introduction à* L'origine de la géométrie. Paris: PUF, 2004.

DERRIDA, Jacques. *La voix et le phénomène*. Paris: PUF, 1966.

DERRIDA, Jacques. *L'écriture et la différence*. Paris: Gallimard, 1966.

DERRIDA, Jacques. *Le problème de la génèse chez Husserl*. Paris: PUF, 1990.

DERRIDA, Jacques. *Margens da filosofia*. Campinas: Papirus, 1986.

DESCARTES, René. *Meditações metafísicas. São Paulo: Abril Cultural, 1972*. (Coleção Os Pensadores.)

DESCARTES, René. *Regras para a direção do espírito*. Lisboa: Estampa, 1977.

DEWS, Peter. *Logics of Disintegration: Post-Structuralist Thought and the Claims of Critical Theory*. Londres: Verso, 2000.

DUARTE, Rodrigo. *Marx e a natureza em* O Capital. Belo Horizonte: Loyola, 1995.

DUNKER, Christian. *Introdução a* Ensaios de psicologia social e psicanálise, *de Theodor Adorno*. São Paulo: Unesp, 2016.

DUTRA, Luis Henrique. Emergência sem níveis. *Revista Scientia Studia*, São Paulo, v. 13, n. 4, p. 841-865, 2015.

ENGELS, Friedrich; MARX, Karl. *A ideologia alemã*. Rio de Janeiro: Civilização Brasileira, 2007.

ENGELS, Friedrich; MARX, Karl. *Lutas de classes na Rússia*. São Paulo: Boitempo, 2013.

FAUSTO, Ruy. *A esquerda difícil: em torno do paradigma e do destino das revoluções do século XX e alguns outros temas*. São Paulo: Perspectiva, 2007.

FAUSTO, Ruy. *Marx: lógica e política II*. São Paulo: Brasiliense, 1982.

FAUSTO, Ruy. *Marx: lógica e política III*. São Paulo: 34, 2010.

FAUSTO, Ruy. *Marx: lógica e política*. São Paulo: Vozes, 2014.

FERREYRA, Julien. Hegel leitor de Deleuze: uma perspectiva crítica da ontologia afirmativa a partir das objeções a Spinoza na *Ciência da Lógica*. *Kriterion*, Belo Horizonte, v. 54, n. 127, jun. 2013.

FOUCAULT, Michel. *L'hermeneutique du sujet*. Paris: Gallimard/Seuil, 2001.

FOUCAULT, Michel. *O nascimento da biopolítica*. São Paulo: Martins Fontes, 1999.

FREUD, Sigmund. *Gesammelte Werke*. Frankfurt: Fischer, 1999.

FREYENHAGEN, Fabian. *Adorno's Practical Philosophy*. Cambridge: Cambridge University Press, 2013.

FREYENHAGEN, Fabian. Adorno's Politics: Theory and Practice in Germany 1960's. *Philosophy and Social Criticism*, v. 40, n. 9, 2013.

FROMM, Erich. *Arbeiter und Angestelle am Vorabend des Dritten Reiches*. Stuttgart: Deutsche Verlags-Anstalt, 1980.

FRÜCHTL, Josef. *Mimesis: Konstellation eines Zentralbegriffs bei Adorno*. Wurzburgo: Königshausen & Neumann, 1986.

FURTADO, Celso. *O mito do desenvolvimento econômico*. São Paulo: Paz e Terra, 1974.

GIANNOTTI, José Arthur. Dialética futurista e outras demãos. *Novos Estudos*, n. 57, 2003.

GUZZONNI, Ute. *Sieben Stücke zu Adorno*. Munique: Karl Aber, 2003.

HABERMAS, Jürgen. *Conhecimento e interesse*. Rio de Janeiro: Tempo Brasileiro, 1990.

HABERMAS, Jürgen. *Consciência moral e agir comunicativo*. Rio de Janeiro: Tempo Brasileiro, 1989.

HABERMAS, Jürgen. *O discurso filosófico da modernidade*. São Paulo: Martins Fontes, 2002.

HABERMAS, Jürgen. *Para uma reconstrução do materialismo histórico*. São Paulo: Unesp, 2016.

HABERMAS, Jürgen. *Profils philosophiques et politiques*. Paris: Gallimard, 1980.

HABERMAS, Jürgen. *Theorie des kommunicative Handels*. Frankfurt: Suhrkamp, 1982.

HAMMER, Espen. *Adorno and Politics*. Nova York: Routledge, 2005.

HANSEN, João Adolfo. Forma literária e crítica da lógica racionalista em Guimarães Rosa. *Letras de Hoje*, Porto Alegre, v. 47, n. 2, 2012.

HARDT, Michael; SITUACIONES, Colectivo. Leer a Macherey. In: MACHEREY, Pierre. *Hegel o Spinoza*. Buenos Aires: Tinta Limón, 2007.

HEGEL, G.W.F. *Briefe von und an Hegel Band 1: 1785-1812*. Hamburgo: Felix Meiner, 1952.

HEGEL, G. W. F. *Vorlesungen über die Philosophie der Geschichte*. Frankfurt: Suhrkamp, 1996.

HEGEL, G. W. F. *Ciência da Lógica*. Petrópolis: Vozes, 2017.

HEGEL, G. W. F. *Enciclopédia*. Belo Horizonte: Loyola, 1995. v. I.

HEGEL, G. W. F. *Enziklopädie*. Frankfurt: Suhrkamp, 1986.

HEGEL, G. W. F. *Fenomenologia do Espírito*. Petrópolis: Vozes, 1991.

HEGEL, G. W. F. *Grundlinien der Philosophie des Rechts*. Frankfurt: Suhrkamp, 1970.

HEGEL, G. W. F. *Phänomenologie des Geistes*. Hamburgo: Feliz Meiner, 1988.

HEGEL, G. W. F. *Wissenschaft der Logik II*. Frankfurt: Suhrkamp, 1986.

HEIDEGGER, Martin. *Caminhos da floresta*. Lisboa: Calouste Gulbenkian, 2014.

HEIDEGGER, Martin. *Contribuições à filosofia: do acontecimento apropriador*. Rio de Janeiro: Via Vérita, 2014.

HEIDEGGER, Martin. *Ensaios e conferências*. Petrópolis: Vozes, 2012.

HEIDEGGER, Martin. *Hegel. Gesamtausgabe band 68*. Berlim: Vittorio Klostermann, 2009.

HEIDEGGER, Martin. *Holzwege*. Frankfurt: Vittorio Klostermann, 2005.

HEIDEGGER, Martin. *Marcas do caminho*. Petrópolis: Vozes, 2003.

HEIDEGGER, Martin. *Nietzsche II*. Rio de Janeiro: Forense, 2007.

HOLLOWAY, John e alli. *Negativity and revolution: Adorno and political activism*. Pluto Press: Londres, 2009.

HONNETH, Axel. *Critique of Power*. Cambridge: MIT Press, 1991.

HONNETH, Axel. Les paradoxes du capitalisme: un programme de recherche. In: *La société du mépris*. Paris: La Découverte, 2006.

HONNETH, Axel. *Pathologien der Vernunft: Geschichte und Gegenwart der Kritischen Theorie*. Frankfurt: Suhrkamp, 2003.

HONNETH, Axel. *Das Recht der Freiheit*. Frankfurt: Suhrkamp, 2013.

HORKHEIMER, Max. *The Eclipse of Reason*. Londres: Continuum Press, 2007.

HORKHEIMER, Max. *Gesammelte Schriften*. Frankfurt: Suhrkamp, 2003.

HÖSLE, Vittorio. *O sistema de Hegel: o idealismo da subjetividade e o problema da intersubjetividade*. Belo Horizonte: Loyola, 2007.

HUSSERL, Edmund. Der Frage nach dem Ursprung der Geometrie als intentional-historische Problem. *Revue Internationale de Philosophie*, v. 1, n. 2, 1939.

HYPPOLITE, Jean. *Figures de la penseé philosophique*. Paris: PUF, 1860.

HYPPOLITE, Jean. *Gênese e estrutura da* Fenomenologia do Espírito. São Paulo: Discurso, 2004.

JAEGGI, Rahel. *Kritik von Lebensformen*. Frankfurt: Suhrkamp, 2014.

JAEGGI, Rahel. Crisis, Contradiction and the Task of a Critical Theory. In: BARGU, Banu; BOTICCI, Chiara. *Feminism, Capitalism and Critique*. Nova York: Palgrave, 2017.

JAEGGI, Rahel. Une critique des formes de vie est-elle possible: le négativisme éthique d'Adorno dans *Minima moralia*. *Actuel Marx*, n. 38, p. 135-158, 2005.

JAMES, C. L. R. *Os jacobinos negros*. São Paulo: Boitempo, 2010.

JAY, Martin. *The Dialectical Imagination*. Berkeley: California University Press, 1996.

KANT, Immanuel. *Crítica da razão pura*. Lisboa: Calouste Gulbenkian, 1993.

KANT, Immanuel. *Fundamentação da metafísica dos costumes*. Tradução de Paulo Quintela. Lisboa: 70, 1974.

KANT, Immanuel. *A paz perpétua e outros opúsculos*. Tradução de Artur Morão. Lisboa: 70, 2009.

KANT, Immanuel. *Metafísica dos costumes*. Petrópolis: Vozes, 2013.

KOJÈVE, Alexandre. *Introduction à la lecture de Hegel*. Paris: Gallimard, 1943.

KORTIAN, Garbis. Subjectivity and Civil Society. In: PELCZYNSKI, Z. A. *The State and Civil Society: Studies in Hegel's Political Philosophy*. Cambridge: Cambridge University Press, 1984.

KRAHL, Hans Jurgen. The Political Contradiction in Adorno's Critical Theory. *Telos: Critical Theory of the Contemporary*, v. 21, n. 164, 1974.

KREIS, Guido. *Negative Dialektik des Unendlichen: Kant, Hegel, Cantor*. Frankfurt: Suhrkamp, 2015.

LACAN, Jacques. *Séminaire VII*. Paris: Seuil, 1986.

LACLAU, Ernesto; MOUFFE, Chantal. *Hegemony and Socialist Strategy*. Londres: Verso, 1977.

LAPOUJADE, David. *Deleuze: os movimentos aberrantes*. São Paulo: N-1, 2015.

LAWLOR, Konyv. *Derrida and Husserl: The Basic Problems of Phenomenology*. Bloomington: Indiana University Press, 2002.

LEBRUN, Gérard. *A filosofia e sua história*. São Paulo: Cosac e Naify, 2006.

LEBRUN, Gérard. *A paciência do conceito*. São Paulo: Unesp, 2006.

LEBRUN, Gérard. *L'envers de la dialectique*. Paris: Seuil, 2005.

LEBRUN, Gérard. *Kant e o fim da metafísica*. São Paulo: Martins Fontes, 2002.

LEIBNIZ, Gottfried. *Os princípios da filosofia ditos A monadologia*. São Paulo: Abril Cultural, 1974. (Coleção Os Pensadores.)

LEIBOWITZ, René. *Schoenberg and His School*. New York: Da Capo Press, 1976.

LOCKE, John. *Essay Concerning the Human Understanding*. Oxford: Oxford University Press, 2008.

LOCKE, John. *Two Treatises of Government*. Cambridge: Cambridge University Press, 1988.

LOEWALD, Hans. *Collected Papers and Monographs*. Hagerstown: University Publishing Group, 2000.

LONGUENESSE, Béatrice. *Hegel et la critique de la métaphysique*. Paris: Seuil, 2015.

LOSURDO, Domenico. *Critique de l'apolitisme: la leçon de Hegel d'hier à nos jours*. Paris: Delga, 2012.

LOSURDO, Domenico. *O marxismo ocidental*. São Paulo: Boitempo, 2018.

LÖWITH, Karl. *De Hegel à Nietzsche*. Paris: Gallimard, 1969.

LUKÁCS, Georg. *História e consciência de classe*. São Paulo: Martins Fontes, 2003.

LUKASIEWICZ, Jan. Sobre a lei da contradição em Aristóteles. In: ZINGANO, Marco (Org.). *Sobre a Metafísica de Aristóteles*. São Paulo: Odysseus, 2005.

LYOTARD, Jean-François. *Des dispositifs pulsionnels*. Paris: Galilée, 1993.

MABILLE, Bernard. Idéalisme spéculatif, subjectivité et négations. In: GODDARD, J.-C. (Org.). *Le transcendantal*. Paris: Vrin, 1999.

MALABOU, Catherine. Who's Afraid of Hegelian Wolves? In: PATTON, Paul. *Deleuze: A Critical Reader*. Oxford: Blackwell, 1996.

MANN, Thomas. *Doutor Fausto*. Rio de Janeiro: Nova Fronteira, 1984.

MARCUSE, Herbert. *Materialismo histórico e existência*. São Paulo: Tempo Brasileiro, 1968.

MARCUSE, Herbert. *Counter-revolution and Revolt*. Boston: Beacon Press, 1972.

MARCUSE, Herbert. *Cultura e sociedade*. São Paulo: Paz e Terra, 1997. v. I.

MARCUSE, Herbert. *Cultura e sociedade II*. São Paulo: Paz e Terra, 1996.

MARTÍ-JUFRESA, Felip. *La possibilité d'une musique moderne: logique de la modernité et composition musicale*. Paris: L'Harmattan, 2012.

MARX, Karl. *Crítica da filosofia do direito de Hegel*. São Paulo: Boitempo, 2005.

MARX, Karl. *Das Kapital: Erster Band*. Berlim: Karl Dietz Verlag, 2015.

MARX, Karl. *O Capital*. São Paulo: Boitempo, 2011. v. l.

MARX, Karl. *O Capital*. São Paulo: Boitempo, 2017. v. lII.

MARX, Karl. *Grundrisse*. São Paulo: Boitempo, 2011.

MARX, Karl. Ökonomisch-philosophische *Manuskripte*. Frankfurt: Suhrkamp, 2015.

MARX, Karl. *Zur Kritik der Hegelschen* Rechtsphilosophie: *Einleitung*. Colônia: Anaconda, 2016.

MARX, Karl; ENGELS, Friedrich. Die Deutsche Ideologie. In: *Gesammelte Werke*. Colônia: Anaconda, 2016.

MCDOWELL, John. *Having the World in View*. Cambridge: Harvard University Press, 2009.

MENEZES, Flo. *Apoteose de Schoenberg*. Cotia: Ateliê Editorial, 2002.

MÜNTZER, Thomas. *Sermon to the Princes*. Londres: Verso, 2010.

NICHOLSEN, Shierry; SHAPIRO, Jeremy. Introduction to *Three Essays on Hegel*. In: ADORNO, T. *Three Essays on Hegel*. Boston: MIT Press, 1994.

NIETZSCHE, Friedrich. *O crepúsculo dos deuses*. São Paulo: Companhia das Letras, 2005.

O'CONNOR, Brian. *Adorno's Negative Dialectic*. Boston: MIT Press, 2005.

O'CONNOR, Brian. Hegel, Adorno and the Concept of Mediation. Bulletin of the Hegel Society of Great Britain, n. 39-40, p. 84-96, 1999.

PASTA, José Antonio. O romance de Rosa: temas do Grande sertão e do Brasil. *Novos Estudos*, n. 55, p. 63, nov. 1999.

PERELMAN, Chaim. *Retóricas*. São Paulo: Martins Fontes, 1999.

PINKARD, Terry. *Adorno: The Music of Negative Dialectic* (não publicado).

PIPPIN, Robert. Negative Ethics: Adorno on the Falsehood of Bourgeois Life. In: *The Persistence of Subjectivity: On the Kantian Aftermath*. Cambridge: Cambridge University Press, 2005.

PLATÃO. *A República*. Lisboa: Calouste Gulbenkian, 1972.

PLATÃO. *Crátilo*. Paris: Pléiade, 2001.

POLITZER, Georges. *Crítica dos fundamentos da psicologia*. Lisboa: Presença, 1975.

POLLOCK, Friedrich. State Capitalism: Its Possibilities and Limitations. In: ARATO, Andrew; GEBHARDT, Eike. *The Essential Frankfurt School Reader*. Nova York: Continuum, 1983

POPLE, Anthony. *The Cambridge Companion to Berg*. Cambridge: Cambridge University Press, 1997.

POSTONE, Moishe. *Tempo, trabalho e dominação social*. São Paulo: Boitempo, 2014.

PRADO JR., Bento. *Alguns ensaios*. São Paulo: Paz e Terra, 2000.

PRADO JR., Bento. *Erro, ilusão, loucura*. São Paulo: 34, 2017.

PRADO JR., Bento. *Ipseitas*. Belo Horizonte: Autêntica, 2017.

QUADFASEL, Lars. *Adornos Leninismus*. 23 maio 2013. Disponível em: <https://bit.ly/2JnTthY>. Acesso em: 6 maio 2019.

RANCIÈRE, Jacques. *A partilha do sensível*. São Paulo: 34, 2005.

RANCIÈRE, Jacques. *Les bords de la fiction*. Paris: Galilée, 2018.

RANCIÈRE, Jacques. *L'inconsciente esthétique*. Paris: Galilée, 2001.

RANCIÈRE, Jacques. *La mésentente*. Paris: Galilée, 1995.

REICHELT, Helmut. *Sobre a estrutura lógica do conceito de Capital em Karl Marx*. Campinas: Edunicamp, 2013.

RICARD, Marie-Andrée. La dialectique de T. W. Adorno. *Laval Théologique et Philosophique*, v. 55, n. 2, p. 271, jun. 1999.

RICOEUR, Paul. *A história, a memória, o esquecimento*. Campinas: Ed. da Unicamp, 2018.

ROSA, Guimarães. Entrevista concedida a Günter Lorenz. 1965. Disponível em: <https://bit.ly/2VqZ7RY>. Acesso em: 6 maio 2019.

ROSA, Guimarães. *Grande sertão: veredas*. Nova Fronteira: Rio de Janeiro, 2015.

ROSA, Guimarães. *Noite de Baile*. Rio de Janeiro: Nova Fronteira, 2005.

ROSA, Guimarães. *No Urubuquaquá, no Pinhém* (Corpo de baile). 13. ed. Rio de Janeiro: Nova Fronteira, 2016.

ROSA, Guimarães. *Primeiras estórias*. Rio de Janeiro: Nova Fronteira, 2016.

ROUSSEAU, Jean-Jacques. *Discours sur l'origine des langue*. Paris: Pléiade, 2003.

ROUSSEAU, Jean-Jacques. *Discurso sobre o fundamento e a origem da desigualdade entre os homens*. Porto Alegre: L&PM, 2008.

RUDA, Frank. *Hegel's Rabble: An Investigation into Hegel's Philosophy of Right*. Londres: Continuum, 2011.

SADE, D. F. A. *La philosophie dans le boudoir*. Paris: Gallimard, 1975.

SAFATLE, Vladimir. *A paixão do negativo: Lacan e a dialética*. São Paulo: Unesp, 2006.

SAFATLE, Vladimir. *Cinismo e falência da crítica*. São Paulo: Boitempo, 2008.

SAFATLE, Vladimir. *O circuito dos afetos: corpos políticos, desamparo e o fim do indivíduo*. Belo Horizonte: Autêntica, 2016.

SAFATLE, Vladimir. *Grande Hotel Abismo*. São Paulo: Martins Fontes, 2012.

SAÏD, Edward. *O estilo tardio*. São Paulo: Companhia das Letras, 2009.

SAÏD, Edward. *Orientalismo*. São Paulo: Companhia das Letras, 2002.

SAUVAGNARGUES, Anne. *Deleuze, L'empirisme transcendantal*. Paris: PUF, 2009.

SCHELLING, Friedrich. *Philosophischen Vorlesungen aus den Jahren 1804 bis 1807 – Zeiter Band*. Eduard Weber: Bonn, 1827.

SCHILLER, Friedrich. *A educação estética do homem*. São Paulo: Iluminuras, 2011.

SCHMITT, Carl. Starker Staat und gesunde Wirtschaft. Ein Vortrag für Wirtschaftsführen. In: *Volk und Reich Politische Monatshefte für das junge Deutschland*, 1933. tomo 1, caderno 2, p. 81-94.

SCHUMPETER, Joseph. *Capitalismo, socialismo e democracia*. São Paulo: Unesp, 2017.

SCHWARZ, Roberto. *A sereia e o desconfiado*. São Paulo: Paz e Terra, 1981.

SCHWARZ, Roberto. *O pai de família e outros estudos*. São Paulo: Paz e Terra, 1978.

SCHWARZ, Roberto. *Que horas são?* São Paulo: Companhia das Letras, 2002.

SCHWARZ, Roberto. *Um mestre na periferia do capitalismo*. São Paulo: Duas Cidades, 1998.

SCHWARZ, Roberto. *Martinha versus Lucrécia*. São Paulo: Companhia das Letras, 2012.

SEEL, Martin. *Adorno's Philosophie der Kontemplation*. Frankfurt: Suhrkamp, 2004.

SÓFOCLES. Antígona. In: *A trilogia tebana*. Rio de Janeiro: Jorge Zahar, 2004.

SOHN-RETHEL, Alfred. *Trabalho manual espiritual: para a epistemologia da história ocidental*. 2012. Disponível em: <https://bit.ly/2Yw7m12>. Acesso em: 9 nov. 2018.

SOMERS-HALL, Henry. *Hegel, Deleuze and the Critique of Representation: Dialectics of Negation and Difference*. Alvany, NY: SUNY Press, 2012.

SOUCHE-DAGUES, Denise. *Logique et politique hégélienne*. Paris: Vrin, 1995.

SOUZA, Alisson. A paixão da diferença: uma resposta a Safatle. *Ipseitas*, São Carlos, v. 4, n. 2, 2018.

STARLING, Heloisa. O sentido do moderno no Brasil de Guimarães Rosa – veredas de política e ficção. *Scripta*, Belo Horizonte, v. 2, n. 3, 1998.

THEUNISSEN, Michael. *Sein und Schein: die kritische Funktion der Hegelschen Logik*. Frankfurt: Surhkamp, 1994.

VIVEIROS DE CASTRO, Eduardo. *Metafísicas canibais*. São Paulo: Cosac e Naify, 2015.

WAHL, Jean. *Le malheur de la conscience dans la philosophie de Hegel*. Paris: Rieder, 1929.

WELLMER, Albrecht. *The Persistence of Modernity: Essays on Aesthetics, Ethics and Postmodernism*. Boston: MIT Press, 1993.

WHITEBOOK, Joel. *Perversion and Utopia: A Study in Psychoanalysis and Critical Theory*. Cambridge: Massachusetts Institute of Technology Press, 1995.

WHITEBOOK, Joel. The Marriage of Marx and Freud. In: RUSH, Fred. *The Cambridge Companion to Critical Theory*. Cambridge: Cambridge University Press, 2004.

WHITEBOOK, Joel. The Urgeschichte of the Subject Reconsidered. *New German Critique*, v. 81, 2000.

WISNIK, José Miguel. O Famigerado. *Scripta*, v. 6, n. 10, 2002.

ZANOTTI, Giovanni. Estado e filosofia: sobre as origens da dialética negative. In: TIMM, Ricardo *et al. Theodor Adorno: a atualidade da crítica*. Porto Alegre: Fi, 2017. v. II, p. 207-227.

ZIERMANN, Christoph. Dialektik und Metaphysik bei Marx und Adorno. In: ETTE, Wolfram (Ed.). *Adorno im Widerstreit: Zur Präsenz seiner Denkens*. Freiburg: Alber, 2004.

ZIZEK, Slavoj. *Menos que nada: Hegel e a sombra do materialismo dialético*. São Paulo: Boitempo, 2013.

ZUPANCIC, Alenka. Sexuality and Ontology. In: *Why Psychoanalysis?* Uppsala: NSU Press, 2008.

Agradecimentos

Gostaria, inicialmente, de agradecer a Paulo Arantes. Faz vinte e cinco anos que apareci à sua porta com um projeto de iniciação científica sobre Hegel e Lacan debaixo do braço e, depois de todo este tempo, voltei à mesma porta para discutir problemas que nasceram desde então. Nos dois casos, sua generosidade sem limites foi o tipo de gesto que nunca se esquece. Um agradecimento especial deve ser expresso à minha editora, Rejane Dias, que suportou com paciência estoica as idas e vindas deste livro. Gostaria de agradecer àqueles que leram as versões iniciais do manuscrito, como Gabriel Cohn, Christian Dunker e Giovanni Zanotti. Agradeço a Peter Dews pela leitura e pelo diálogo que se estende desde minha defesa de doutorado, assim como a Jorge de Almeida pelo prazer da interlocução efetiva e do trabalho conjunto nos textos adornianos. Agradeço ainda aos meus alunos, que discutiram partes do manuscrito em debates abertos, assim como aos comentários de Fabian Freyenhagen, Ricardo Musse, Silvio Rosa e Marcus Coelen a respeito de trechos deste livro. Agradeço àqueles que participaram de minha banca de professor titular com questionamentos e debates a partir deste livro, a saber, Eduardo Viveiros de Castro, Peter Pal Pelbart, Marilena Chaui, Jeanne Marie Gagnebin e Cícero Araujo. Agradeço a Guillaume Silbertin-Blanc e aos outros editores da *Actuel Marx* pela publicação de um dos capítulos deste livro em sua revista. Agradeço também à revista *Veritas* e a seu editor Nythamar de Oliveira pela publicação de um dos capítulos deste livro. Agradeço a Dalila Camargo Martins, por tudo o que me deu nesses últimos meses de escrita. Da mesma forma, agradeço às instituições que me permitiram apresentar partes dos argumentos em forma de conferência, como a Universidade de Bonn, a American University of Cairo, o grupo do Adorno Studies, o Institute of Contemporary Inquiry (Berlim), a New School of Social Research e a Universidade de São Paulo. Agradeço ainda à Judith Butler, por ter me permitido apresentar as discussões sobre Adorno e Kant em seu seminário, a Monique David-Ménard por me corrigir em minhas leituras das antinomias kantianas, a Martin Jay pelas discussões, assim como à University of California – Berkeley, pelo acolhimento como *visiting scholar*, o que me permitiu desenvolver partes das pesquisas que redundaram neste livro. A possibilidade de integrar-me ao International Consortium of Critical Theory forneceu-me um campo adequado para discussões frutíferas das quais este livro é, em larga medida, devedor. Agradeço a Ruy Fausto, cujo debate duro acabou por me levar a querer explicitar melhor minhas posições sobre a dialética. Por fim, gostaria de agradecer especialmente a Larissa Agostinho, por ter sido a interlocutora primeira, o contraponto deleuzeano implícito em um movimento de vozes confundidas que se assemelha a uma longa fuga barroca, e por ter me dado a ideia de escrever este livro.

Sobre o autor

Vladimir Safatle nasceu em 1973, em Santiago do Chile. Formado em filosofia pela Universidade de São Paulo (USP), é mestre em filosofia pela mesma universidade, com dissertação sobre o conceito de sujeito descentrado em Lacan, sob a orientação de Bento Prado Júnior, além de ser doutor em filosofia pela Universidade de Paris VIII, com tese sobre as relações entre Lacan e a dialética, sob a orientação de Alain Badiou. Professor titular do Departamento de Filosofia da USP, onde leciona desde 2003, foi professor convidado nas universidades de Paris VII, Paris VIII, Toulouse, Louvain, *visiting scholar* da University of California – Berkeley, além de *fellow* do Stellenbosch Institute of Advanced Studies (STIAS) e responsável por seminários no Collège International de Philosophie. Um dos coordenadores do Laboratório de Pesquisas em Teoria Social, Filosofia e Psicanálise (Latesfip/USP), juntamente com Christian Dunker e Nelson da Silva Júnior, ele é ainda membro do Conselho Diretivo da International Society of Psychoanalysis and Philosophy e bolsista de produtividade do Conselho Nacional de Desenvolvimento Científico e Tecnológico (CNPq). É um dos editores das obras completas de Adorno no Brasil.

Com artigos traduzidos em inglês, francês, japonês, espanhol, sueco, italiano, catalão e alemão, suas publicações versam sobre psicanálise, teoria do reconhecimento, filosofia da música, filosofia política, filosofia francesa contemporânea e reflexão sobre a tradição dialética pós-hegeliana. Seus livros anteriores incluem: *Só mais um esforço* (Três Estrelas, 2017), *O circuito dos afetos: corpos políticos, desamparo e o fim do indivíduo* (Autêntica, 2016; versão em espanhol publicada pela Universidade de San Bonaventura, 2019; versão em italiano no prelo), *Grande Hotel Abismo: para uma reconstrução da teoria do reconhecimento* (Martins Fontes, 2012; versão em inglês publicada pela Leuven University Press, 2016), *O dever e seus impasses* (Martins Fontes, 2013), *A esquerda que não teme dizer seu nome* (Três Estrelas, 2012; versão em espanhol publicada pela LOM Ediciones, 2014), *Fetichismo: colonizar o outro* (Civilização Brasileira, 2010), *Cinismo e falência da crítica* (Boitempo, 2008), *Lacan* (Publifolha, 2007; versão atualizada publicada pela Autêntica, 2017) e *A paixão do negativo: Lacan e a dialética* (Unesp, 2006; versão em francês publicada por Georg Olms Verlag, 2010).

Seus próximos trabalhos versarão sobre a atualização da noção de forma crítica a partir da estética musical contemporânea e da reflexão sobre problemas relacionados ao destino das categorias de autonomia, expressão e sublime.

Índice onomástico

ADENAUER, Konrad, 26, 211

ADORNO, Theodor, 5, 8, 15-34, 36-39, 45-52, 54, 55, 66-72, 75-79, 81-95, 97-104, 107, 108, 110-113, 115-118, 126-134, 137-142, 145-157, 161-170, 173, 175-193, 195-198, 200-203, 205-217, 222, 229, 240, 249, 252, 254, 260, 264, 266, 267, 269, 273, 276, 295, 296, 297, 299-308

AFSHAR, Yasmin, 211, 300

AGAMBEN, Giorgio, 68, 270, 300

AGOSTINHO, Larissa, 240, 253, 264, 300

ALEXANDER, Franz, 178

ALLEN, Amy, 30, 84, 102, 300

ALTHUSSER, Louis, 221, 224, 225, 229, 230, 255, 300

ANDRADE, Mário de, 281, 284, 300

ANDRADE, Oswald de, 253, 282, 284

ARANTES, Paulo, 50, 59, 64, 66, 125, 240, 249-260, 265-270, 273, 274, 279, 281, 296, 297, 300

ARISTÓTELES, 18, 56, 165, 226, 277, 295, 297, 300, 305

ARRIGUCCI, Davi, 291, 293, 300,

ASSIS, Machado de, 251, 273

ATLAN, Henri, 34, 300

BAADER, Andreas, 213

BACH, Johann Sebastian, 72

BACKHAUS, Hans-Georg, 130, 300

BADIOU, Alain, 22, 47, 82, 99, 172, 209, 233, 301

BAKUNIN, Mikhail, 57, 58, 301

BALIBAR, Étienne, 48, 239, 296, 301

BARONI, Guglelmo, 139, 301

BATAILLE, Georges, 168, 223, 301

BAUDELAIRE, Charles, 277

BECKETT, Samuel, 184, 188, 240, 300

BEETHOVEN, Ludwig van, 17, 71, 77, 103-105, 107, 108, 299

BEISER, Frederick, 14, 15

BENICHOU, Thomas, 257

BENJAMIN, Walter, 68, 222, 300, 301

BERG, Alban, 76, 77, 79, 188, 240, 299, 306

BERGSON, Henri, 52

BERNSTEIN, Jay, 52, 301

BLOCH, Ernst, 68, 260, 301

BONSS, Wolfgang, 178, 301

BOULEZ, Pierre, 45, 70, 301

BRANDOM, Robert, 56, 81, 227, 228, 301

BUCK-MORSS, Susan, 261, 301

BURKE, Edmund, 257

BUTLER, Judith, 168, 301

CANDIDO, Antonio, 262, 263, 281, 284, 290, 300, 301

CARNEIRO, Sílvio, 30, 187, 301

CARLYLE, Paul, 257

CATALANI, Felipe, 211, 301

CELAN, Paul, 7, 170-173

CHALMERS, David J., 35, 301

CHAMAYOU, Grégoire, 32, 301

CHAMFORT, Nicolas, 175

CHARCOT, Jean-Martin, 273

CLASTRES, Pierre, 35, 55, 301

CLAUDEL, Paul, 277

COLLETTI, Lucio, 63, 64, 302

COLLIN, Heinrich Joseph von, 104, 105

COHN-BENDIT, Daniel, 5

COOK, Deborah, 137, 302

CORNELIUS, Hans, 179

DAHLHAUS, Carl, 72, 103, 105, 302

DAHMER, Helmut, 178, 302

DAHRENDORF, Ralf, 32, 303

DAVID-MÉNARD, Monique, 62-65, 227, 242, 246, 302

DELEUZE, Gilles, 15, 22, 30, 31, 56, 63, 159, 200, 221-247, 257, 274, 300-303, 305, 307, 308

DERANTY, Jean-Philippe, 30, 302

DERRIDA, Jacques, 30, 112, 150, 152-155, 221, 222, 230, 288, 302, 305

DESCARTES, René, 156-158, 161, 302

DEWS, Peter, 11-16, 30, 302

DUARTE, Rodrigo, 135, 302

DUNKER, Christian, 178, 302

DUTRA, Luis Henrique, 35, 303

ENGELS, Friedrich, 41, 53, 118, 125, 141, 142, 147, 148, 260, 303, 306

ENSSLIN, Gudrun, 213

ENZENBERGEN, Hans Magnus, 211

FAUSTO, Ruy, 35, 36, 76, 110, 111, 131, 136, 265, 303

FENICHEL, Otto, 178

FERENCZI, Sándor, 178

FERREYRA, Julien, 241, 303

FEUERBACH, Ludwig, 94, 130, 137, 215

FICHTE, Johann Gottlieb, 18, 160, 273

FOUCAULT, Michel, 31, 34, 99, 187, 221, 222, 303

FRENKEL-BRUNSWIK, Else, 185

FREUD, Anna, 178

FREUD, Sigmund, 31, 102, 127, 138, 147, 148, 166, 178-185, 188, 189, 195, 198-200, 217, 255, 288, 302, 303, 308

FREYENHAGEN, Fabian, 177, 193, 206, 209, 303

FROMM, Erich, 178, 181, 185, 303

FRÜCHTL, Josef, 93, 303

FURTADO, Celso, 250, 303

GEUSS, Raymond, 79

GIANNOTTI, José Arthur, 64, 303

GOETHE, Johann Wolfgang von, 18

GUATTARI, Félix, 30, 200, 221, 222, 231, 239, 244-247, 302

GUZZONNI, Ute, 86, 303

HABERMAS, Jürgen, 18, 22, 25, 26, 27, 82, 84, 87, 102, 176, 177, 179, 204, 217, 303

HAMMER, Espen, 213, 303

HANSEN, João Adolfo, 288, 292, 303

HARDT, Michael, 31, 303

HARTMANN, Heinz, 178

HEGEL, Georg Wilhelm Friedrich, 11-16, 18-20, 22-24, 30, 31, 34, 35, 40-42, 45-48, 50, 52, 53, 55-60, 62, 64-66, 72, 73, 75, 76, 78, 81, 82, 84, 85, 87-100, 102-104, 107, 108, 110-113, 115, 116, 118-129, 131, 134, 135, 138, 145, 155-161, 163, 165, 167, 181, 183, 194-196, 207, 221-235, 237-242, 245-247, 249, 254-256, 258-261, 265-267, 269, 273, 284, 299, 300, 301, 303-308

HEIDEGGER, Martin, 24, 87, 145-150, 155-166, 169-173, 224-226, 229, 260, 304

314

HÖLDERLIN, Johann Christian Friedrich, 145, 203

HOLLOWAY, John, 36, 38, 222, 304

HONNETH, Axel, 25, 37, 84, 146, 178, 179, 197, 301, 304

HORKHEIMER, Max, 29, 45, 49, 54, 134, 147, 167, 169, 179, 181, 183, 206, 209, 217, 300, 304

HORNEY, Karen, 178, 185

HÖSLE, Vittorio, 120, 304

HOTHO, Heinrich Gustav, 112, 113

HUME, David, 11

HUSSERL, Edmund, 24, 29, 52, 84, 150-155, 162, 302, 304, 305

HYPPOLITE, Jean, 120, 229, 237, 304

JAEGGI, Rahel, 26, 58, 59, 304

JAMES, C. L. R., 261, 304

JAY, Martin, 181, 184, 304

KANT, Immanuel, 11, 47, 57, 60-67, 75, 82, 124, 125, 148, 151, 153, 160, 167, 179-193, 196, 213, 230, 241, 273, 302, 304, 305

KIERKEGAARD, Søren, 84, 91, 125, 193, 194

KLEIN, Yves, 65, 179

KOHLBERG, Lawrence, 102

KOJÈVE, Alexandre, 223, 305

KORTIAN, Garbis, 96, 305

KRAHL, Hans Jurgen, 215, 239, 240, 305

KREINES, James, 13, 14, 16

LA BRUYÈRE, Jean de, 175

LA ROCHEFOUCAULD, François de, 175

LACAN, Jacques, 22, 31, 65, 92, 179, 184, 188, 200, 201, 223, 305, 307

LACLAU, Ernesto, 214, 271, 305

LAPOUJADE, David, 228, 234, 305

LAWLOR, Konyv, 153, 155, 305

LEBRUN, Gérard, 41, 61, 64, 65, 89, 90, 238, 242, 243, 257, 265, 305,

LEIBNIZ, Gottfried, 67, 68, 305

LEIBOWITZ, René, 77, 305

LENIN, 213

LEVINSON, Daniel, 185

LÉVI-STRAUSS, Claude, 179, 221

L'OUVERTURE, Toussaint, 249

LOCKE, John, 133, 196, 305

LOEWALD, Hans, 197, 305

LONGUENESSE, Béatrice, 64, 304

LOSURDO, Domenico, 23, 57, 101, 305

LÖWITH, Karl, 125, 305

LUCRÉCIO, 245

LUKASIEWICZ, Jan, 56, 305

LUKÁCS, Georg, 23, 88, 90, 100, 129, 305

LYOTARD, Jean-François, 17, 104, 221, 222, 305

MABILLE, Bernard, 90, 305

MALABOU, Catherine, 224, 305

MALLARMÉ, Stéphanne, 113, 115, 172

MANN, Thomas, 17, 18, 306

MARCUSE, Herbert, 28, 30, 130, 140, 186, 187, 209, 214, 300, 301, 306

MARTÍ-JUFRESA, Felip, 73, 306

MARX, Karl, 6, 20, 23, 24, 26, 30, 31, 34-36, 40, 41, 53, 54, 63, 76, 77, 94, 98, 101, 103, 111, 118-138, 140-142, 145-148, 175, 177, 181, 182, 184-186, 206, 207, 209-211, 215, 225, 242, 254, 257-259, 264, 268, 296, 300, 302-308

MATOS, Gregório de, 263

MCDOWELL, John, 46, 120, 306

MENEZES, Flo, 70, 306

MERLEAU-PONTY, Maurice, 223

MITSCHERLICH, Alexander, 178

MOCETTI, Saulo, 139, 301

MÜNTZER, Thomas, 206, 306

NIETZSCHE, Friedrich, 22, 31, 125, 157, 158, 200, 227, 229, 230, 233, 236-241, 260, 261, 302, 304, 305, 306

NUNBERG, Hermann, 149, 178

O'CONNOR, Brian, 92, 189, 306

PARMÊNIDES, 147

PASCAL, Blaise, 135, 175

PASTA, José Antonio, 292, 306

PIAGET, Piaget, 102

PINKARD, Terry, 11-13, 48, 306

PIPPIN, Robert, 11-13, 82, 306,

PLATÃO, 21, 49, 306

POLITZER, Georges, 179, 306

POLLOCK, Friedrich, 27-29, 97, 186, 306

POPLE, Anthony, 77, 79, 306

POSTONE, Moishe, 131, 207, 306

PRADO JR., Bento, 63, 246, 273-275, 277, 278, 283-285, 295, 306, 307

QUADFASEL, Lars, 213, 307

RACINE, Jean Baptiste, 277

RANCIÈRE, Jacques, 262, 276, 278, 288, 307

REDDING, Paul, 11, 12

REICHELT, Helmut, 132, 307

RICARD, Marie-Andrée, 92, 307, 308

RICOEUR, Paul, 100, 307

ROSA, Guimarães, 264, 273, 278-280, 282-285, 287, 288, 289, 290, 291, 292, 293, 294, 295, 300, 303, 306, 307, 308

ROUSSEAU, Jean-Jacques, 70, 176, 307

RUDA, Frank, 96, 307

RUSSELL, Bertrand, 147

SADE, D. F. A., 167, 307

SAFATLE, Vladimir, 15, 16, 25, 26, 38, 58, 59, 68, 92, 150, 184, 229, 263, 264, 307, 308

SAÏD, Edward, 71, 101, 238, 267, 307

SANFORD, Nevitt, 185

SARTRE, Jean-Paul, 22, 223, 234, 236

SAUVAGNARGUES, Anne, 236, 307

SCHELER, Max, 162

SCHELLING, Friedrich, 18, 294, 307

SCHILLER, Friedrich, 131, 212, 307

SCHMITT, Carl, 28, 307

SCHOENBERG, Arnold, 69, 70, 72, 73, 77, 169, 170, 184, 302, 305, 306

SCHUMPETER, Joseph, 129, 307

SCHWARZ, Roberto, 214, 250-253, 263, 273-278, 282, 308

SEEL, Martin, 21, 308

SHAKESPEARE, William, 104, 105

SHAPIRO, Jeremy, 306

SÓCRATES, 125, 255, 261

SÓFOCLES, 58, 308

SOHN-RETHEL, Alfred, 131, 308

SOMERS-HALL, Henry, 228, 308

SOUCHE-DAGUES, Denise, 308

SOUZA, Alisson, 229, 308

STARLING, Heloisa, 282, 284, 308

STEVENS, Wallace, 221

STRAVINSKY, Ígor, 188

STRAWSON, P. F., 12

THEUNISSEN, Michael, 41, 308

TRONTI, Mario, 36

316

VIVEIROS DE CASTRO, Eduardo, 52, 136, 308

WAHL, Jean, 230, 308

WELLMER, Albrecht, 71, 308

WHITEBOOK, Joel, 178, 182, 184, 185, 308

WINDISCHMANN, Karl Joseph Hieronymus, 258

WISNIK, José Miguel, 264, 280, 308

WITTGENSTEIN, Ludwig, 12, 64

ZAHARIJEVIĆ, Adriana, 39

ZANOTTI, Giovanni, 213, 308

ZIERMANN, Christoph, 36, 308

ZIZEK, Slavoj, 90, 94, 216, 299, 308,

ZUPANCIC, Alenka, 199, 308

Este livro foi composto com tipografia Minion Pro e impresso
em papel Off-White 80 g/m² na Paulinelli.